（第二册）

金石索

电子科技大学出版社

第二册目録

金索四

紫琅馮雲鵬晏海氏
雲鵷集軒氏同輯

泉刀之屬

泉刀之制古今殊異漢食貨志云貨寶于金利于刀流于泉通志云自太昊以來始有錢太皞高陽謂之金有熊高辛謂之泉陶唐謂之刀適客齊魯間農民畝畊出刀布文字奇古有為錢譜泉志所未盡錄者遂搜拾之併泉范及夷錢以泉刀之屬

太昊伏羲氏金幣

正　背

太昊始制九棘之幣形如干盾飾以龍按路史注錢譜異布中有作朱斤一金者乃太昊之九棘幣今未見之此紹興沈赤文所寄拓本與錢譜如干盾者合

葛天氏幣

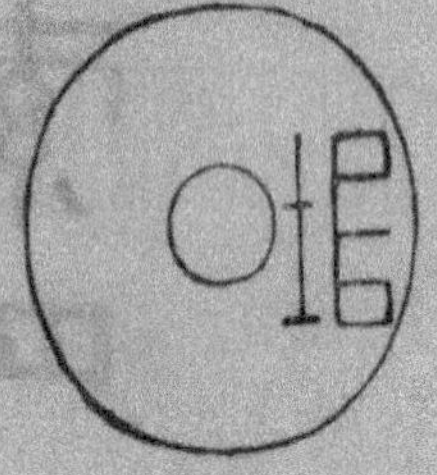

路史葛天氏紀注引李泊云幣文古葛字董譜云葛天氏之幣从土从日曰乃古之合字即為聲也曷與堨同所謂田堨田堨土事古文曷多作㽞猶此

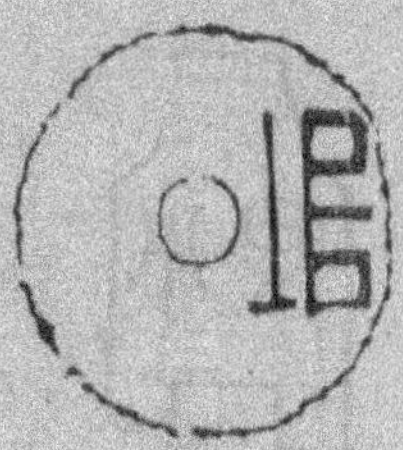

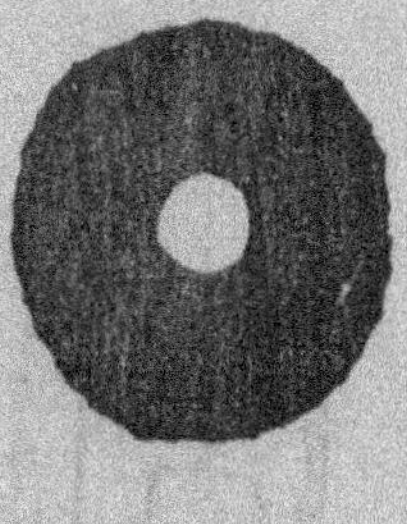

鵰得此于廳下其堦字土旁乃少一畫背平無文肉好皆無輪郭其質厚重當五銖錢六枚

軒轅氏幣

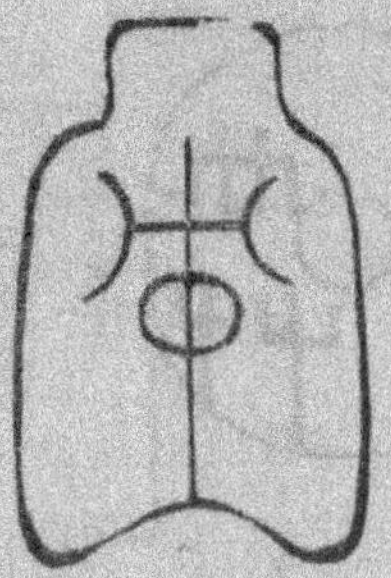

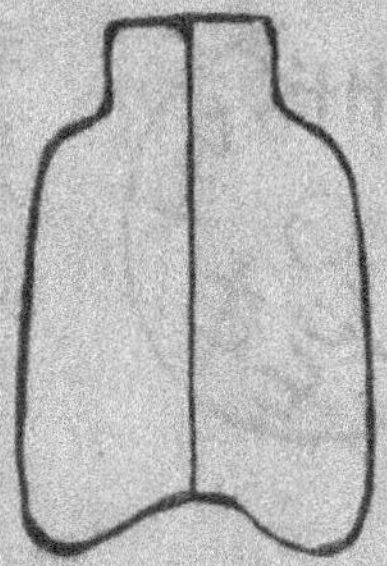

路史引王存乂云古文軒轅字合爲一似与此合背文祇一直道譜又以安邑貨二金爲軒轅氏幣鵰竊以爲夏禹幣故不列於此

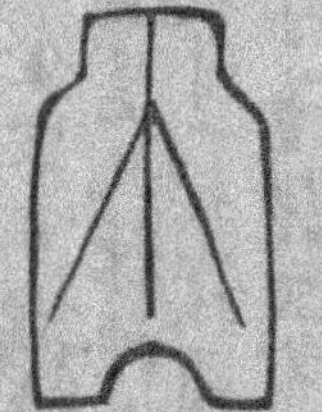

路史引錢譜有作僉斤者黃帝貨有作當者軒轅幣也此作當亦相似背文三道按軒轅古帝名非黃帝也黃帝單名軒字元律路史辨之甚詳

神農氏幣

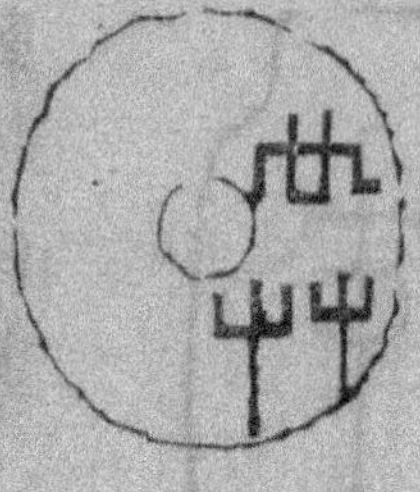

少昊氏幣

數字環繞無端惟金字可識餘未可定俗名鏍子錢按路史云太昊九棘神農一金又引杜祐云錢譜不知年代品有一大錢圓徑寸五分重七銖狀如半兩中有神字董譜又有慢由一金知貨目神農以來有之

此二種鵰見于桂氏拓本其小者有貨金二字排寫其斤即化字化乃古貨字若以為斤字則無所取也

幣文小昊二字背文一直道小昊即少昊周書作小顥路史作小昊

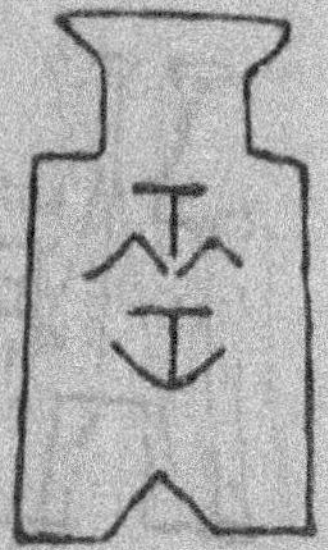

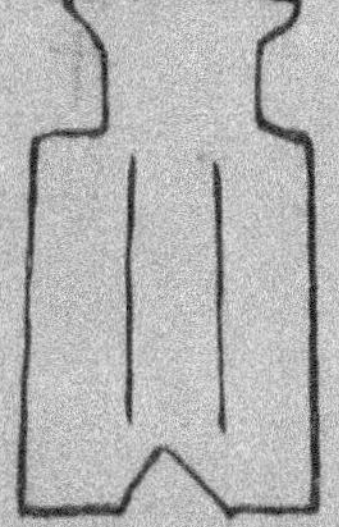

此舊譜所載以為少昊幣面佀金字背有直紋

高陽氏幣

路史論幣所起云錢譜長平布中有作鄙以舌一及作允陽侖陽平陽侖陽者凡五種有肉郭皆高陽金也朱近濟古金待問錄云凡有陽字者皆高陽氏幣今有自平陽來者携數種云一窖所得悉購之

平陽

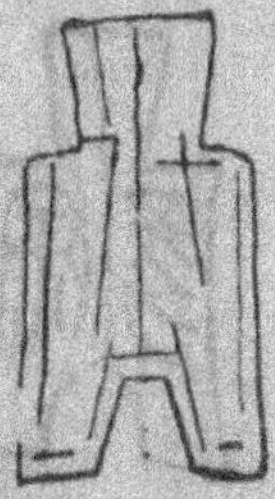

背有直紋

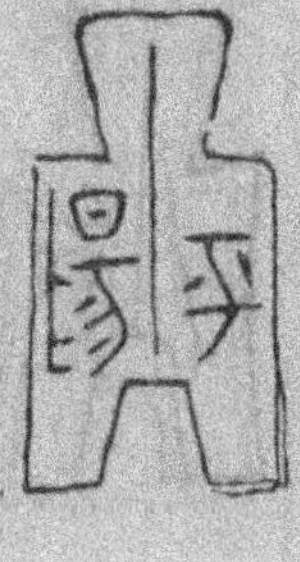

平陽

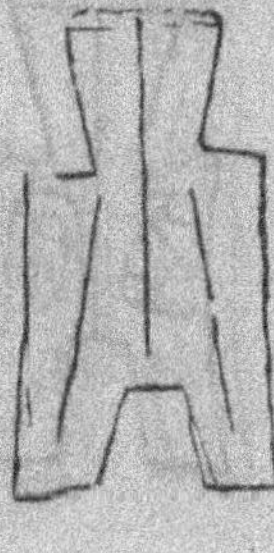

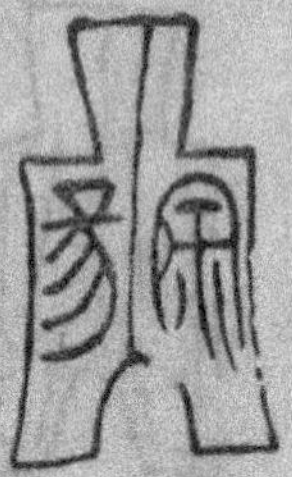

安陽

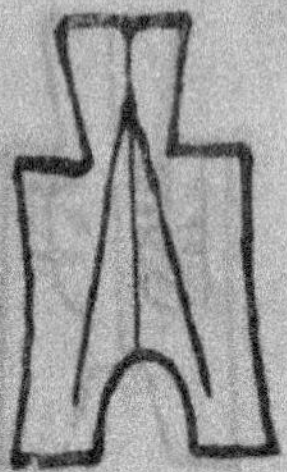

譜以為侖陽恐未合

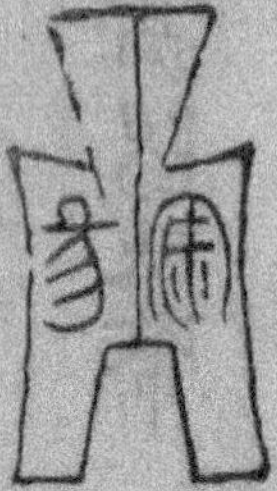

安陽

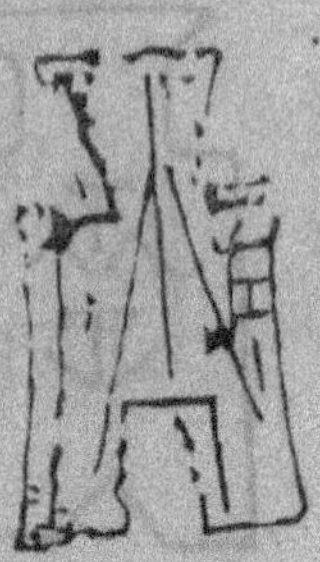

左十

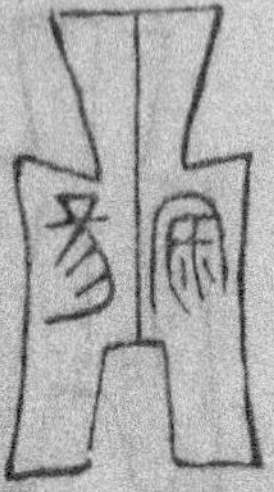

安陽

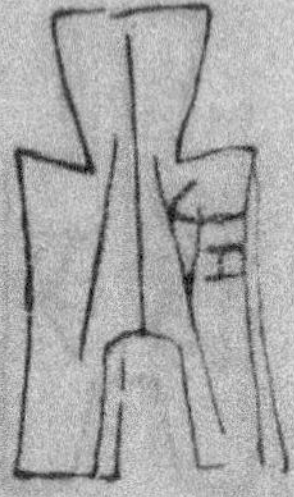

背文左字

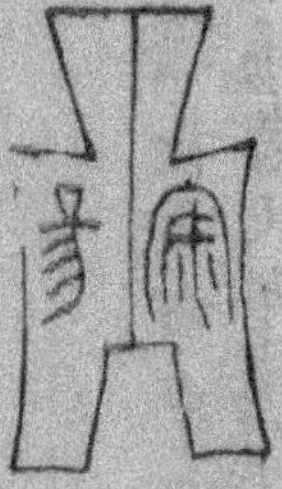

安陽

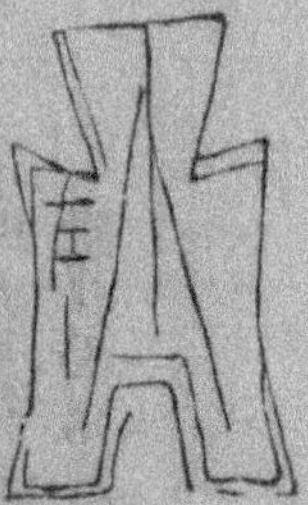

左十

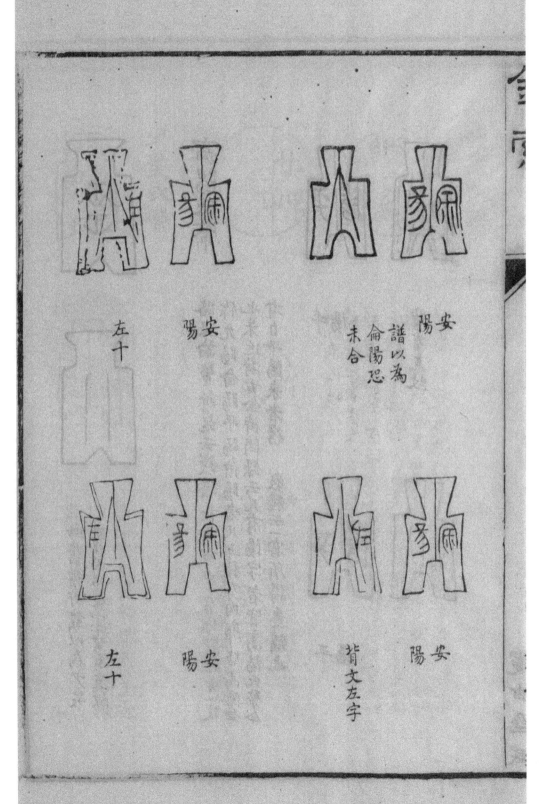

安陽

背文右

此六安陽惟筆勢縱恣耳譜以爲俞陽非

安陽

背文右十

安陽

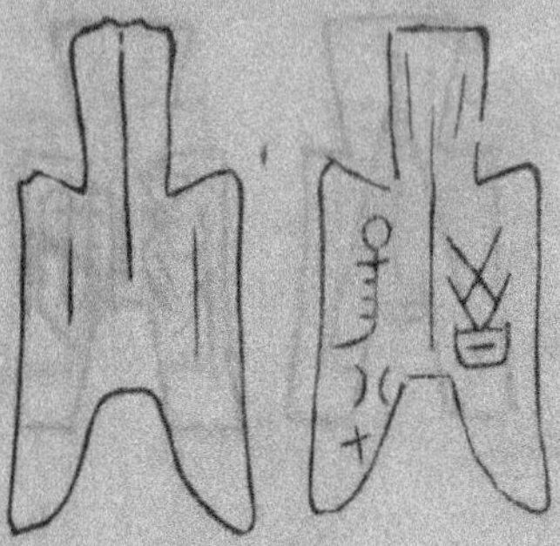

此疑安陽二字一正一倒陽下有八十字

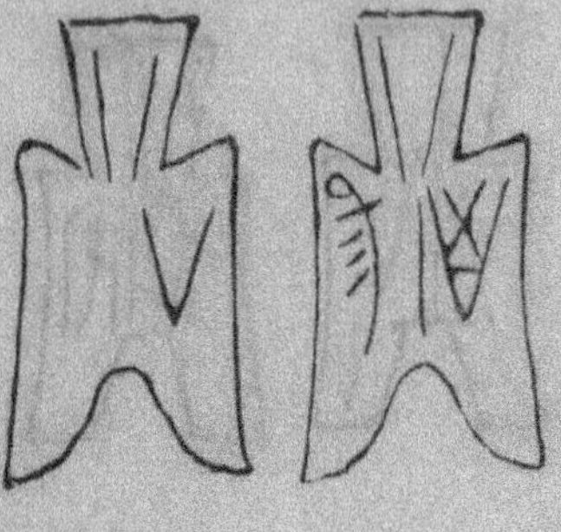

同上

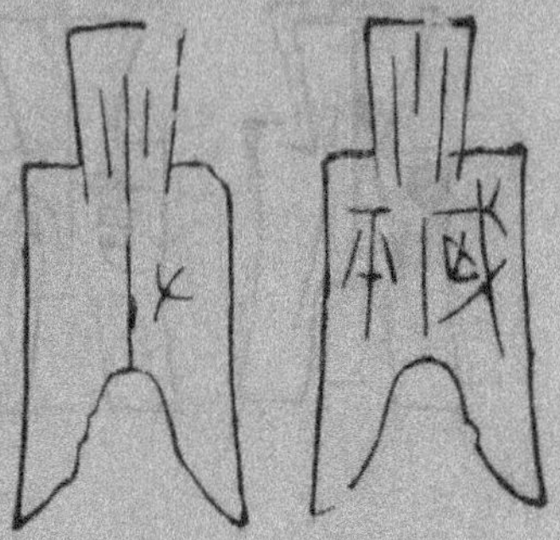

武平

此以下四布一時所出故附之

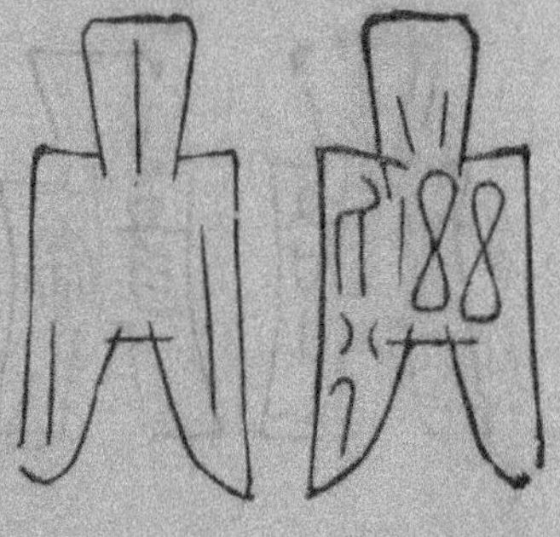

未審何字

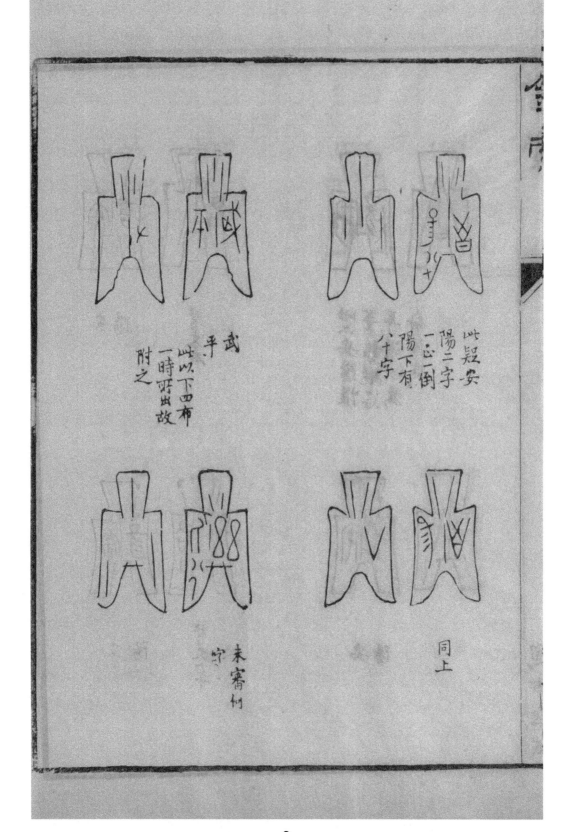

金泉

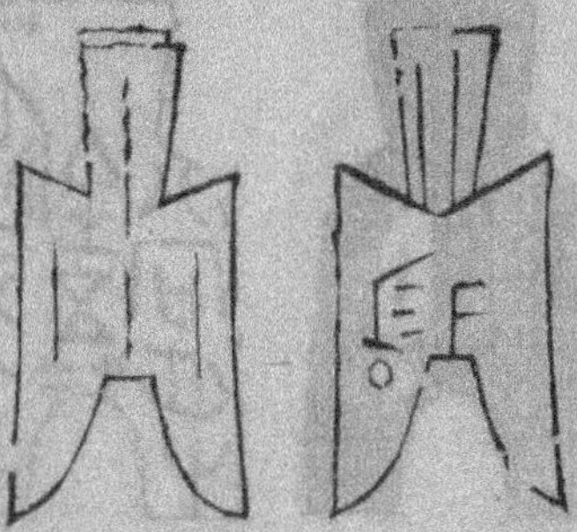

一陽字倒書

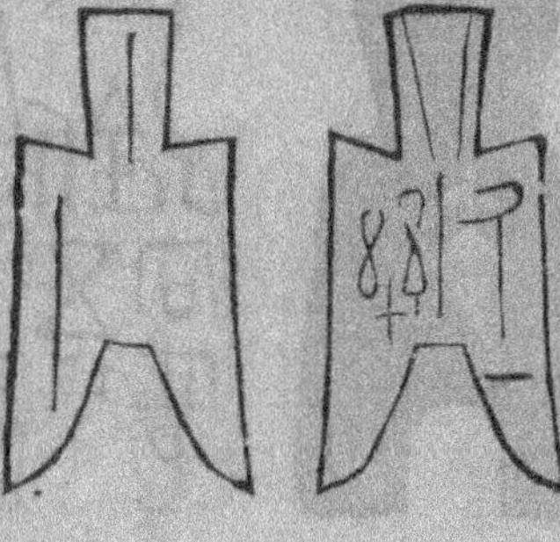

未識

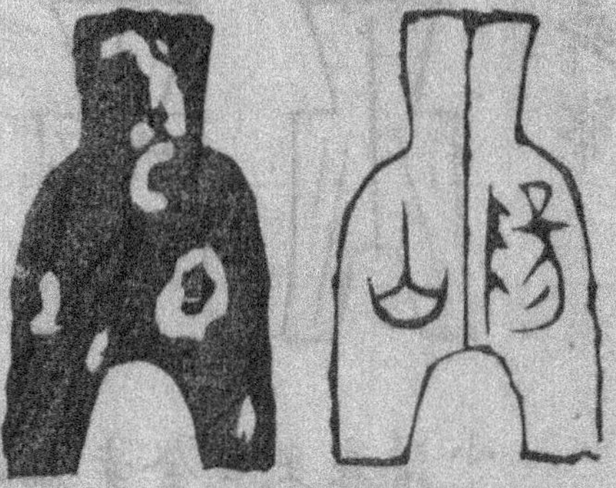

陽山

此幣得之任城未審陽山何在形製古厚面有郭背亦平因有陽字故附于高陽布之後

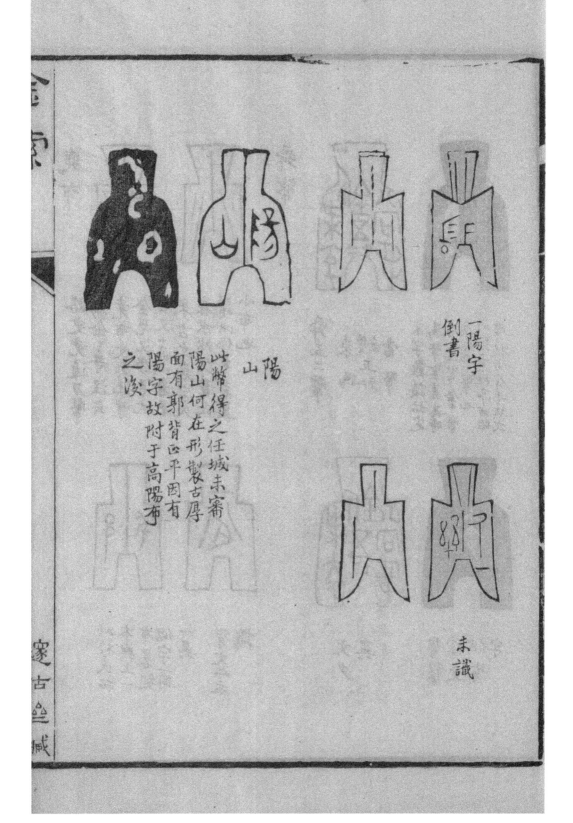

尭布

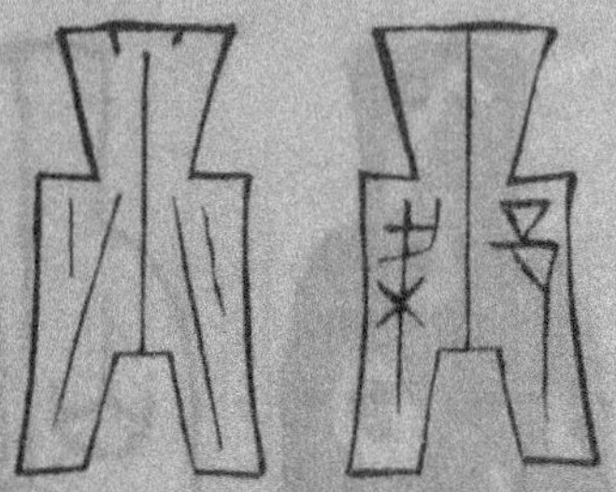

路史堯通刀幣為金三寺注云堯布文作上十全巴又𠬝弓大止又一品小者𠬝米古文泉字欠在水外詳董氏譜此作𠬝来蓋小布也

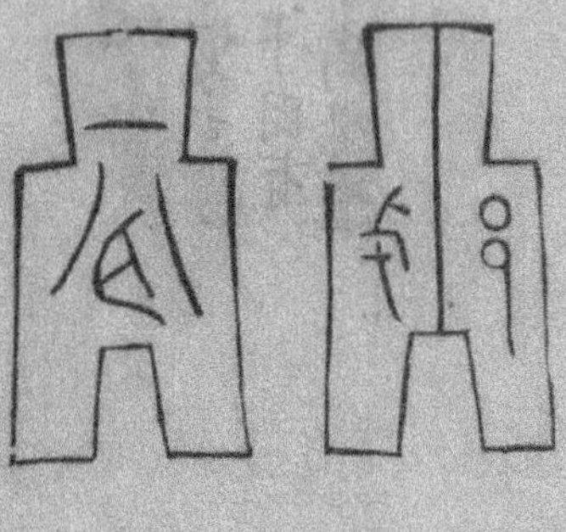

此桂氏拓本與上一布畧相似字同一異

背文亦未識

舜幣

舜五二幣

乘馬

貨金五十二

當幣

末字難識姑定為幣字蓋其時珠玉上幣金中幣泉貨下幣也此張子馥亭所貽幣極古背平無文

文少異

背鑿陰文佁奄字

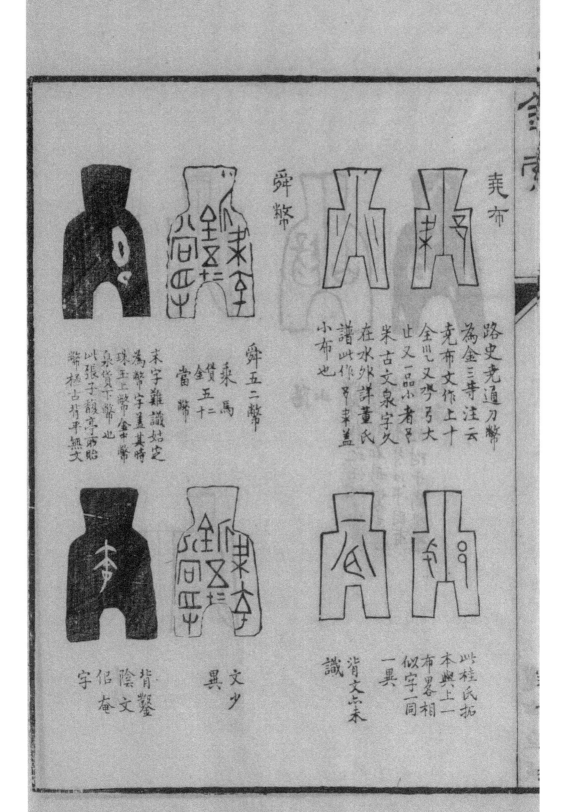

舜當金幣 無五二十字餘相佀

策馬幣

路史舜得策乘馬之數乃割高陊保太彸軨羣害以作策馬貸當金貸一金二金二四金二五金乘馬幣注引董氏譜云其文曾爲尚策爲乘馬爲疋五二金者重貸也一金者輕貸也當金者當重金也攷之管子可見此策馬貸朿即乘字又有文作尚金乘疋曆毋者

譜云此幣藏河間李氏共文不可識

鵬按此有六金字與五二相類故坿于舜幣之後

夏禹幣

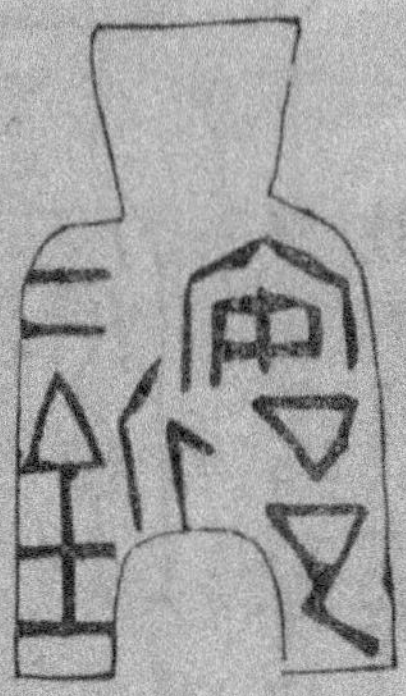

安邑
貨
二金

化即化
化即貨
之渻

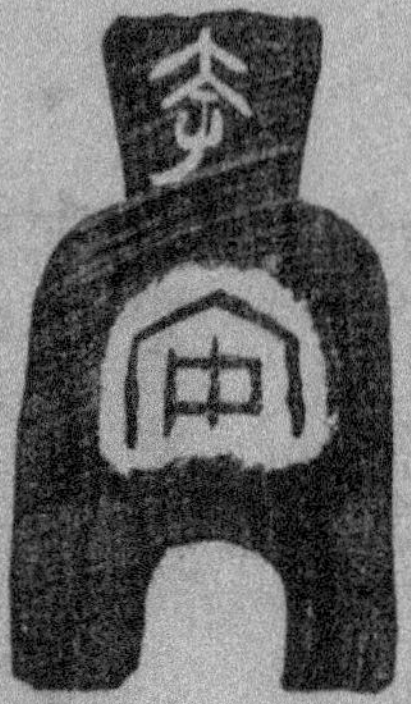

背文安
安上鑿
一字佀
奄

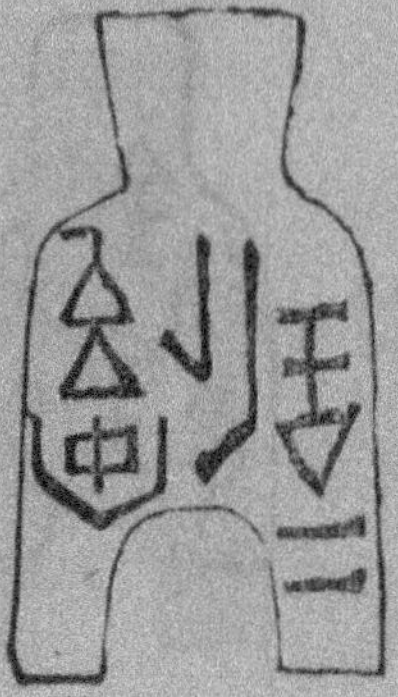

鵝得此
于任城

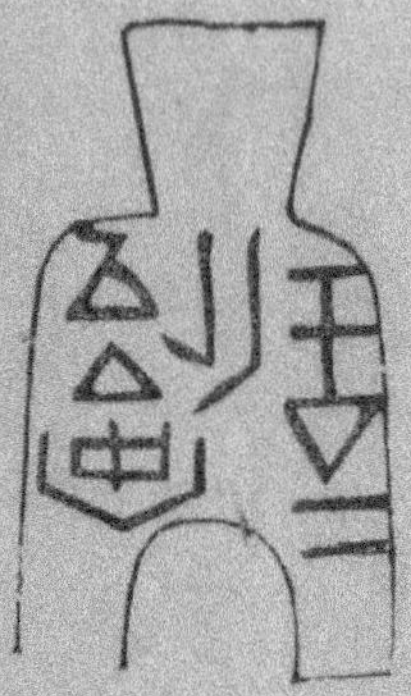

同上而
文倒

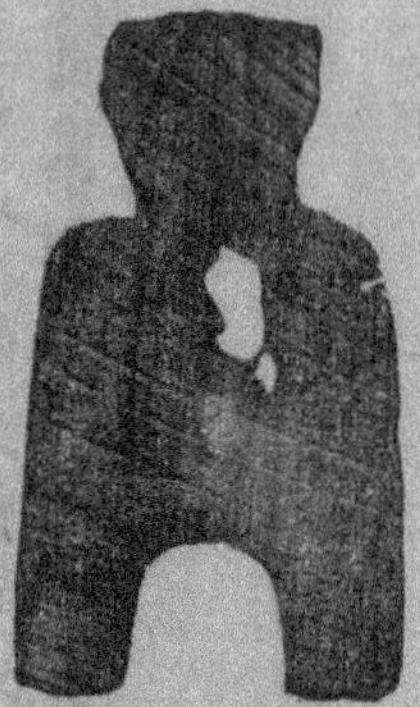

背平
無字

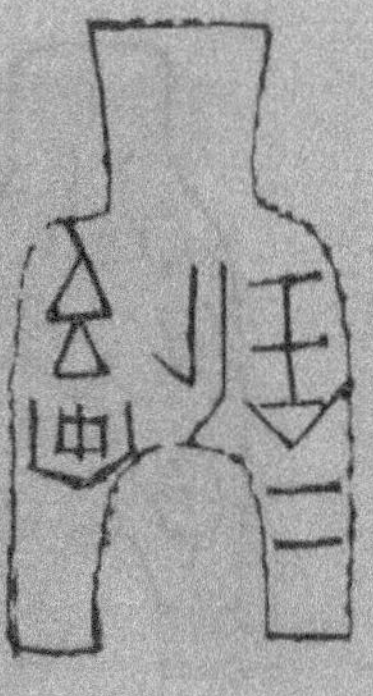

鵬得此
于曲阜

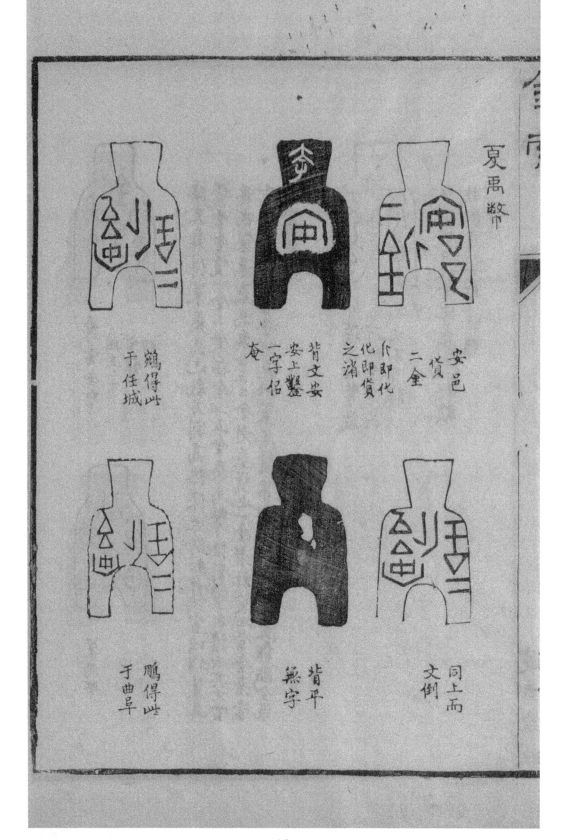

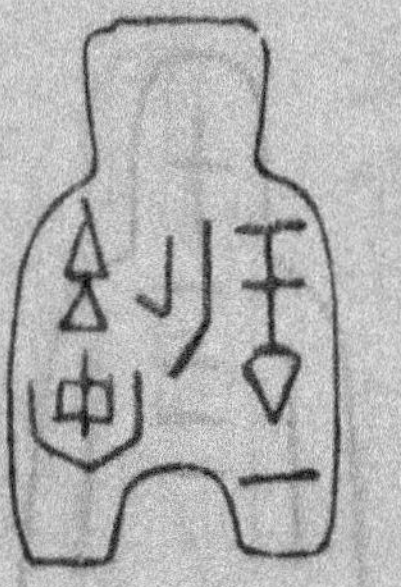

安邑貨
一金
倒書

商湯幣

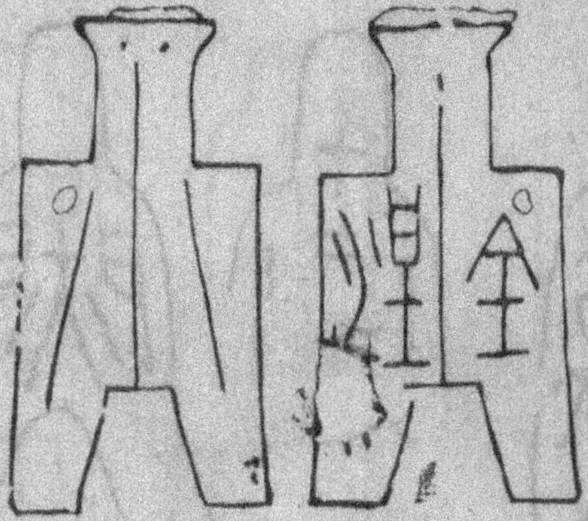

湯金二
字左讀
鄭氏通志
金石畧列
商貨五品
湯金第四
此其是歟

背無字

錢譜俱以此為軒轅幣 鵬按此明係
安邑二字非軒轅字禹都安邑當為
禹幣譜又稱禹幣形方無文湯幣
橢圓無文然傳稱禹鑄歷山之金湯
鑄莊山之幣非不灼然豈有禹湯以前
之幣有文而禹湯反無文者故表出之

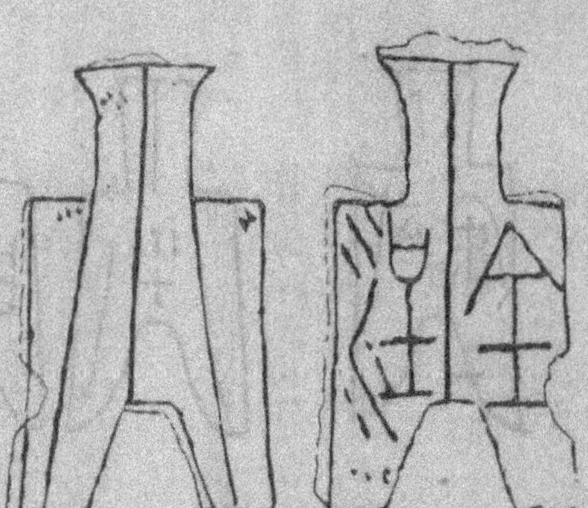

同上

此二幣質与文俱極古

祥符友人謝子樸園慎修于乾隆五十七年得古金
十二品于野王城山中貽予五品此其二品洵好古之一助也

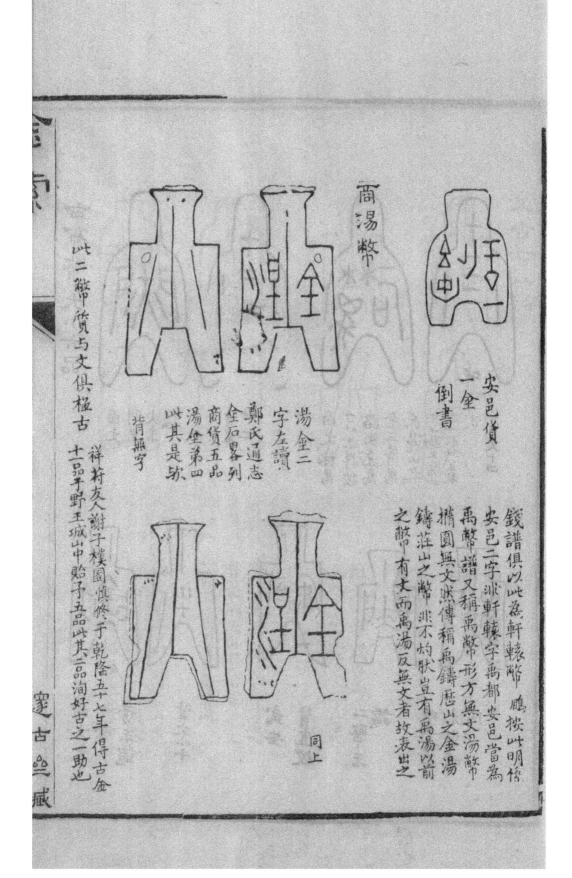

古布幣大小六品

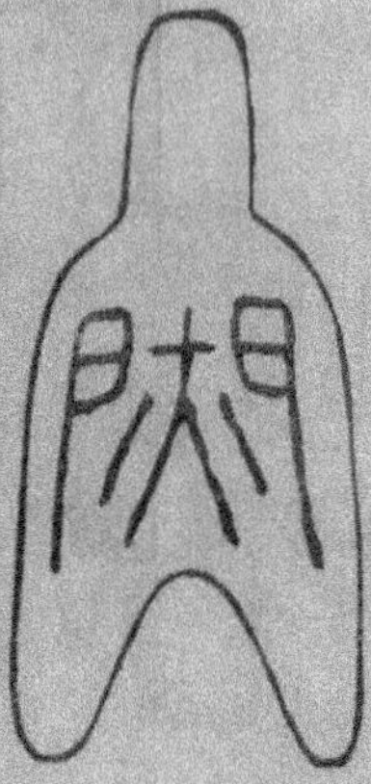

面文門中火未識

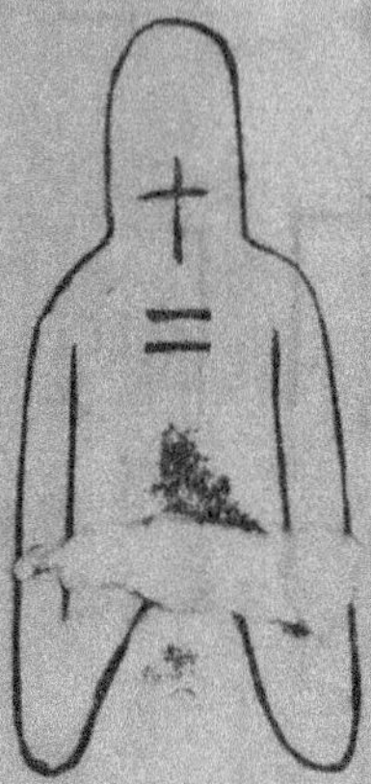

背文十二

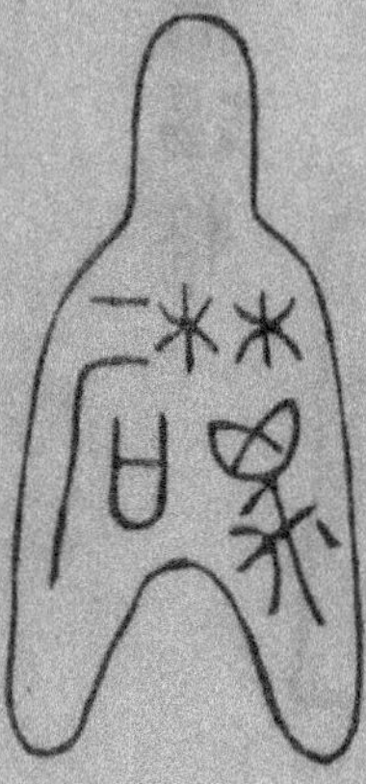

面文林禺二品未詳按路史堯為金三等禺氏邊山之玉為上幣疑取此義

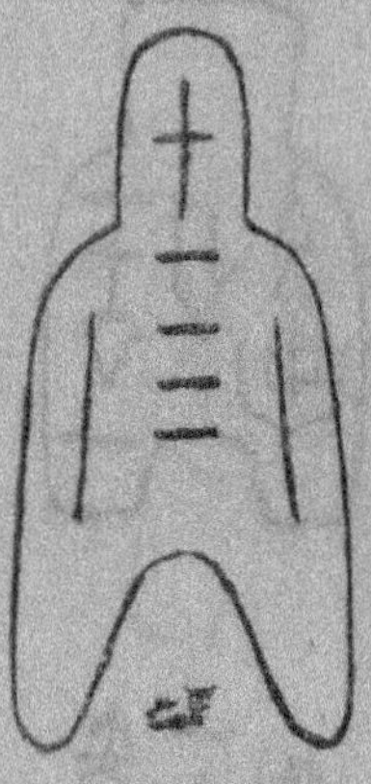

背文十四

面文大一金旁未識

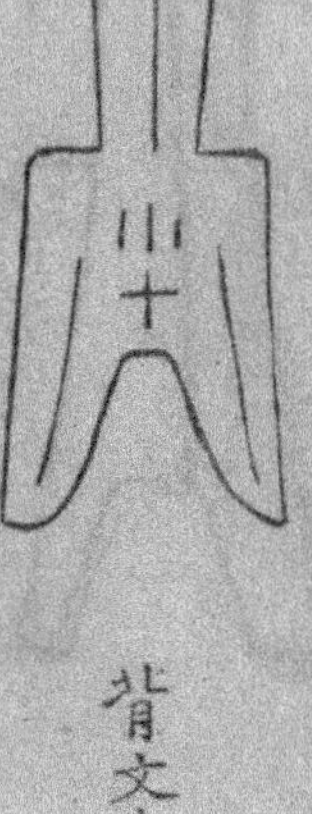

背文小十

武安背直紋

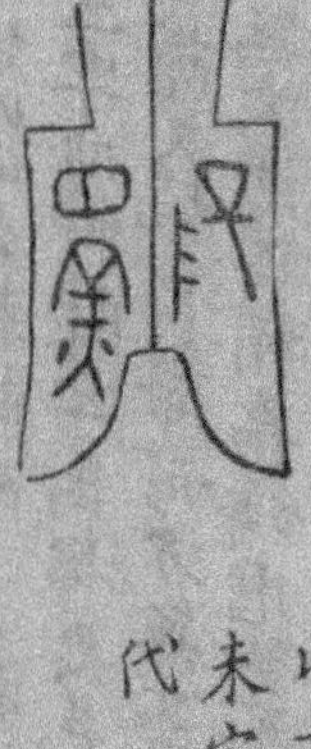

二幣未識

以上六品未定之時代

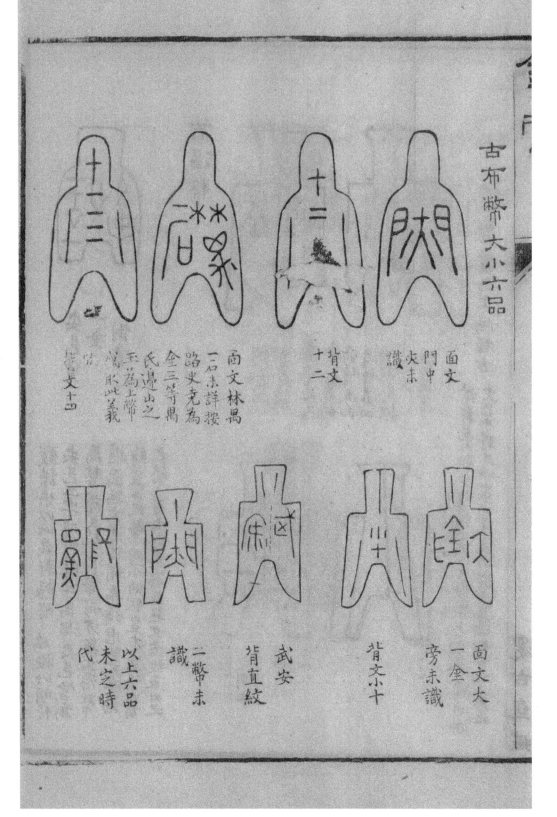

又古布八品

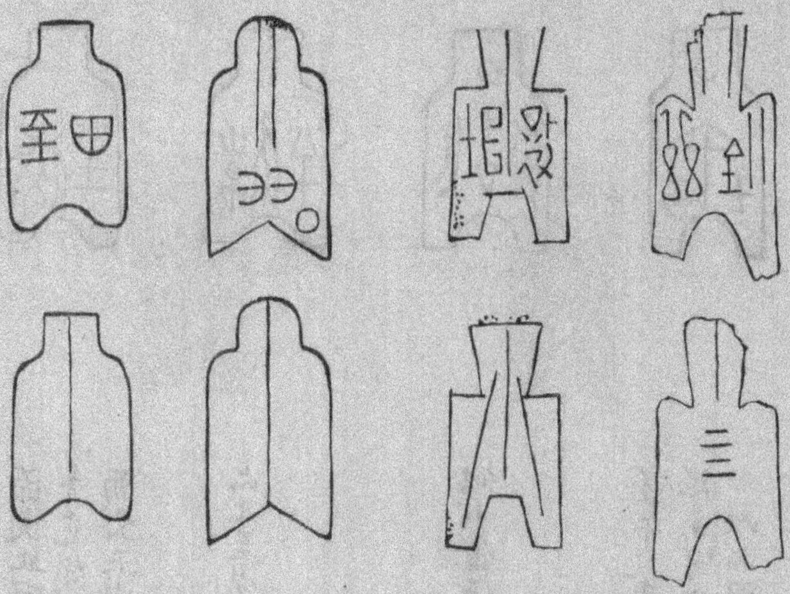

面文茲金二字左讀邊有二直疑茲二金也路史茲少昊後嬴姓國姑幕有茲城太原亦有茲氏城

背文古四字

面文二字或以為葛天氏幣未定背文三直道

此布甚異面文二直道下有文似兩山字橫書下又一圈不透背只一直道

面文田至二字背一直道與前布輪郭俱極周正

以上四品紹興沈赤文所得

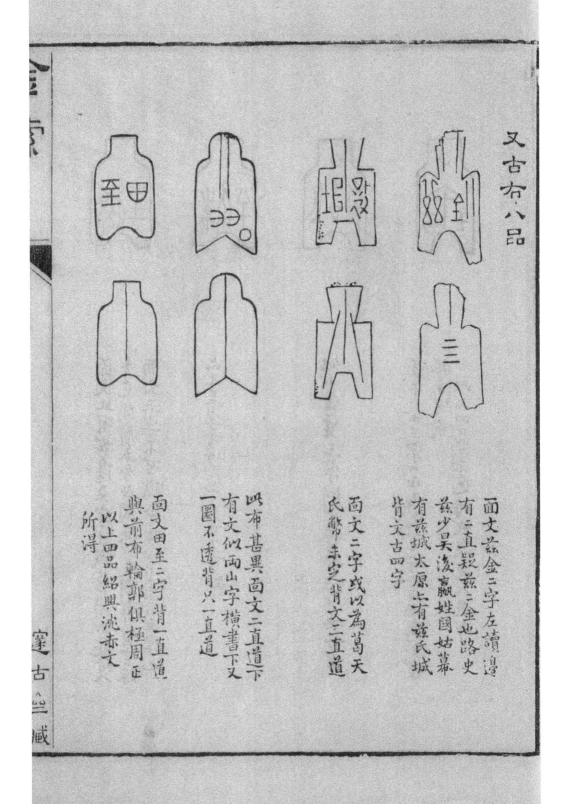

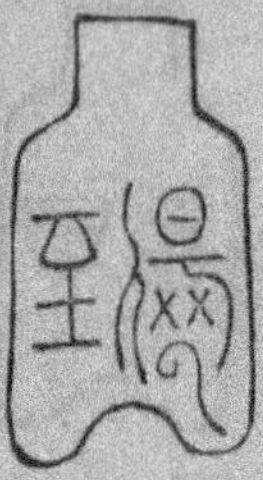

面文止有左邊至字可識舊譜云長寸八分足間廣五分正圓無好及周郭重十二銖

面文五字不可識今按實未有五字也

亦止至字可識餘二字不可知

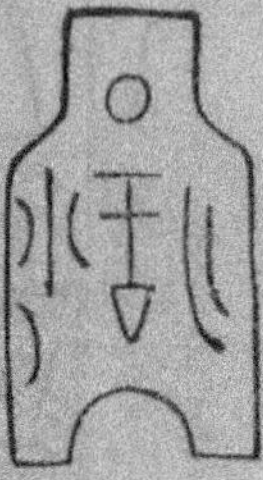

似小金貨三字倒書有好亦有無好者

子午金三字一正兩倒有好舊以為古布恐未可定

以上四品亦未定時代泉志入異布

古鏟幣

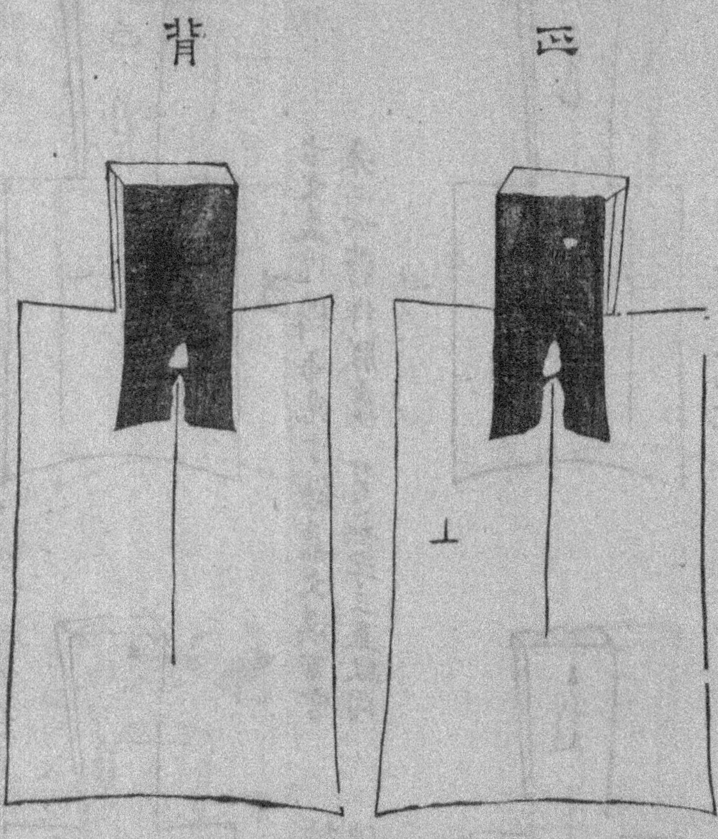

前人均謂之幣今藏古家別之為鏟幣其下單層其上夹層有口向上可以正納此幣尤大見于曲阜縣悳印山都尉昌運以玉牌易之其正面有古文上字甚小背亦一直道極古朴

邃古齋藏

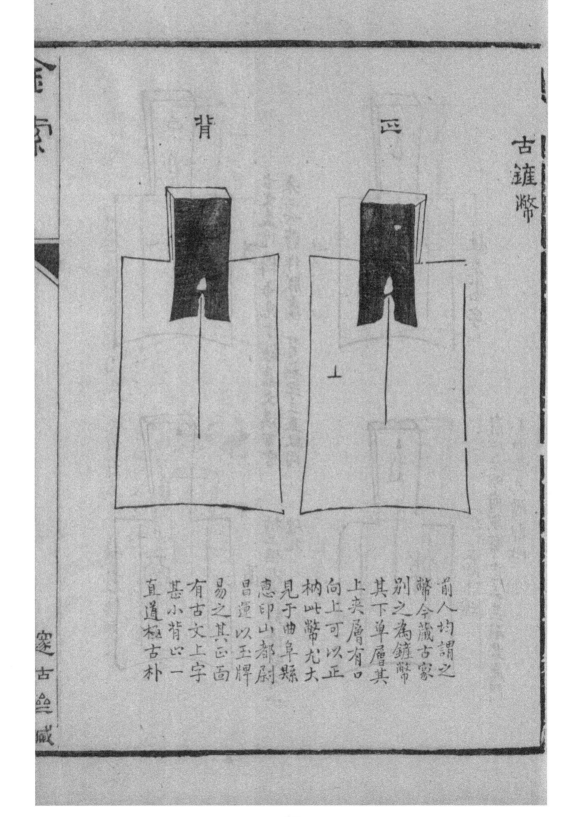

益

古文益作𦬁每見于鍾鼎文漢百官表亦云𦬁作朕虞　背無字三直紋同

柄上俱有尖釘隆起有小破孔

禹

疑是密字

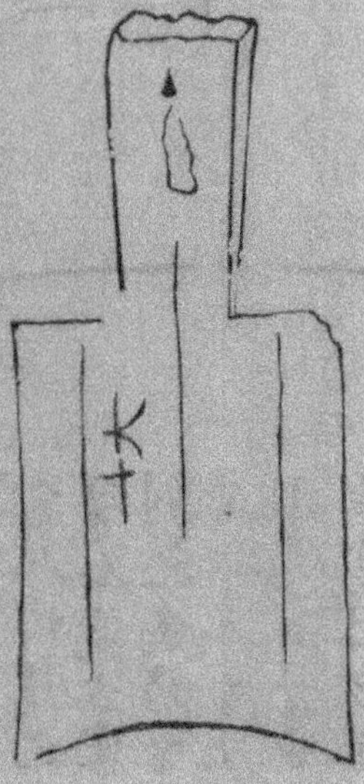

字未識

嚴心益明府藏幣十二品其嗣君庶門分四枚見贈即此

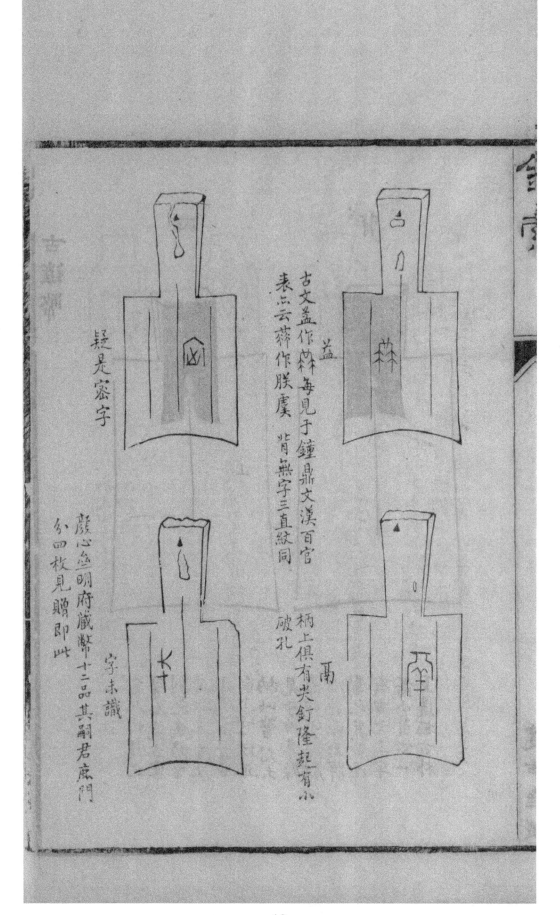

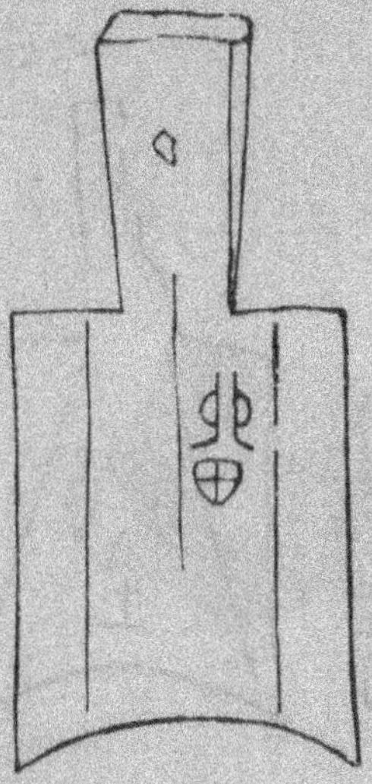

鍿 疑鍿字之省

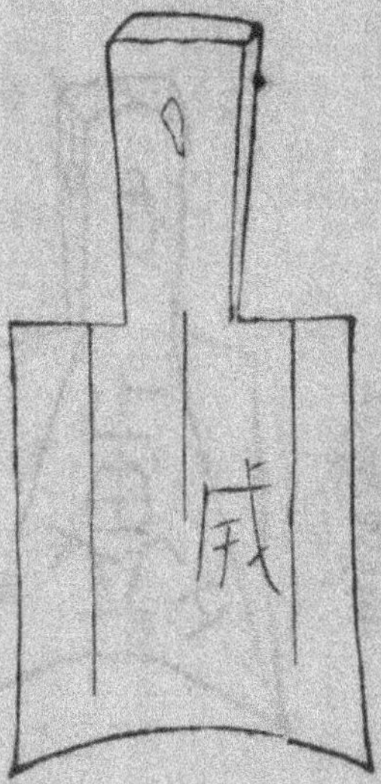

成字與前小異

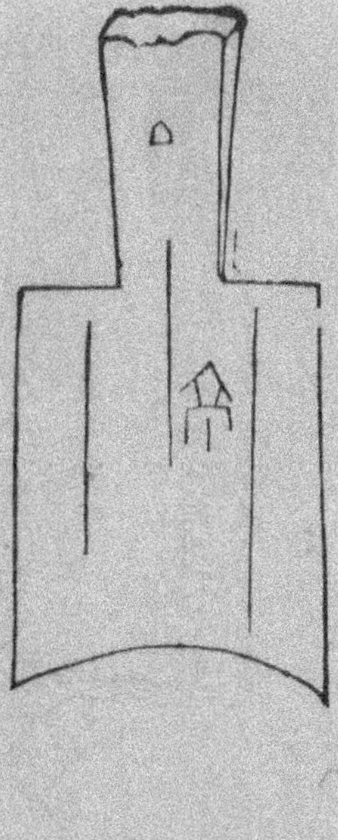

京 或是亭字

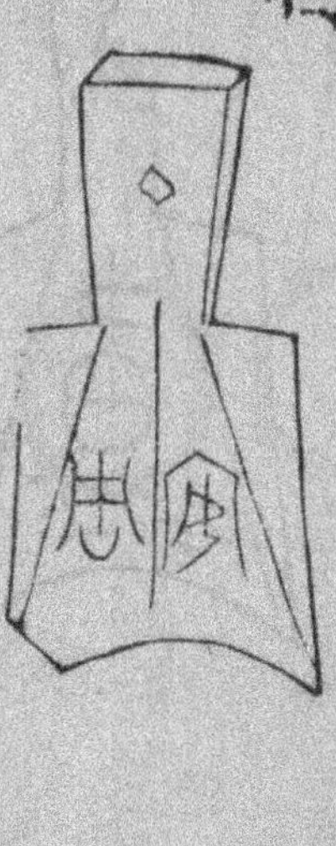

疑是安周二字

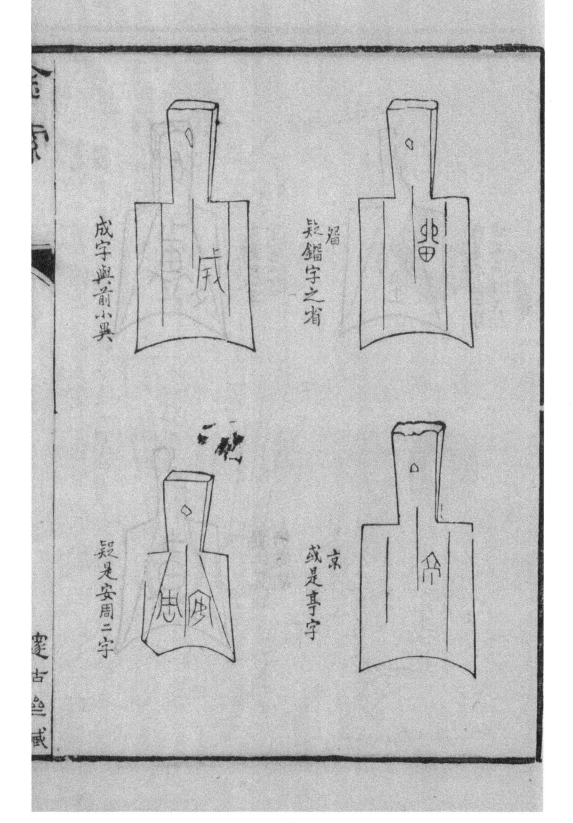

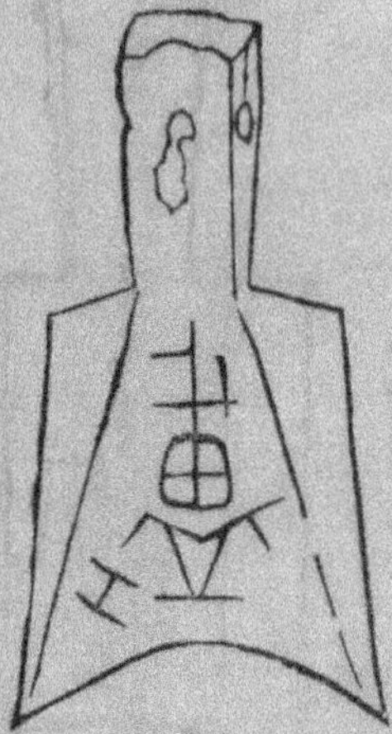

或是盧字
旁有工字

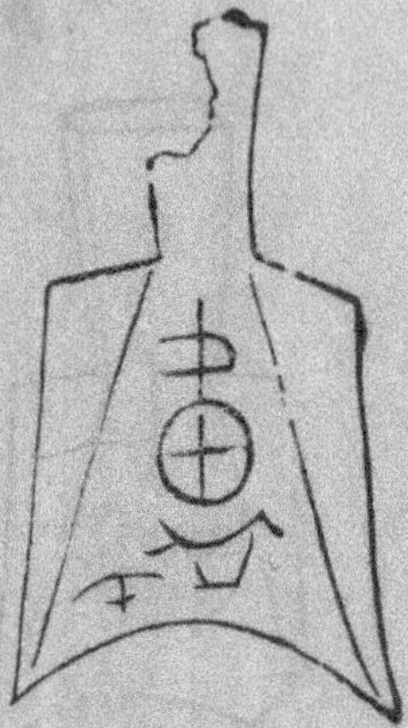

與上畧同
柄微缺

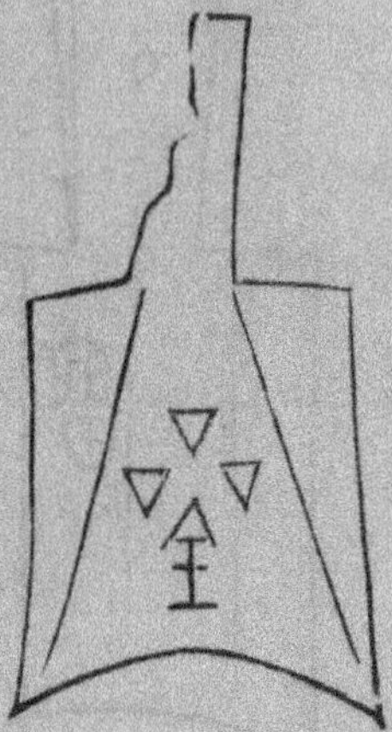

或是品金二字
古文品作[illegible]

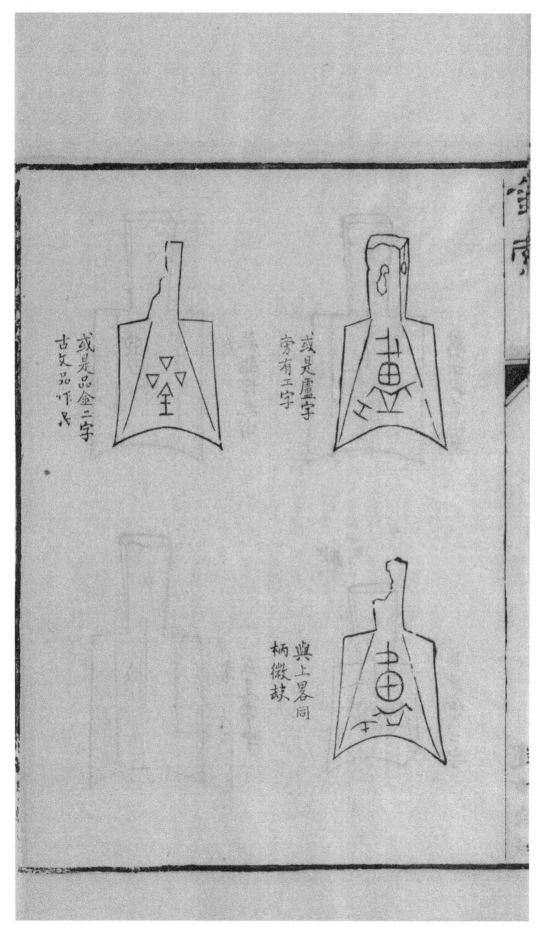

周錢

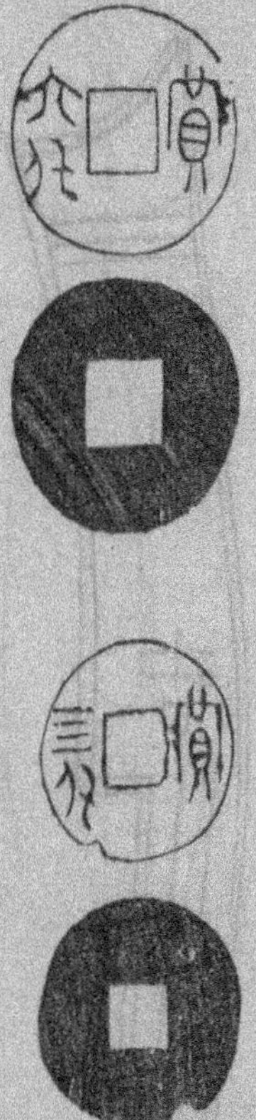

化即古貨字書懋遷有無化居史作貨居可證

太公為周立九府圜法始名以錢、貝函方函孔也景王更鑄大錢文曰寶貨予見一錢于孔葒谷曲阜部家文曰寶六貨文見一錢于桂未谷明府家文曰寶四貨

齊刀

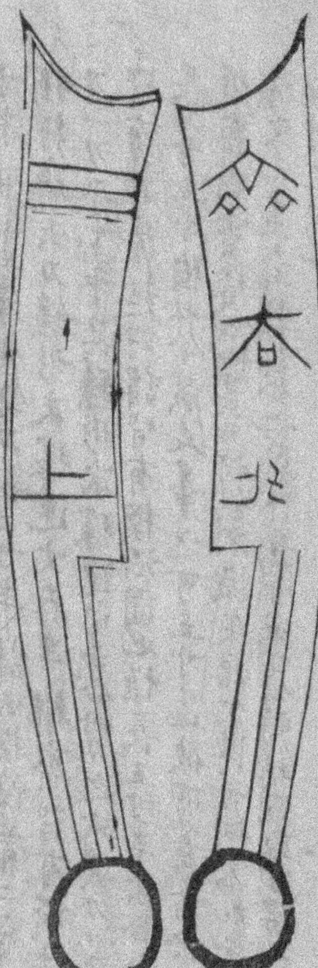

面文
齊寶貨

背文
上

此錢往、得于章邱臨淄等處嘉祐雜志稱為齊太公杏九今人呼為齊吉化皆非也緣不識古文寶貨字耳漢志太公為周立九府圜法退又行之于齊

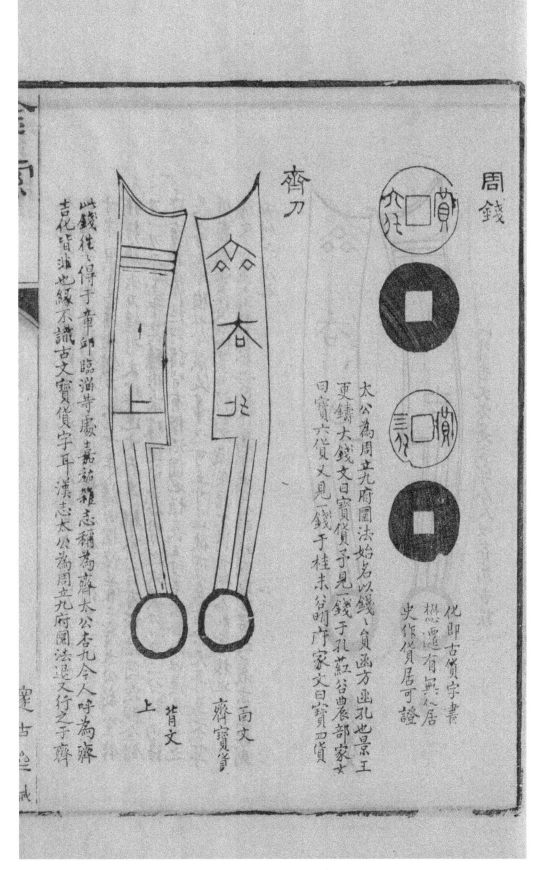

今觀此刀頭有環即圖法也桓公令輕罪者贖以金刀故齊刀為多焉昔梅聖俞嘗飲酒劉原父家原父懷二古錢勸酒其一齊之大刀長五寸半其一王莽金錯刀長二寸半詩云探懷出數二寶太公新室錢獨行齊大刀鑛形末環連文存半辨齊皆有模法圓次觀金錯刀一刀平五千其鑛形末環連鉤正合此刀之式其刀口厚一分許兩邊皆有郭隆起所謂皆有模法圓也惟長五寸半不合今以漢尺量之長六寸五分強以今裁尺量之可五寸蓋彼所量者宋尺耳至文存半辨齊則寶貨二字當時俱不識矣原父博古何不加考核也背文三畫者乾象也乾下為丁或丁公時鑄或取丁男之義末一上字則編列之次也

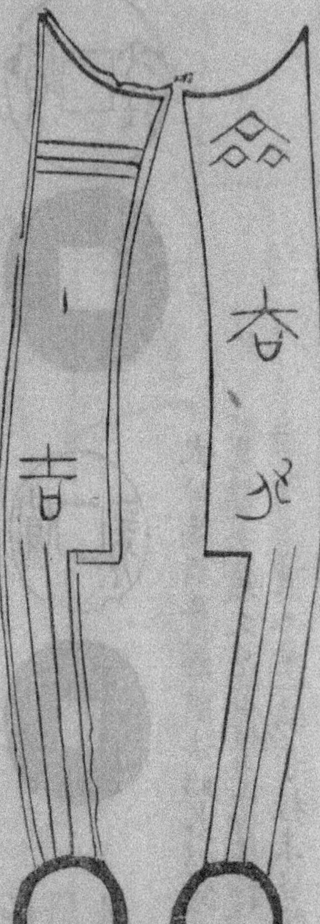

齊寶貨　吉

此背吉文方是吉字今人以杏為吉誤

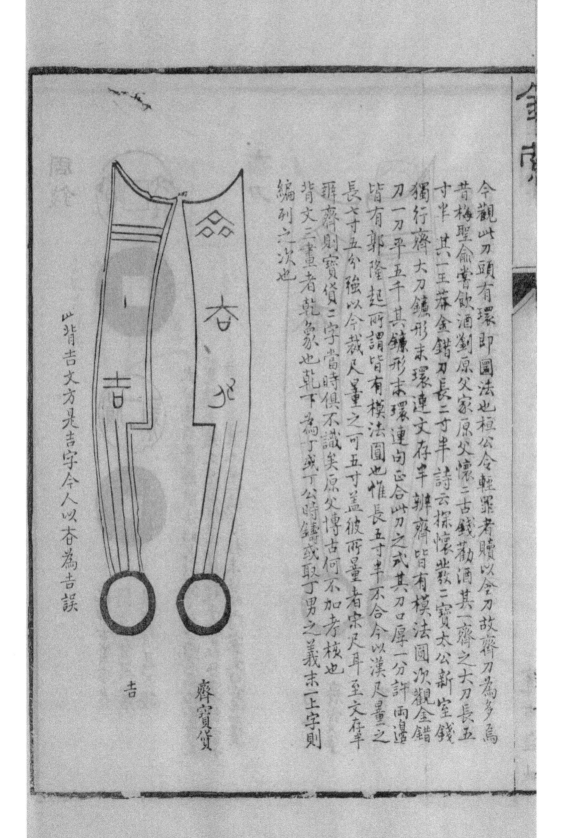

貨渚為化此又渚化為反匕

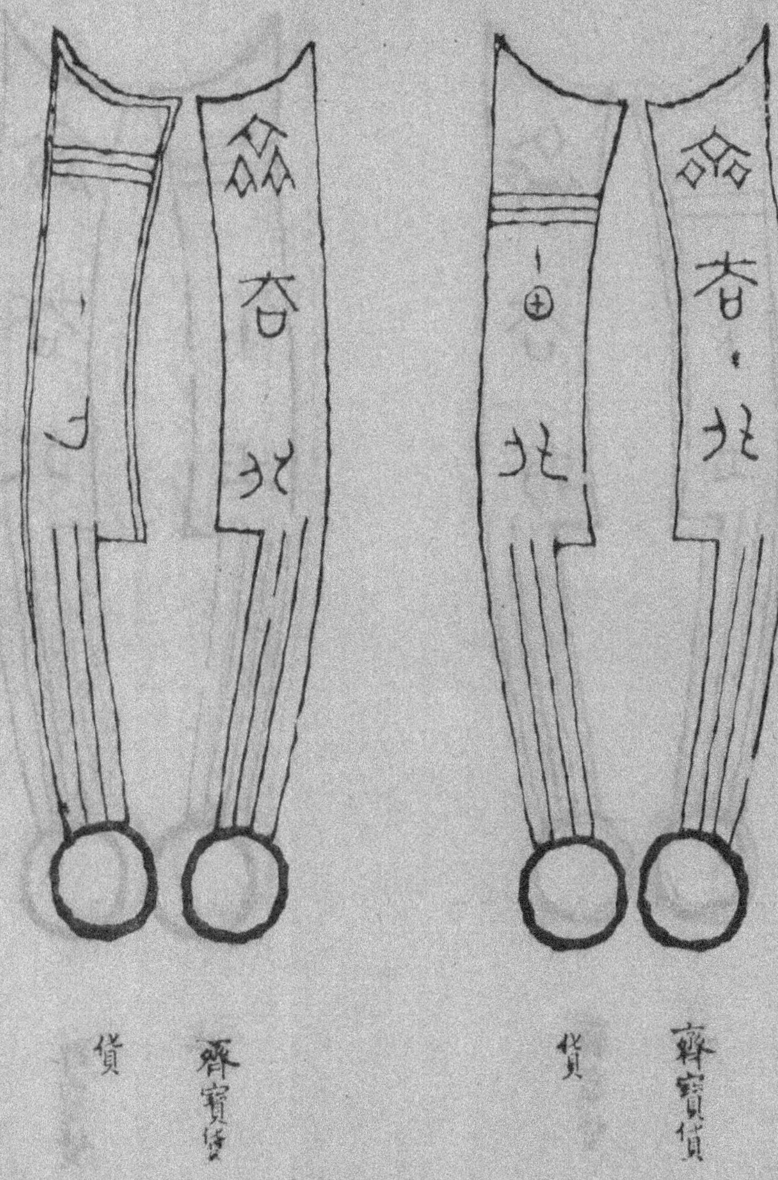

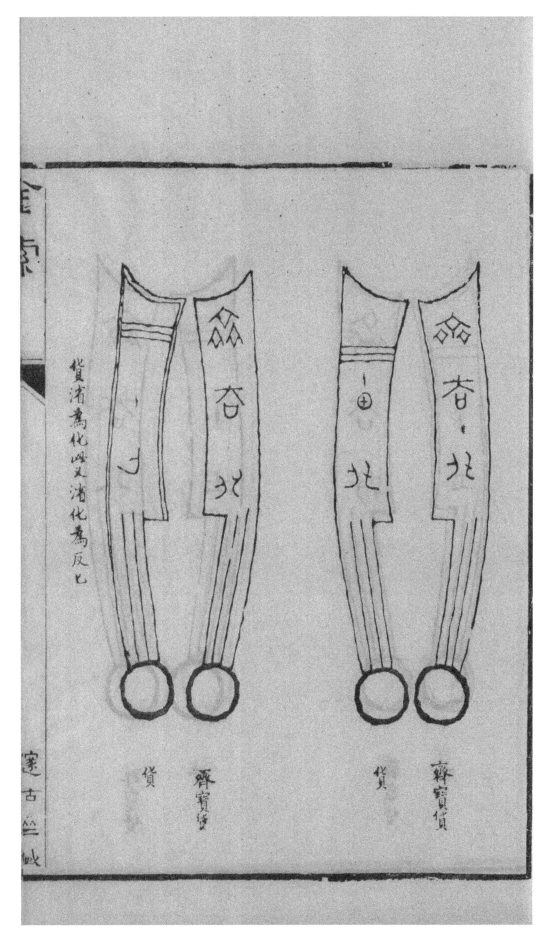

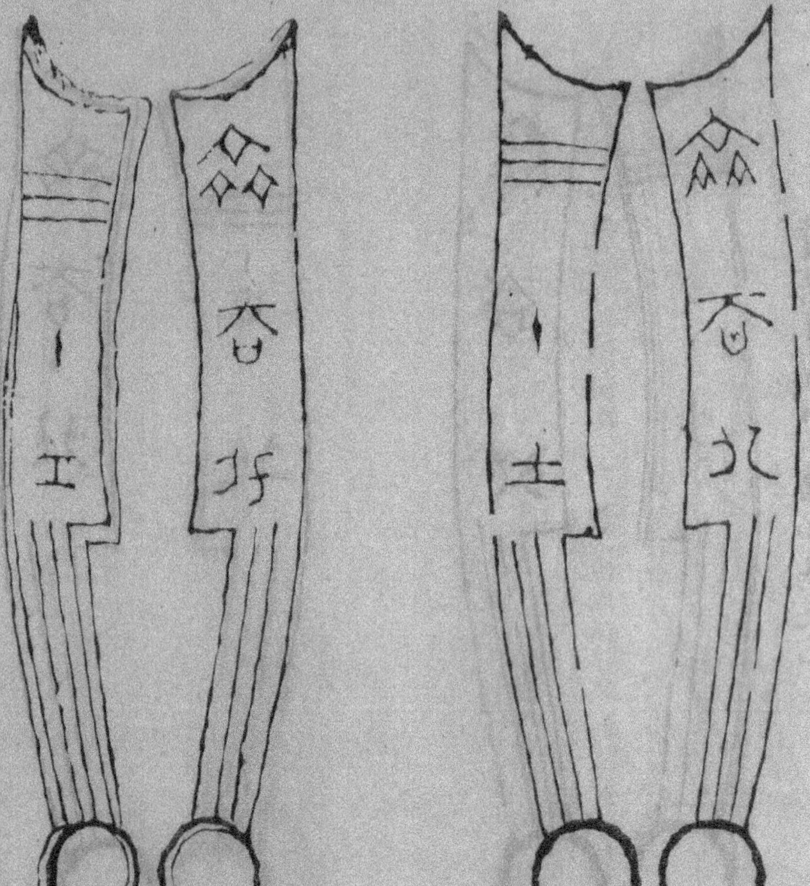

齊寶貨

土

齊寶貨

土

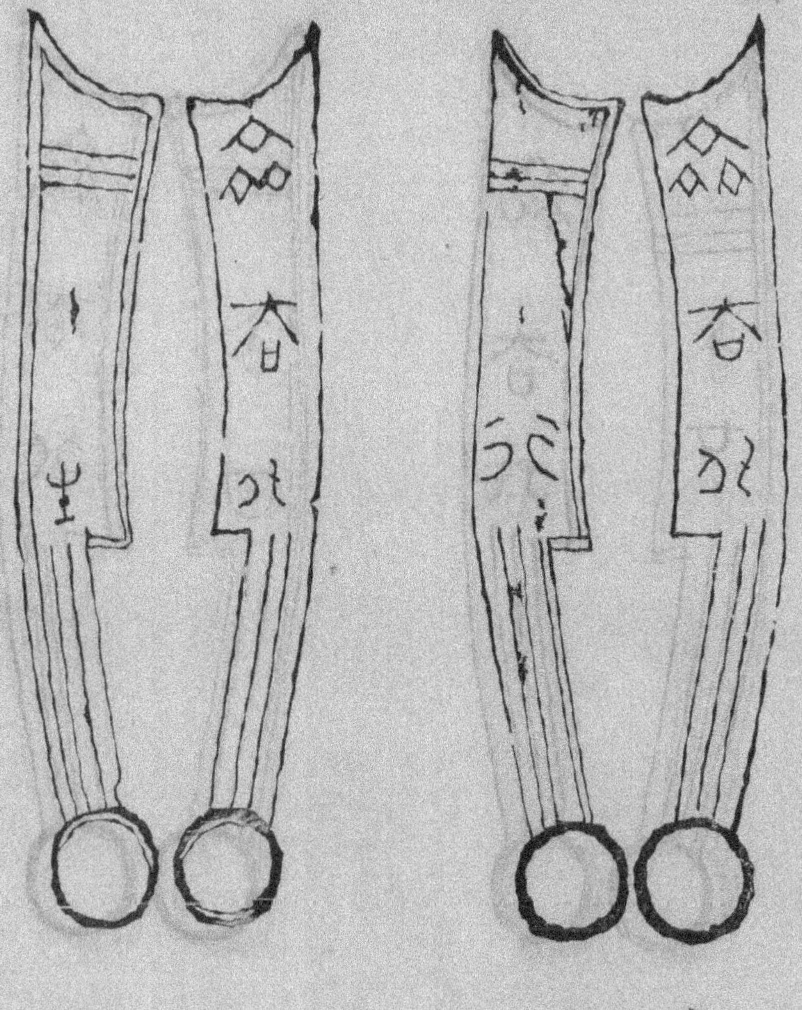

齊寶貨

行

齊寶貨

生

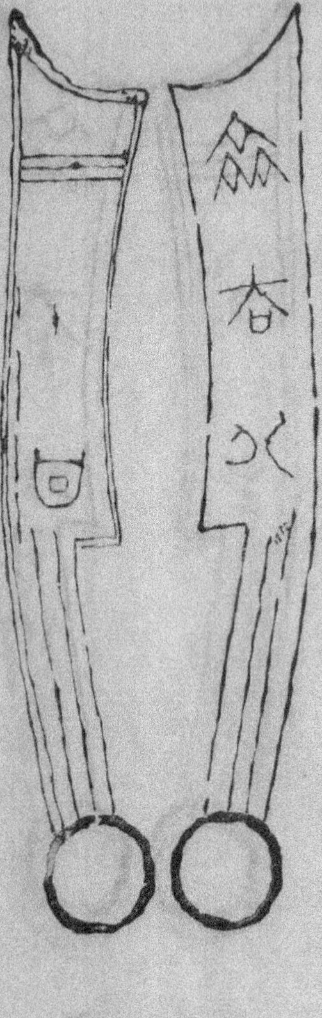

齊寶貨

廿

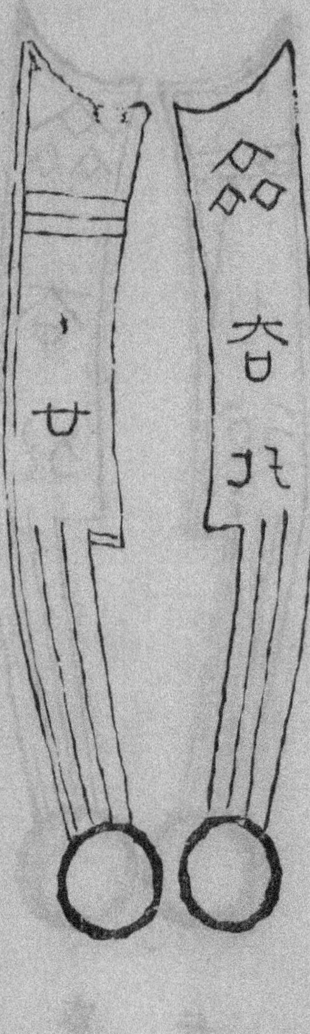

齊寶貨

廿

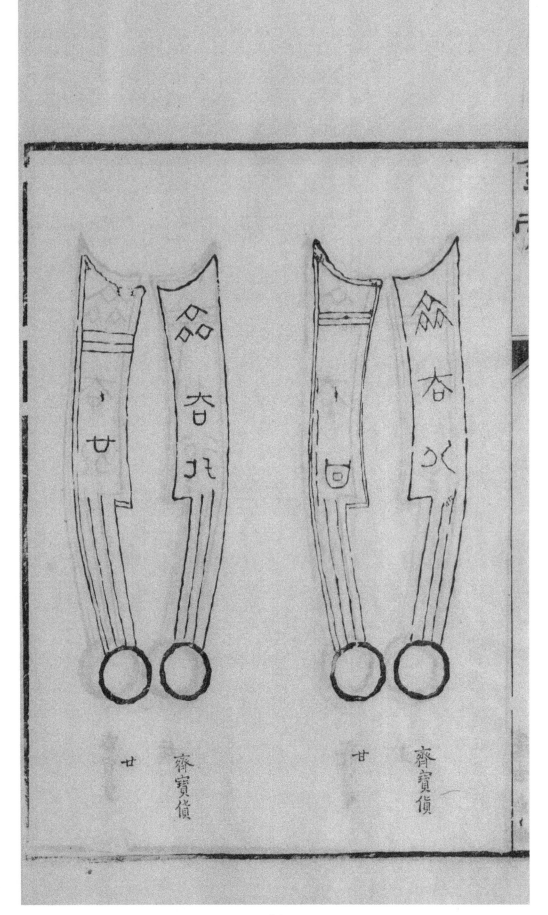

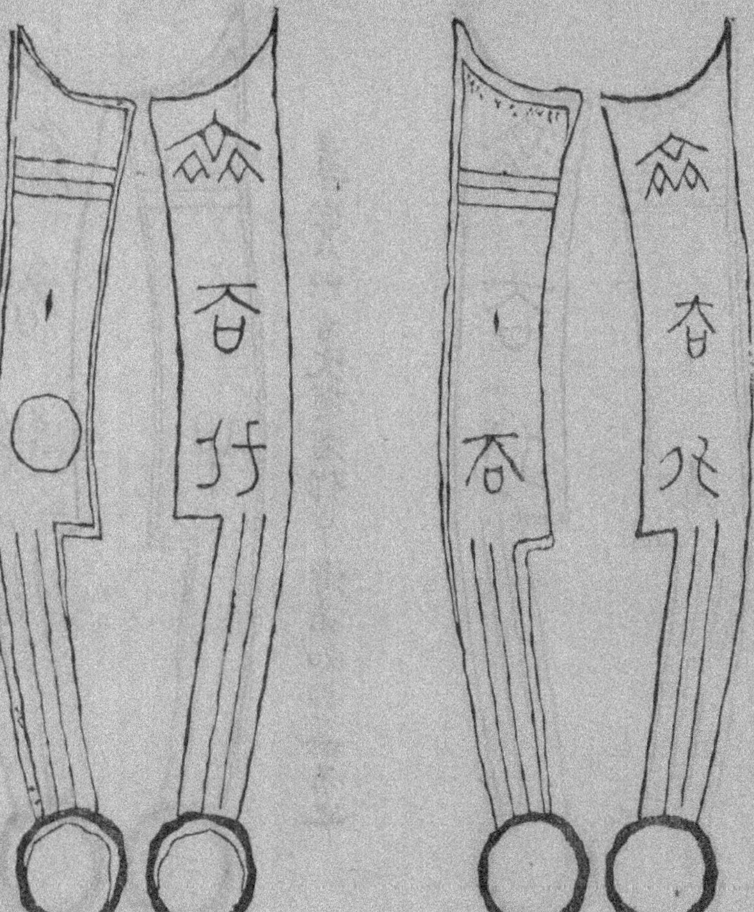

齊寶貨

寶

齊寶貨

圓

古詩云何日大刀頭蓋刀頭有環即隱用還字茲背文復有環其取回還義与

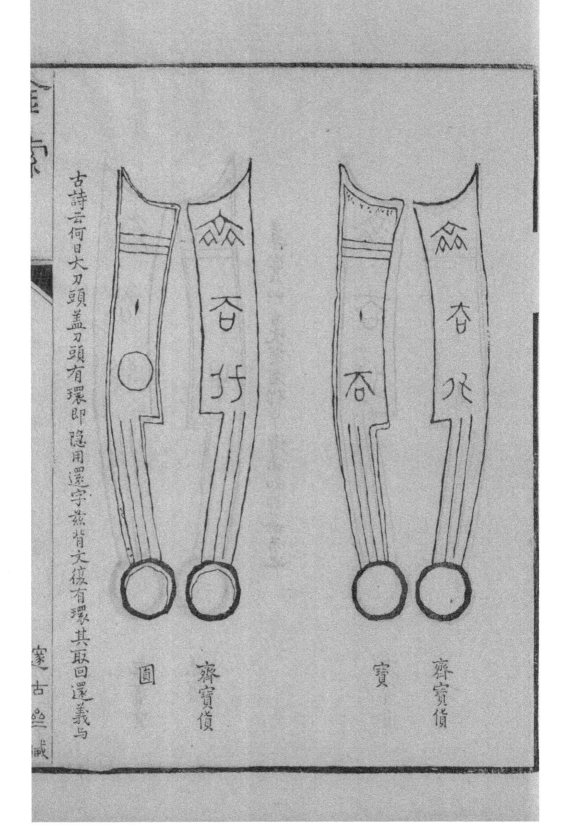

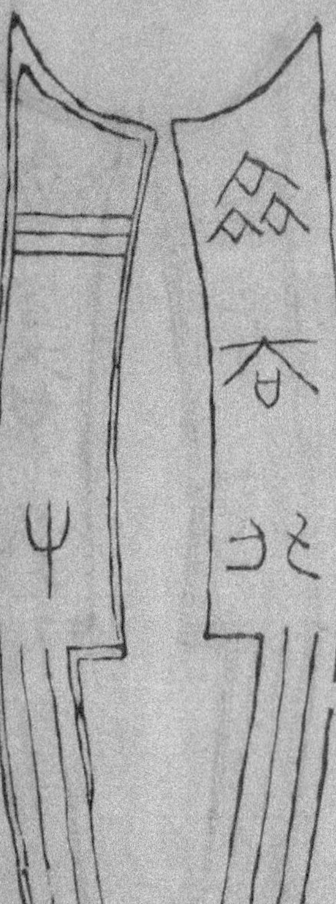

齊寶貨

未審

草字艸古文有省作屮者未知即此否也

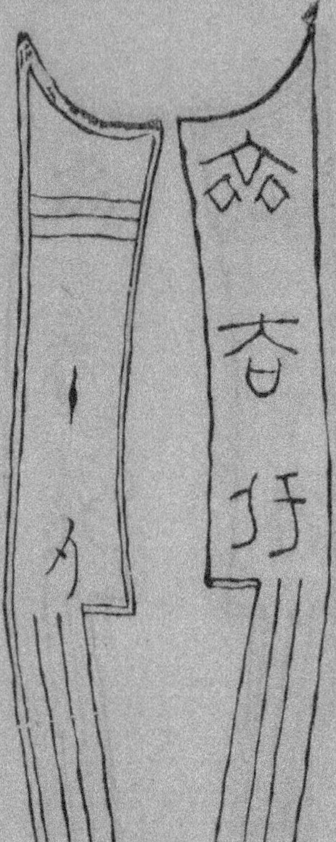

齊寶貨

未識

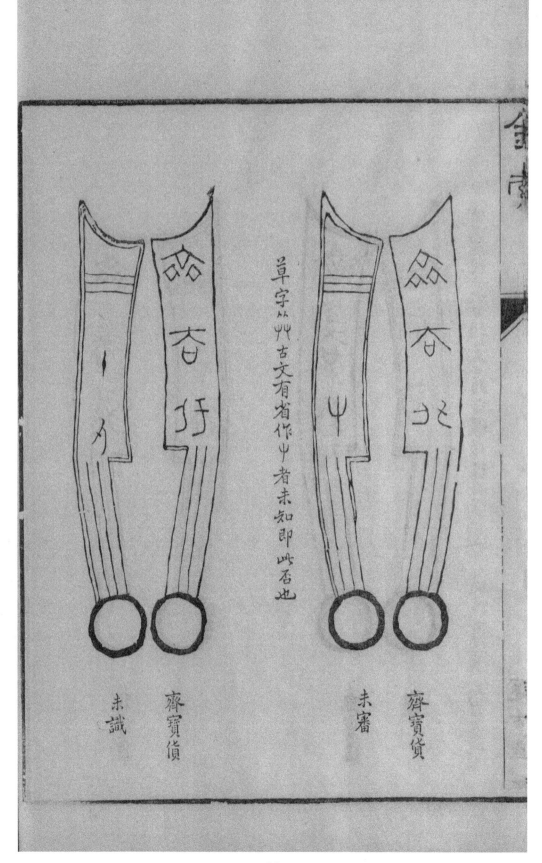

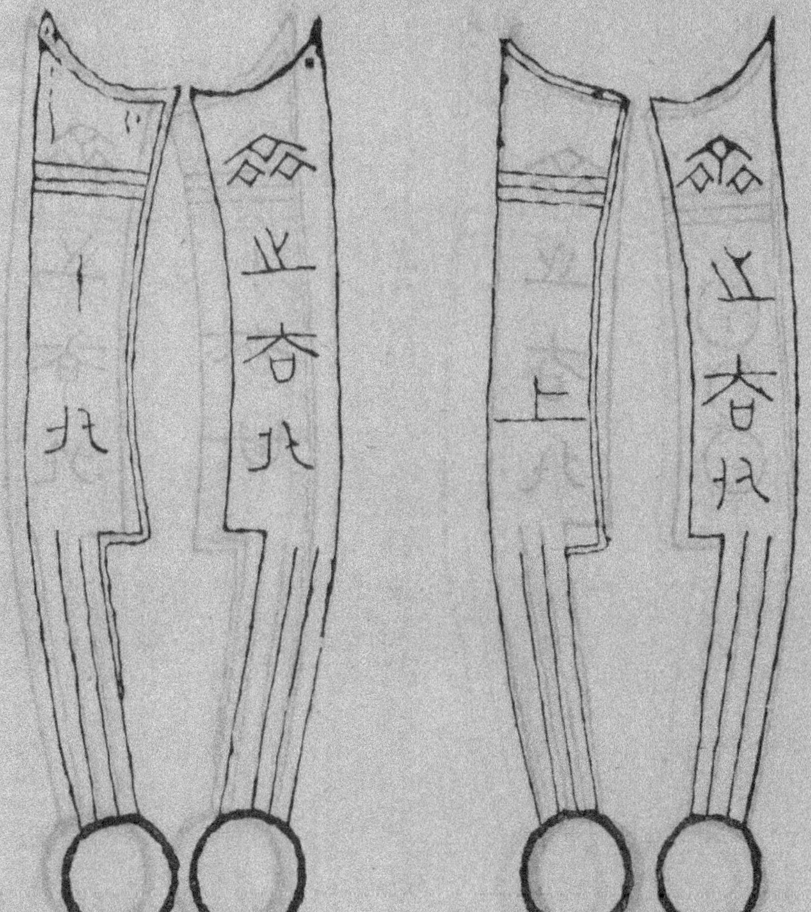

齊之寶貨
上
齊之寶貨
貨

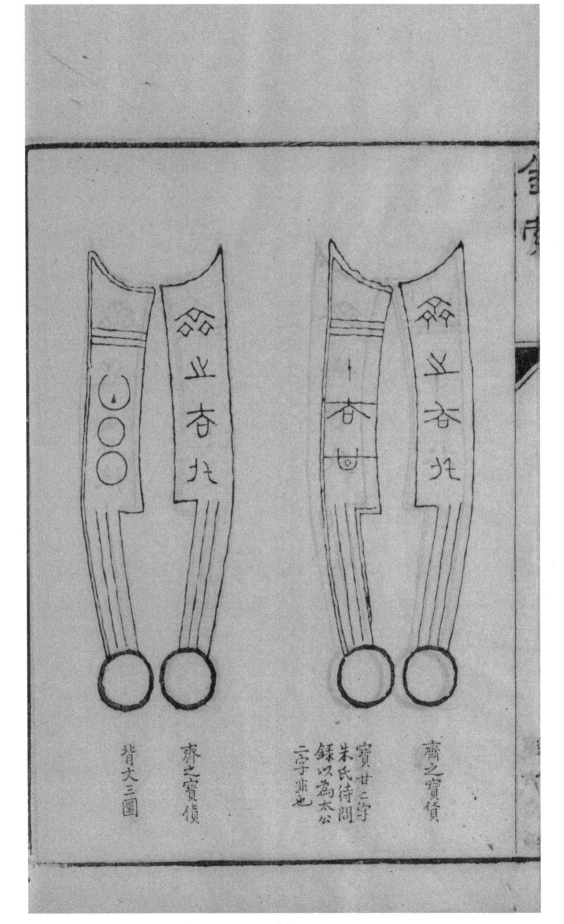

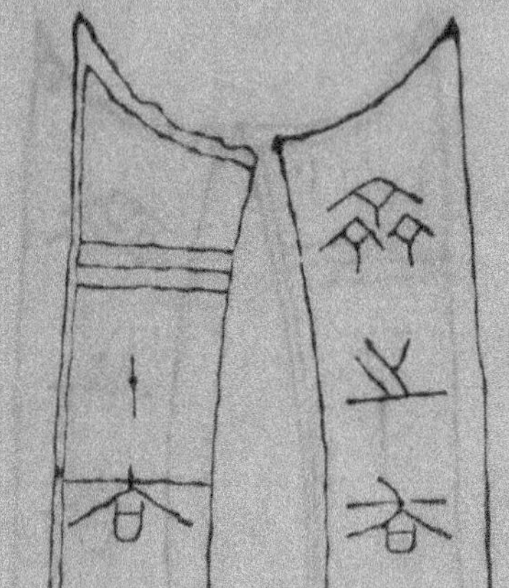

齊之寳貨

寳廿二字朱氏待問録以為太公二字非也

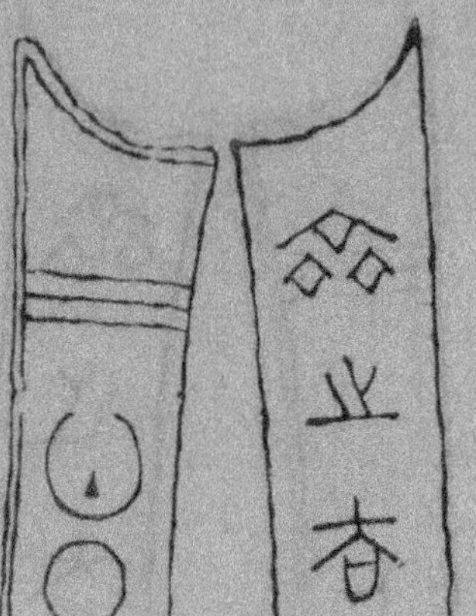

齊之寳貨

背文三圜

齊途陽刀

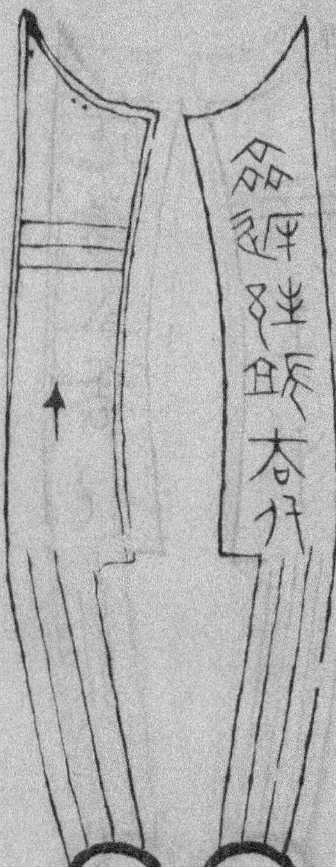

齊途陽○寶貨

背文乾下丁

此刀顏鹿門所貽據金石志釋齊途陽疑是遲陽其第四字似欧似歆未審

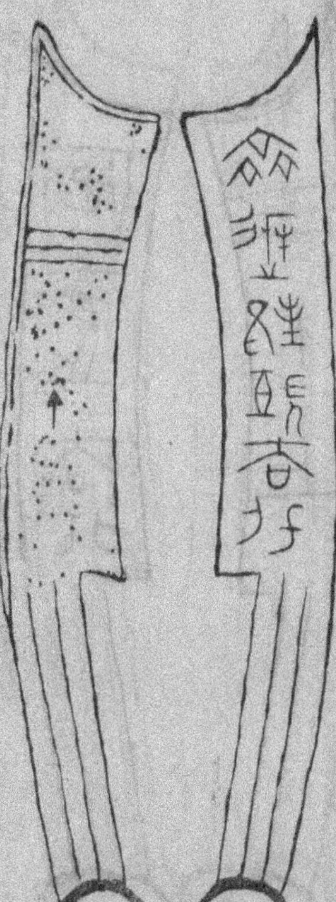

齊途陽○寶貨

同

此刀濰縣人所得文少異

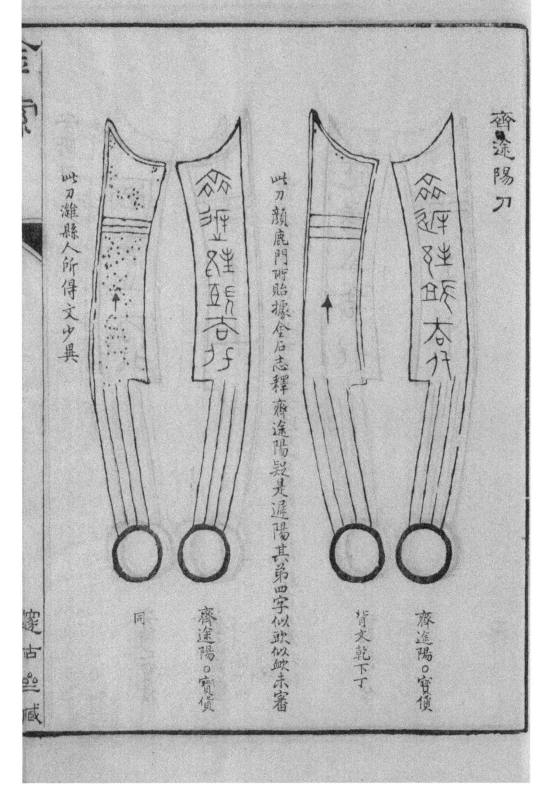

安陽刀

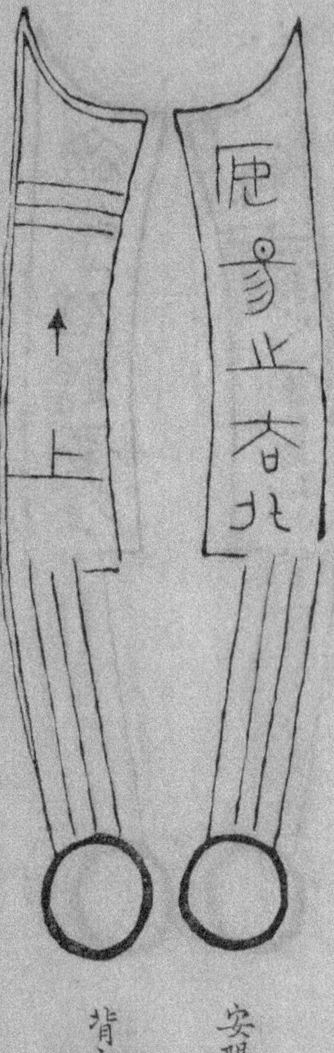

安陽之寳貨

背文与齊刀同

安字不从宀首乃从厂首可見古文通用此刀与即墨相佀較齊刀為精細

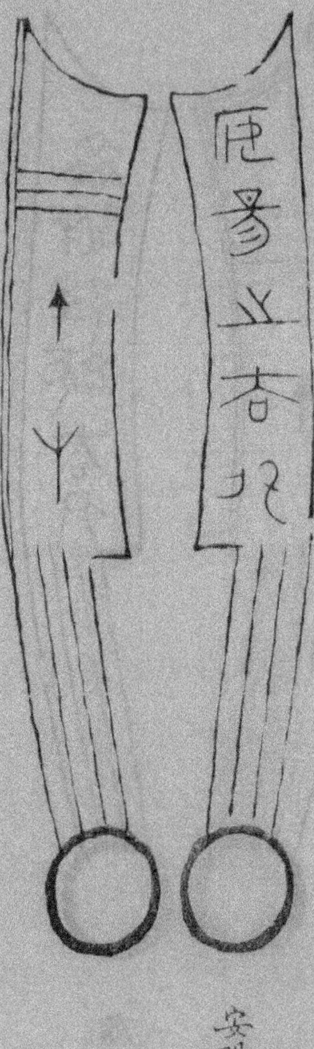

安陽之寳貨

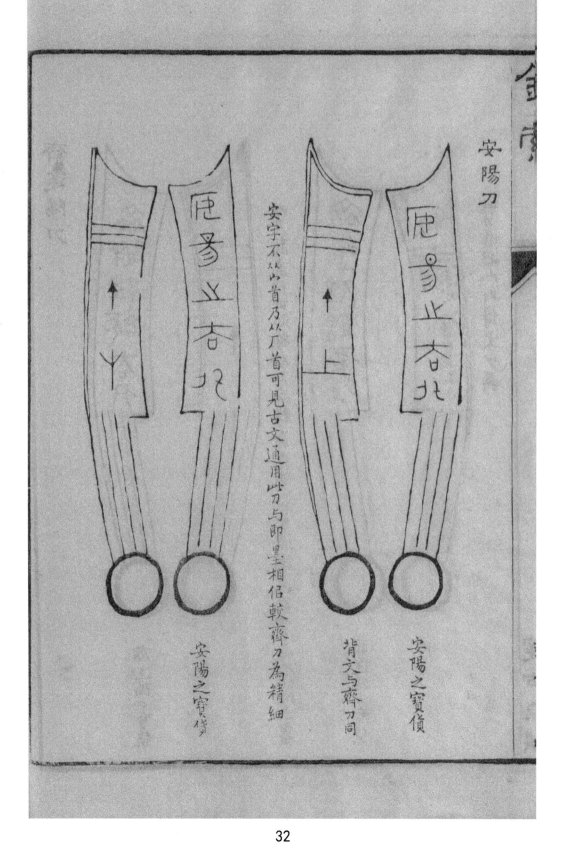

安陽屬豫州鶴按莒亦有安陽後漢趙彥傳云以賊屯在莒〻有五陽之地宜發五陽郡兵從孫擊虜以討之注五陽謂城陽南武陽開陽〻都安陽也

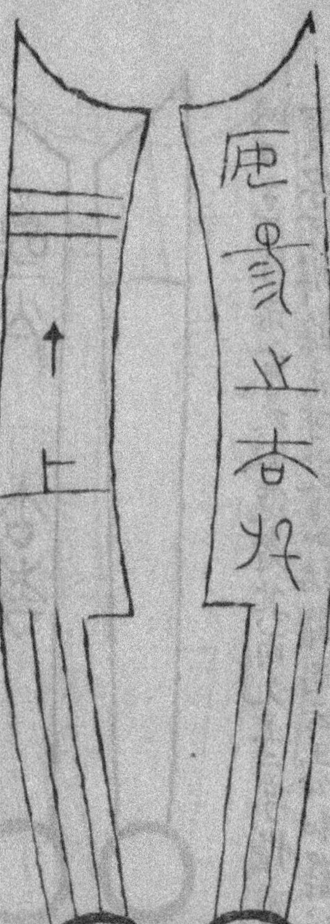

安陽之寶貨

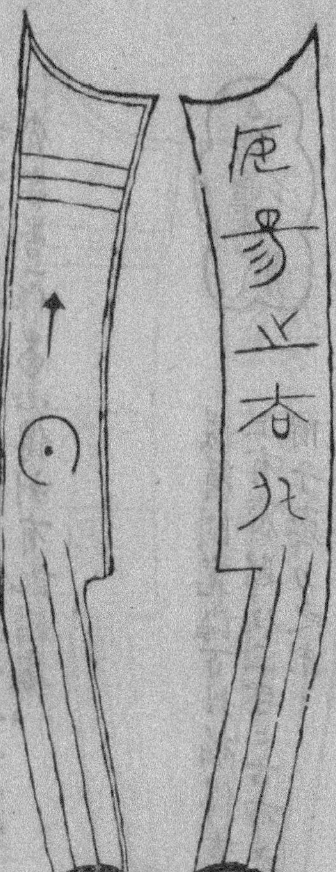

安陽之寶貨

邃古亝藏

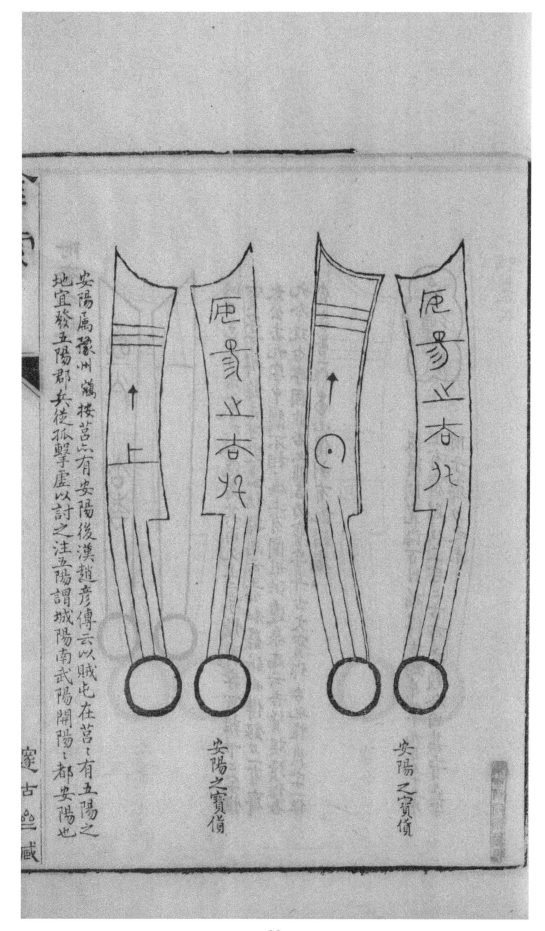

附齊二種

此刀邑澤未古是做造者其面文上二字惟齊字可辨下二字惟寶字可辨餘未可定嘉祐雜志云王公和羅沂州得銀刀一有齊太公杏九字中闕不相屬上有圖形洪遵泉志云吉貨誤讀作杏九今玩古字固非杏亦非吉乃寶字耳古文寶作𠇍也惟𡧍字一作𡧍字杏一作杏必傳刻有訛錯處

咸通間兖海百姓掘得古銅片四千九百五十五片上有齊歸化三字亦古布之類今因其上有齊字附于齊刀之末

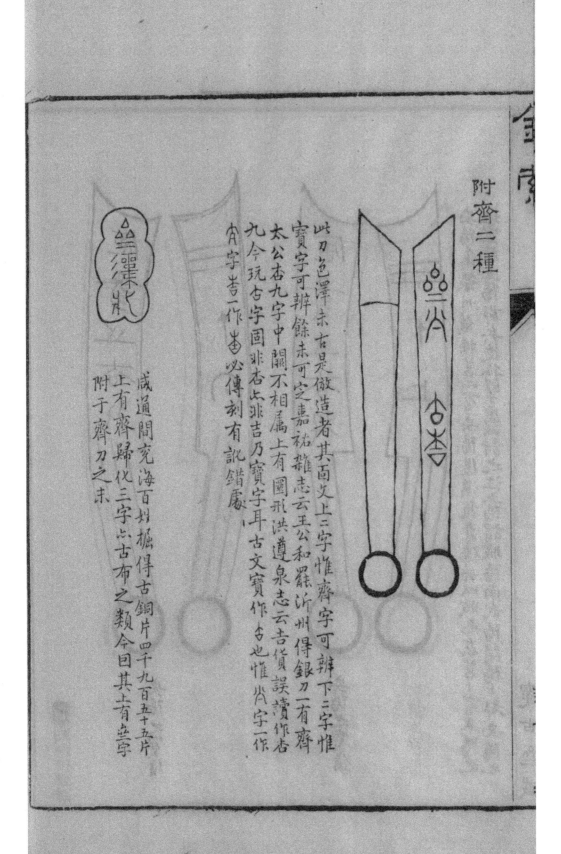

即墨刀

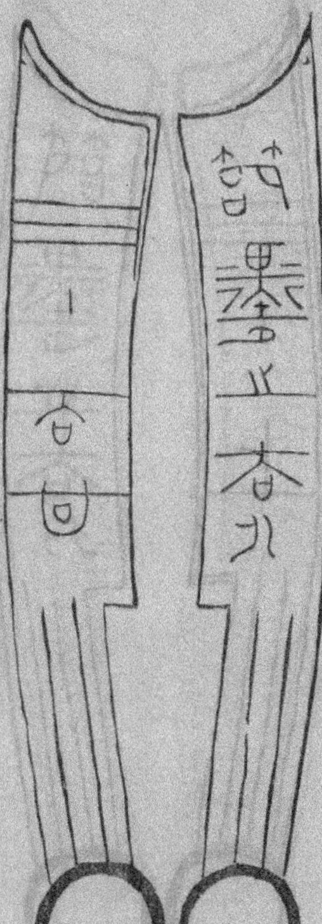

即墨邑之寶貨

寶廿

金石志云節即即古字通據此齊即墨邑當作節今作即者省文耳即墨以有墨水得名古三齊之一古即墨城即田單火牛城也今屬萊州府

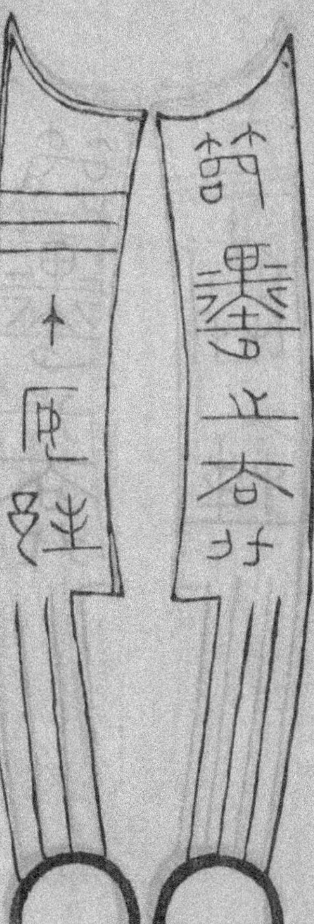

即墨邑之寶貨

安陽

金石志云安陽屬宋國齊或別有安陽邑按安陽乃莒五陽之一近即墨詳安陽刀

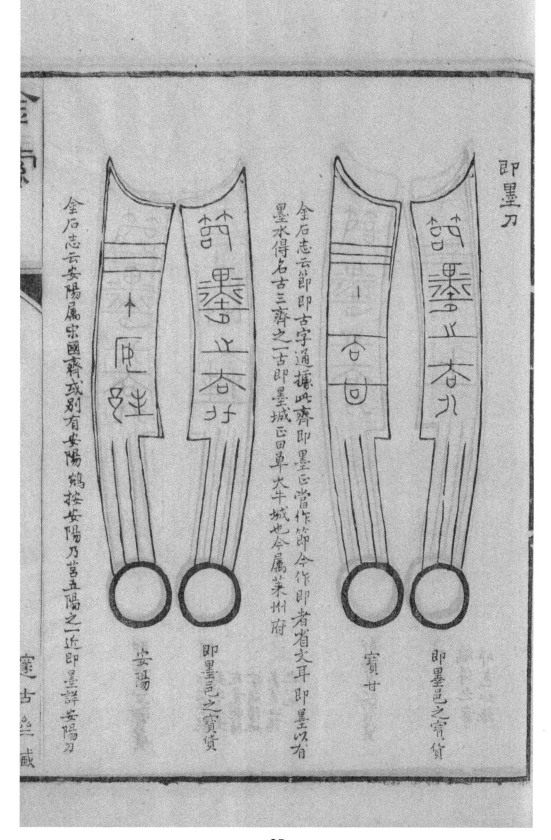

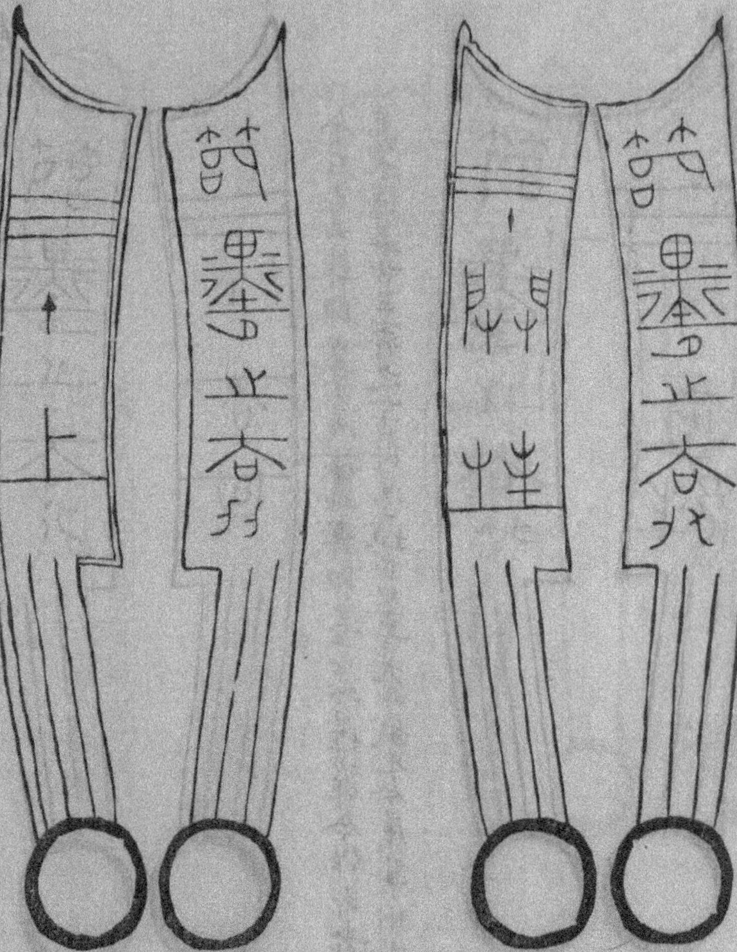

即墨邑之寶貨

開

下一字疑封字反文或竟是陽字開陽地名莒五陽之一也

即墨邑之寶貨

上

鵬得之章邱色如銀

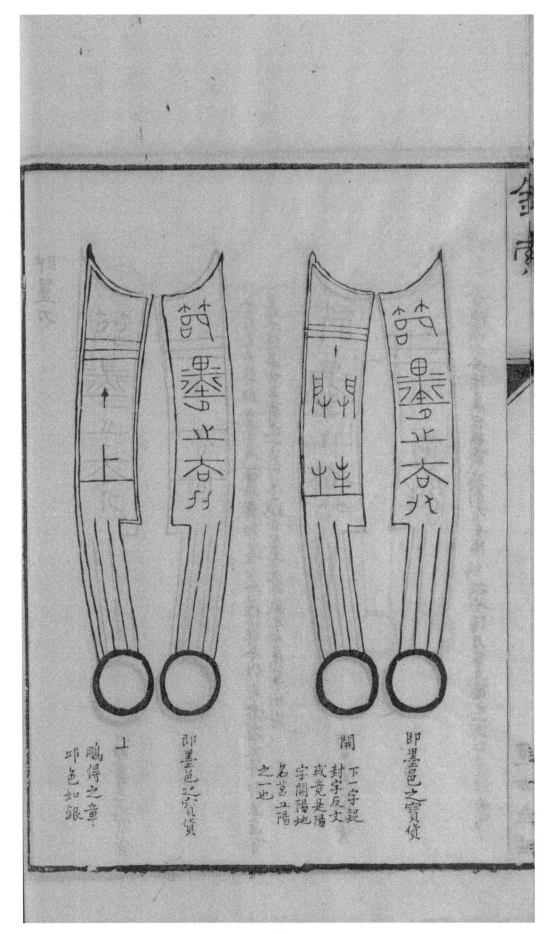

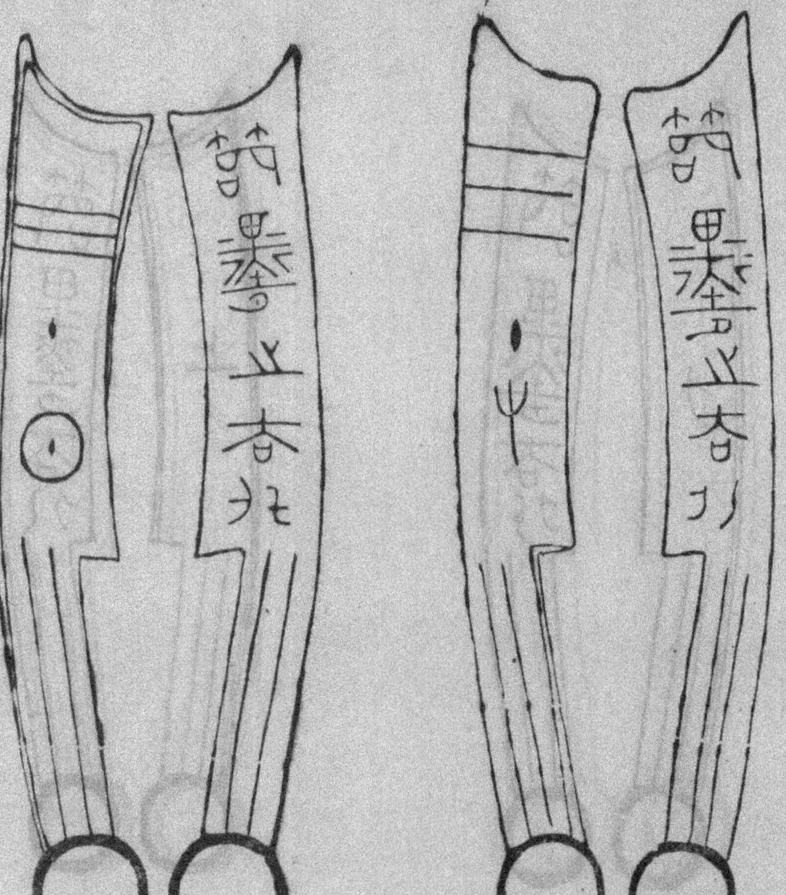

即墨邑之寶貨

未審

即墨邑之寶貨

背大圜中有點

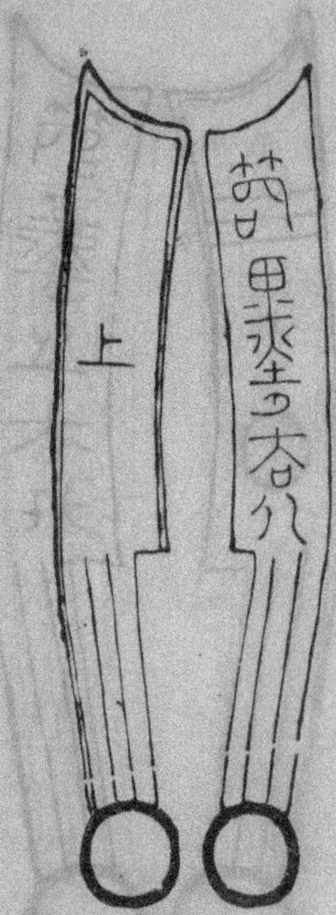

即墨邑寶貨

上

以下數品字較少其式亾差小

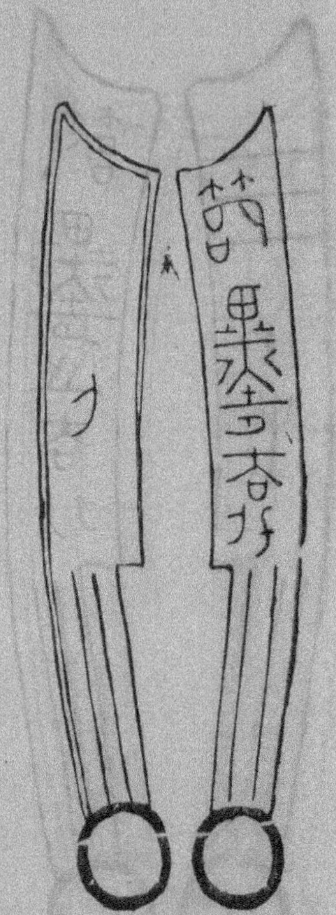

即墨邑寶貨

背文丰貨字

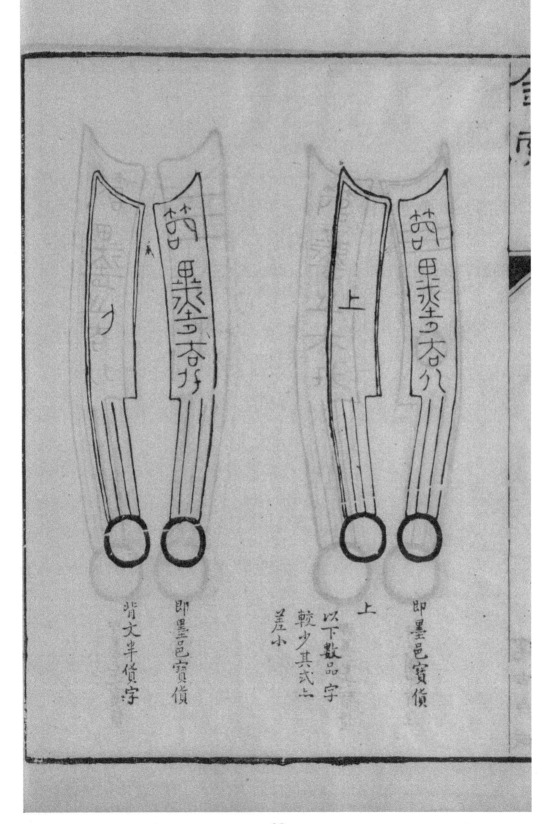

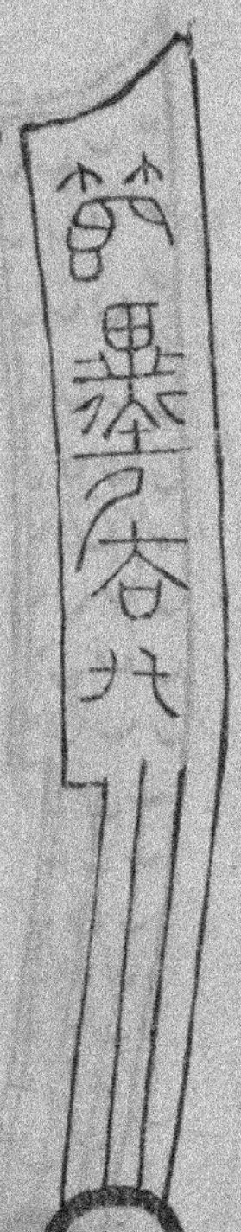

即墨邑寳貨

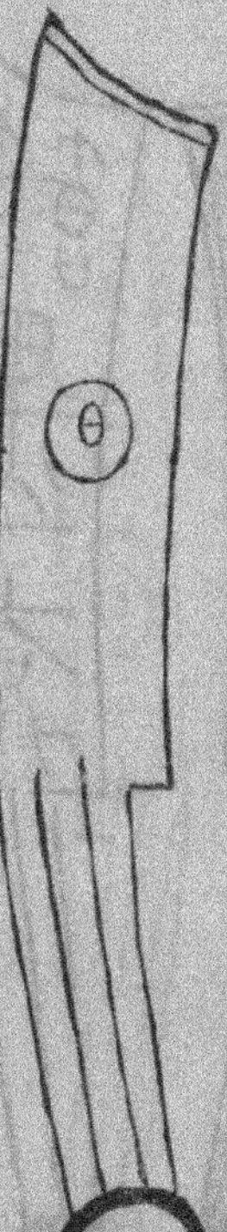

背文圜中似有口字

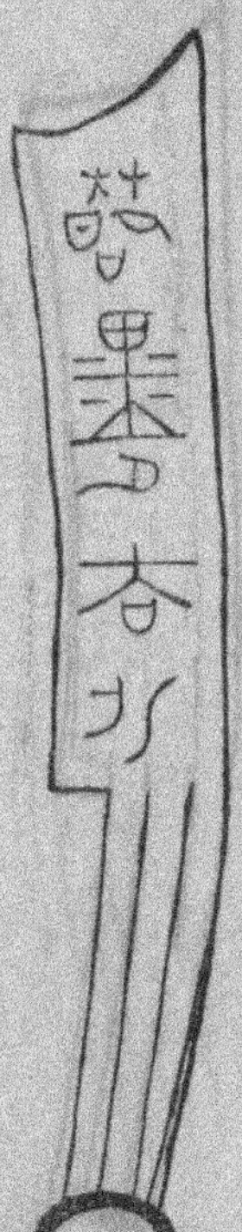

即墨邑寳貨

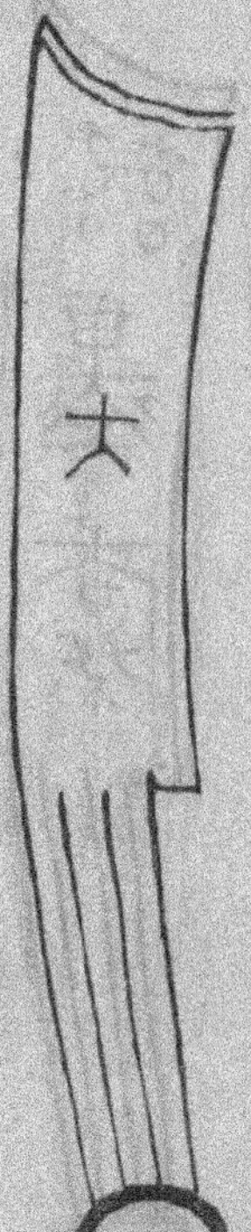

大

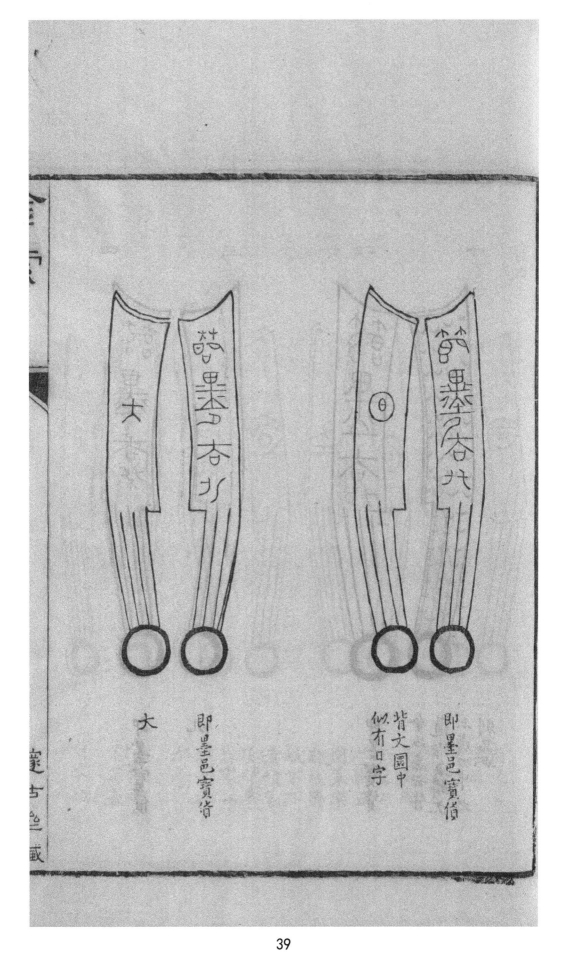

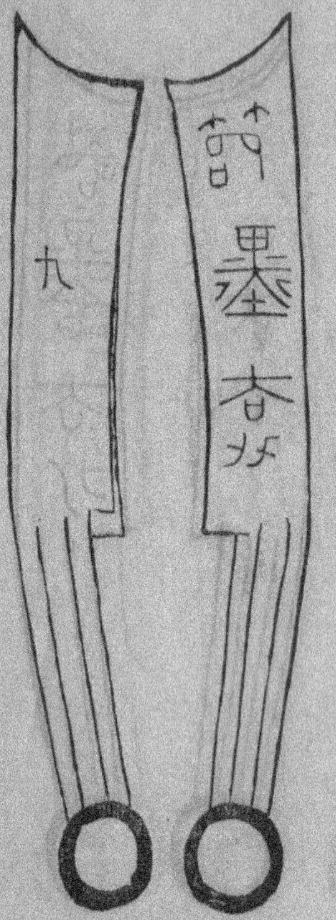

即墨寶貨

九

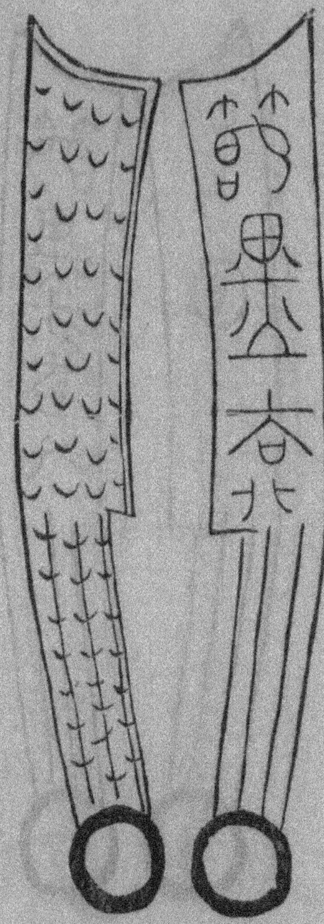

即墨寶貨

金石志云背通作魚鱗文亦齊刀中之別品也

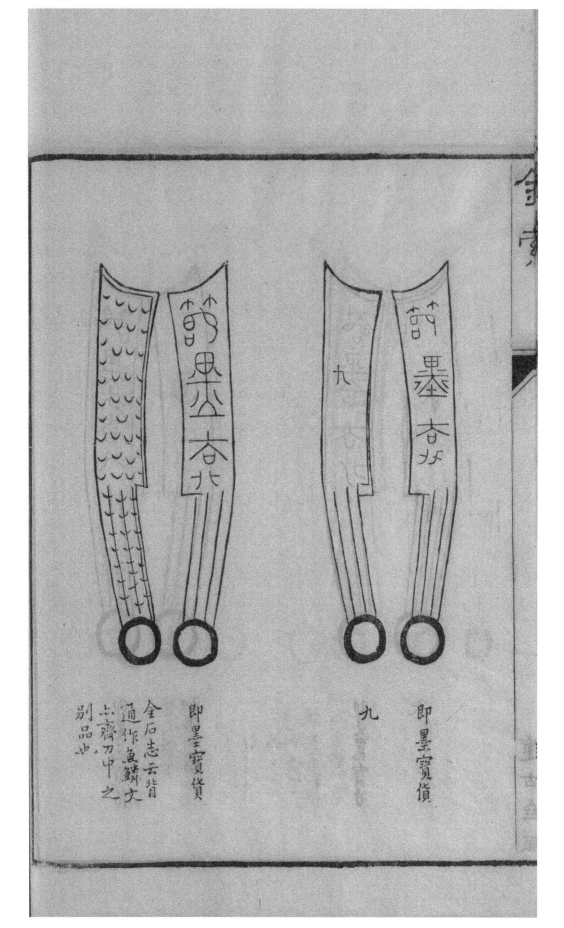

莒刀

一 二 三 四

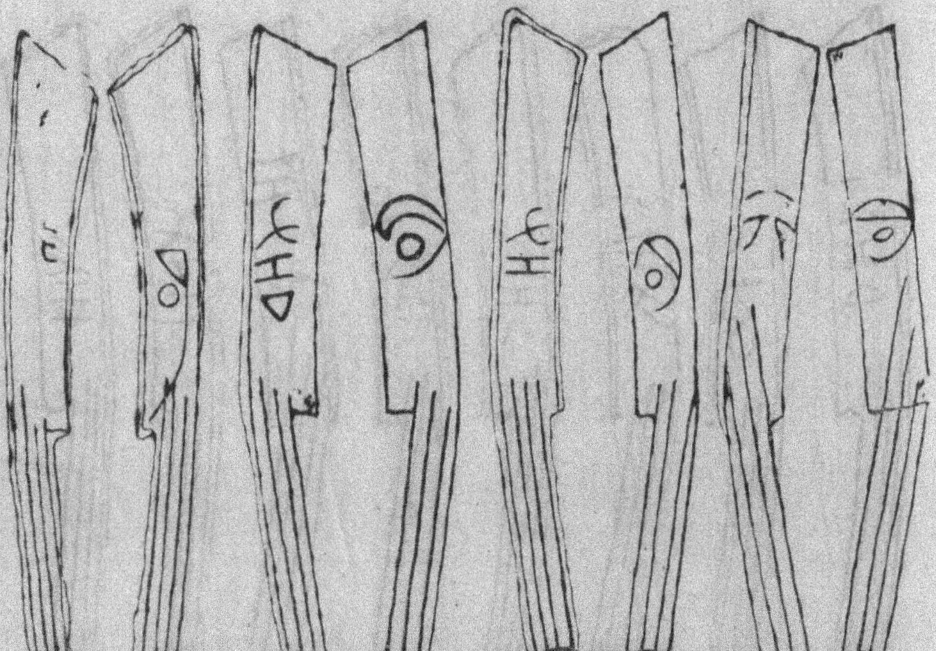

面文莒字同背文行字

金石志云莒刀亦齊邑國策樂毅伐齊城不下者唯莒及即墨是莒亦齊之大都會

四字垂筆甚長背文泐

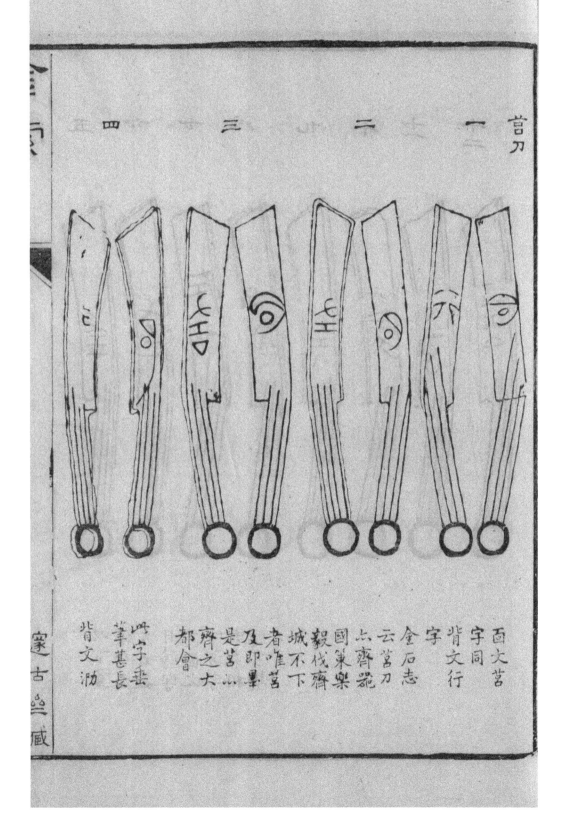

五　六　七　八　九　十　十一　十二

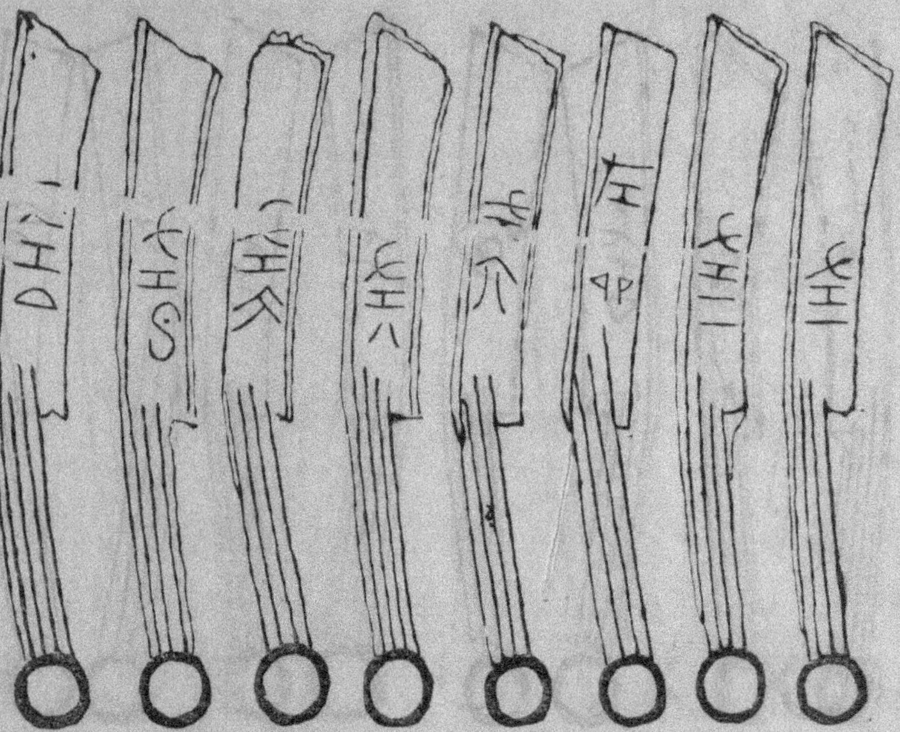

以下畫係背文左右數目等字其面文一莒字大畧相同不贅

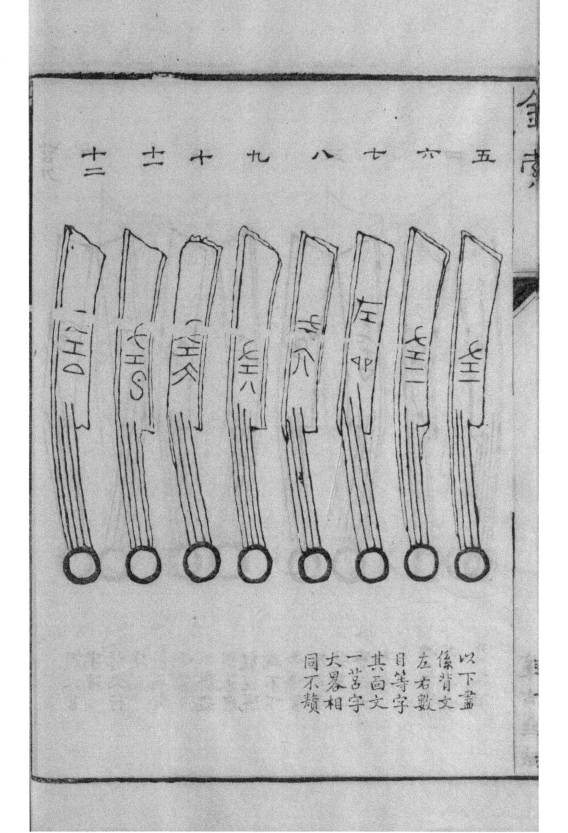

十三　十四　十五　十六　十七　十八　十九　二十

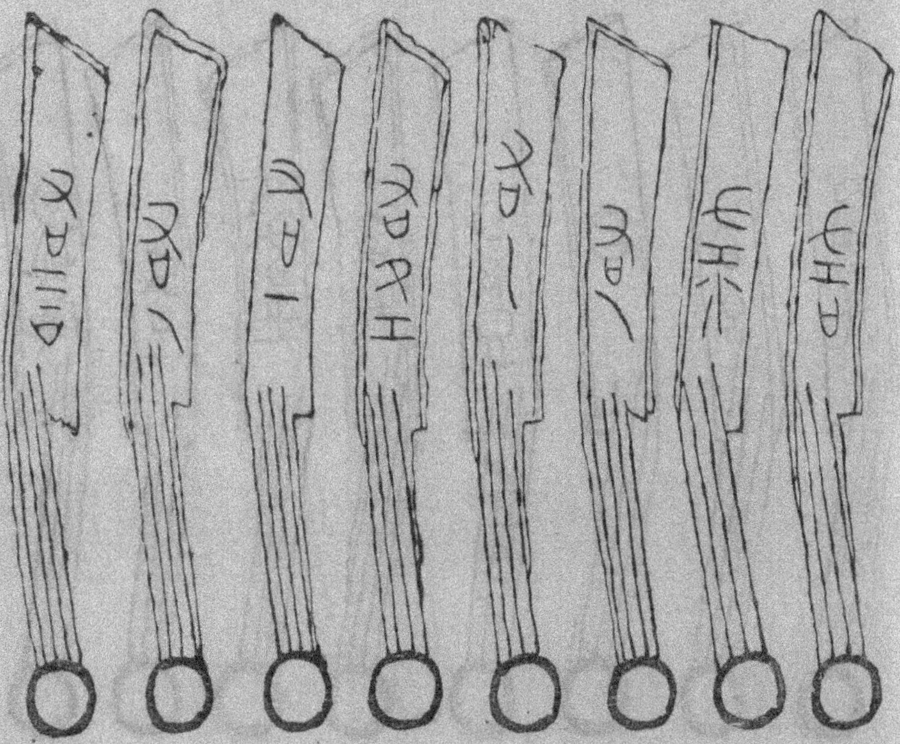

廿一　廿二　廿三　廿四　廿五　廿六　廿七　廿八

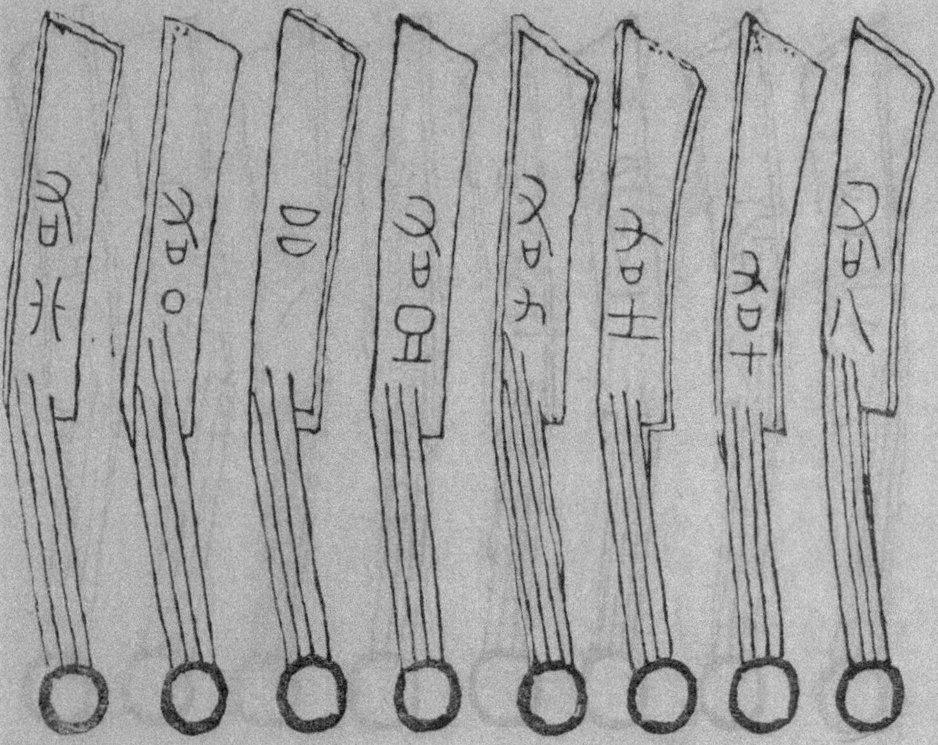

廿九　卅　卅一　卅二　卅三　卅四

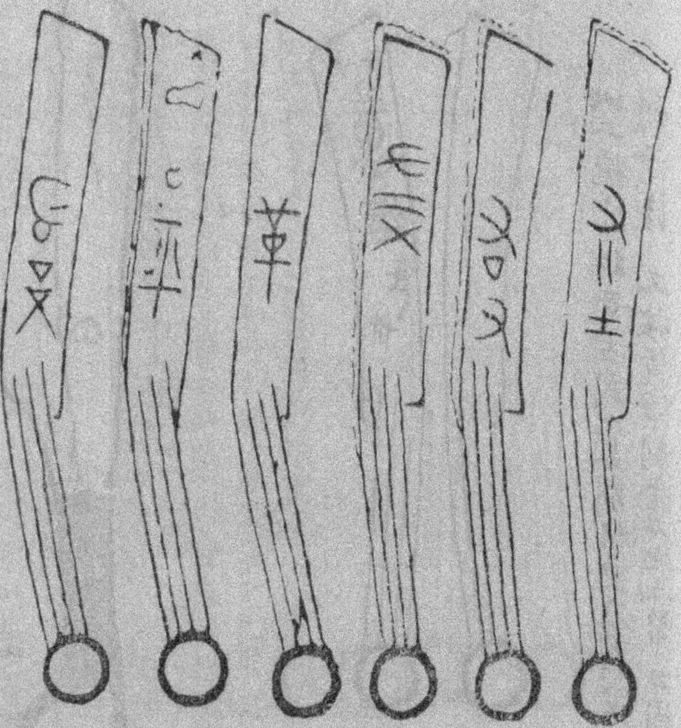

古刀一

背

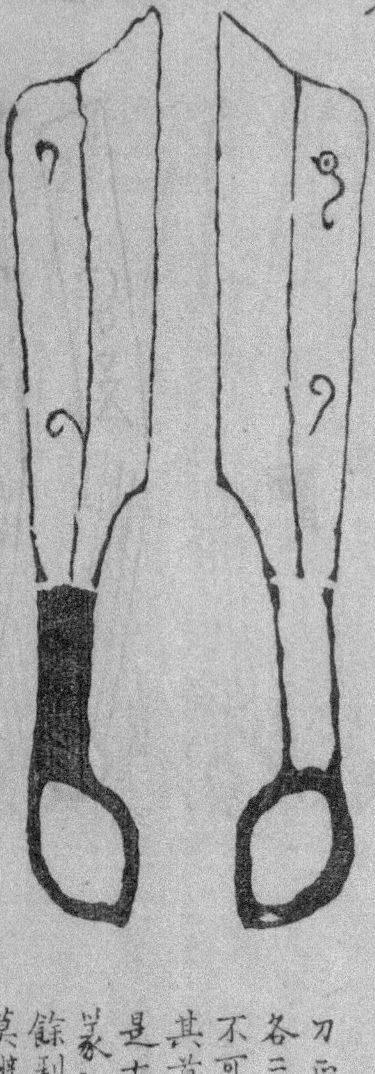

刀正背各二字不可識其首或是古鳥篆乙字餘剝蝕莫辨今已兩段

古刀二

背

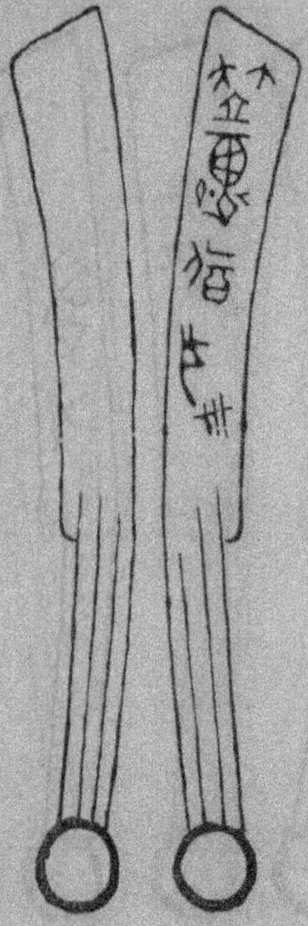

此淄邑廣文博山孫星舫所貽云博山之香峪村剷出一窖数百枚文不能辨惟卅字可識

此二種字跡奇古式亦各別似更在齊莒刀前因無可考故列于後 又按黃帝制金刀立五幣刀固不始于齊矣

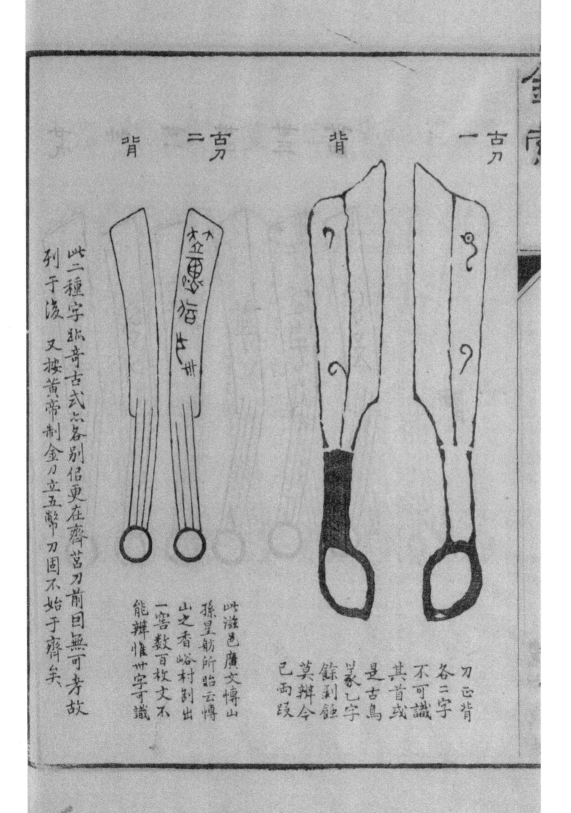

古刀三　背

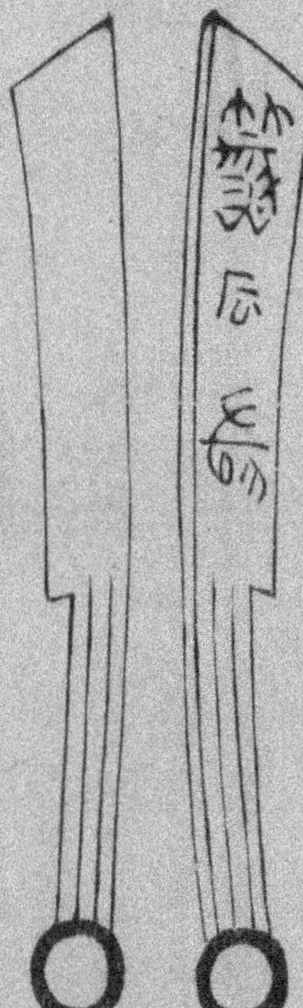

此刀與前刀同出一窖星舫廣文崇垣又自博山攜寄此枚惜其易折以木嵌置而入手即斷蓋銅質已朽其古可知其字亦在有無之間勉爲摹出與前小異終不可識或謂路史載莒國有著邱此疑著邱長三字而未敢定

古刀四　背

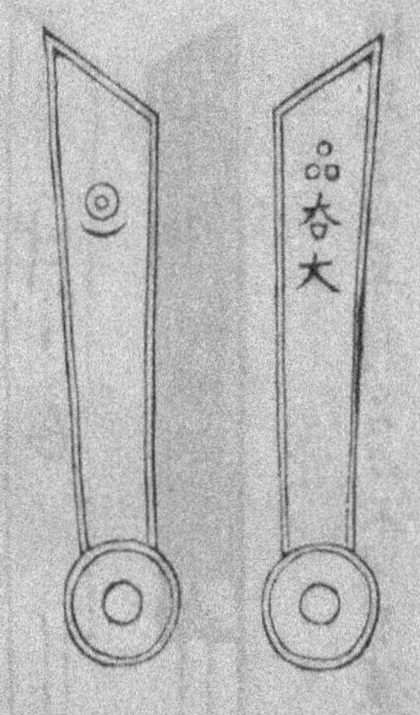

品寶大

此舊譜所載長平古刀云李幼奇于天寶元年得于長平溪澗中者文不可識今觀是品寶大三字古幣文亦有品金二字

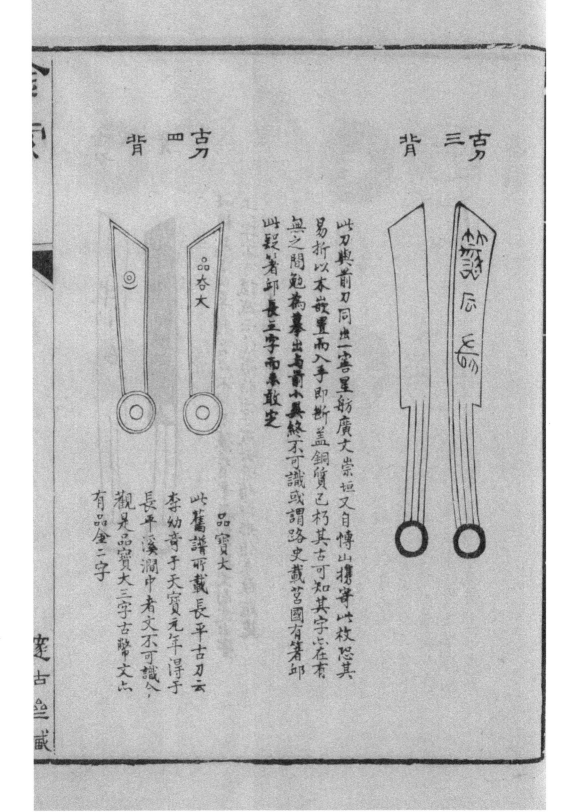

古刀五背

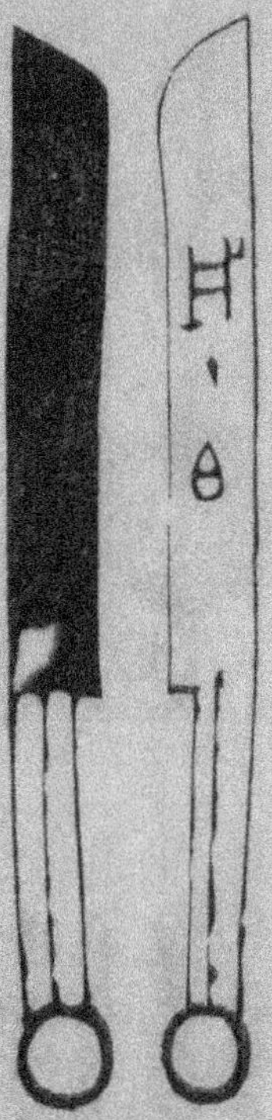

此種見于曲阜與莒刀不同刃薄背平無郭無文面文白字上一字不可識或云係邢伯二字或云井伯即邢伯未敢臆定

秦錢

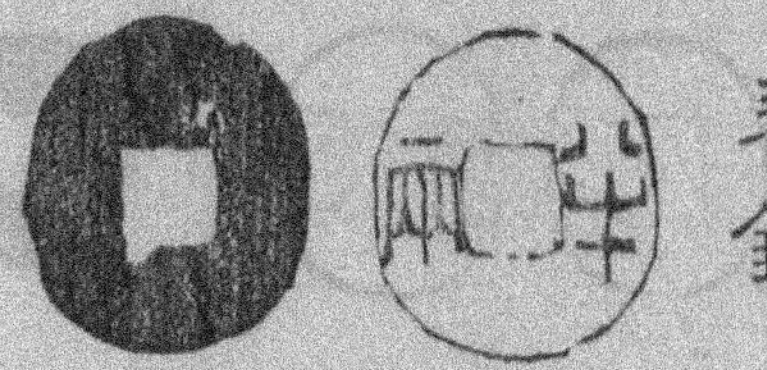

半兩

背平無文

漢食貨志云秦錢質如周錢文曰半兩重如其文今觀此錢背平無郭恰與周之寳六貨相侶負徑一寸三分半金石記云秦半兩稍重漢半兩稍輕大約以建初尺度之逕踰一寸三四分者秦錢也逕寸二分以內者漢呂后時所行耳

漢錢

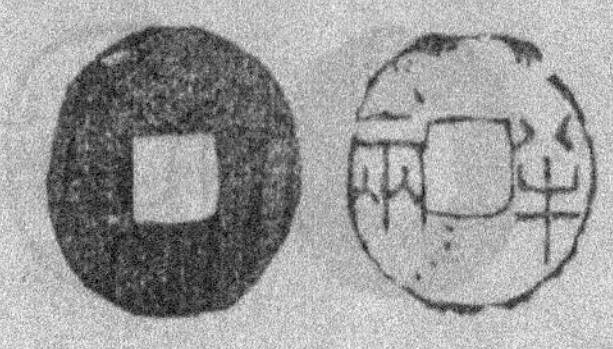

漢呂后時半兩錢

逕寸二分重八銖

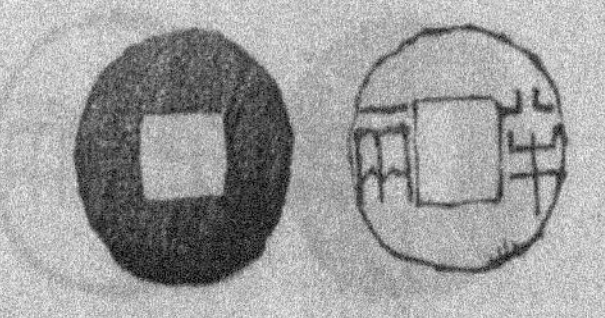

漢文帝時半兩錢

文帝紀云五年春二月更造四銖錢應劭注其文亦曰半兩今以漢尺度之逕一寸弱世所存半兩至輕小者是也

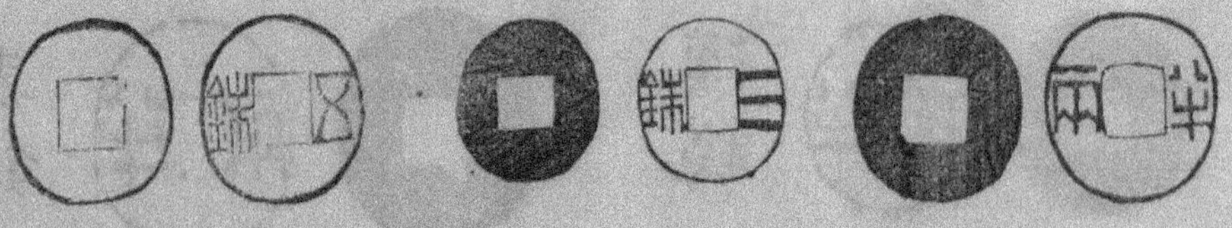

武帝時
半兩錢
逕寸有
輪郭

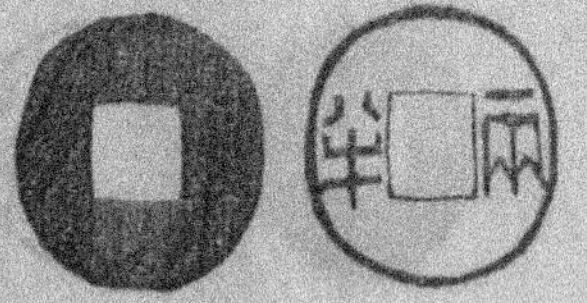

傳形半兩
亦武帝時鑄傳形者錢
之傳模也半字在左兩
字在右

武帝又為皮幣令縣官銷半兩錢更鑄三銖錢重如
其文盜鑄諸金錢罪皆死而吏民之犯者不可勝數
又一種中穿下有三直文

武帝元狩五年有司言三銖錢輕易以姦詐請郡國更鑄
五銖錢周郭其質令不得摩取鋊注鋊銅屑也摩取漫
面取其屑更以鑄錢 元鼎二年罷白金命水衡三官鑄赤
仄錢一當五賦官用赤銅為郭俗謂之子紺錢實皆五銖也
按錢幕為質五銖錢幕亦有邊所謂周郭 其質也

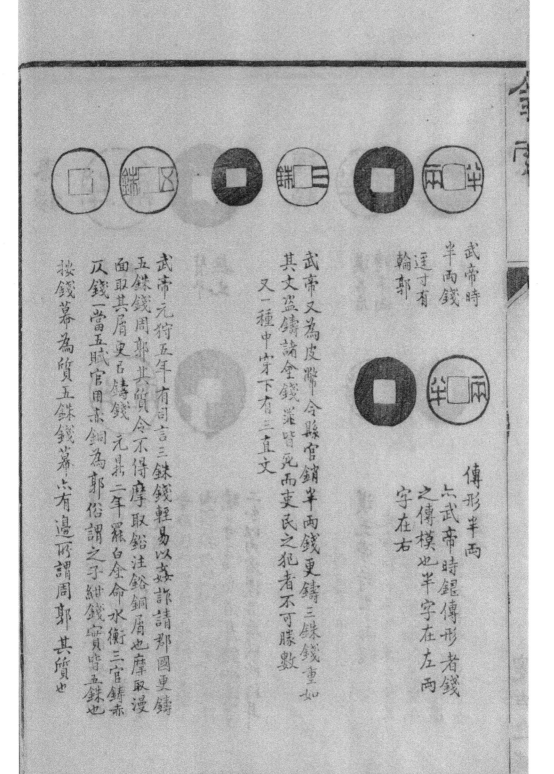

漢武帝三幣 舊圖

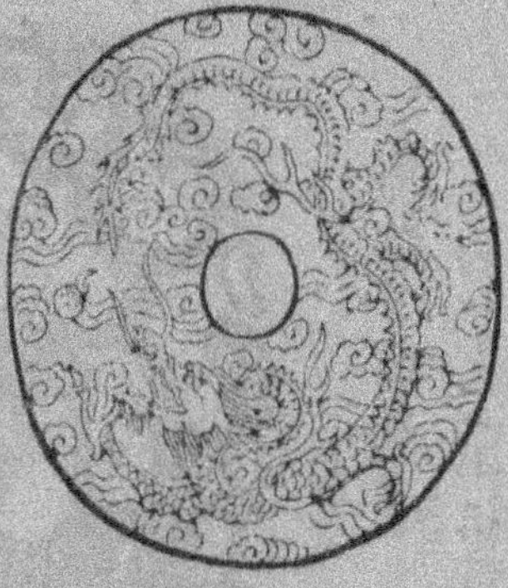

龍幣

馬幣

龜幣

食貨志武帝又造銀錫白金已為天用莫如龍地用莫如馬人用莫如龜故白金三品其一曰重八兩圓之其文龍名白撰直三千二曰以重差小方之其文馬直五百三曰復小橢之其文龜直三百如淳曰雜鑄銀錫為白金晉灼曰已半斤之重差為三品則馬重六兩龜重四兩師古曰橢圓而長也

以上三品俱依舊圖又古錢徵信錄云有一龜幣形制恠異中如栞背作龍池鳳沼狀而置動龜于内可上可下首尾足具備

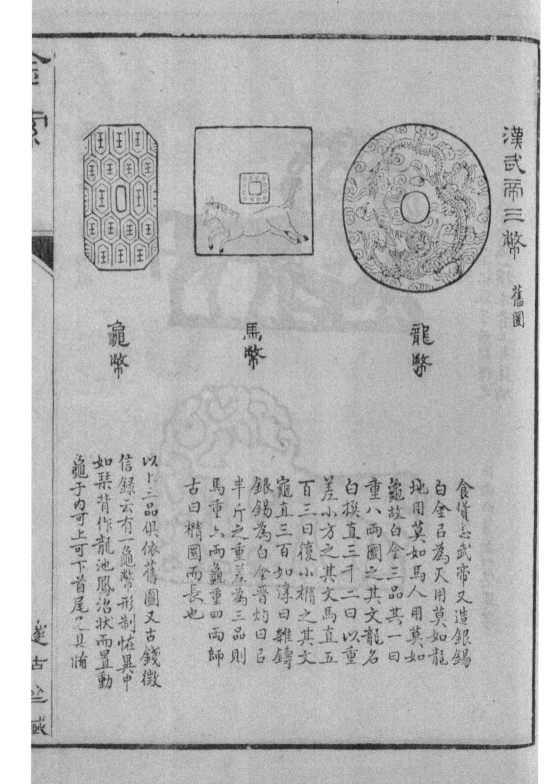

又二品 晏海藏

馬幣正面

馬一大一小佀取子母相權之義足履一橫木首上有盤螭

背面

正面凸背面凹俱無字

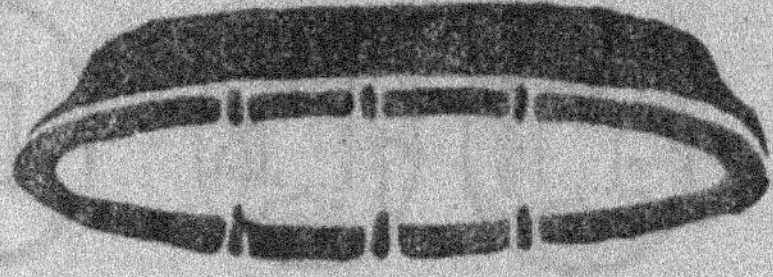

龜幣
側面

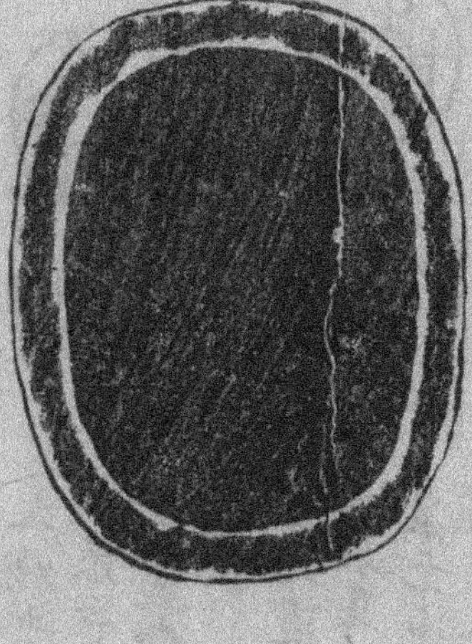

正面隆起如龜背狀而無紋

背面如龜腹而內凹中有一陽文五字佀與直三百不合然莽時有公龜九寸直五百疑本于此

此二幣顏子鹿門所贈与錢譜所畫不相佀然馬幣有合于子母相權之義龜幣正合橢圓較前畫八觚為優宜其中有五字為前論所未備朱翠斒然洵足玩也

新王莽泉刀布

志云莽寶貨五物六名二十八品鑄作錢布皆用銅殽以連錫

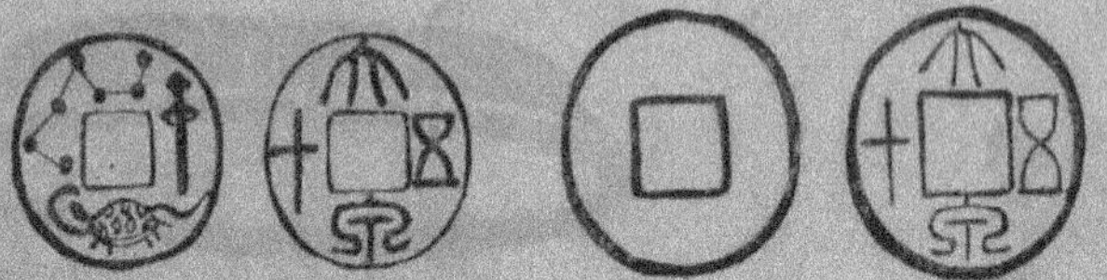

大泉五十

背無文

字同而式差小

背有北斗七星龜蛇寶劍

有雙柱

背文日月北斗

大小同前而郭有雙邊銅色微白所謂殽以連錫也

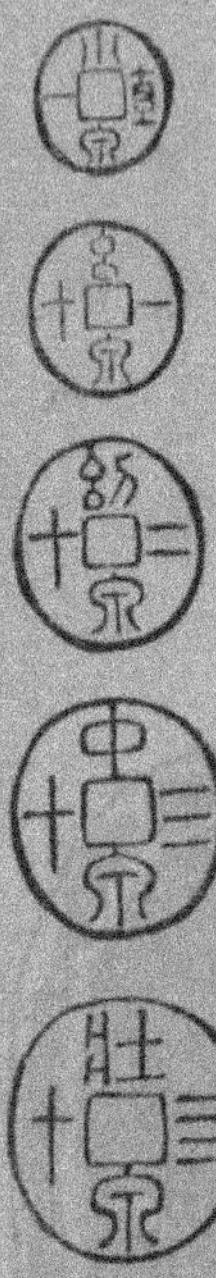

食貨志王莽居攝變漢制以周錢有子母相權於是更造大錢徑寸二分重十二銖文曰大錢五十按錢即泉也今觀此泉正當漢尺一寸二分其小者蓋當時盜鑄者也

莽始建國更作小錢徑六分文曰小泉直一重一銖次幺泉一十次幼泉二十次中泉三十次壯泉四十因前大泉五十為泉貨六品

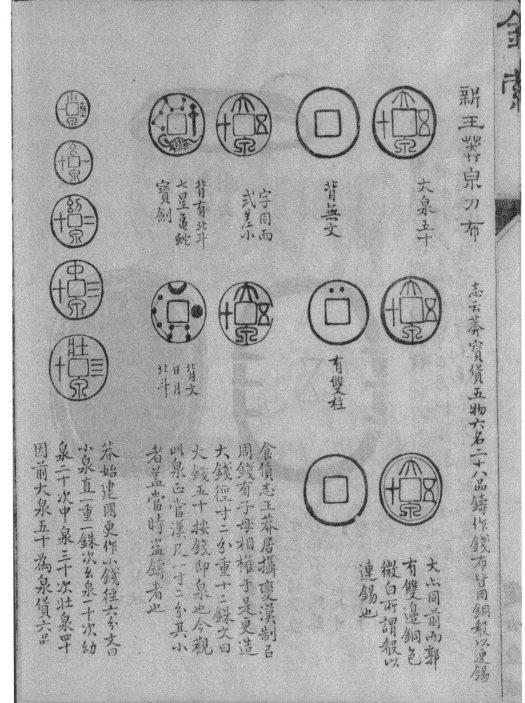

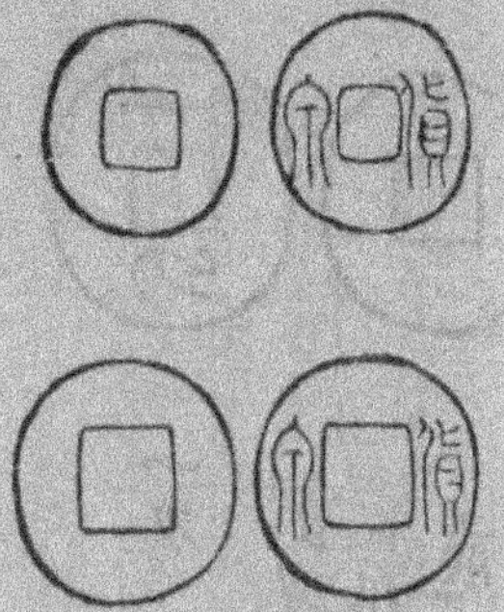

貨泉

漢志天鳳元年莽罷大小錢改作貨泉徑一寸重五銖文右曰貨左曰泉枚直一与貨布二品竝行

按郎識應白水真人者今所傳大小不一

契刀

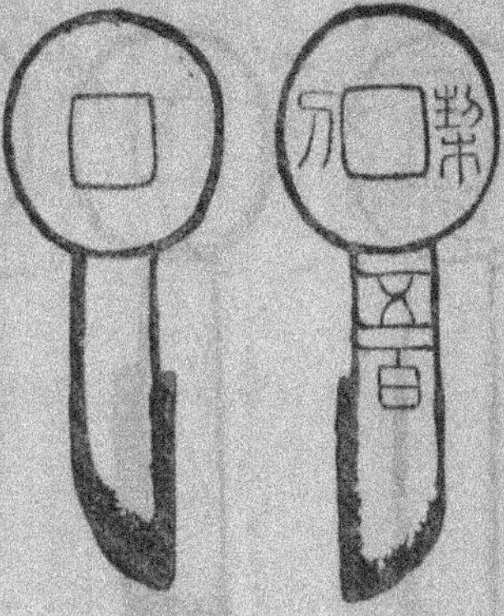

契刀五百

契下从木

背無文

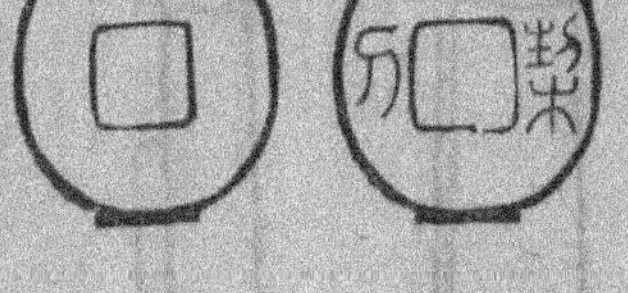

契刀

下無刀刀後人截去者非無刀也

漢志莽居攝變漢制造大錢五十又造契刀錯刀契刀其環如大錢身形如刀長二寸文曰契刀五百錯刀以黃金錯其文曰一刀直五千張晏以為契刀身不長二寸顏師古非之予得契刀二其一無刀而斷痕尚在蓋張晏所見耳

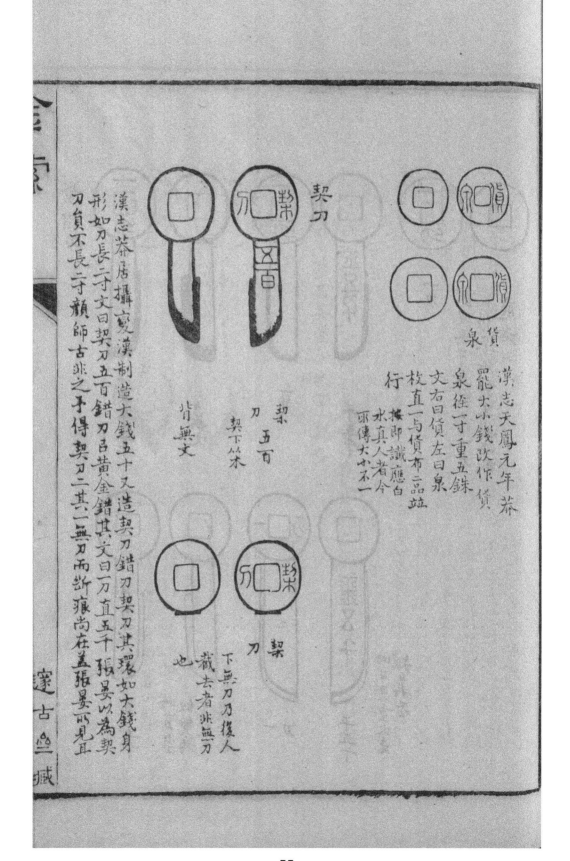

金錯刀

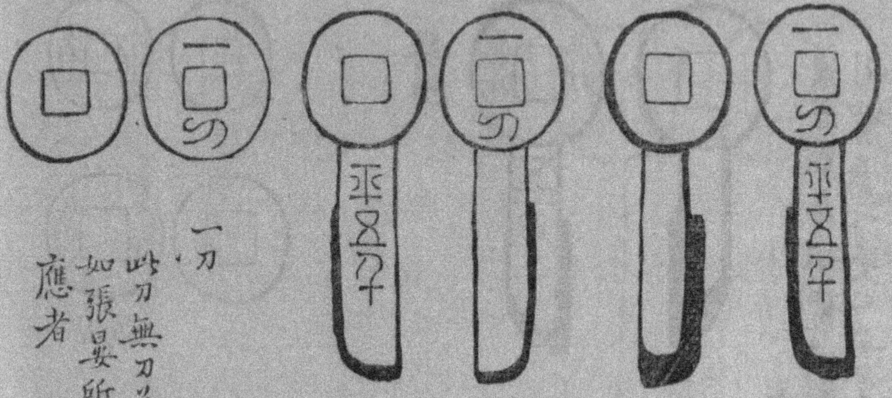

一刀 平五千

背無文

一刀

平五千

一刀

此刀無刀葢斷落下刀如張晏所謂不與志相應者

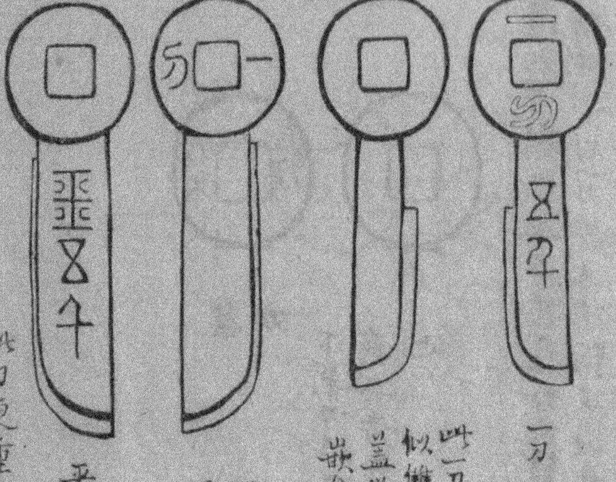

一刀 五千

此一刀字似變鈎葢脫去嵌金也

一刀

平五千

此刀更重大未知真否

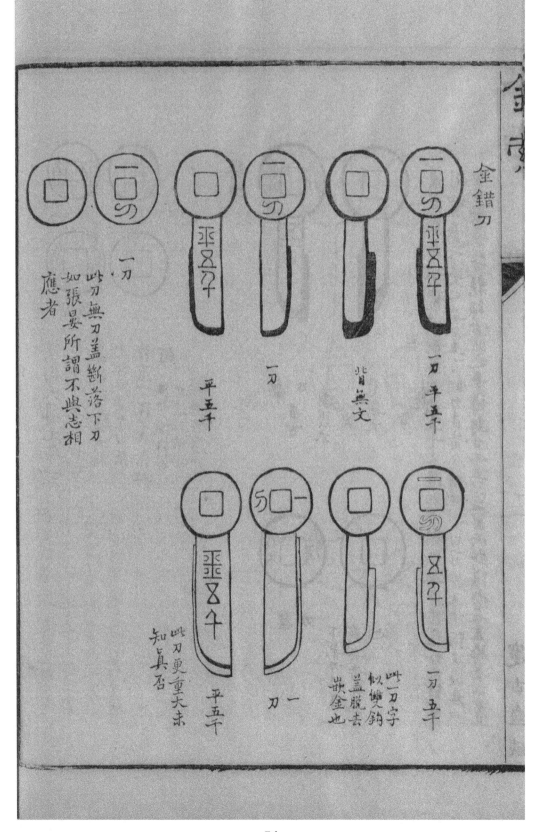

漢志錯刀以黃金錯其文曰一刀直五千張晏曰錯刀則刻之作字以黃金填其文鵬所見錯刀皆輪郭隆起其一刀字嵌金片與體平正所謂刻之作字者亦有金字隆起者其七修類稿所載似雙鉤者蓋歲久脫落金片正刻字之驗至平五千三字乃鑄成不填金也志云直五千者解平五千之義非謂刀文有直字也志又云大泉五十契刀錯刀與五銖錢並行凡四品莽即眞以爲書劉字有金刀迺罷錯刀契刀及五銖而更作金銀龜貝錢布之品則錯刀之行未久古詩云美人贈我金錯刀何以報之英瓊瑤則當時已重其品矣宜今之罕覯也

又一種

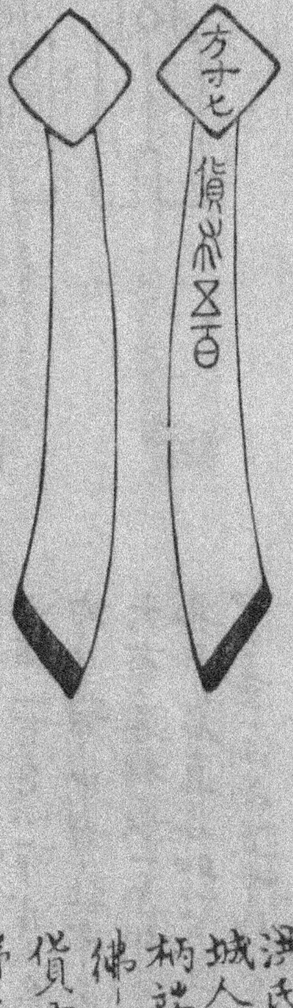

方寸匕 貨布五百
背無文

洪氏泉志宣和年蒙城人於田中得古刀柄端有方寸匕三字彷彿隸書身有文曰貨布五百疑莽所鑄予亦得此於太原縣

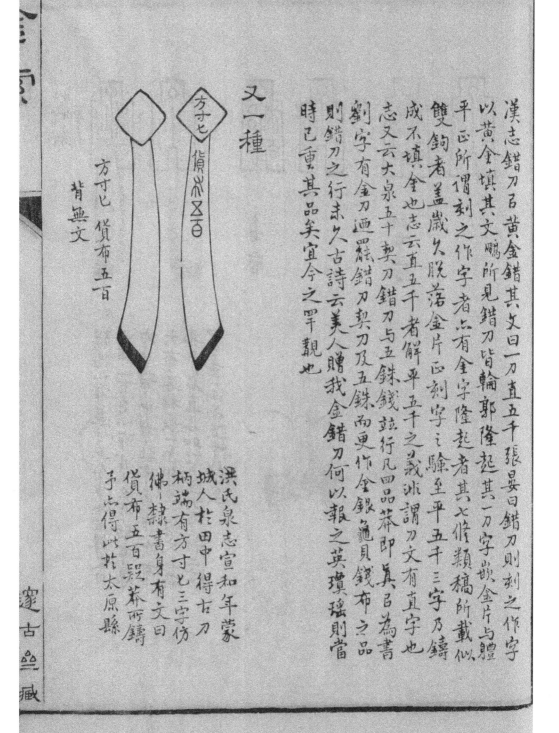

莽布

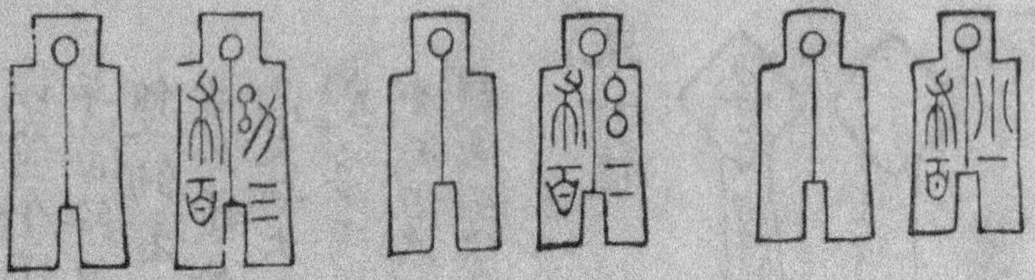

小布一百

幺布二百

幼布三百

漢志小布長寸五分重十五銖文曰小布一百自小布已上幺布幼布厚布差布中布壯布弟布次布大布各相長一分相重一銖文各為其布名直各加一百至大布長二寸四分重一兩而直千錢矣

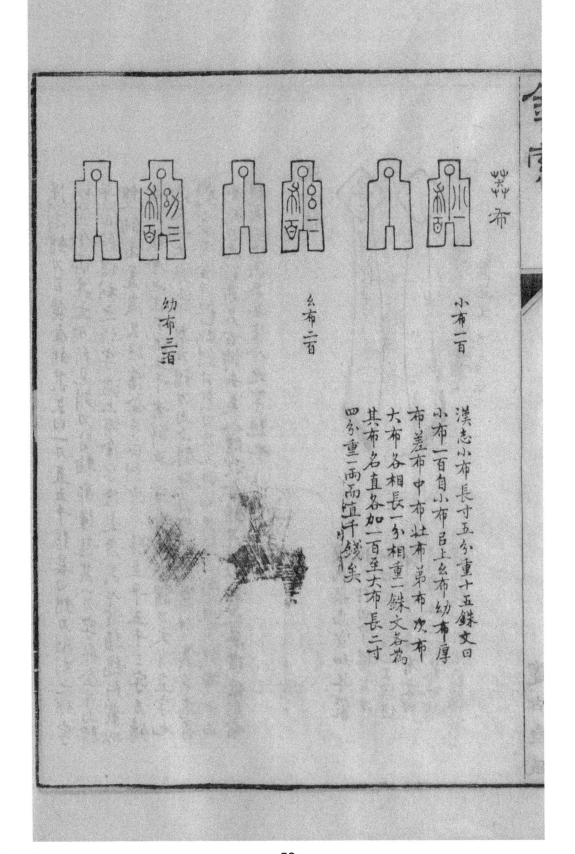

厚布四百

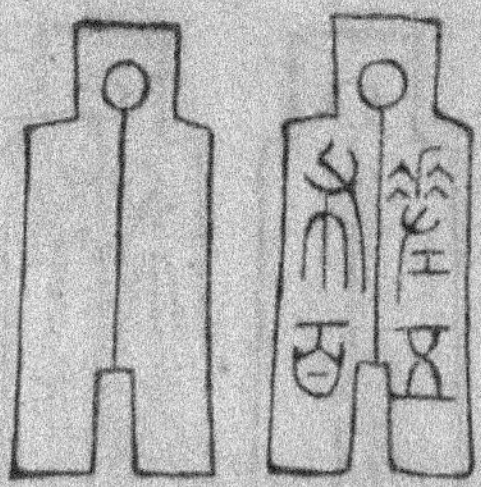

差布五百

中布六百
六从一下丨
不可解疑
以一為五丨
為一合成六

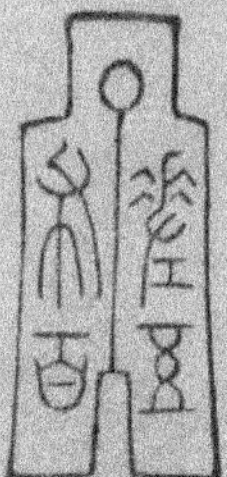

同上
金石記云五
字中間多一
曲

同上
見金石記

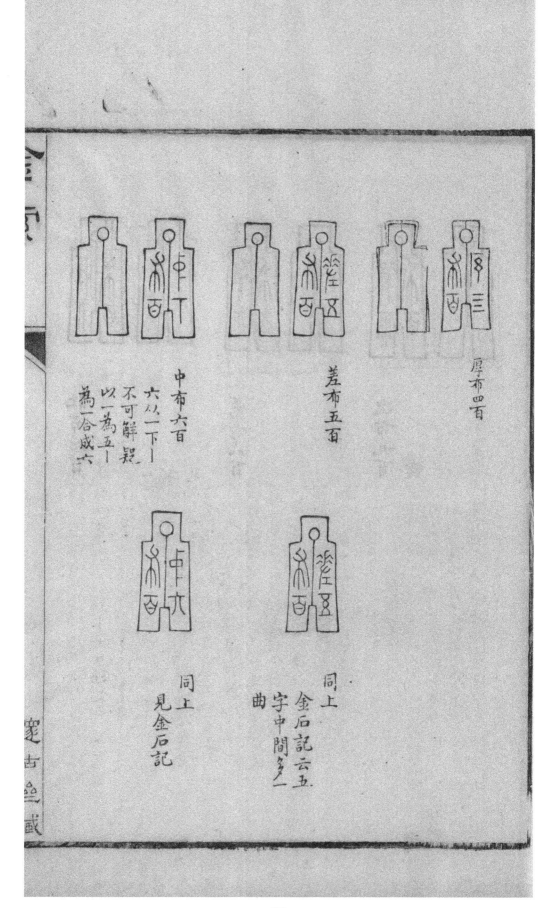

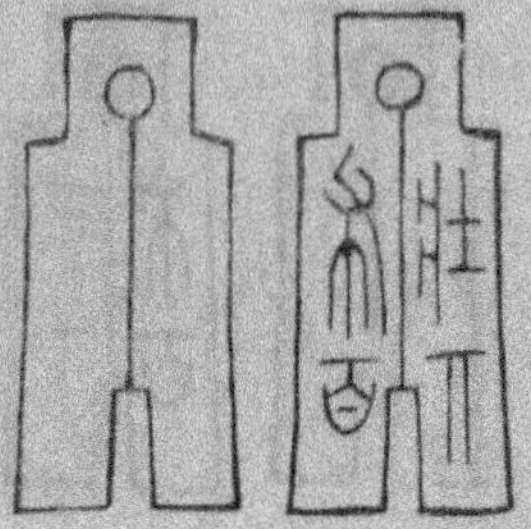

壯布七百

第布八百

次布九百

大布黃千

貨布

四布當千

長短与志相應此布厚一分以外重今清平六錢其千字絕不似刀字与篆作几者不同

此布在十品之外漢志天鳳元年罷大小錢改作貨布長二寸五分廣一寸首長八分有奇廣八分其圜好徑二分半足枝長八分間廣二分其文右曰貨左曰布重二十五銖直貨泉二十五金石記云諸泉布惟此一品足寸竊詳今以建初尺度之無不与志所云悉應是徵建初尺即劉歆銅斛尺也

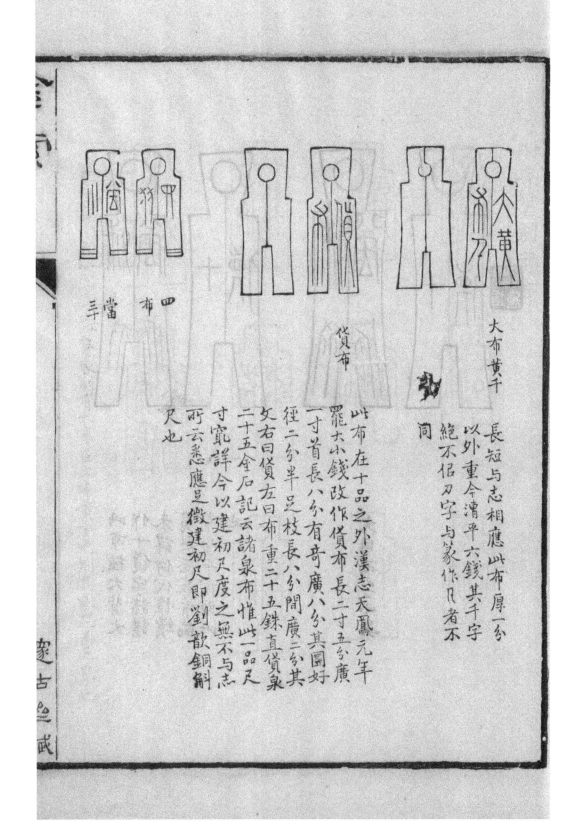

此布極大背文作十貨字諸譜未詳何代惟續夷堅志莽有端布當千或即此也

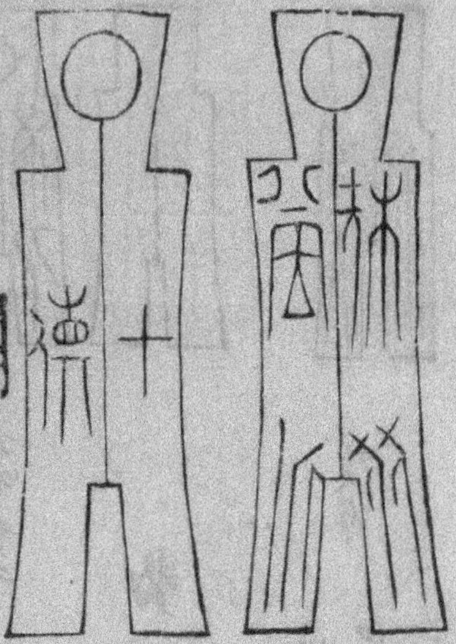

文同而字小異

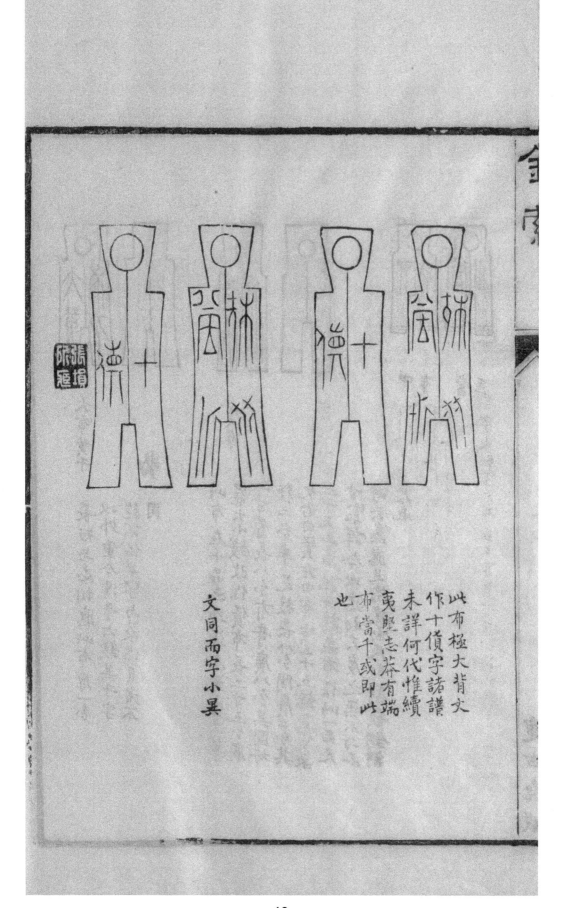

附存舊刻莽布

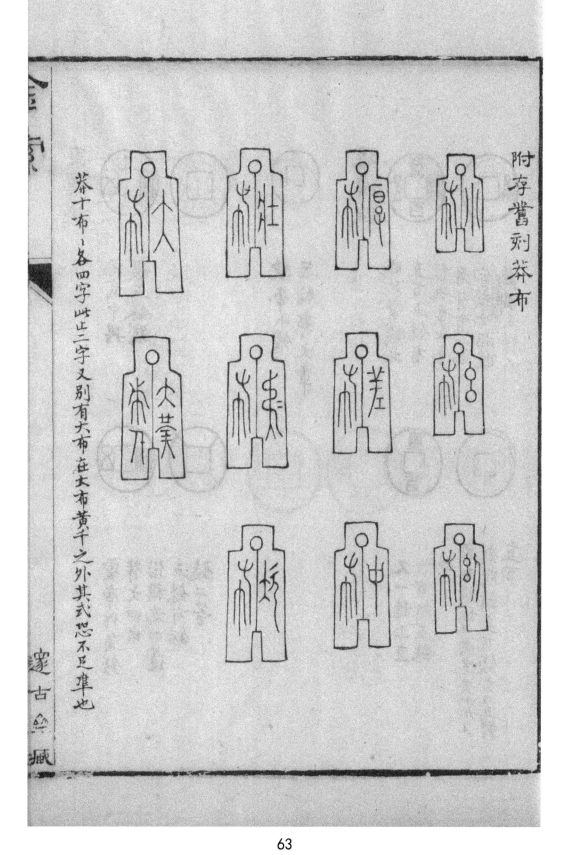

莽十布、各四字此止二字又別有大布在大布黃千之外其式恐不足準也

東漢錢

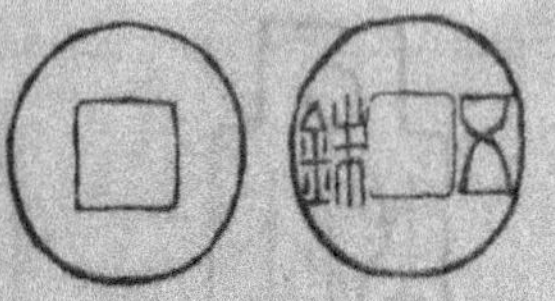

光武中興復五銖錢

獻帝小錢無輪郭文章

後漢錢

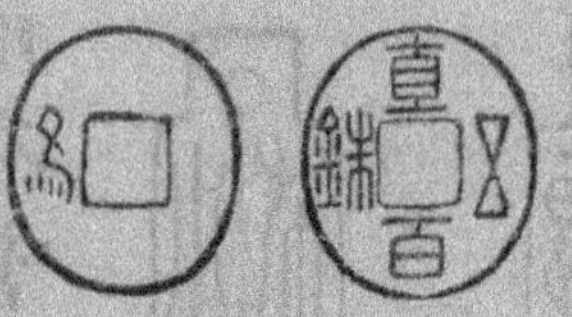

昭烈帝錢文直百五銖有徑九分七分者背有一為字或云指犍為郡

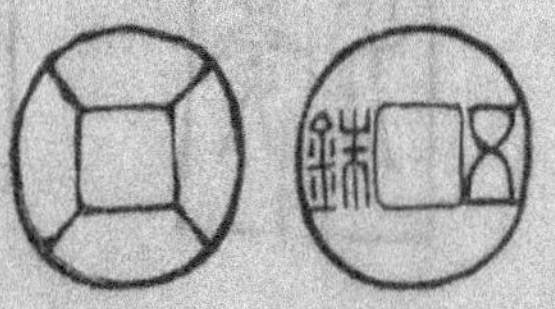

靈帝作角錢背文四出俗稱為四道五銖有銅鐵二等

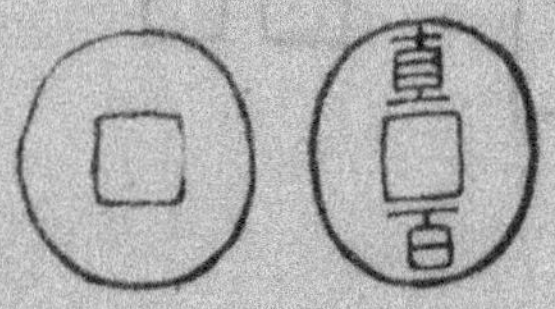

又一種上直下百無五銖字

泉志顧烜曰漢建安十九年劉備鑄直百錢文曰五銖直百

傳形五銖亦昭烈鑄左右相反銖字亦反穿上有十字

吳錢

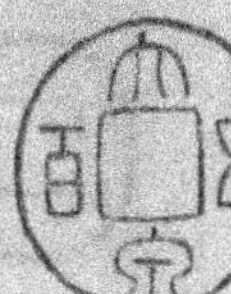

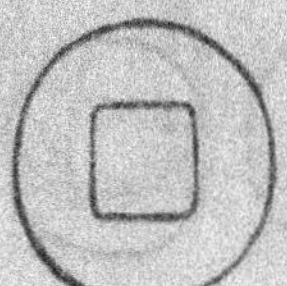

大泉五百吳大帝鑄

魏錢

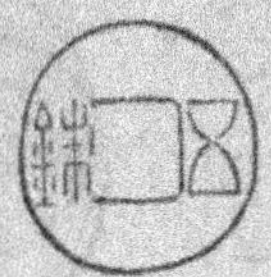

文帝初復五銖旋罷明帝復行五銖

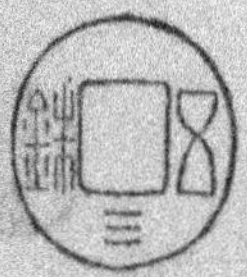

此錢文巨穿下有二字未知何時所鑄因與上十字相類附錄之

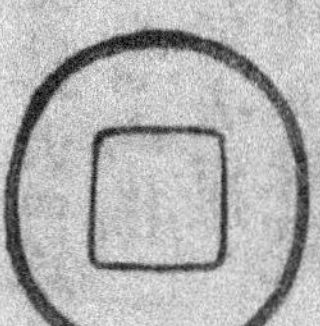

又鑄大泉當千式有大小二種

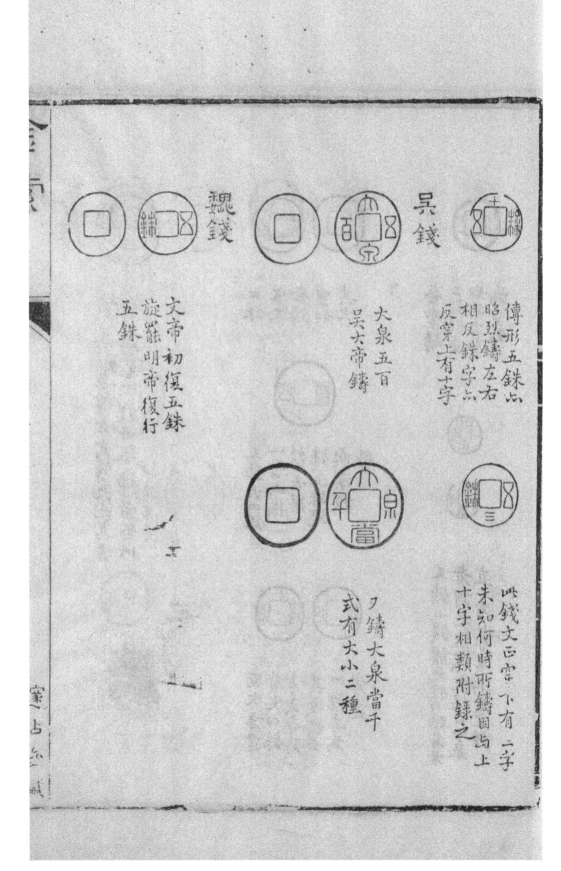

晉錢

太元貨泉晉孝武鑄太元真書貨泉篆文錢用年號者始此

宋錢

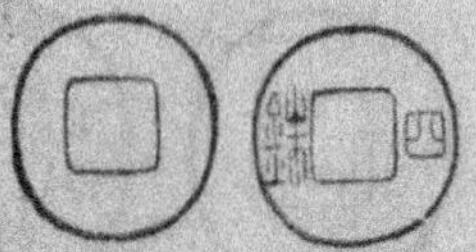

四銖宋文帝鑄重如其文

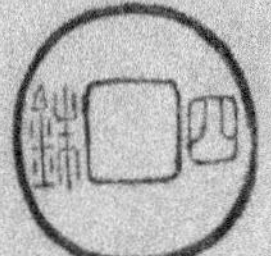

又鑄大四銖一當兩後罷去復鑄五銖錢與漢錢同

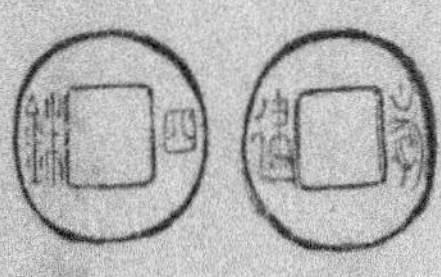

面文孝建背文四銖孝武帝鑄其後稍去四銖專為孝建

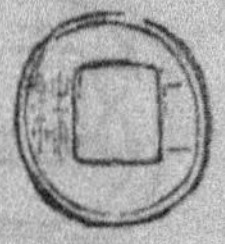

廢帝鑄二銖錢重如其文郭為重輪

又鑄小錢謂之鵝眼每劣者謂之綖環文俱曰小泉直一有篆書真書二種

景和即二銖錢無輪郭不書鑪有耒子荇葉等名

永光錢重三銖上二種皆廢帝鑄

南梁錢

武帝鑄它五銖皆無好郭惟此有之制甚精

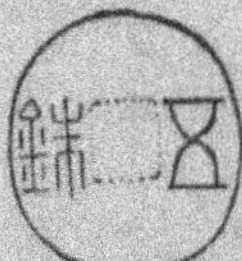

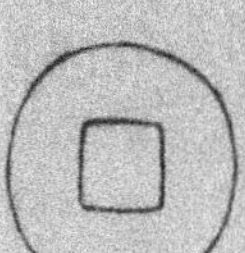

又別鑄五銖除其肉郭背有好郭者謂之公式女錢背無好郭者止謂之女錢

梁初又有五銖稚錢穿文重出射雉戲用之

普通中鑄鐵錢面文五銖背文四出

武帝又有定平一百錢面文無定字右一左百下平

篴古堂藏

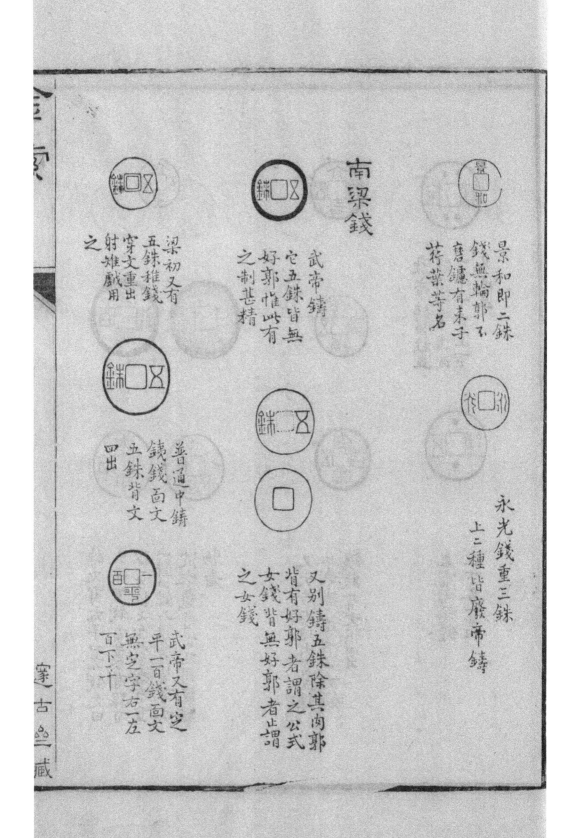

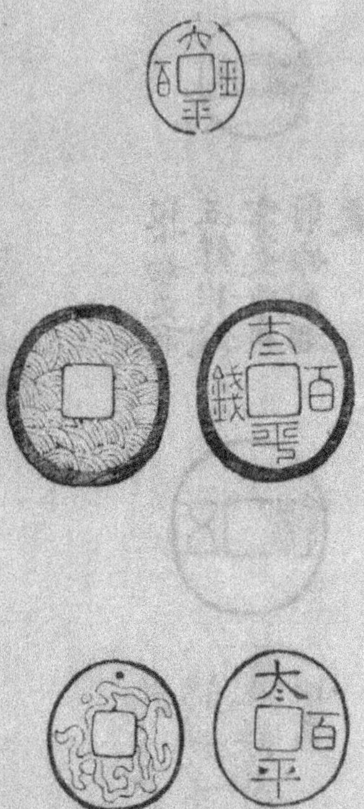

時又有太平四文錢文曰太平百錢有篆有隸有径一寸径七分六分者有重一銖四銖六銖者背有水波文龜背文及周繞雲物者

又大吉大通大富五銖亦武帝普通中所鑄鐵錢背文俱四出

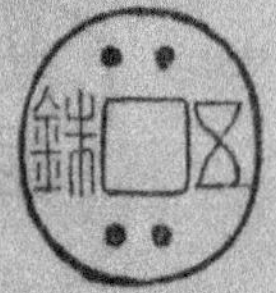

敬帝鑄四柱五銖一準二十後改一準十穿上下各兩星

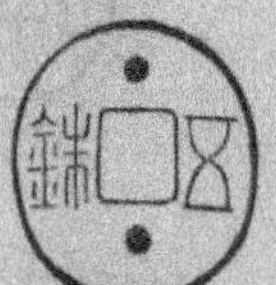

又有兩柱錢上下各一星

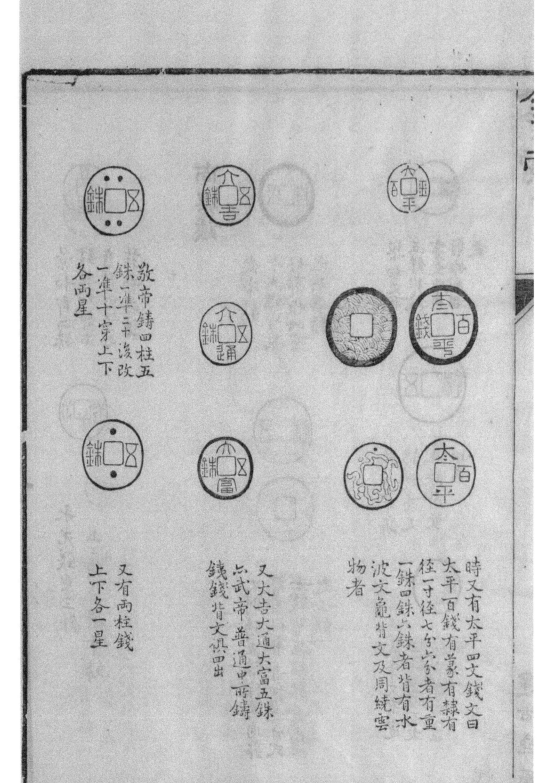

陳錢

文帝改鑄五銖以一當鵝眼之十

又改鑄鵝目五銖與北魏宣帝西魏文帝雞目五銖相佀

二

董逌錢譜云布泉陳文帝元嘉二年鑄一當百與五銖並行後周武帝寶定元年亦鑄布泉一當五今有玉筯篆者有柳葉篆者有重郭者藏曰泉流曰布

大貨六銖宣帝鑄以一當五銖之十有二種背無文

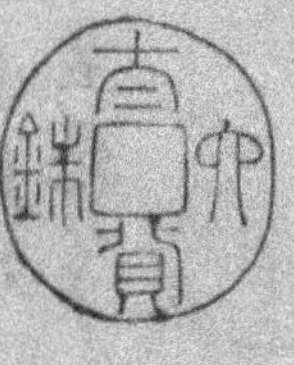

同上

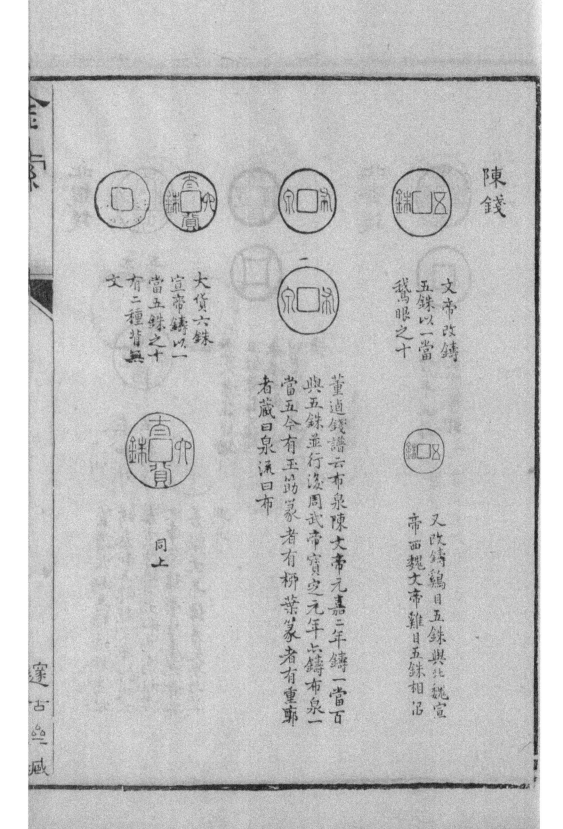

北魏錢

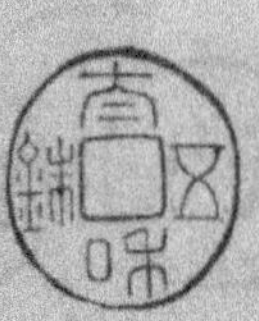

太和五銖

泰和五銖

董譜太和五銖後魏高祖鑄泰和五銖獻文帝鑄朕太泰古字通用太和為高祖孝文帝年號當皆屬之孝文若獻文年號乃天安與皇興耳

宣武孝莊皆鑄五銖孝莊又鑄永安五銖背文四出亦有背無文者

北齊錢

常平五銖文宣帝鑄

北周錢

泉布

武帝鑄布泉一當五其文左布右泉作玉筯文與陳布泉作柳葉文男錢作懸針文者不同

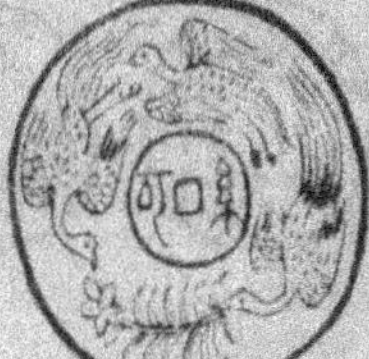

武帝又鑄五行大布與布泉竝行背有三雀銜孚及花卅之飾泉志舊譜俱列入奇品佀即此布重出

五行大布

背有七星龜蛇寳劍之飾

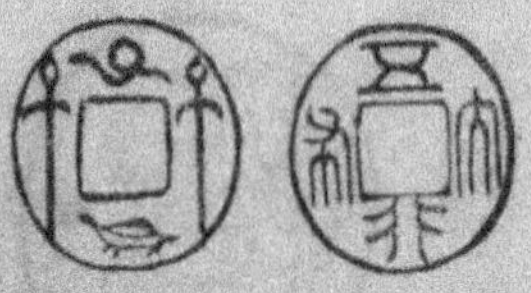

五行大布

背文龜蛇雙劍

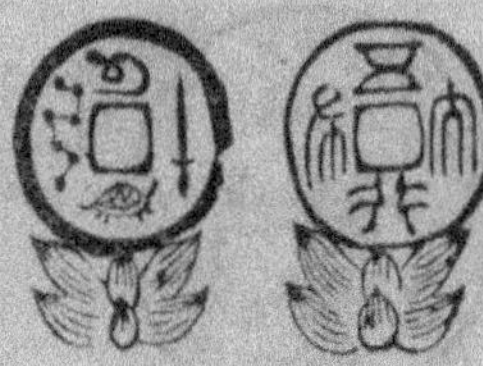

此種面背与上相佀其下有蓮孚承之更奇

面文五行大布背文團圓二字其穿孔俱有花辮文

五行大布

背文龜蛇七星劍

五行大布

背無文

五行大布

此布甚鉅未必當日之制姑附于末

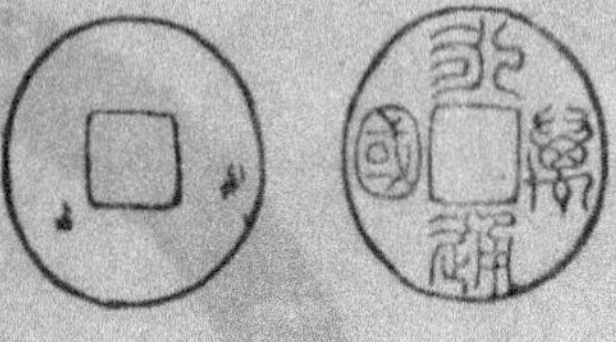

永通萬國
宣帝所
鑄一當
十

永通萬國
錢背有為
元武斗劍
之象者

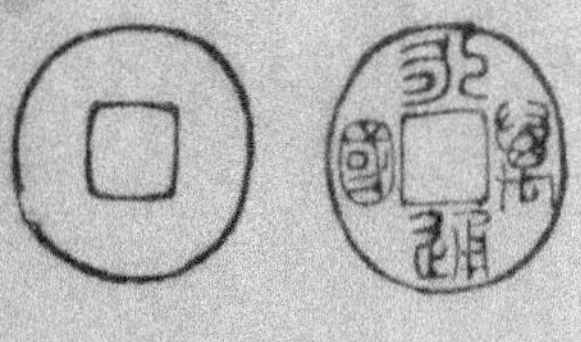

同上而國字小異

又鑄永通泉貨
背有龍鳳与南
唐元宗錢相佀

隋錢

文帝鑄五銖白錢五字近好處有一畫餘三面無郭用鑞和鑄故錢色白

又鑄小五銖徑三分凡八九萬緡盈半斛與綖環錢同

後趙錢

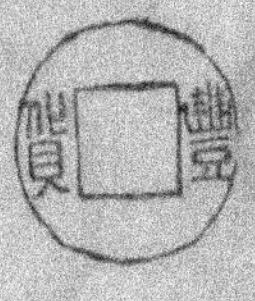

附

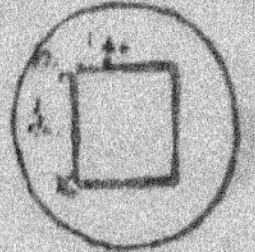

東晉時後趙石勒錢文曰豐貨謂之富錢背無文此沈子赤文所寄拓本字甚準

蜀漢錢

李壽僭稱漢鑄漢興錢非漢高祖時鑄也又有漢興元寶錢

見上

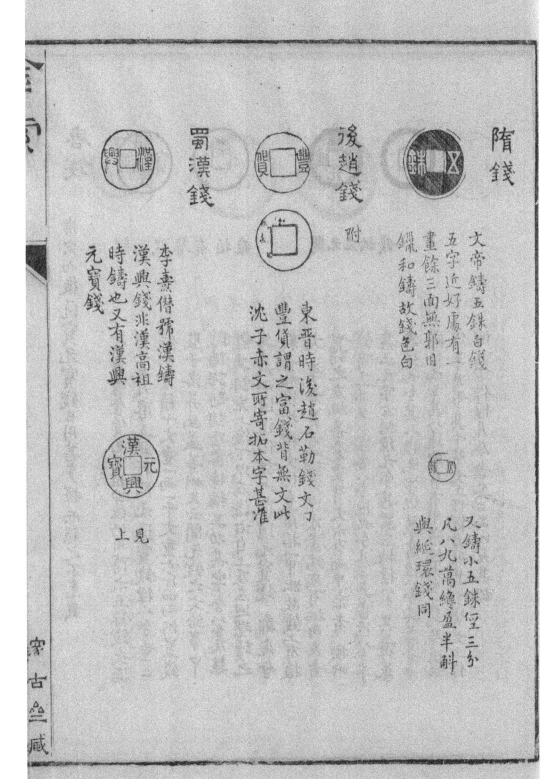

唐錢

唐宋而後通寶元寶錢日用甚多擇而録之不悉載

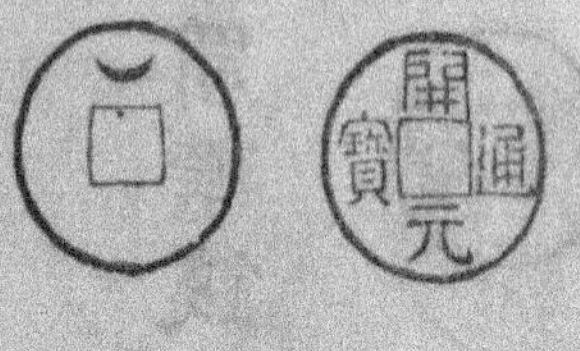

開元錢背有掐痕

開元左挑錢

舊唐書食貨志高祖即位仍用隋之五銖錢武德四年七月廢五銖行開元通寶錢徑八分重二銖四絫積十文重一兩一千文重六斤四兩仍置錢監于洛并幽益等州又云開元錢之文給事中歐陽詢制詞及書時稱其功其字含八分及隸體其詞先上後下次左後右自上及左迴環讀之其義亦通流俗謂之開通元寶錢　鄭虔會粹云初進蠟模文德皇后掐一甲跡故錢上有掐文　李孝美云此錢元字次畫端或有挑向左者世謂之左挑甚愛重背文亦有兩甲痕者　按此錢有十一品其一字含八分徑九分其二真書徑八分半其三元字左挑徑九分其四亦左挑徑八分其五作篆書徑九分其六惟元字作篆書徑八分其七背有甲痕徑九分其八通字背有甲痕徑九分其九背文上作半月形其十背文上作偃月形其十一背文上作仰月下作偃月今畫其二品以見其概

乾封錢唐高宗鑄　舊唐書食貨志乾封元年封岳之後改造新錢文曰乾封泉寶初開元錢俗謂之開通錢及鑄新錢乃同流俗乾字直上封字在左尋寤錢文之誤乃議用舊錢二年詔乾封新錢更不須鑄

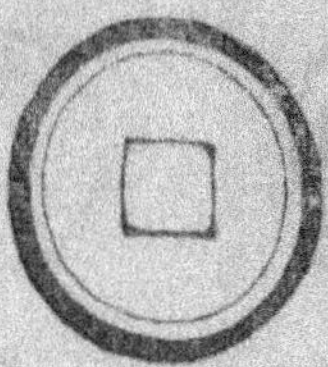

乾元重輪錢肅宗鑄　食貨志乾元元年使第五琦鑄乾元重寶錢以一當十號乾元十當錢第五琦為相復命絳州諸爐鑄重輪乾元錢徑一寸二分其文亦曰乾元重寶背之外郭重輪每緡重十二斤与開元通寶錢並行以一當五十　肅宗實録乾元二年九月戊辰新鑄大錢其文依乾元重寶而重其輪以別之一當五十　舊譜云徑二寸四分　李孝美云徑寸五分鴨得此品其元字作左挑蓋亦開元左挑之遺意

同上而小　金光襲曰乾元二年新鑄小錢一當一

大曆唐代宗年號宜此時所鑄泉志稱其字畫遒勁

德宗建中初鑄每千錢費九百為銅六斤鑄罷則斤得錢六百故銷鑄者多而錢益耗

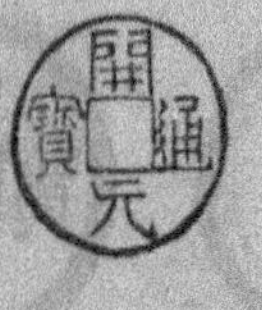

開元新錢武宗會昌五年鑄面文相似背文二十三品舊譜揚州節度使李紳于新錢背加昌字以表年號而進之有勅遂勅鑄錢之所各以本州郡名為背文于是京兆以京云云

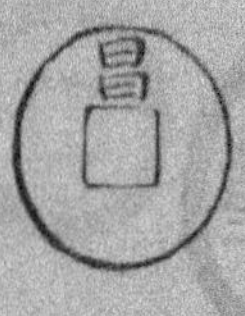

年號

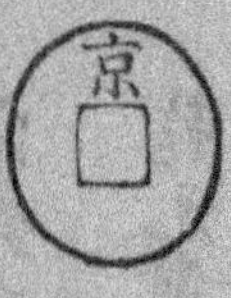

京兆

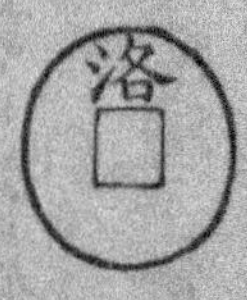

洛陽

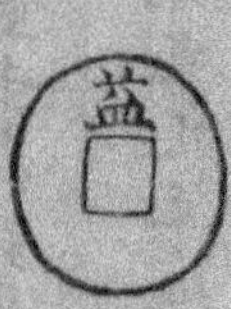

西川

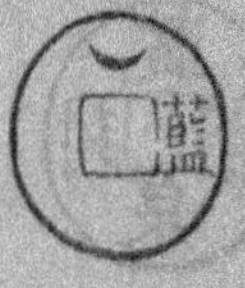

藍田

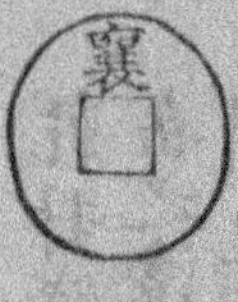

襄州

江陵

越州

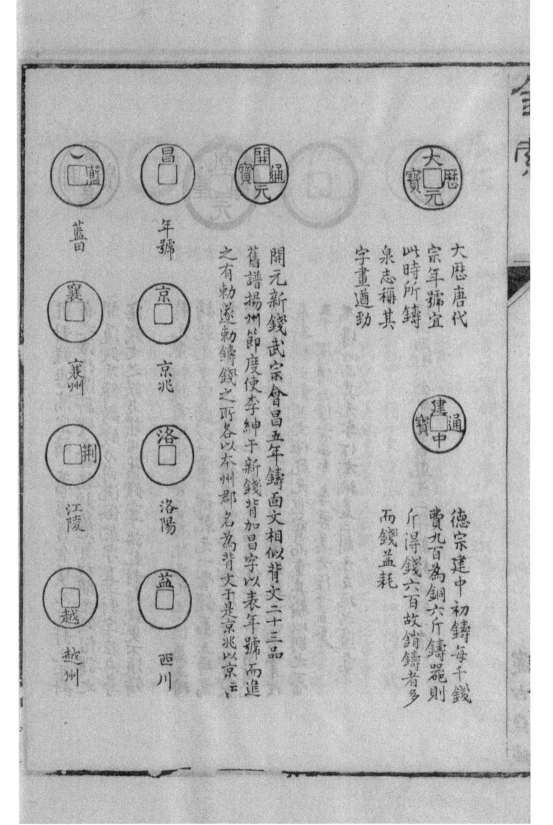

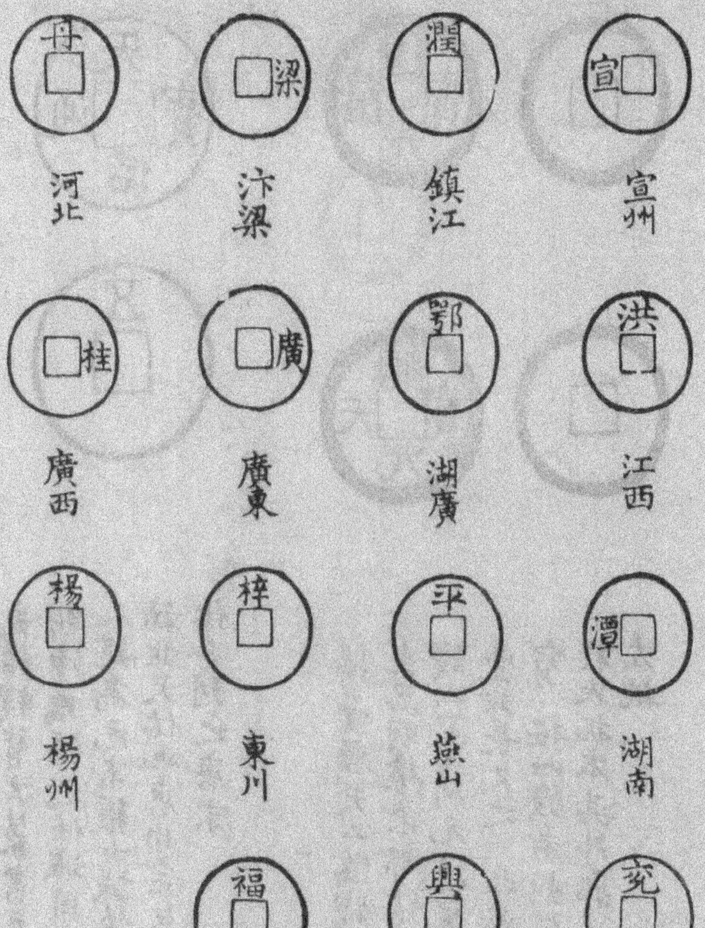

按食貨志武帝廢浮屠法以銅像鐘磬鑪鐸皆歸巡院許諸道皆得置錢坊李紳請以州名鑄錢京師為京錢而舊譜以京為京兆又封演以昌字為年號董譜以昌為成都姑兩存其説

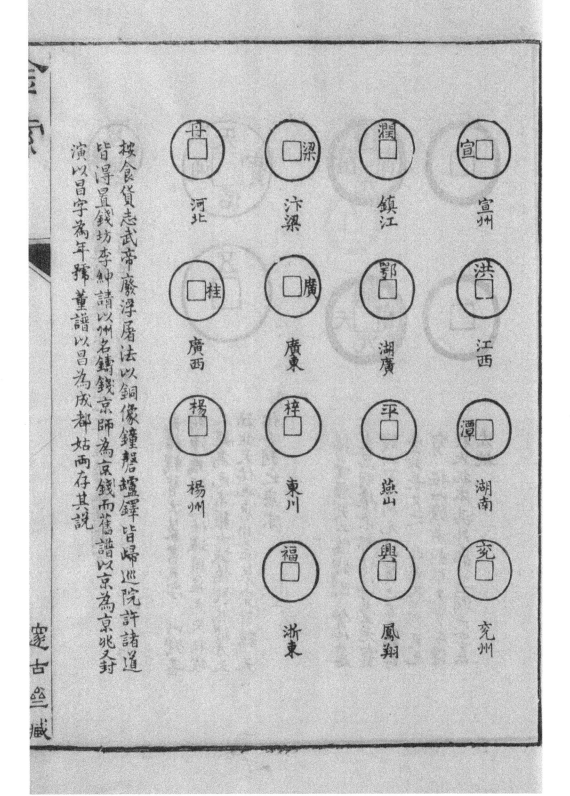

咸通錢　懿宗咸通十一年桂陽監鑄錢官王彤進尋有勅停廢

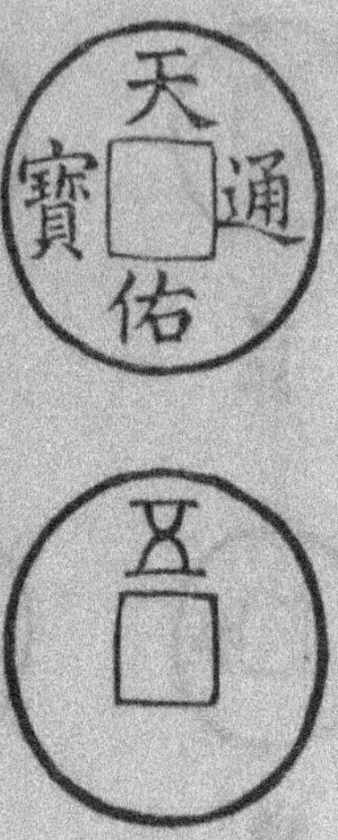

天佑錢背文篆書五字　此錢甚明淨鵬得之任城曰泉志失収故人疑為元末張士誠僞錢然彼乃天祐非天佑也唐昭宗哀宗皆號天佑今列之唐末

得壹順天二僞錢附　食貨志史思明據東都鑄得壹元寶錢以一當開元通寶之百又惡得壹非長久之兆改其文曰順天元寶　按此錢面刻俱失實今得桂氏拓本其外郭甚濶元字点左挑

五代十國錢

後唐明宗年號天成

周元錢柴世宗毀天下銅佛鑄

亦李璟鑄有篆文龍鳳者

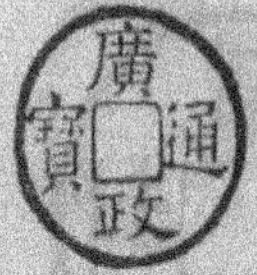

後蜀孟昶所鑄

後晉高宗天福三年鑄又有天福鎮寶

前蜀王建鑄又有通正天漢光天三品

南漢劉龑鑄又鑄鉛錢十當銅錢之一

後漢高祖鑄董譜漢元李譜漢通

皆南唐元宗李璟鑄

王建子衍鑄又有乾德元寶

燕劉守光鑄背文穿上有万字

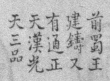

乾封鉛錢楚馬殷鑄見五代史　乾封鐵錢圖六寸見十國紀年　乹封銅錢徑寸七分見泉志

開元大鐵錢閩王審知鑄甚粗重俗謂之銑[illegible]賀見陶岳貨泉録

董逌云楚馬殷據湖南八州地建天策府鑄天策府寶泉志云徑寸七分重三十銖二絫銅質渾厚

閩王延羲鑄永隆大錢鐵一當鉛錢百見十國紀年泉志云又銅錢徑寸四分

天德大鐵錢閩王延政天德二年鑄一當百見十國紀年　董逌曰背文穿上有殷字泉志云王延政建國稱殷也

宋錢

宋元錢宋太祖鑄背有仰月　宋初鑄錢猶承周制故其文曰宋元通寶猶唐初之有開元通寶非宋通也且年號開寶文不可重故不用年號

太平淳化至道三品皆太宗鑄　淳化御書錢有真行草三體錢文之用草書自太宗始也至道錢亦有三體

咸平景德祥符天禧四品皆真宗鑄　祥符者大中祥符也錢文不能六字故曰祥符元寶祥符亦有御書者有真行二體元寶通寶兩種

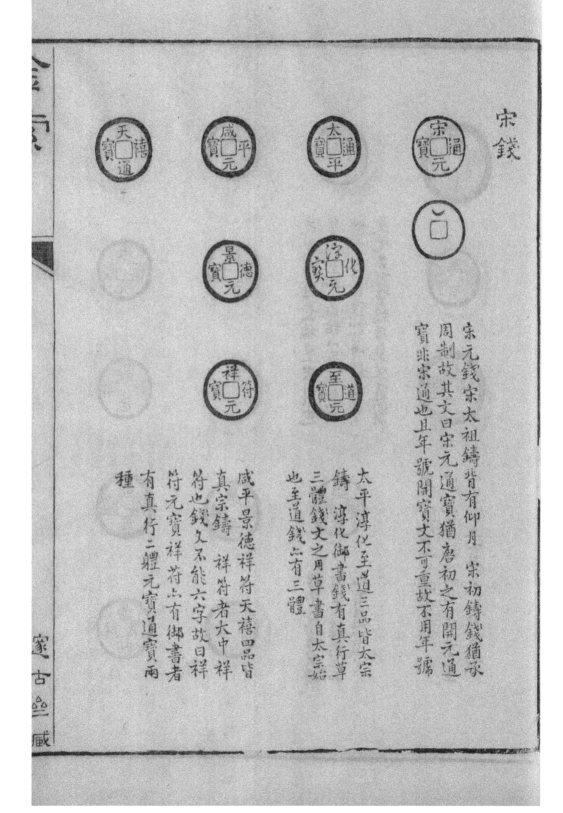

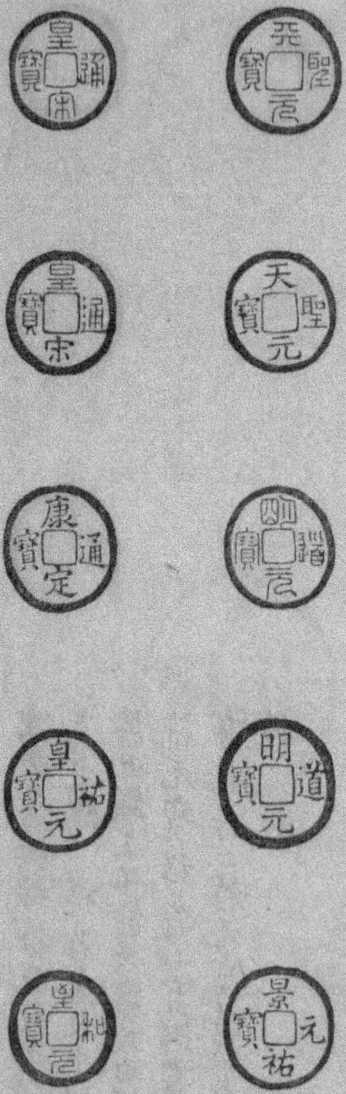

天聖明道景祐皇宋康定之
皇祐至和嘉祐八品皆仁宗
鑄　景祐後改年號為寶
元文不可重故用皇宋通寶

治平錢英宗鑄
有篆隸楷三品
亦有通寶

熙寧元豐皆神宗鑄
字兼篆隸真行草其式至
多大小五六等不一不能悉載

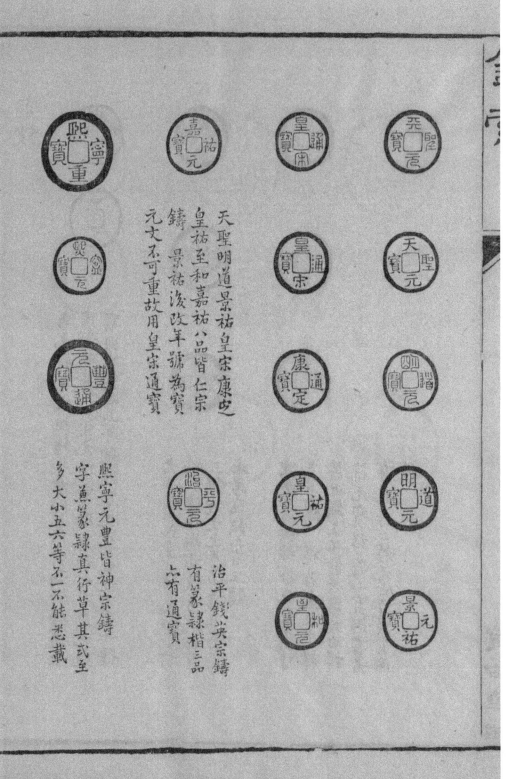

元祐紹聖元符三品俱哲宗
鑄字兼篆行二體大小不
等亦行折二錢今錄其篆者

聖宋崇寧俱徽宗鑄
食貨志崇寧二年政小平
錢鑄當五大錢以聖宋通寶
爲文三年鑄崇寧當十大錢

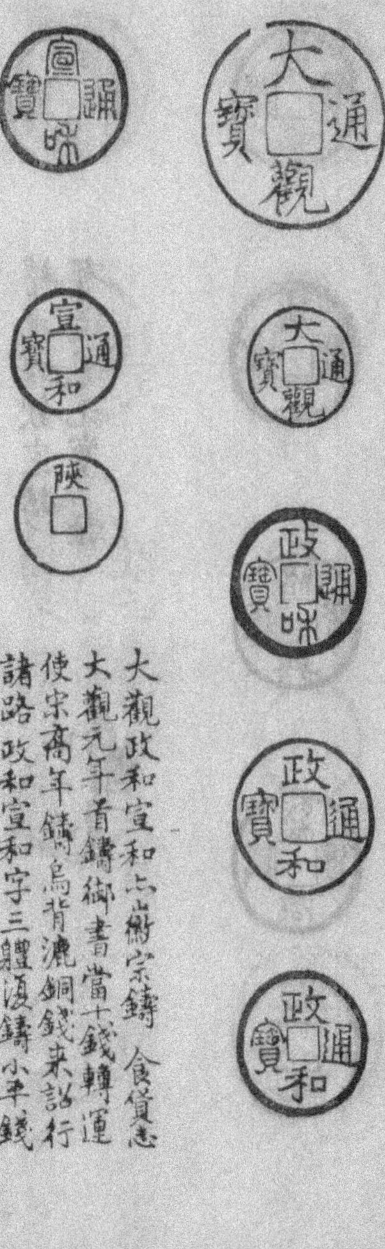

大觀政和宣和亦徽宗鑄 食貨志
大觀元年首鑄御書當十錢轉運
使宋喬年鑄烏背濃銅錢來詔行
諸路政和宣和字三體復鑄小平錢

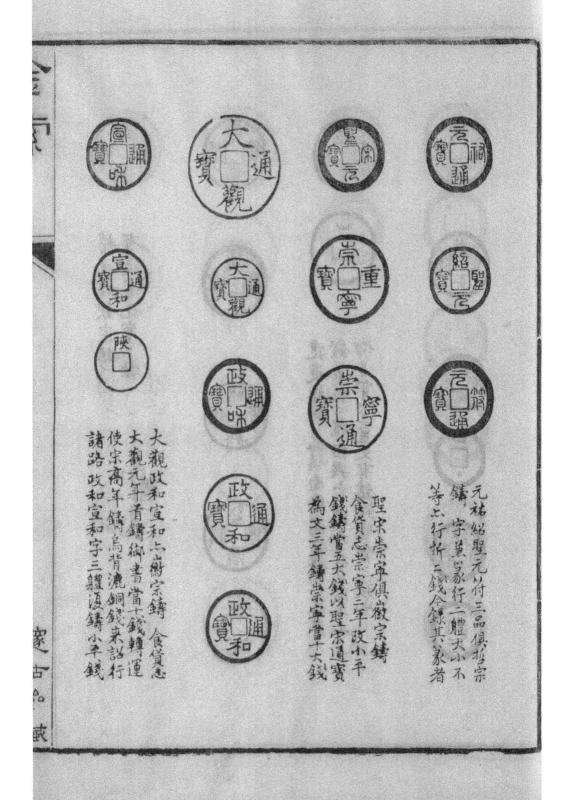

靖康錢欽宗鑄
有通寶元寶二種

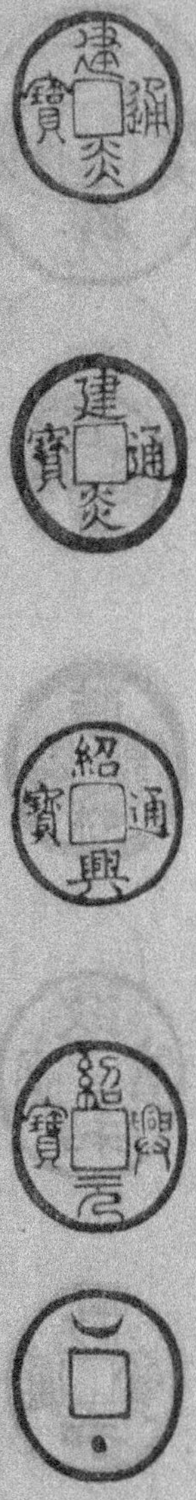

建炎紹興二品俱南宋高宗鑄　建炎
錢篆楷二體紹興亦二體有背文穿上
仰月穿下一星又有鐵錢皆當三錢也

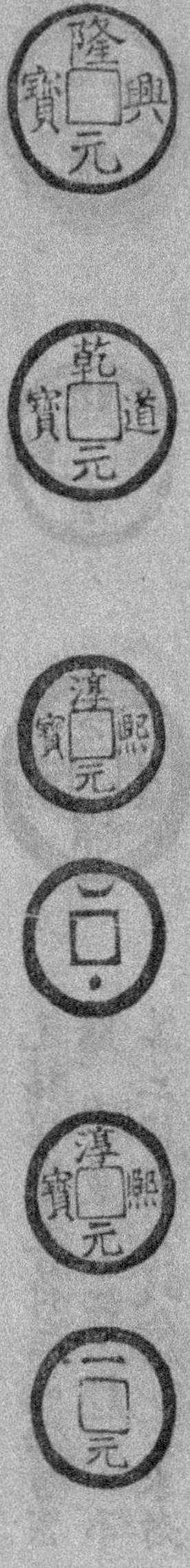

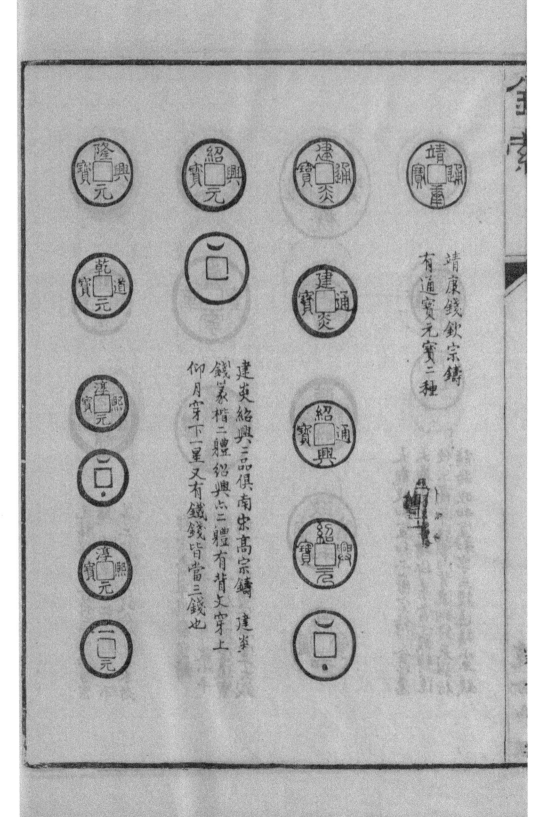

隆興乾道淳熙三品皆孝宗鑄　淳熙錢有元
寶通寶二種背文編年淳熙有十六年故至十六為止

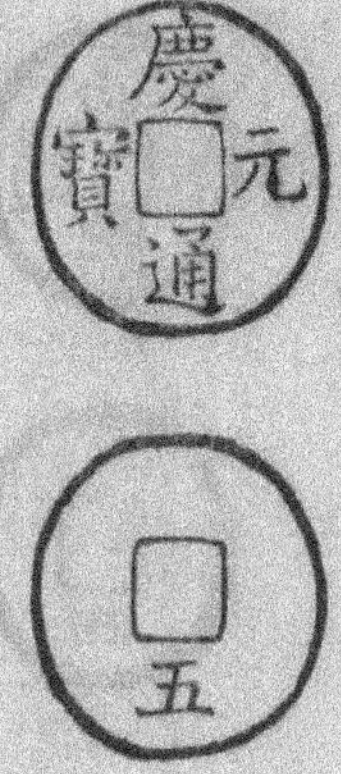

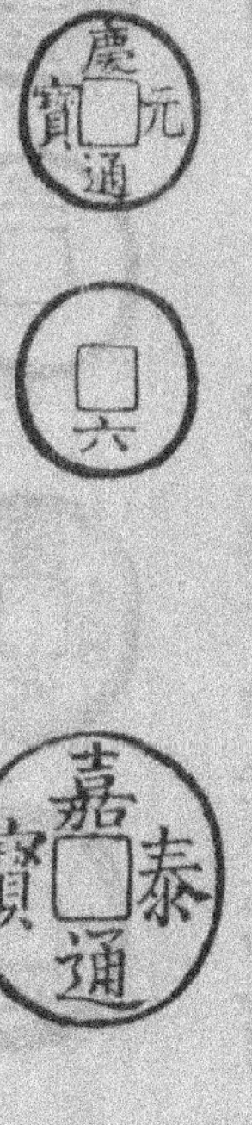

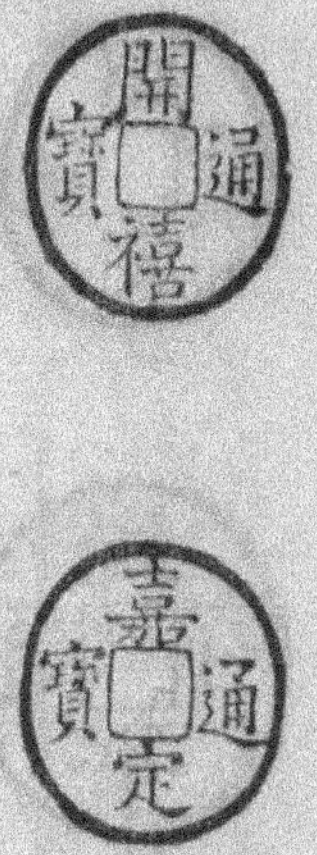

慶元嘉泰開禧嘉定四品皆寧宗鑄
食貨志慶元三年復神泉監鑄當三大錢
此背文五字六字亦係編年非小平錢轉當迹

遂古堂藏

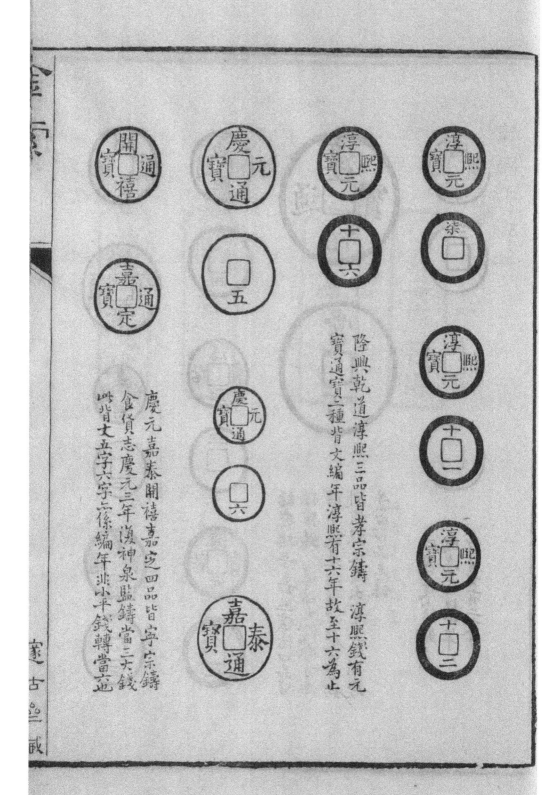

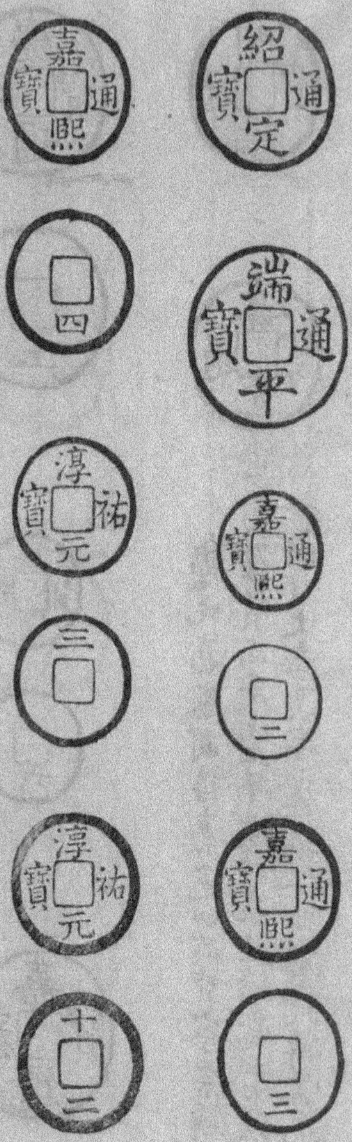

紹定端平嘉熙淳佑四品皆理宗鑄　淳佑大錢當百志所未載見　西清古鑑及古錢徵信錄又有大宗皇宗開慶景定四品未錄

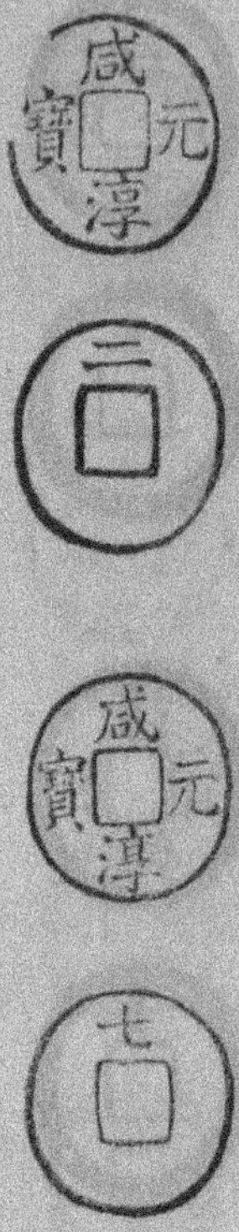

咸淳度宗鑄　咸淳在位十年故背文有二七字

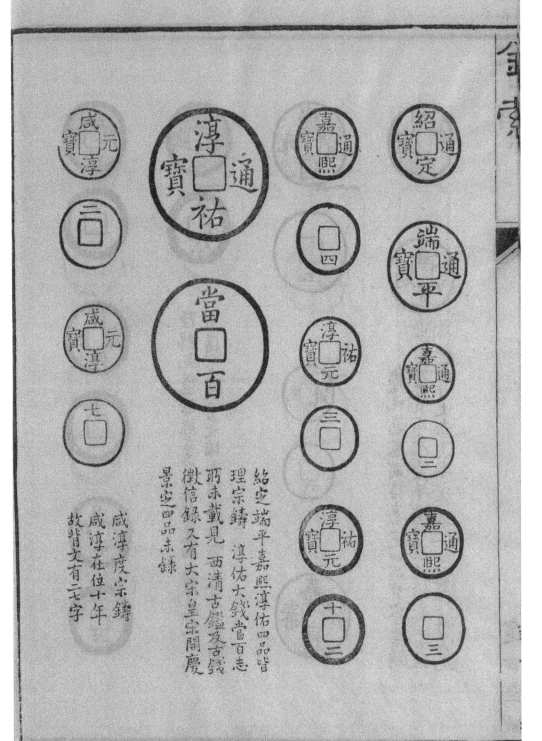

宋銅銙牌二

此牌見桂未谷拓本與金石契所收一枚相似

嘉善人曹米庵三尹以事至沈見佩此牌取而稱之重今庫平一兩一錢較前稍短

元孔行素至正直記云宋季銅鑄牌長三寸有奇濶一寸大小各不同背鑄臨安府三字面鑄錢貫文曰壹伯文之類額有小窽貫以致遠最便于民近亦罕得矣

金石契云龍泓外史舊居候潮門外掘地得數十枚或準伍伯或準壹伯面文皆有臨安府行用五字

又一品

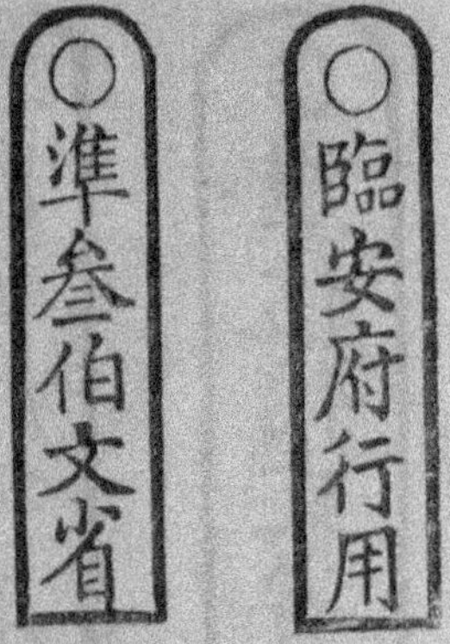

見西清古鑑

隨駕養豹銅牌

豹字陸伯柒拾柒號
隨駕養豹官軍勇士懸帶此牌無牌者依律論罪借者及借與者罪同

豹牌一具鵷得之曲阜周身紅暈鮮明疑唐宋時物

御馬監銅牌

凡官長隨懸帶此牌不許借
失偽造陞遷者改寫兌換事
故者繳監無牌不許擅入
宮禁違者治罪
御馬監

御馬監（篆用九疊文）

此牌見黃小松拓本其左側有忠字號三字右側有捌年頒三字而無年號未識何代時物

遼錢

天贊錢遼太祖鑄　遼耶律阿保機于後梁末帝貞明二
年稱神冊元年至龍德二年改元天贊　五代史四夷附錄
云契丹主阿保機僭號名年曰天贊　泉志稱契丹國錢

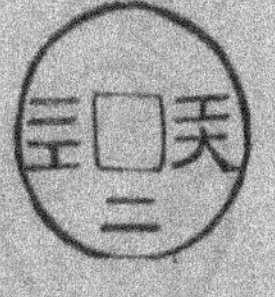

上二品左天右贊亦遼太祖天
贊錢也下一品相似泉志類列
之入不知年代品或亦係天贊
錢穿下有二字上二品有郭
下一品無周郭類圜法

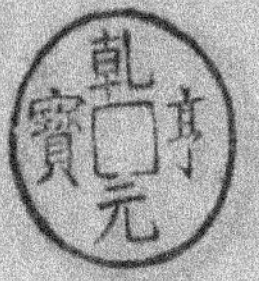

乾亨錢
景宗鑄

統和太平俱聖宗鑄
聖宗于宋天禧五年
時改元太平此錢背文
丁字疑太平七年丁卯也

重熙錢
興宗鑄

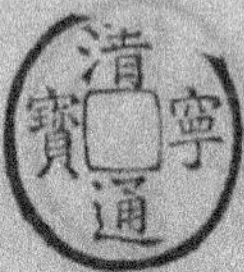

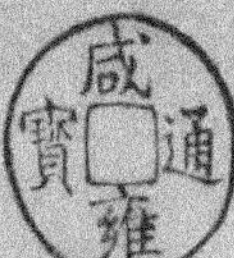

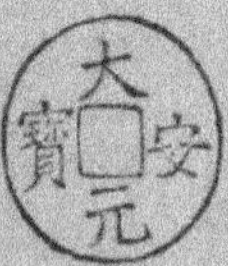

清寧大康
咸雍大安
壽隆俱道
宗鑄

乾統天慶俱
末主天祚帝
鑄

感天錢 西遼天祐帝
蕭后塔不煙稱制號
感天皇后疑鑄此錢

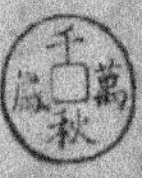

千秋萬歲亦遼錢
董逌云遼宋通使時其
國人頗攜此錢入中國也

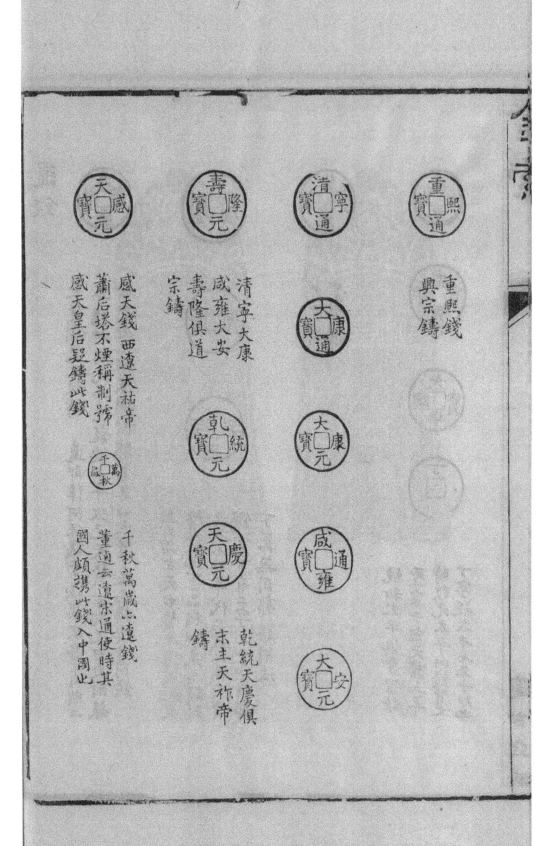

金錢

正隆錢海陵王鑄
有通寶元寶二種

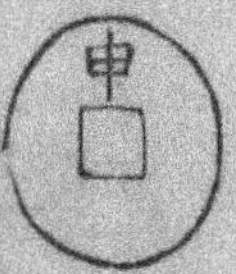

大定錢世宗鑄　世宗雍以宋高宗紹興二十一年改元大定　正隆錢郭厚文深已爲佳品大定錢精美又過之背文有申酉字金史稱其中有銀也

泰和大錢章宗鑄　食貨志泰和四年鑄大錢一當十文曰泰和重寶與鈔並行　按古錢徵信録云此錢有徑一寸九分者有徑一寸七分者兩面皆作大篆予得此品止一面有字亦非大篆乃玉筋篆結體茂美似党懷英筆

貞祐錢
宣宗鑄

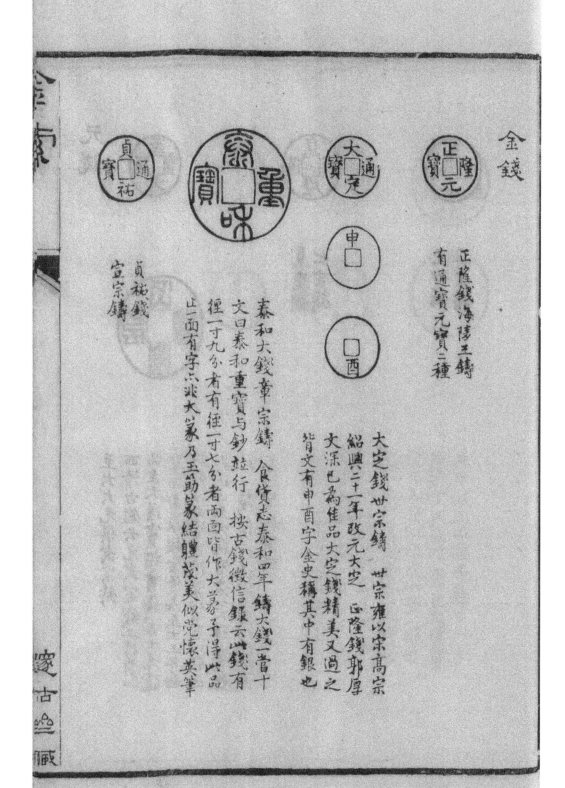

元錢

至大大元俱武宗鑄
西清古鑑云元武宗錢二品前一品至大通寶楷書後一品大元通寶西番篆按食貨志至大三年初行錢法立資國院泉貨監以領之其錢曰至大通寶者一文準至大銀鈔一釐曰大元通寶者一文準至大通寶錢一十文

皇慶錢
仁宗鑄

至治錢
英宗鑄

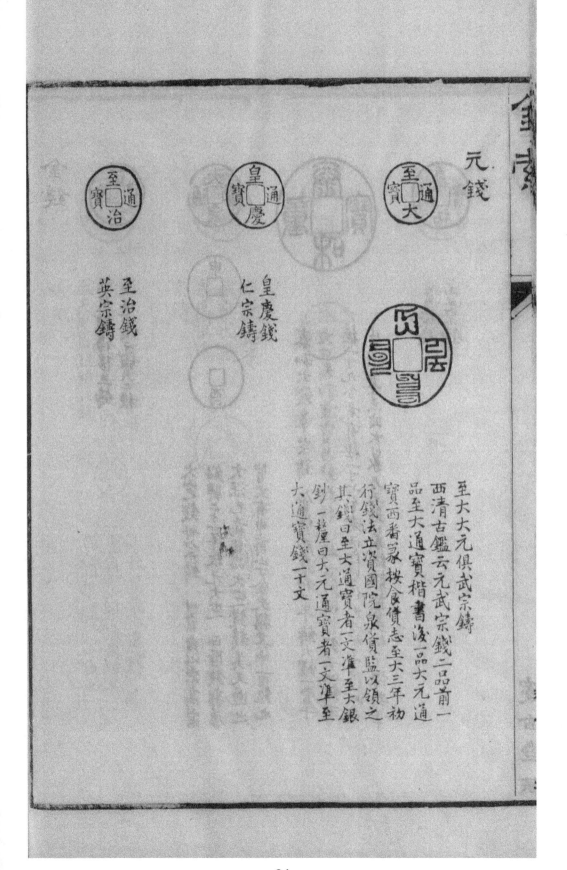

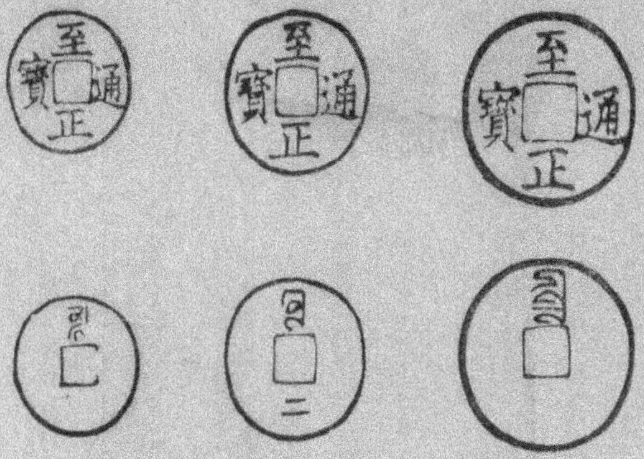

至正錢三品順帝鑄

西清古鑑云順帝至正通寶錢凡三種以次遞小前一種及冣小一種背文西番篆讀若巴納蓋梵語錢字也其第二種背文上一字亦西番篆讀作額下楷書曰二蓋當二耳

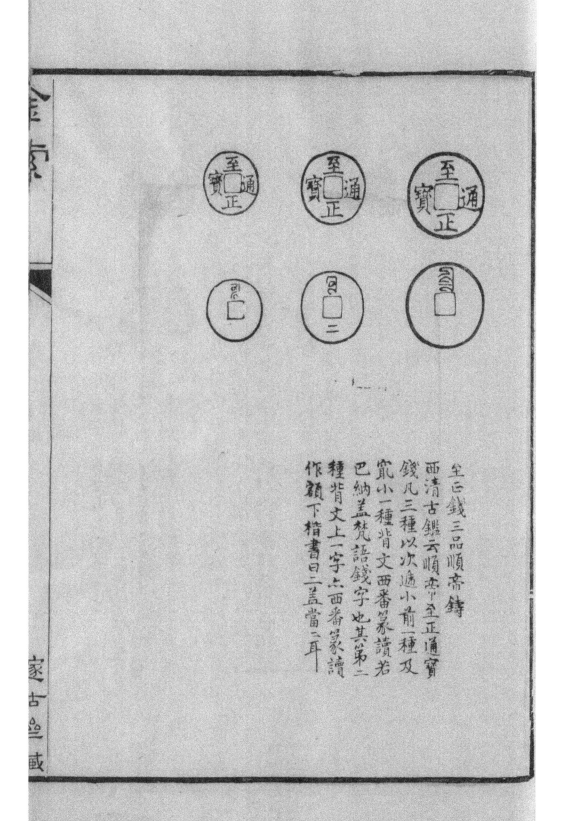

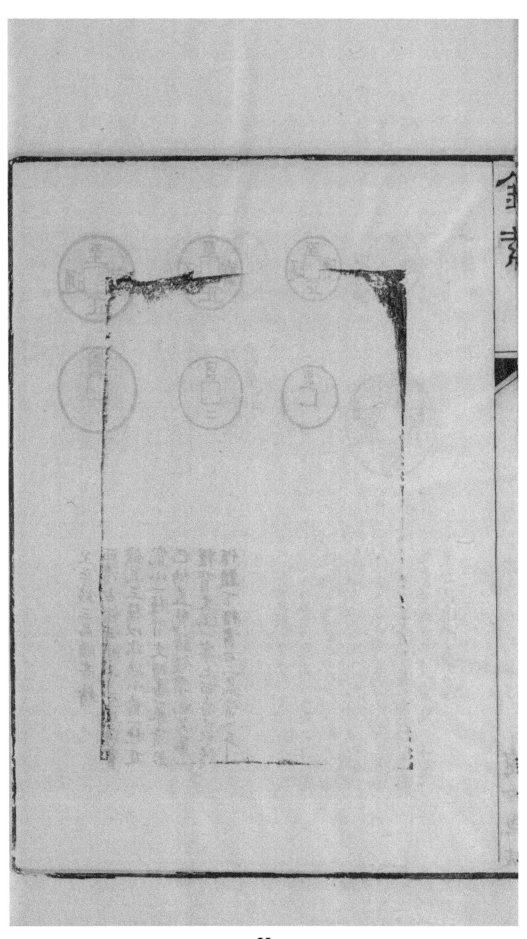

古蟻鼻錢

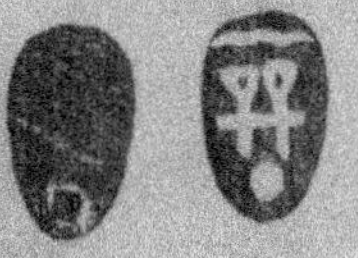

昏塹水

背平無文

字同上少上一畫

背孔穿透

桂未谷云相傳蟻鼻其實為昏塹水三字鎮水所用往往以鎮鋸之又云真州有趙適著昏塹水之說甚佳

鵬按此錢俗名鬼臉子言黑而醜也桂氏取趙適昏塹水之說甚新但不知其詳其錢上廣下窄穿孔或透或不透予所得如是舊爺作上窄下廣文亦不同今附錄之

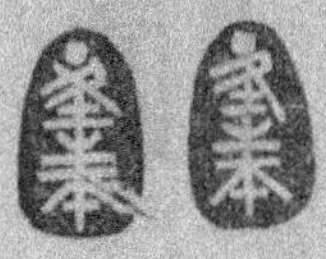

此四種錢譜俱刻所謂上狭下廣背平面凸亦中多有者也文不可曉或謂下二種係在之本三字或謂恠奉二字係鎮水恠用者姑以俟考

蕩心錢

蕩心錢有六面分凹凸虛實博古圖等畫作雙鉤斜文轉令人茫然今各面圖之以黑者為凸沙點者為凹白者為虛空庶不相混

一

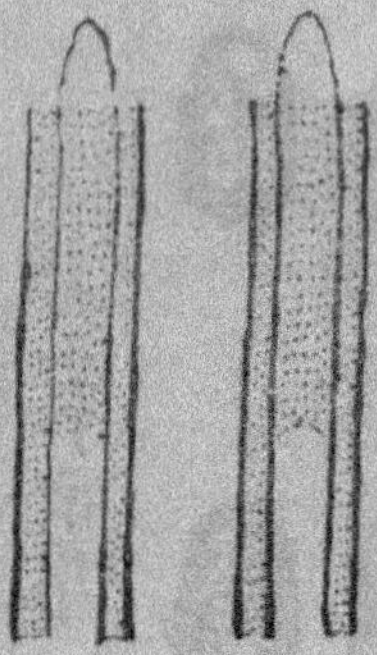

正背二面相同其形方

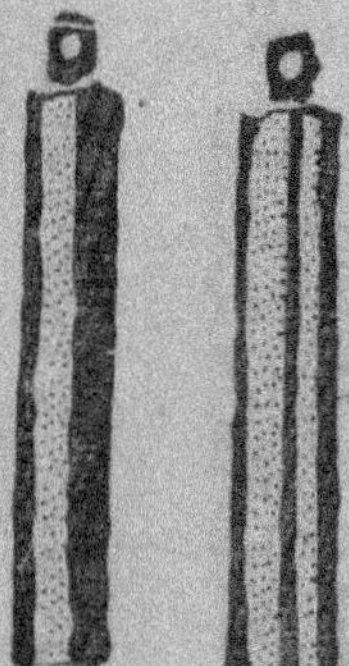

左側三直

右側二直

二

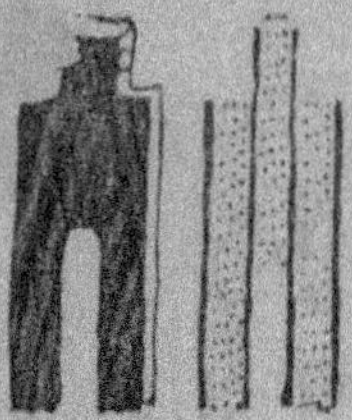

正面

背面其制稍區

三

四面俱直楞凹條頂平足岐頂有中孔

四

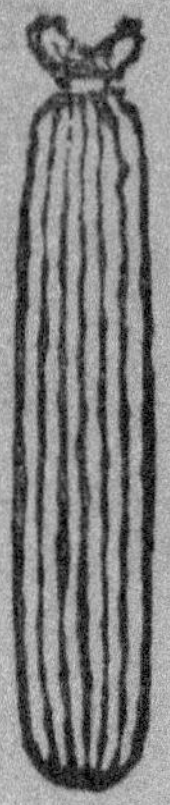

五

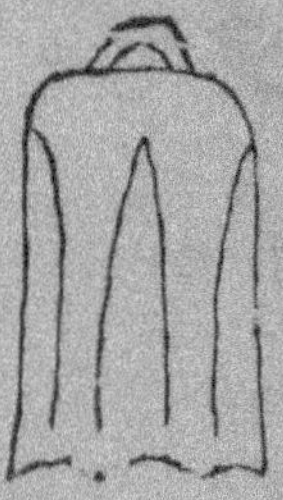

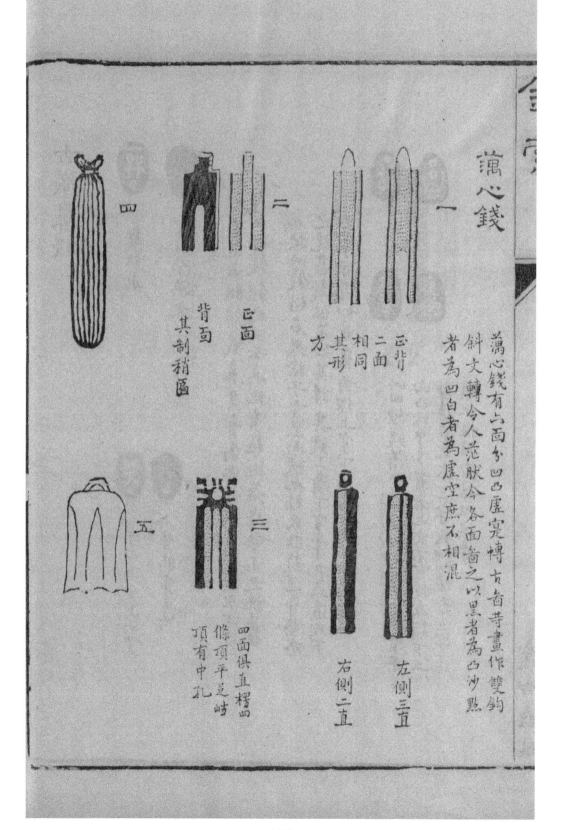

六

背模八直同正面而寬窄不同

七

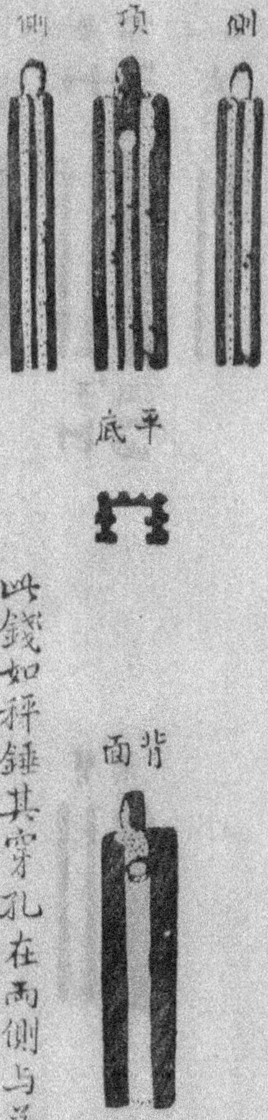

背面二直中四有一孔通正面

此錢如秤錘其穿孔在兩側与第一錢同惟中心復有小孔較異重六錢二分

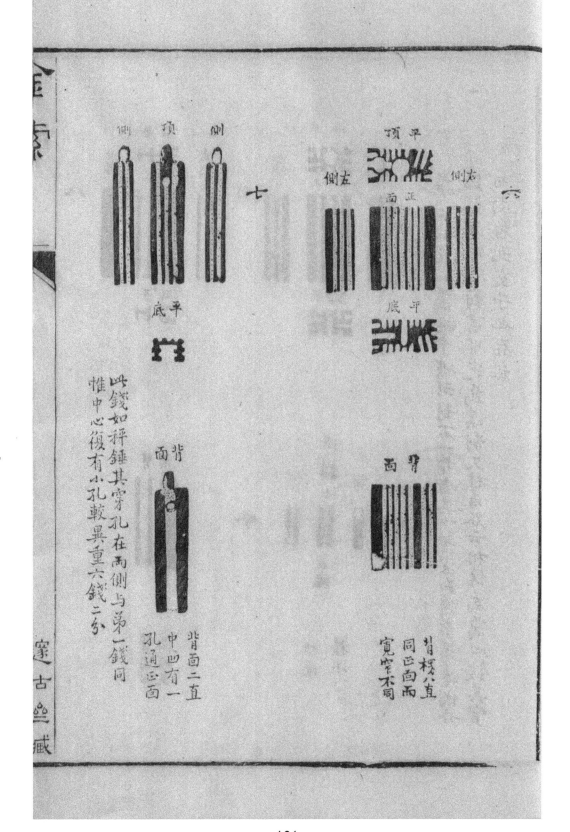

八

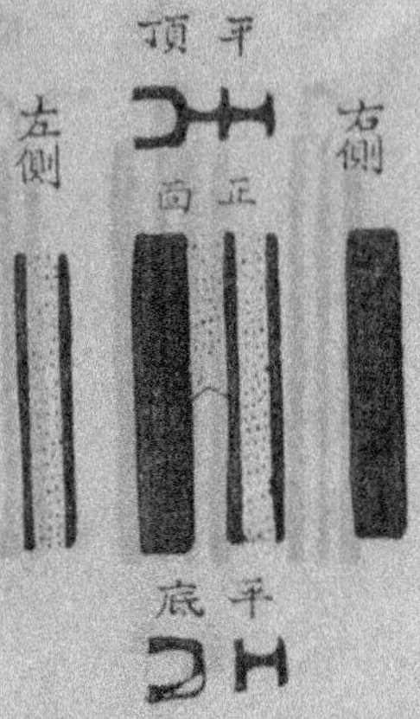

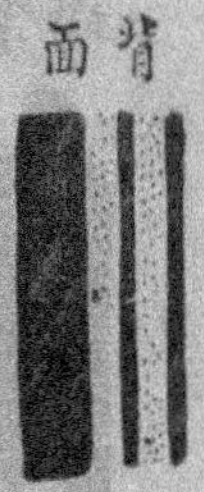

背同正面岐足

九

十

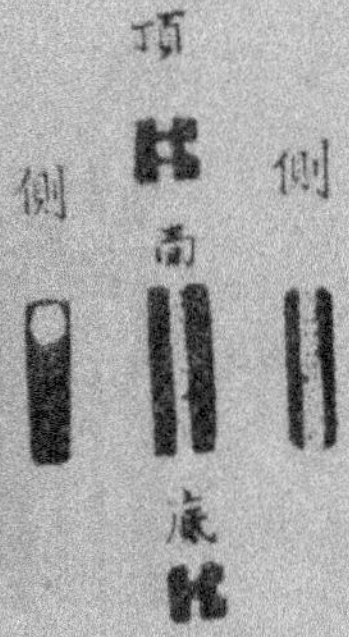

此種極小

蕩心錢狀如蕩挺中破形制不一亦有其半 考宣和譜未詳時代丹鉛錄及潛確類書皆定為漢制又桂未谷云相傳為蕩心錢其實西南番丸交子也存參

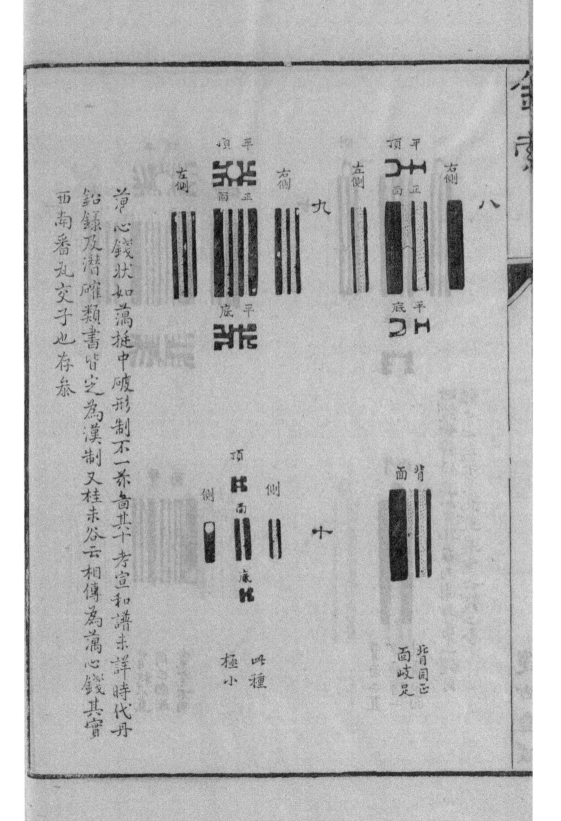

馬錢八品

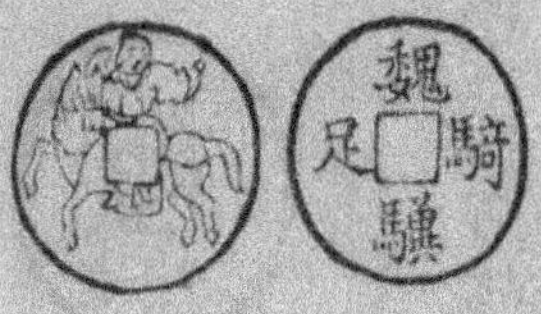

一面魏騎驥足四字

一面人騎馬之狀

此錢見于孔藹浦家

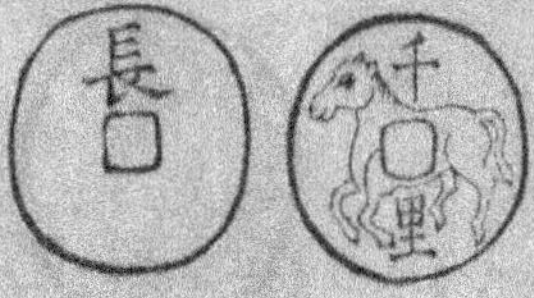

一面馬形其上下有千里二字

一面有長字在穿上

千里追電皆馬名二錢鵬所得

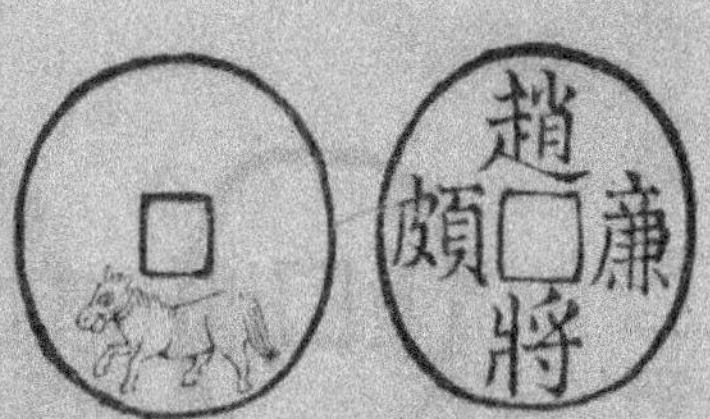

一面趙將廉頗四字

一面馬在穿下

此從舊譜

一面追電二字

一面馬形馬下有花

邃古亝藏

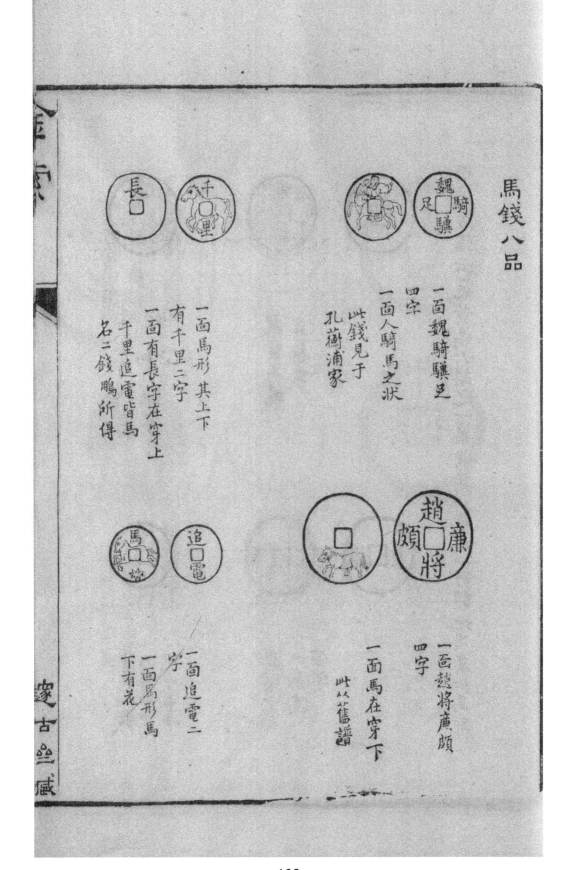

騕褭馬錢兩面如一見于泲寧

飛黃馬錢背無文

背日馬錢兩面如一見于曲阜

渠黃馬錢一面畫一面字

西清古鑑云飛黃為六閑之一渠黃為八駿之一所謂地用莫如馬耶

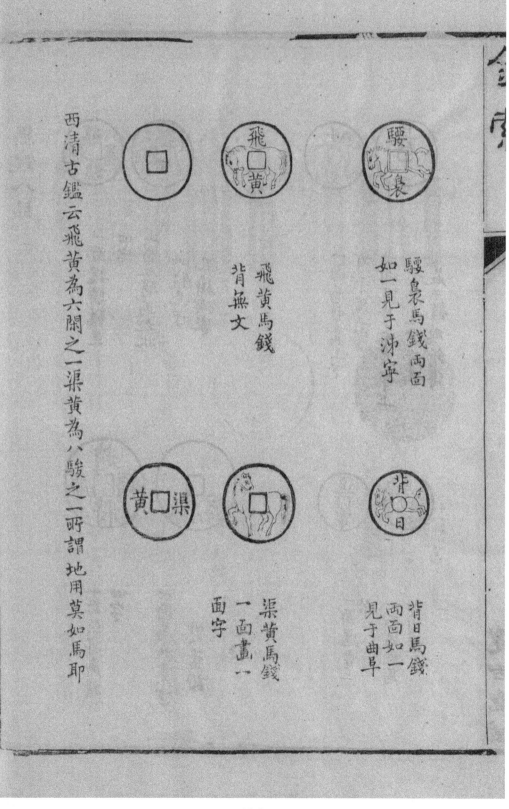

古異錢

面文直萬二字背無文未審爲何代之制
以下三品皆見于曲阜桂氏

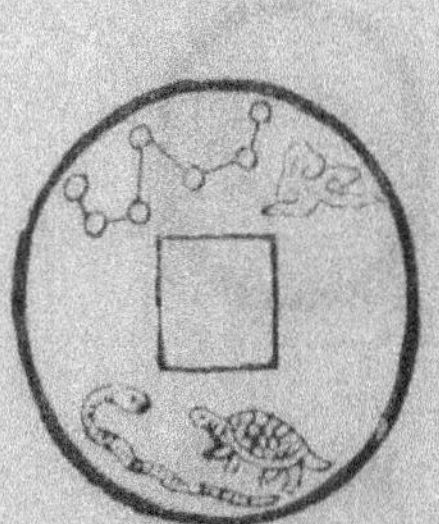

面文大泉五銖背爲星雲龜蛇較顧氏七種異錢爲大

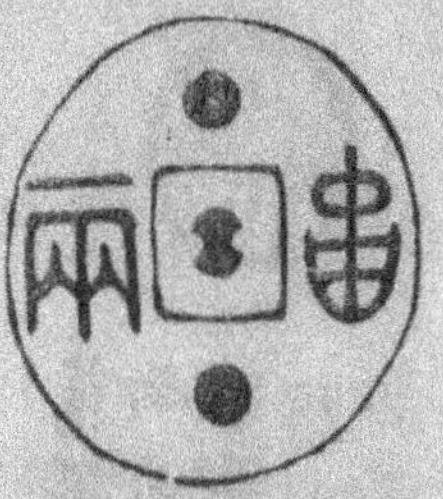

面文錙兩二字上下有雙柱穿孔不透中起一帶可貫線背平如鏡制甚奇異

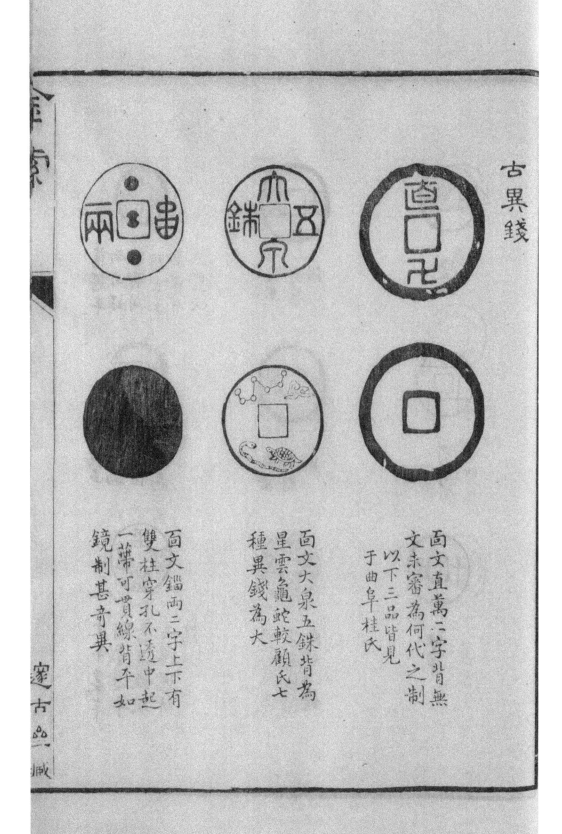

舊譜半兩肉好皆有周郭穿上下皆有三監文

五玉見舊譜

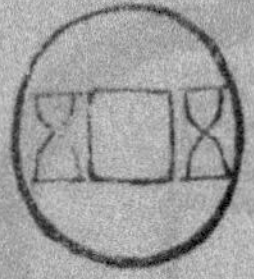

雙五

通典五朱源出稚錢但易銖為朱

五金見徐氏

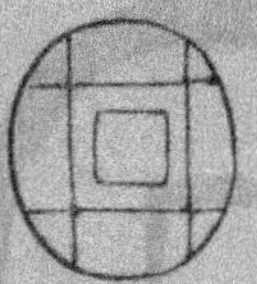

井字

文半篆半楷李譜平當五銖或云漢代所鑄

四傍皆五字董逌謂之四五錢

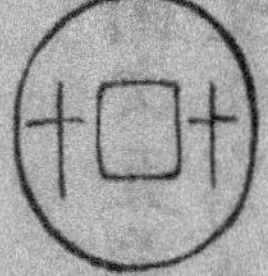

雙十

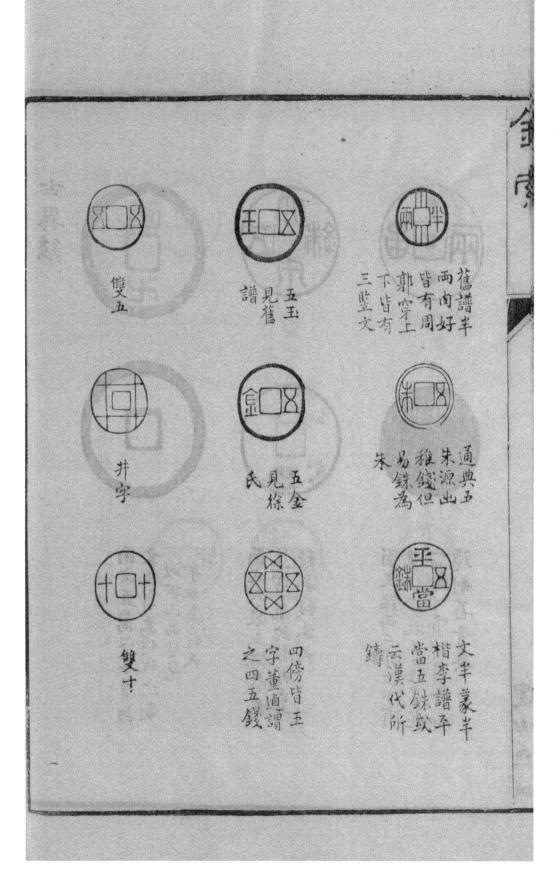

日月

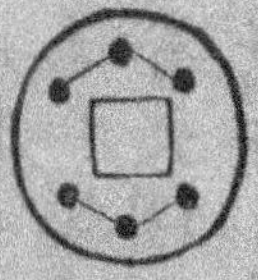

斗柄
顧譜云雙五
以下五錢竝奇
與今世現有

舊譜文
日明月

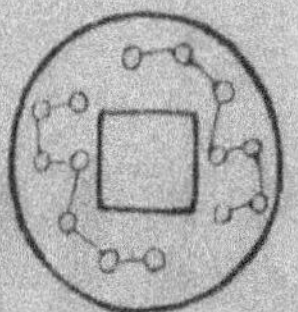

舊譜此錢面
文大泉五十
背為北斗星
謂之北斗錢

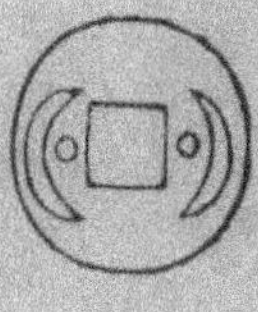

星月文
見徐氏

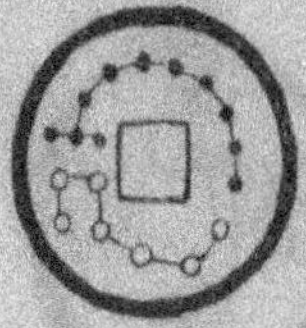

面文北斗
軒轅之象
背文龍鳳
矛盾之形
亦北斗錢

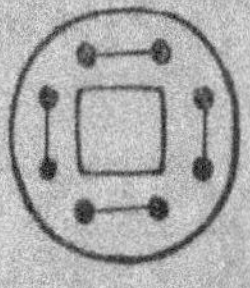

舊譜
文為
八星

李譜雙
星錢面
文肉好

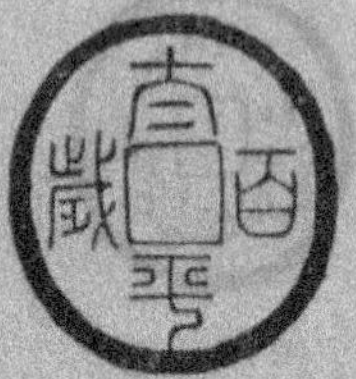

南齊世祖治
溢城得一大
錢文曰太平
百歲

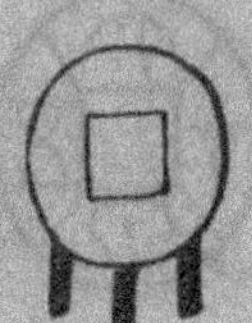

舊唐書元和元年
靈武黃河岸堋得
古錢三千三百其錢
形小孔方而三足

石勒時建德校尉
王和掘得一鼎ヽ中
有大錢三十文曰百
當千ヽ當萬

男錢文曰布泉好邊有雙
緣者董譜引石氏云重四銖
懸針書世謂之男錢梁書
云婦人佩之即生男也

面文千秋
萬歲背文
龍鳳予見
一錢萬字
作万

敦素曰龍
文錢制如
半兩

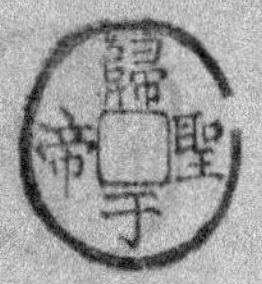

北齊文宣帝天保元年廣宗郡獻瑞錢文曰歸于聖帝

舊譜面文繆篆曰皇帝萬歲背文繆篆曰忠孝傳家

兩銖見顧譜及劉氏泉志

續銖見舊譜

顧譜字合八分背穿上有月形

敦素曰面背俱兩甾字形如半兩錢按甾即錙字非甾

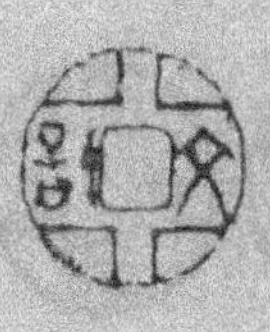

錢有四曲文左一字泐

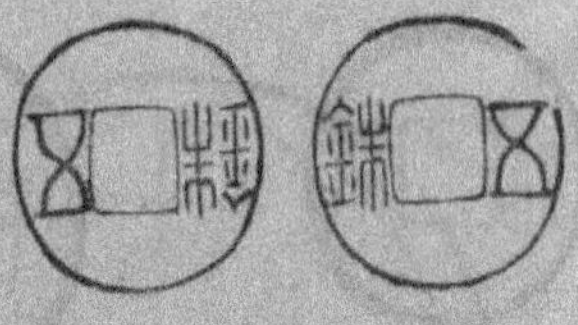

五銖兩面有字文一正一倒

大泉二十

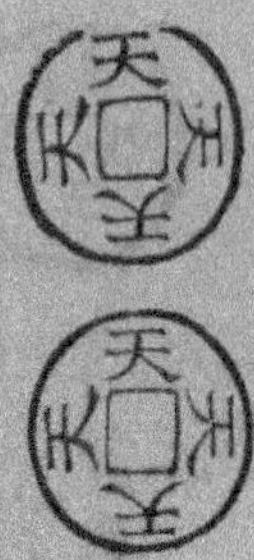

錢文四天字內向不分上下兩面如一

合背貨泉兩面無字

大泉五銖顧氏所見七種異錢

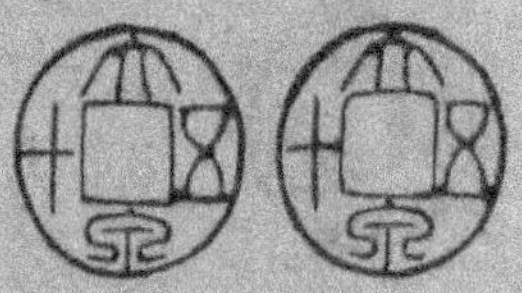

合辟大泉五十兩面如一

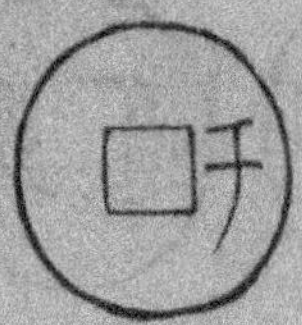

錢文止一千字見李譜

鯨文錢作雙魚見張台泉錄

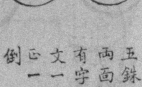

五銖七千

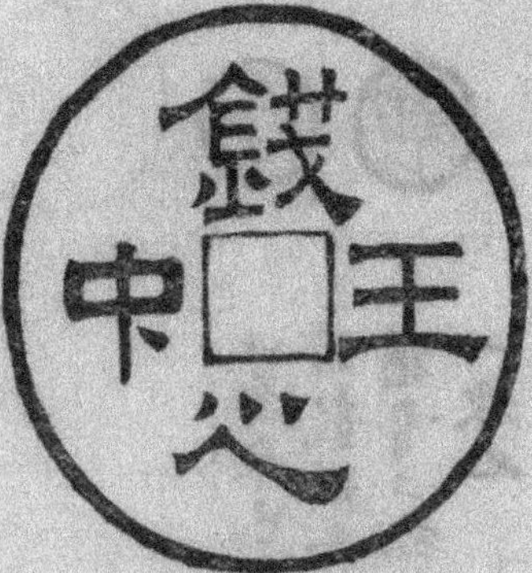

錢中之王

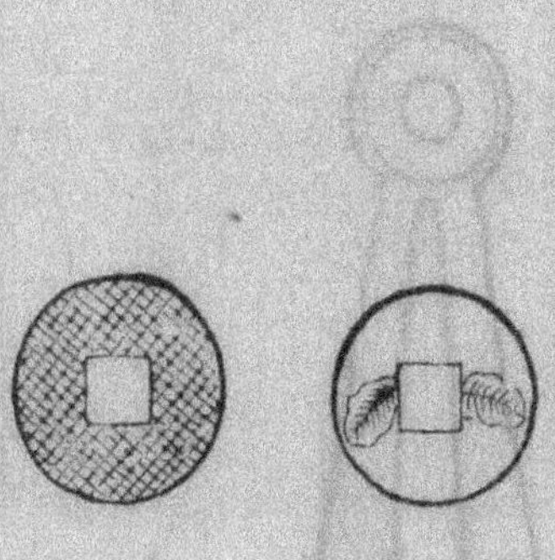

顧譜二錢六臺主衣庫錢一作翅文一作羅文

顧烜曰中王之錢臺主衣庫今有此錢徑四寸重八両文曰中王之錢背文五銖七千舊譜曰背文五銖卍千敦素云此錢窊大盖謂一錢當五銖之千萬也面文為錢中之王背文五銖千萬鵬今觀泉志仍似七字

永傳萬國篆法古異中有四柱背無文形質蒼綠予見之沸寧疑六朝錢

面為二人對奕之狀背為五言絕句棋詩一首

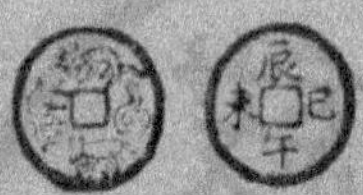

一面辰巳午未一面龍蛇馬羊此必猶有二枚予但得一枚也

錢如夾而無文甚奇

古壓勝錢三十三品

背　　正

余得此錢于廛下与博古録所收弟五壓勝錢相佀上為龍中為馬下為盤花界以粟紋其佀花瓣者非花乃空處耳博古録不能定時代然亦取天用龍地用馬之義可知為漢制也

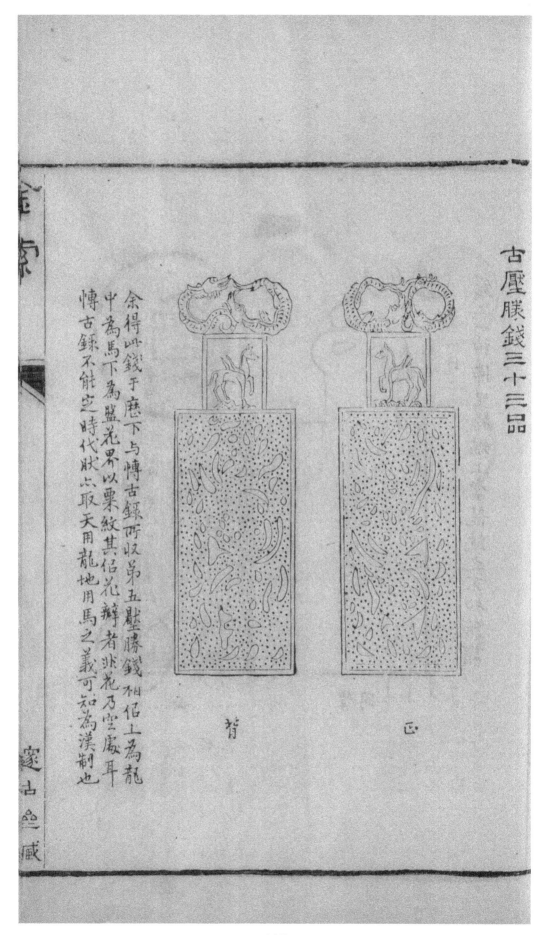

錢上一神佛坐雉堞上雲龍繞之不知所謂

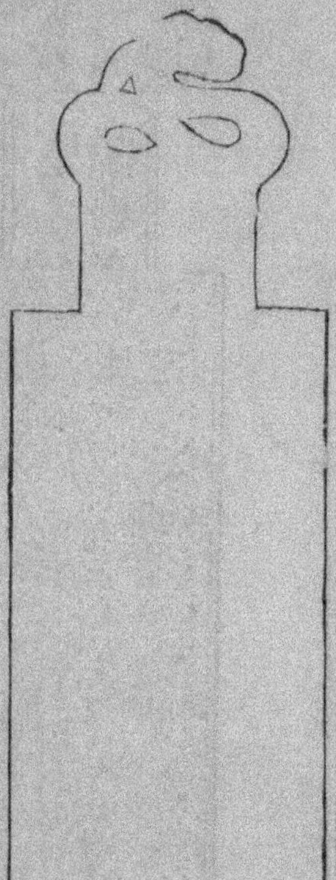

背同

正

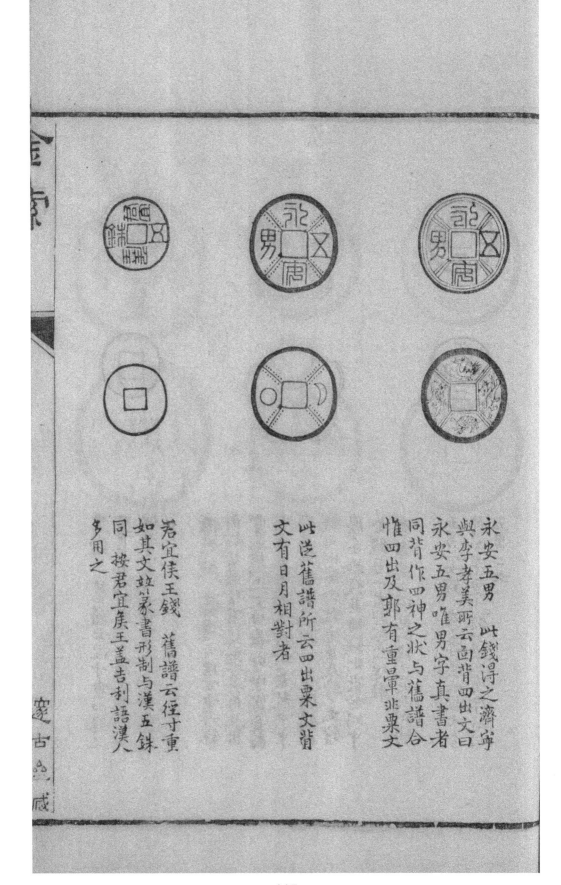

永安五男　此錢得之濟寧與李孝美所云面背四出文曰永安五男唯男字真書者同背作四神之狀与舊譜合惟四出及郭有重暈非粟文

此從舊譜所云四出粟文背文有日月相對者

君宜侯王錢　舊譜云徑寸重如其文並篆書形制与漢五銖同　按君宜侯王蓋吉利語漢人多用之

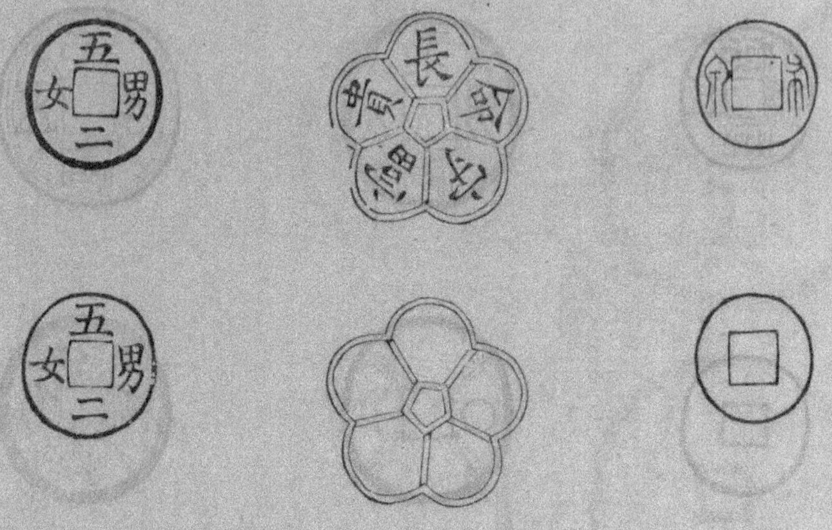

男錢　舊譜云徑寸重四銖文曰布泉懸針書世人謂之男錢言佩之生男也　又一品重穿者入異錢

撒帳錢　舊譜云徑寸重六銖肉好背面皆有周郭其形五出穿亦隨之文曰長命守富貴面背皆五出若角錢狀景龍中中宗出降睿宗女荊山公主特鑄此錢用以撒帳敕近臣及修文館學士拾錢其銀錢則散貯絹中金錢每十文即繫一綵絛
李孝美云頃見此錢差大而銅鑄

五男二女錢　李孝美云徑七分厚分半重十銖背面有字皆曰五男二女

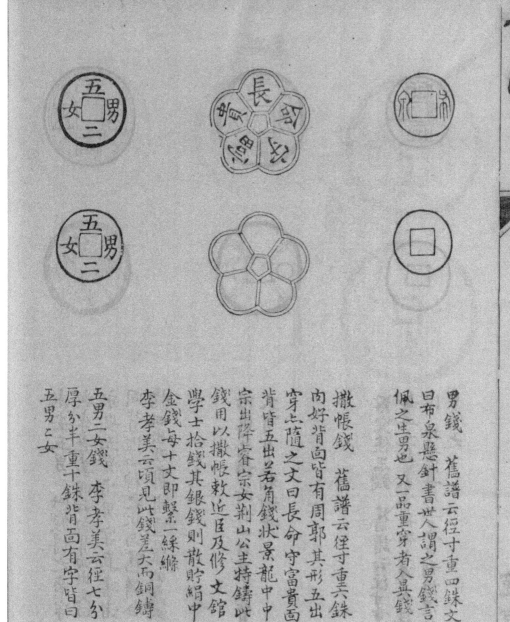

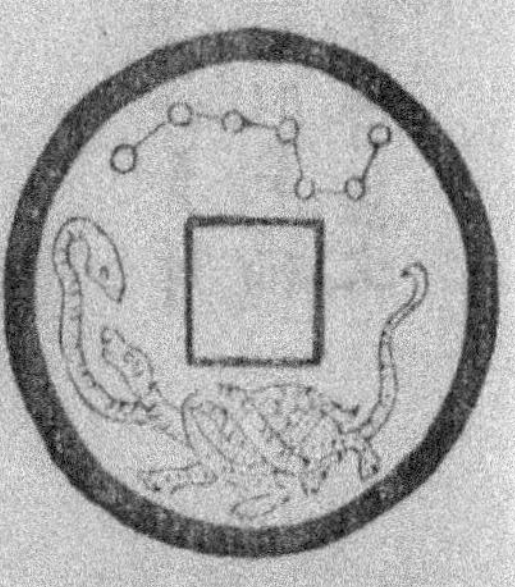

此錢一面貴富長壽
四篆字其貴富上有
三星一面作北斗龜蛇

此錢一面作神人雲月及
蟾蜍之狀方圅中一福
字作星斗篆文一面福
德長壽四真字或云此
唐時宮中祈福錢也其
文爲朱緑所掩甚難辨

此錢一面保命長生四
字一面七星月兎作擣
藥狀兩旁似牽牛織女

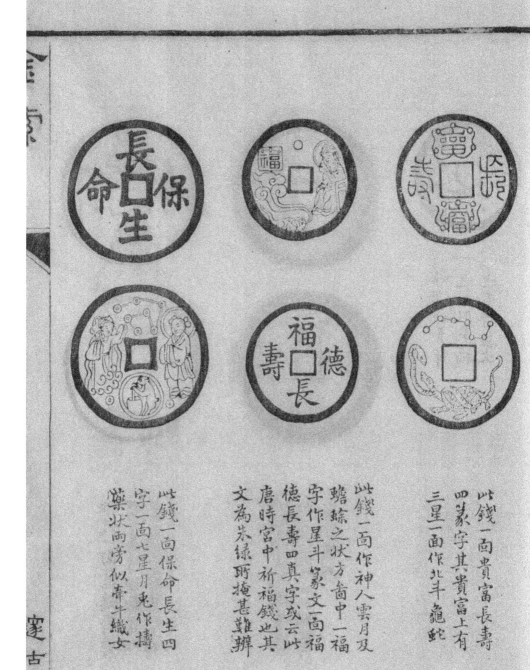

此錢一面龜鶴齊壽四字甚清勁類宋人書一面作龜鶴之狀

此錢面文人物甚磨泐背文穿上一福字穿下鹿形

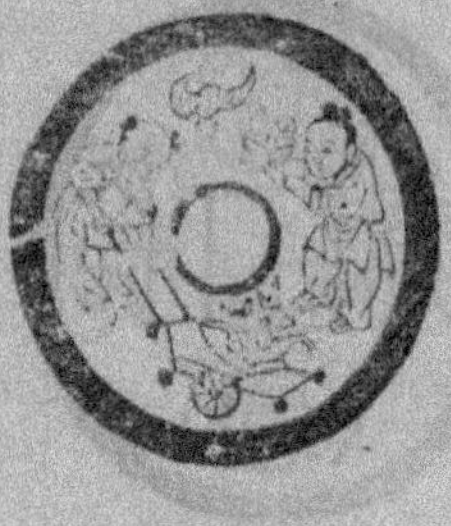

此錢世多有之亦取戴福之意背無文

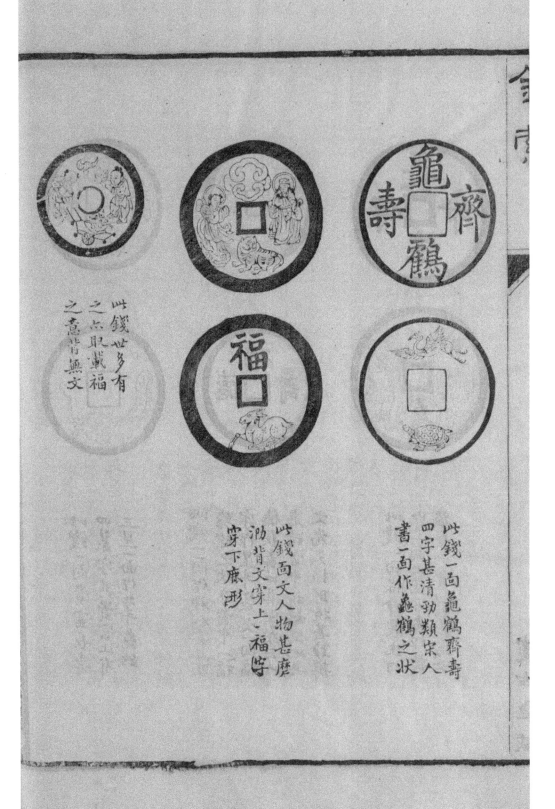

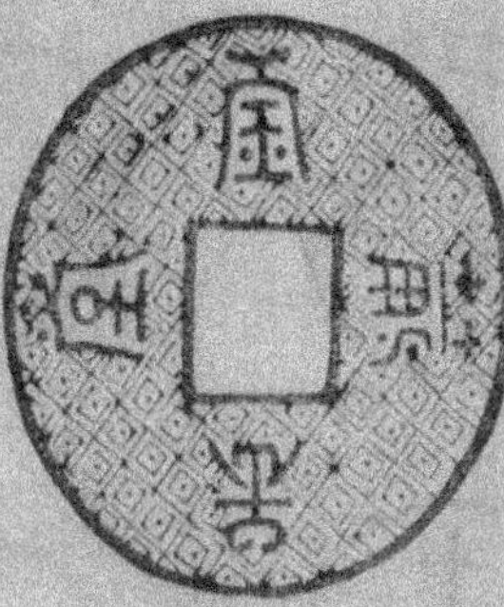

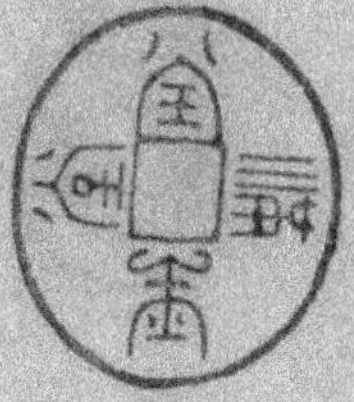

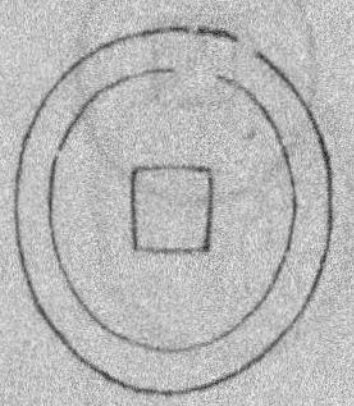

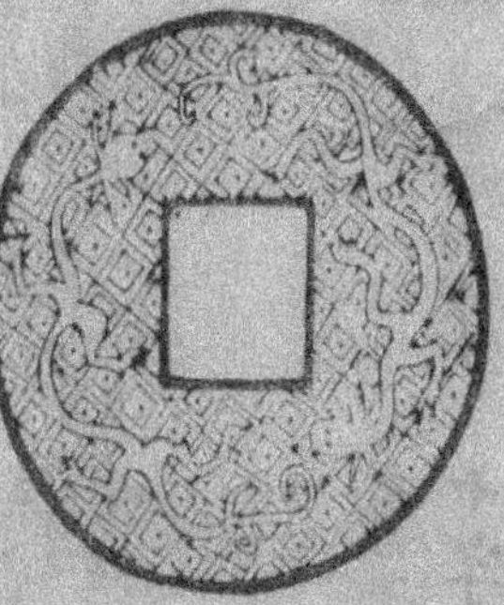

福慶錢　舊譜云徑寸二分半
肉好皆有周郭亦有徑寸四分重
十八銖者文曰伍男貳女叁公玖卿
二五三九皆作大字郭邊連珠文

金玉滿堂錢　面文四
篆字背作雙螭皆以
錦地見　西清古鑑

金玉滿堂錢　文同上而制小亦
無錦地按金玉滿堂四字出於
道德經古樂府孟珠歌亦云信
實金滿堂非俗語也

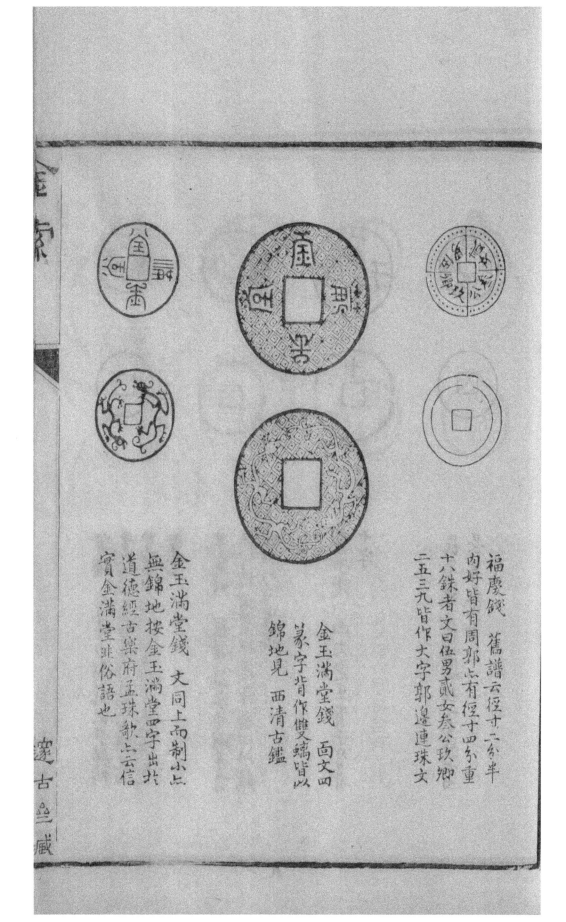

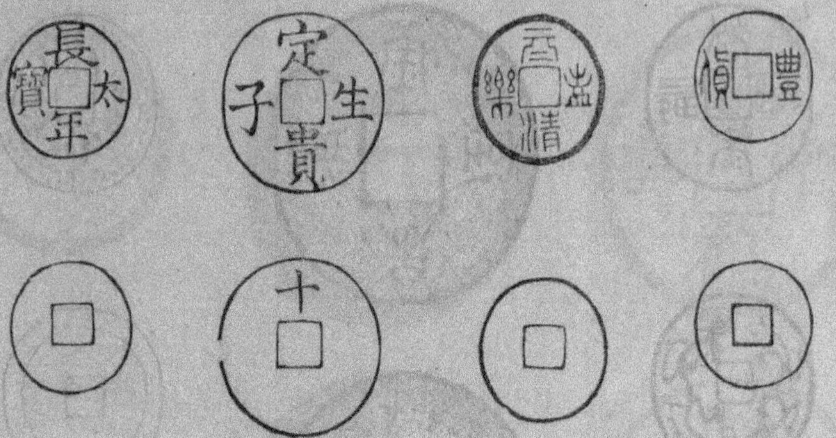

富錢　晉書石勒載記曰勒鑄豐貨錢舊譜云徑寸重四銖文曰豐貨世人謂之富錢言収此錢令人豐富

豐樂錢　舊譜云四字皆蝌斗書其可識者豐樂李孝美曰此錢文曰天清豐樂

貴子錢　面文定生貴子背有十字

長年錢　舊譜云徑七分款文曰長年太寶

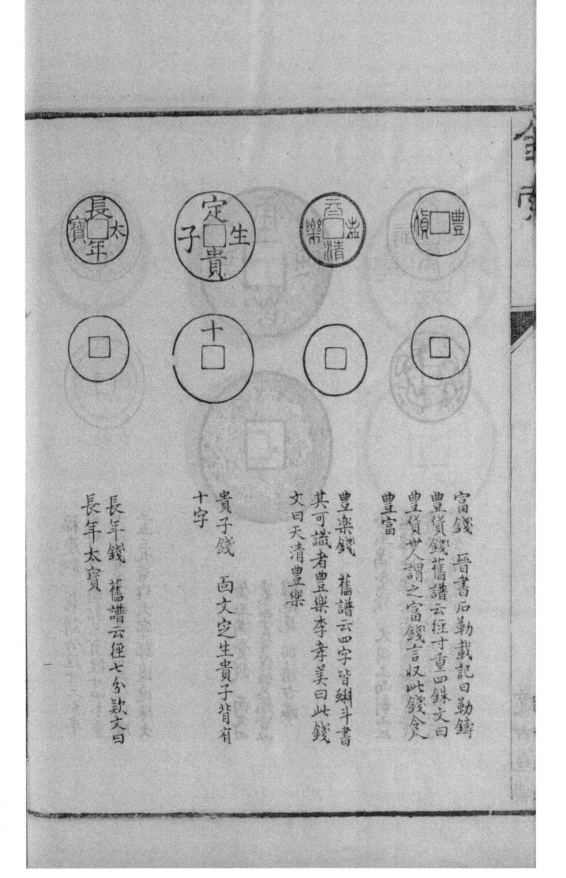

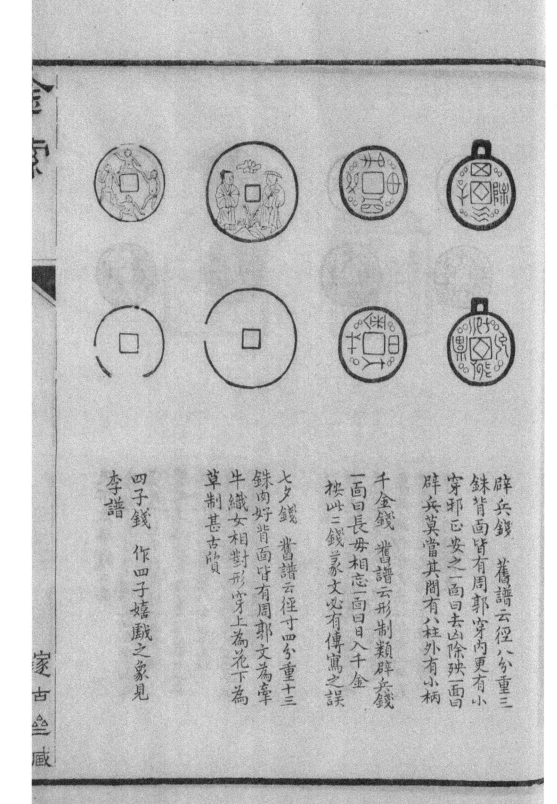

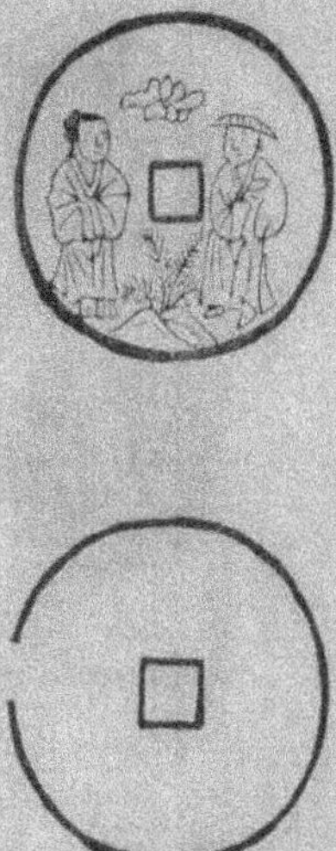

辟兵錢　舊譜云徑八分重三銖背面皆有周郭穿內更有小穿邪正安之一面曰去凶除殃一面曰辟兵莫當其間有八柱外有小柄

千金錢　舊譜云形制類辟兵錢一面曰長毋相忘一面曰日入千金按此二錢篆文必有傳寫之誤

七夕錢　舊譜云徑寸四分重十三銖肉好背面皆有周郭文為牽牛織女相對形穿上為花下為草制甚古質

四子錢　作四子嬉戲之象見李譜

天下太平錢二品

李孝美曰此二錢大小不等面文皆天下太平大者徑十重六銖背文為持梃人旁有躍龍之狀平地作水文小者徑八分重五銖背文為五男二女戲弄之象平地作毬路文蓋亦厭勝之流也

又二品

泉志云又有二種其一面文亦曰天下太平背文為四人持兵之象平地作水文其一面文亦曰天下太平背文為九子母之形平地作毬路文

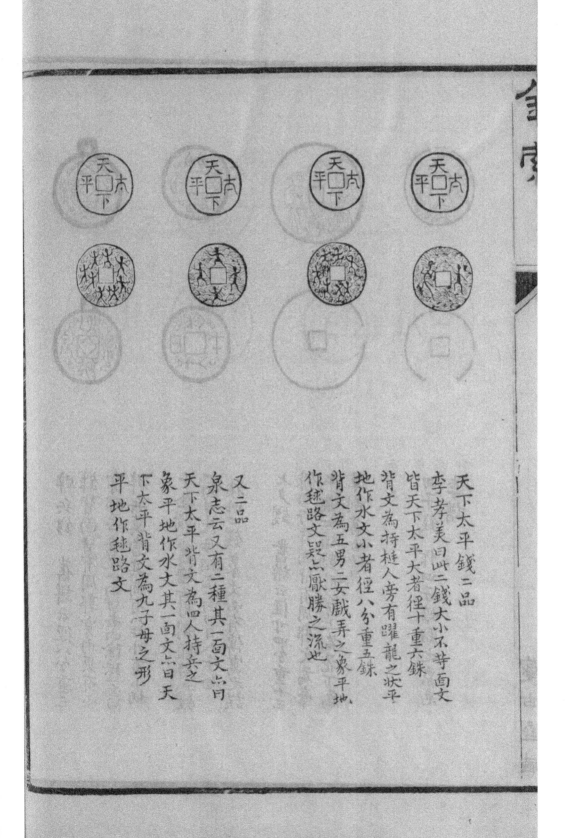

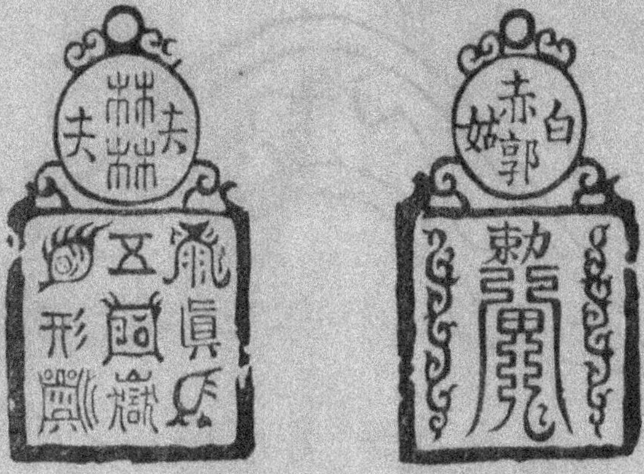

此銅牌兩面異文無正反穿孔在其頂其一面上層作錢形有赤郭白姑四字赤郭猶赤仄乃漢錢名白姑無考其下層勅下有道家符其一面上層有林林夫夫四字下層為五嶽真形圖字雜篆楷疑六朝壓勝錢

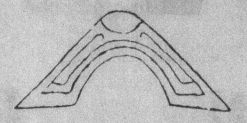

此錢如磬相傳為壓勝錢

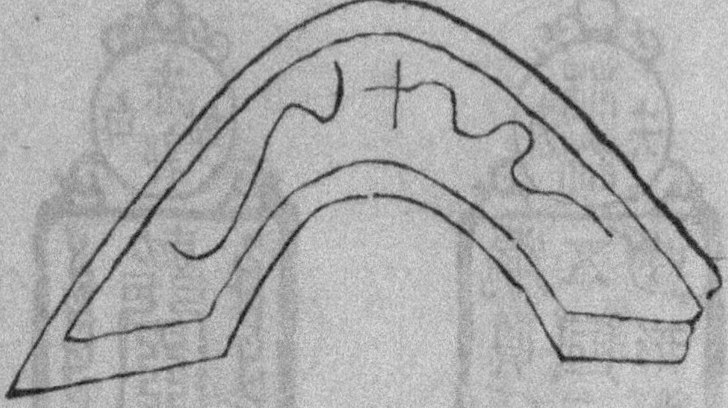

錢如磬無穿孔面文甚簡中有一十字背正平無文

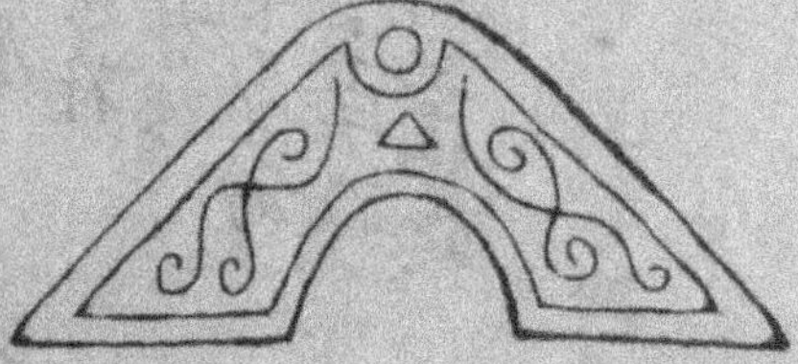

面有穿孔

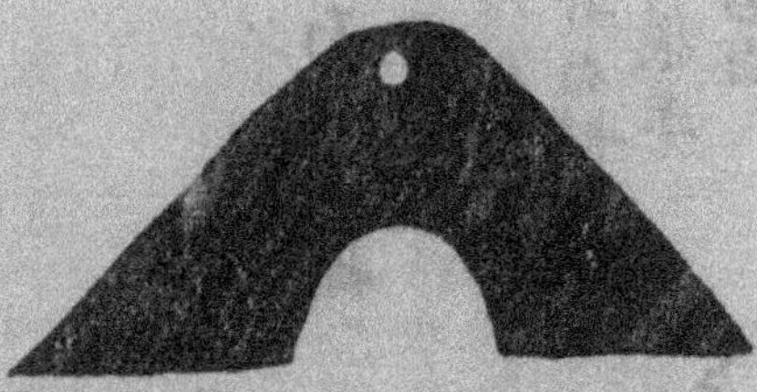

背平無文

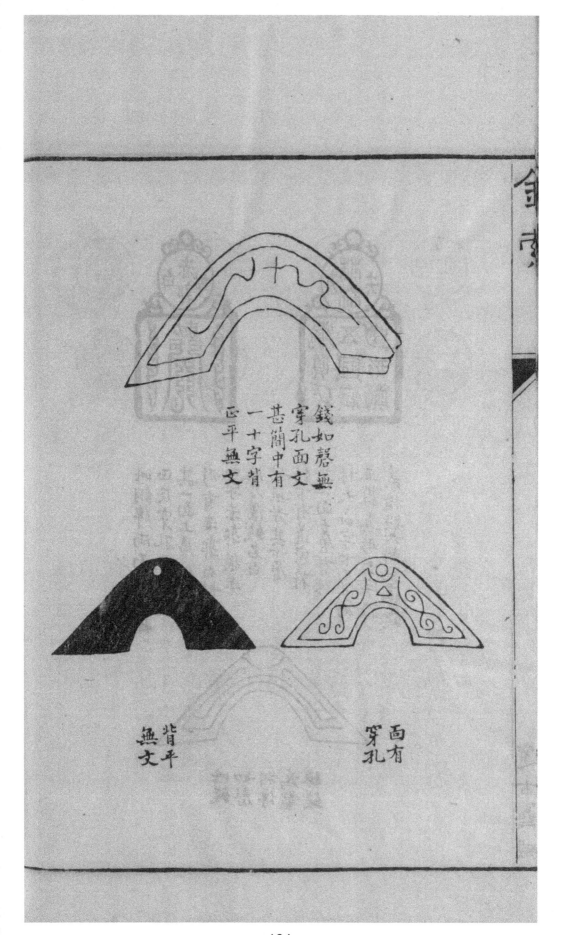

星官錢七品

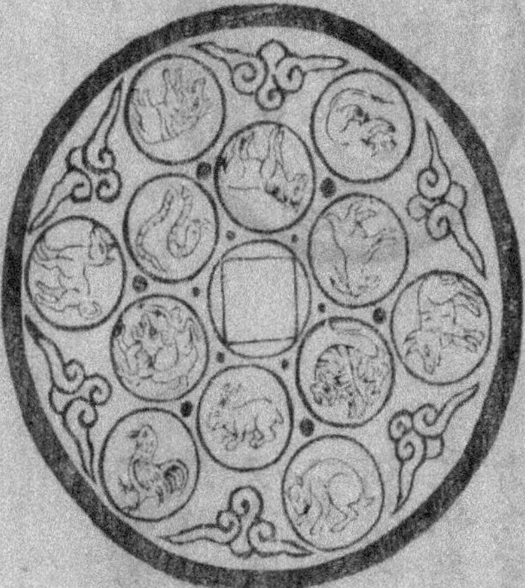

此錢見于孔蘄浦家一面星官及童子龜鶴一面十二肖甚古

此錢得于東阿一面星官及雲月已磨泐一面有詩云一夕玉皇詔為君功行成分明五雲裏故宅上三清蓋遊仙詩也

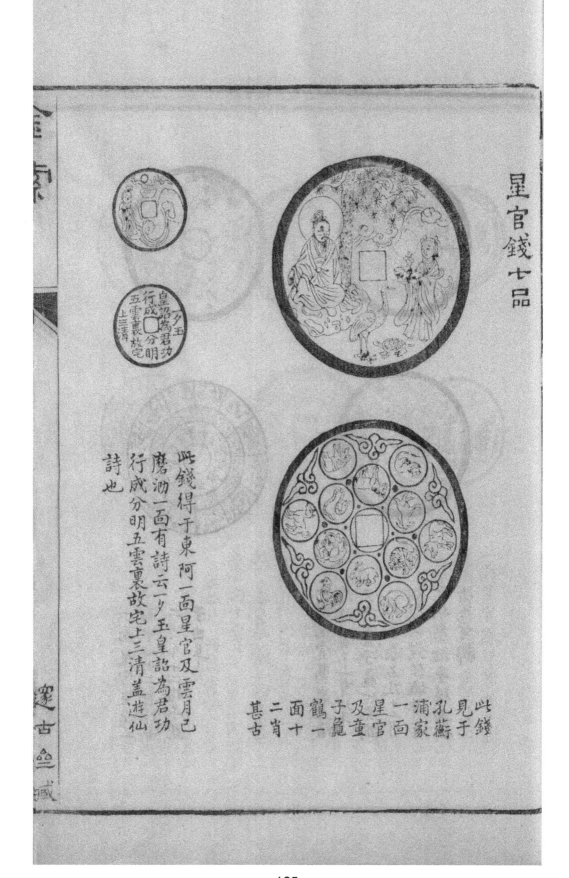

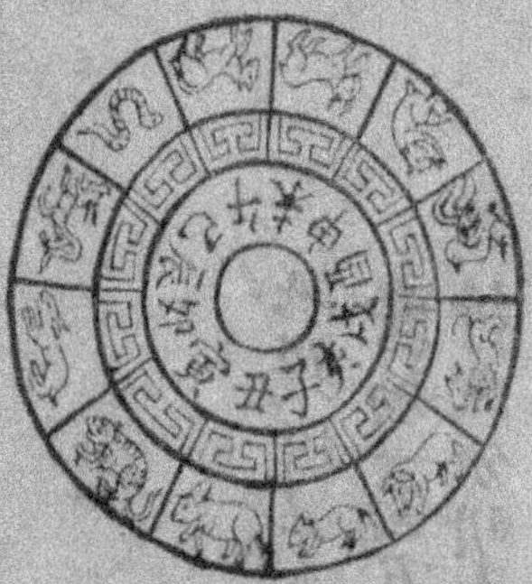

一面星官坐像一面中心十二辰外十二肖分十二格予見于曲阜

一面星官駕鹿上頂放祥雲〻上有北斗又有童子龜蛇虎鶴一面十二辰名及十二肖相間此錢任城往〻有之俱磨泐予得其佳者尚可辨

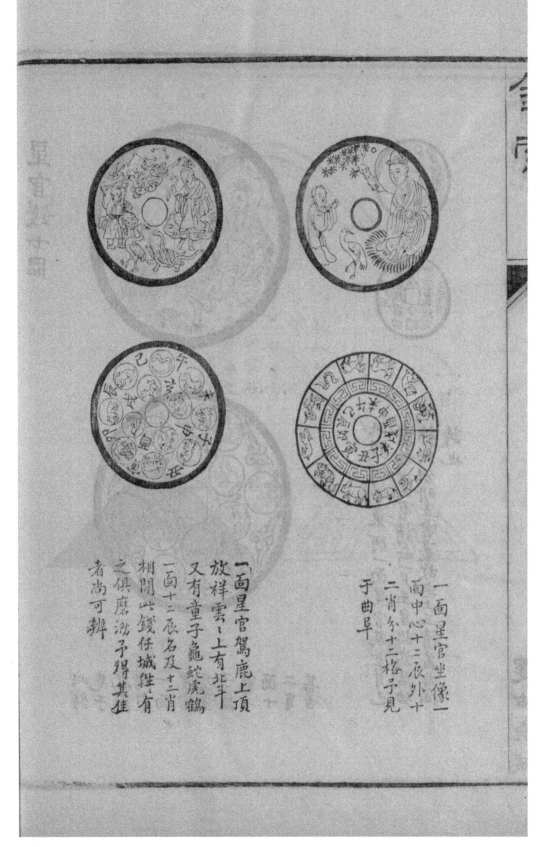

一面星官符印朱雀元武之狀一面皇帝萬歲四字出于道家祈祝所製

一面星官作南極北極相對之狀中有本命星官四字道家有祭星法常以其受生所值之日祈請司命語詳於洞章諸篇其下一罏々旁龜鶴亦祈壽之意一面十二肖

二品見　西清古鑑

一面星官擁笏侍者進桃上有一鶴其衣褶見古制一面十二肖予見于曲阜

太上咒文錢

太上呪日天圓
地方六律九章
符神到處
萬鬼滅亡
急急如律令奉
勅攝此符神靈

雲笈七籤太上者大道君誕于西那天鬱察山浮羅嶽丹元之阿此錢称太上是也背文書符一人作叱鬼狀二人俯而聽命外爲三孔取其可繫用以作耳

帝符錢

道家有神虎上符消魔智慧經此錢面文書符上作帝頭背文揚旗按劍勢若擒捕鬼物上麗吕星文與釋文本義俱合

符印錢

晉孫思邈作入山符文略仿佛背文爲星官又一人跽而供花隨以一鶴

天罡錢

天罡天罡
斬邪滅亡
吾有令劍
斬鬼不存
急急如律
令上清攝

神清神清
捉鬼降妖
此符到處
滅鬼不存
急急如律

漢書玉衡杓建天之綱也參同契注天罡即北斗也道家以禮斗爲修攝而白玉蟾琅書序云作爲符畜印訣罡咒之文此錢文蓋罡咒耳

以上四品錄　西清古鑑

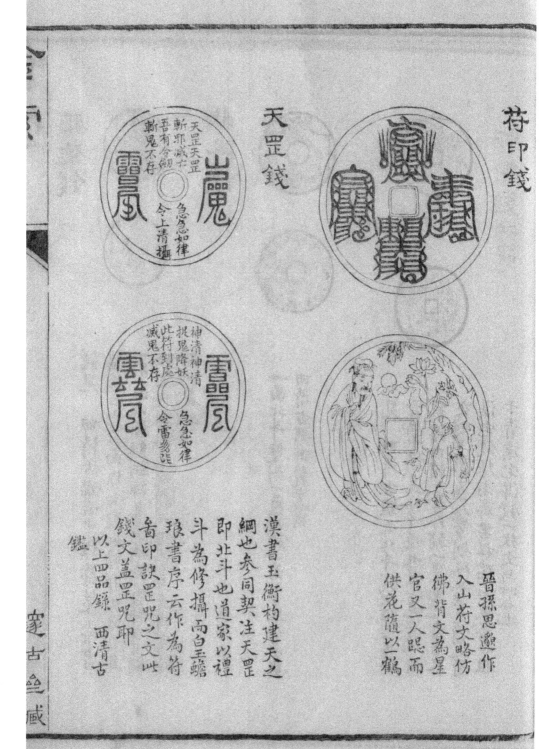

福德錢

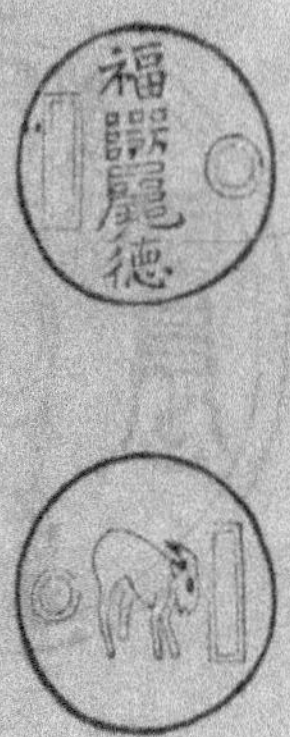

錢見　西清古鑑云中作符篆上下書福德二字一面作立獸如辟邪又方員各一孔蓋以施組紃珮之用祓除不祥西京雜記史良娣合采宛轉絲繩繫身毒國寶鏡即此義也

北斗錢

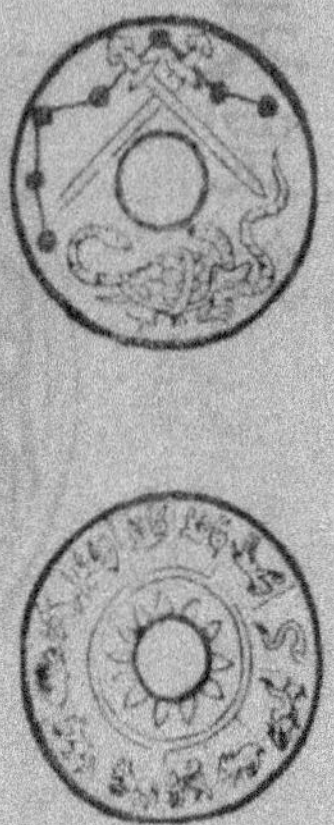

一面北斗雙劍一龜兩蛇一面十二生肖此與西清古鑑所載畧同

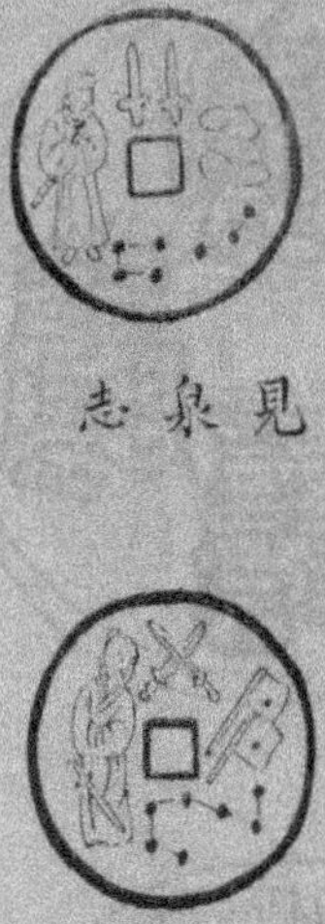

見泉志

見　西清古鑑云北斗錢文作九星其二麗于旗蓋北斗原九星七見二隱道家謂內輔一星外輔一星見之者吉又交劍上舉又一人帶劍屹立洪志謂之青溪宅錢緣南齊書祥瑞志載齊世祖于青溪宅得錢一枚文与此合也

神佛錢二品

泉志作萬國錢云此錢徑寸六分重十三銖面文平地作水文一字類梵書不可識或云日字背文星宫月兔雲鶴龜形慶善郎中守儀眞得之郡圃土中

一面僧佛坐卧狀有二行脚及犬一面香花供養四字類于宋

梵唄錢

此錢得自歷下一面吉神長祐四字一面梵經五字旋轉書之義不可曉銅色純赤疑釋家壓勝錢

梵字錢

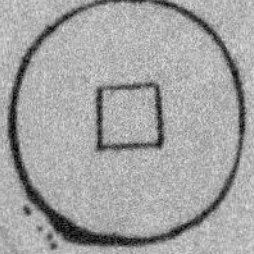

泉志云此錢徑八分銅色純赤文不可辨大抵類屋馱吐番錢

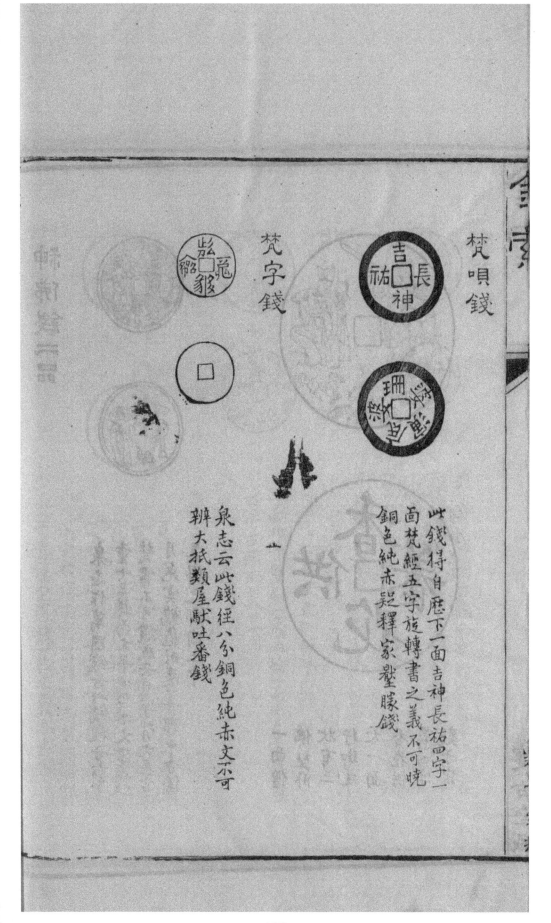

外國錢

罽賓國金銀錢

前漢西域傳罽賓國以金銀為錢文為騎馬幕為人面張晏曰面作騎馬形漫作人面目也

烏弋山離國錢

西域傳烏弋山離國錢貨與罽賓同獨為人頭幕為騎馬

安息國銀錢

史大宛傳安息國以銀為錢錢如其王面王死輒更鑄效王面焉 西清古鑑云此錢為人面而幕無文如史記說

大月氏國銀錢

西域傳文為王面幕為夫人面王死輒更鑄錢與安息同

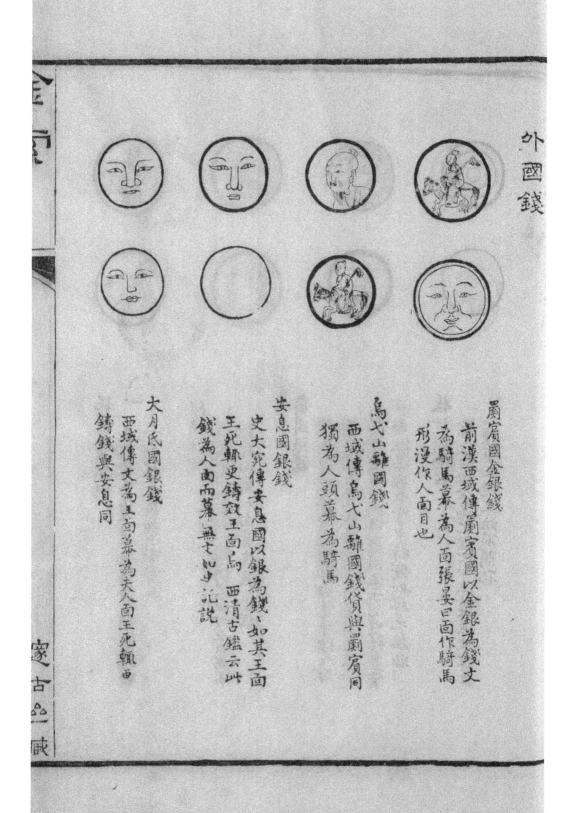

泥婆羅國銀錢

舊唐書西戎傳泥婆羅國以銅爲錢面
文爲人背文爲馬牛不穿孔

何國銀錢

泉志引徐氏曰以銀爲之徑寸五釐不
開孔面爲人面背爲草木狀

康國銀錢

徐氏曰徑九分不開孔面背皆作人面
面文側面背文正面文繞以連珠之狀
舊唐書西戎傳康國生子必以膠置掌
內欲其成長掌中持錢如膠之黏物

拔汗國金錢

徐氏曰以金爲之徑七分五釐無文字又
一種有三旋文竝不開孔

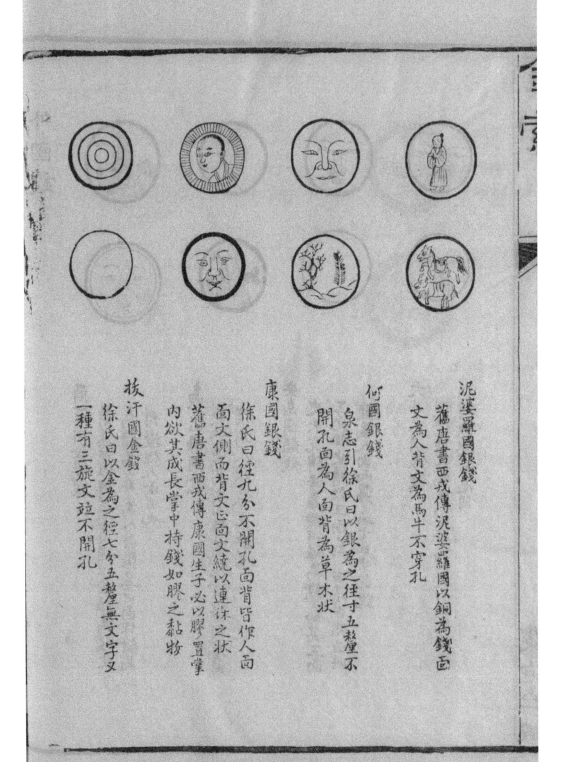

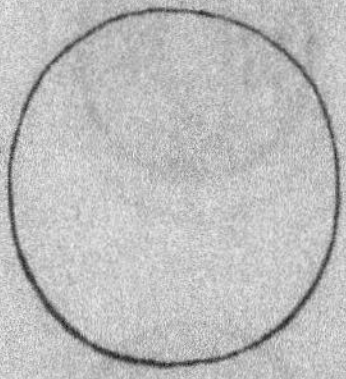
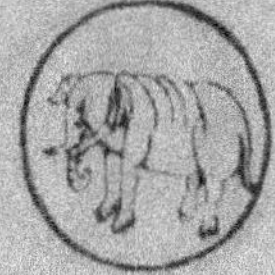

條支國錢
樂史太平寰宇記曰條支國市列錢貨
其錢獨文為人幕為騎馬

拂菻國金銀錢
神宗國史曰拂菻國歷代朝貢不至熙寧
四年其王滅伊靈改撒始來貢交易為金
銀錢無孔面鑿彌勒佛背國王名

大食國金錢
國朝會要大中祥符九年大食國以金錢
銀錢各千文入貢　泉志此錢以金為之而文
象形形製甚小余至南海嘗見之

因墀國玉錢
王子年拾遺記曰墀國在西域之北晉武帝時
獻玉錢千緡其形如環環重十兩上有天壽永
吉之字　寶櫝記所載同

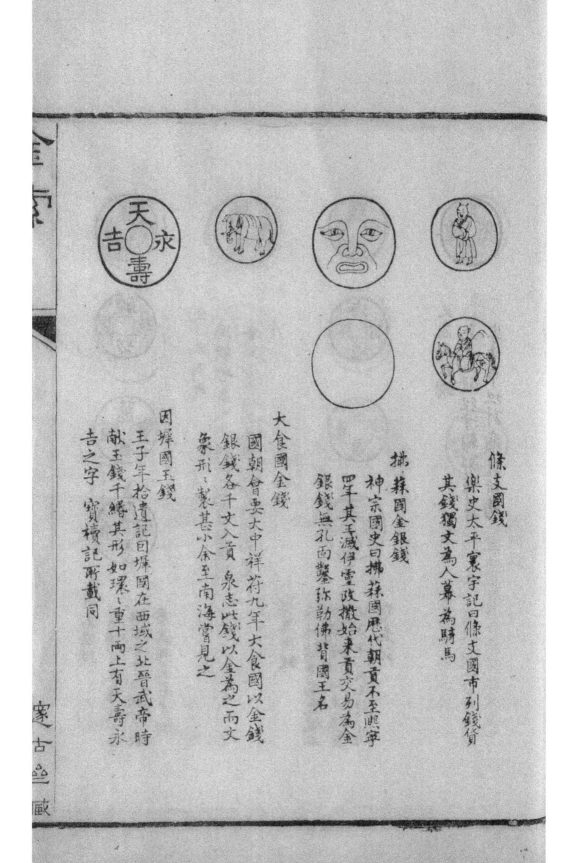

日本國錢

舊譜日本國錢四品並徑寸重五銖文隸書其國延曆中鑄

又日本國錢

國朝會要太平興國九年日本國僧奝然等至云其國用銅錢文曰乾文寶

高麗國錢

雞林類事高麗倣本朝鑄錢以海東通寶海東重寶三韓通寶為記

又高麗國錢

泉志此錢徑寸輪郭渾厚字畫平坦計高麗所鑄

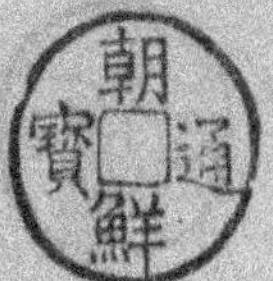

朝鮮國錢

倭國錢

賛寧傳載云倭國在東海中正朔一同中夏年號天慶天歷其國用錢文曰延喜通寶

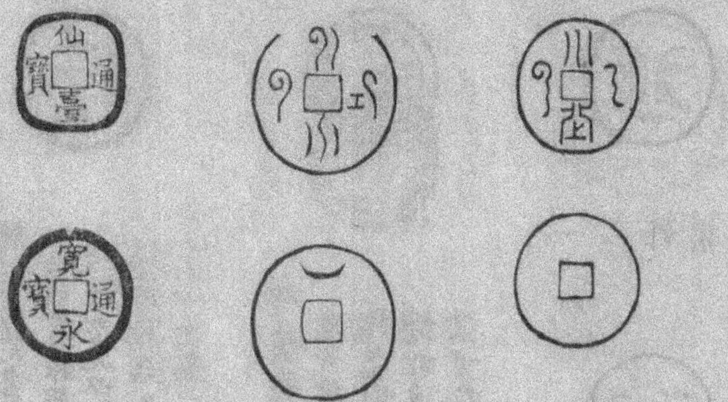

屋馱國錢

徐氏曰徑七分肉好不異中夏　敦素曰屮若梵書不可復識　泉志作川𠂢天の工四字今從　西清古鑑所畫下一品同

吐番國錢

敦素曰此錢徑寸重五銖肉好精巧不減中夏皆胡字不可識背文如開元錢有甲文西清古鑑云或曰空界是雲四字屋馱即伏陀近吐番竝西域境多浮屠文字吐番與唐世為昏姻故其錢背有甲痕

琉球國錢

仙臺通寶鐵錢姑蘇蔣君卓手書所貽　寛永錢載琉球國志華畫與仙臺鐵錢相類

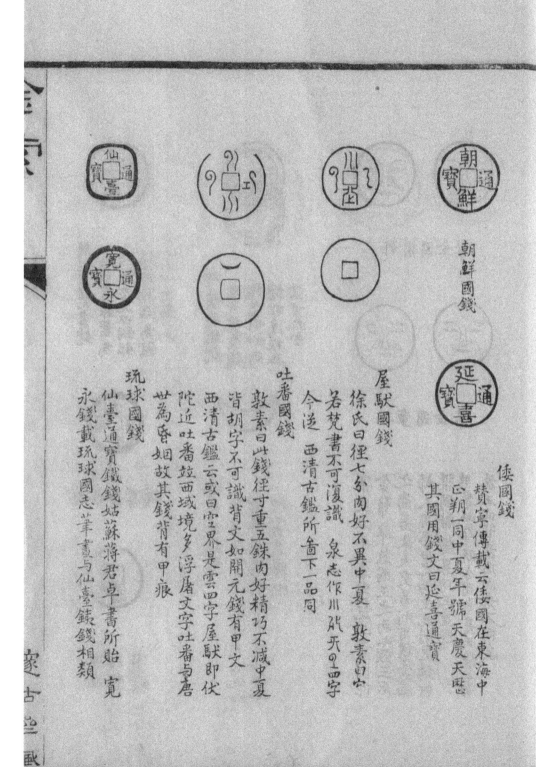

闍婆國梵書錢

其國剪銀葉為錢諸蕃又以銅銀錫鍮雜鑄為錢六十四箇為一兩

安南黎濬錢

交趾國黎字錢

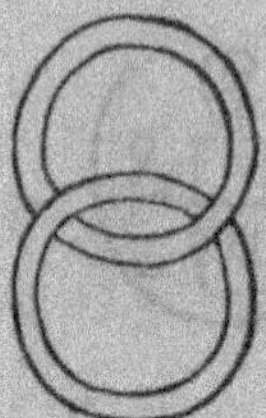

碎葉國鐵錢

徐氏曰賓鐵作之形如兩鐶相連枚各圜寸九分

驃國金銀錢

唐書南蠻傳驃古朱波也以金銀為錢形如半月號登伽佗亦曰足彈陀

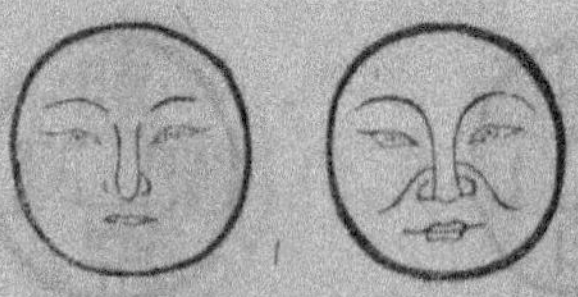

軒渠國金幣

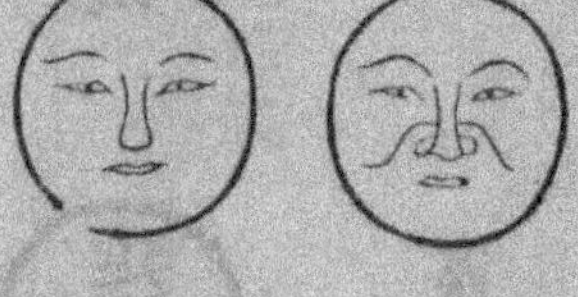

三童國金幣

樂史太平寰宇記三童國作金幣率效國王之面亦效王后之面若丈夫交易則用國王之面婦人用王后之面王死則更鑄軒渠國幣貨畧同三童國

鴨案此幣既分用自是兩種與白為王面背為后面者不同矣

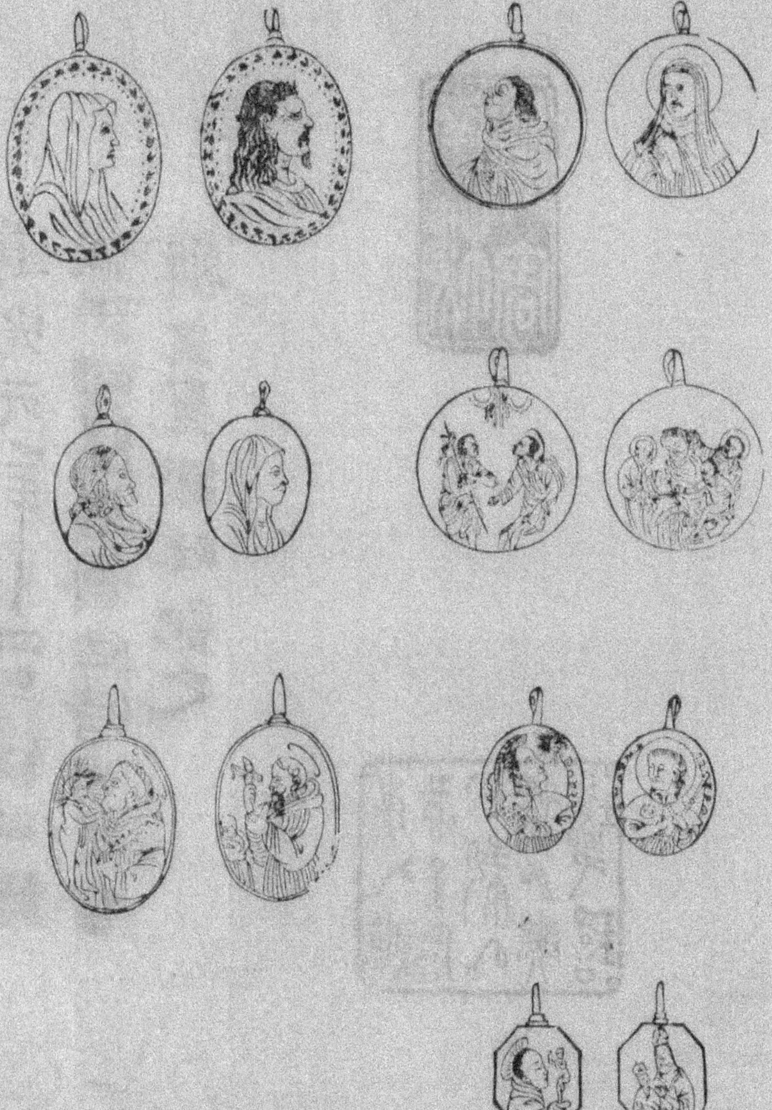

以上外國錢七種係友人及估客所贈俱赤銅爲之而有柄
柄端有穿花紋細入豪芒未定時地因其異致姑附于末

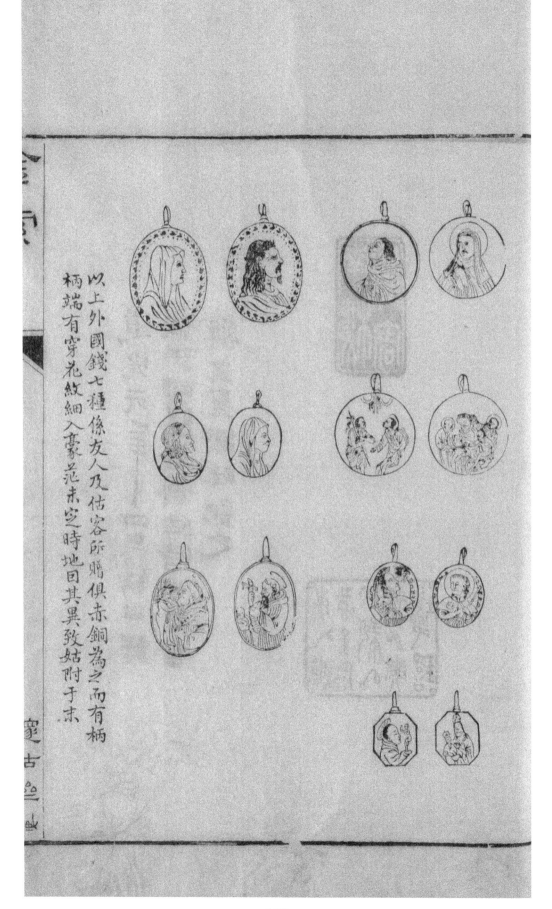

道光元年四月朔日鏤
板于嶺陽署齋於時日月合
璧五星聯珠記之

金索五

紫琅馮雲鵬晏海氏
雲鵷集軒氏 同輯

璽印之屬

璽印之説伊古有之昔黄帝得龍圖中有璽章湯克夏取璽書置座右是天子有璽也然周禮職金物揭而璽之鄭注璽印也是璽印亦尊卑通用之稱而其制俱不傳傳者自秦始秦天子玉璽六漢諸侯王黄金璽列侯印丞相將軍章廟後惟天子稱璽臣下通曰印章是為官印兹採其典則者自秦漢迄金元為璽印之屬

秦始皇璽一

集古印格序云秦取趙氏璧命丞相李斯刻為國寳一作龍文曰受天之命皇帝壽昌一作鳥篆曰受命于天既壽永昌其文元妙淳古有龍飛鳳舞之態真摹印之祖也

受天之命皇帝壽昌

印譜摹刻向巨源傳本如是石本在畢景傳家

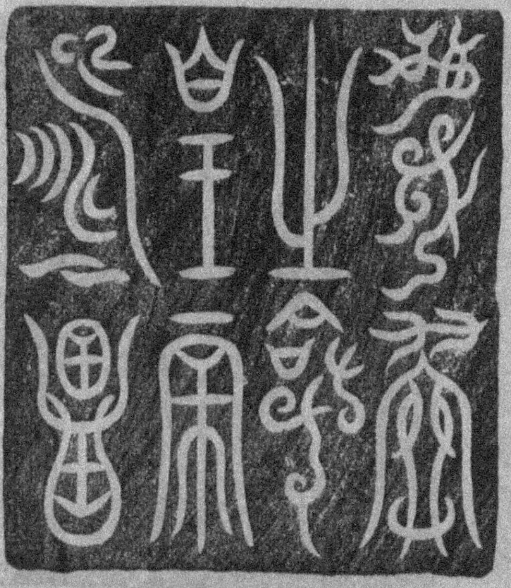

受天之命皇帝壽昌

薛氏款識摹刻如是筆畫微異

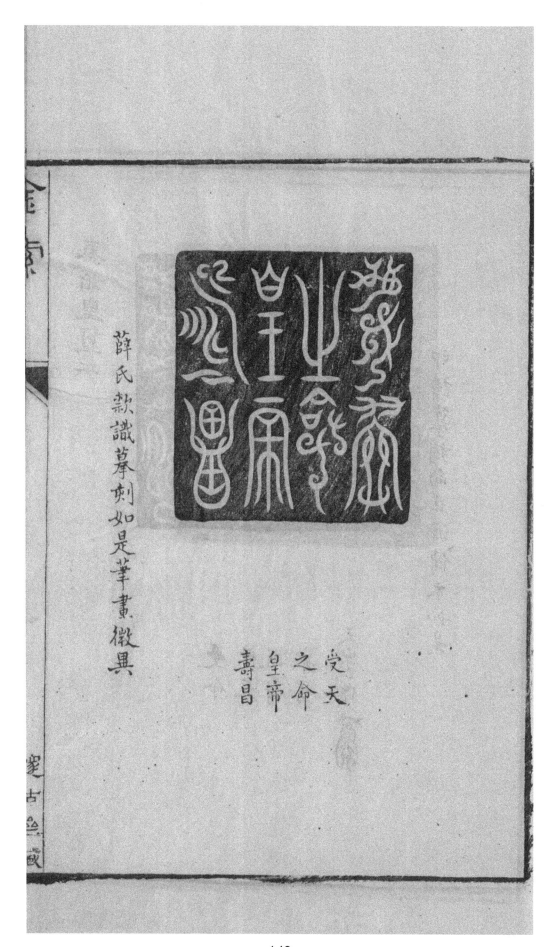

秦始皇璽二

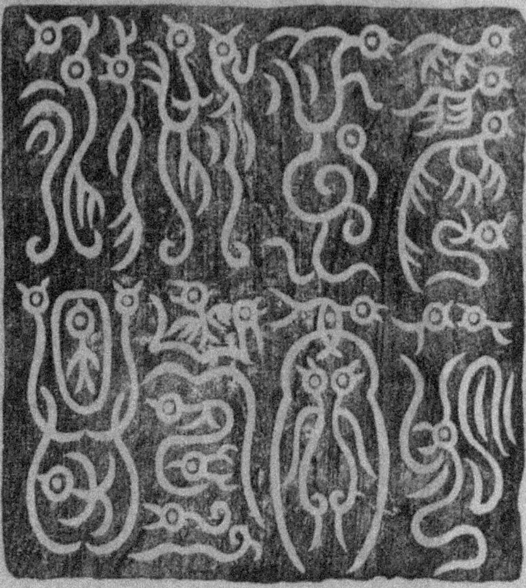

受命于天既壽永昌

天字一作

印譜摹刻向巨源傳本如是

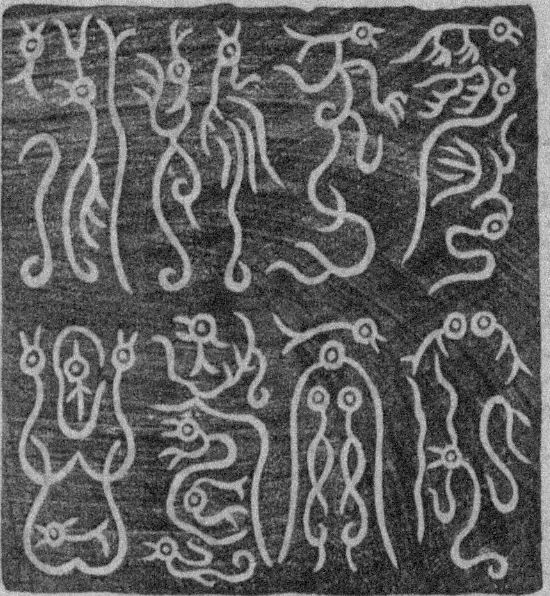

受命于天既壽永昌

薛氏款識摹刻蔡仲平傳書如是

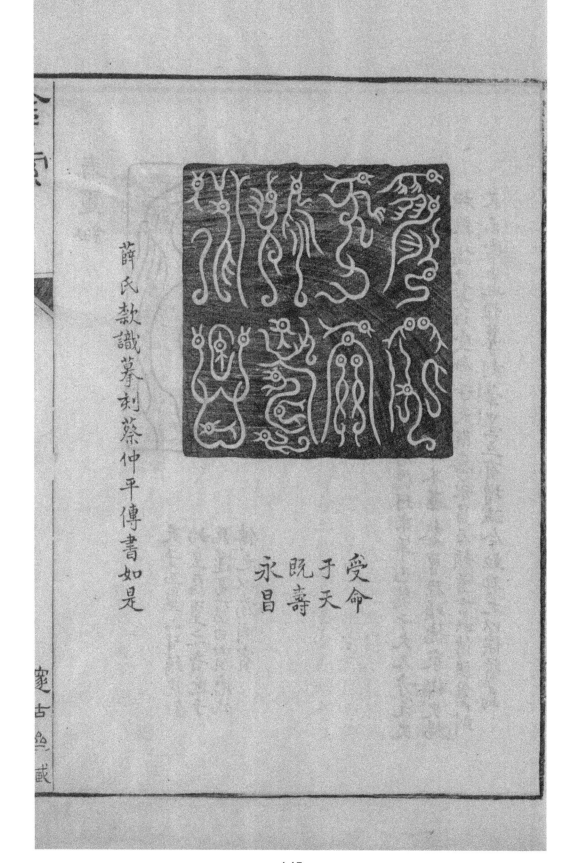

秦璽鈕

天子玉璽六皆螭虎鈕始皇惡璽之音近于死遂易璽曰寶歷代傳之以為國寶

鵬孝傳記秦傳國璽在後唐從珂末年已焚于火又考元史載至元三十一年有得玉璽于木華黎曾孫碩德家御史楊桓辨識其文曰受命于天既壽永昌乃頓首言此傳國璽則又未嘗亡也惟摹刻筆墨互有增減今並存之以俟質焉

秦漢小璽

疢疾除永康休萬壽寧　白玉監螭鈕

顧氏印譜國子博士文壽承云璽以九字成文製作精妙其書乃李斯小篆無豪髮失筆非昆吾刀不能刻其文亦非漢以後決為秦璽無疑舊藏沈石田家既歸陸對平後為袁尚之所得今藏顧光祿處居京師適回祿玉變黑色矣昔倪雲林有詩云匣藏數鈕秦朝印白玉盤螭小篆文則此印又嘗入清閟閣也

萬歲　玉印以鈎為鈕

永昌　玉印覆斗鈕

永昌　玉印

鵬按印文鳥篆似始皇璽宜屬之秦

永壽　玉印覆斗鈕

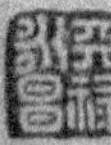

天祿永昌
玉印螭鈕吾衍云其文非臣下所用當是小璽之屬

皇帝壽昌
玉印

帝命壽永
玉印

天祿永昌
玉印螭鈕 以上三印宜屬之漢 俱見印統

壽昌
玉印此似摘秦璽中兩字者

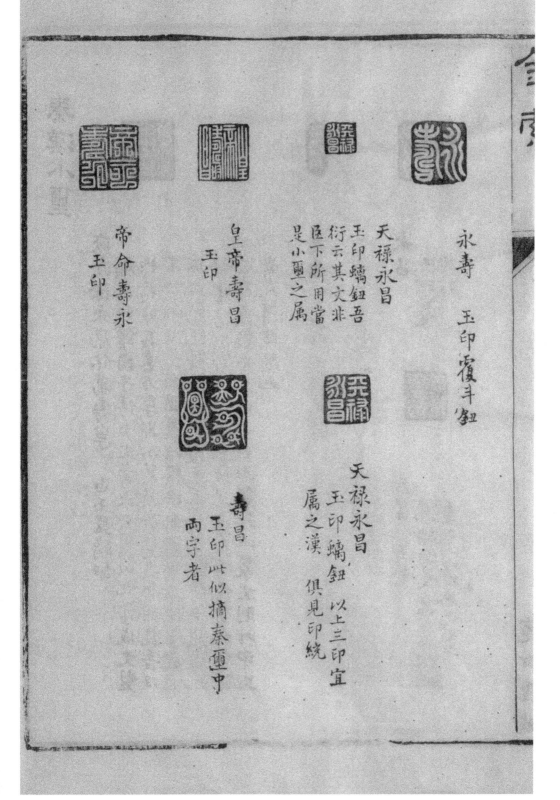

天子萬壽
玉印　以上見印則

玉印　以下漢印

荊王之璽　玉印覆斗鈕
漢書劉賈高祖從父弟六年正月立為荊王王淮東十一
年黥布反為布兵所殺亡後　鵬按印文璽下從土說文
云璽王者印也所以主土

中山王寶　玉印獸鈕
欣賞編云出于鄧提罷先印冊所載　按漢景帝子中
山靖王勝以前三年立元鼎五年卒子孫嗣爵

樂安王章　塗金龜鈕　此非漢印姑附于王

舊以為漢印集古印譜云漢和帝改千乘王寵國為樂安王又晉初封皇子鑒惠帝封齊王冏子冰皆為樂安王漢表諸矦王金璽盭綬漢舊儀諸矦王金印橐佗鈕文曰某王之璽晉志王金印龜紐纁朱綬蓋不復言璽矣此印鈕龜而文曰章必非劉寵國所佩豈晉以假司馬鑒或司馬冰耶鵬按北魏亦有樂安王範

王后印

梁王后璽　玉印

漢文帝十一年夏徙淮陽王武為梁王子孫嗣爵西漢稱王后

君印

安武君

此印得之曲阜銅印鼻鈕其質古甚篆文亦細劫不知安武君何時人也但與印統所載陽文玉印不同

漢列傳無安武君惟秦趙高爲丞相安武侯耳

同上

陽文玉印覆斗鈕印統所刻如是

孝成君印

玉印斗鈕

建安君

玉印

文成君

玉印

以上四玉印皆見印統

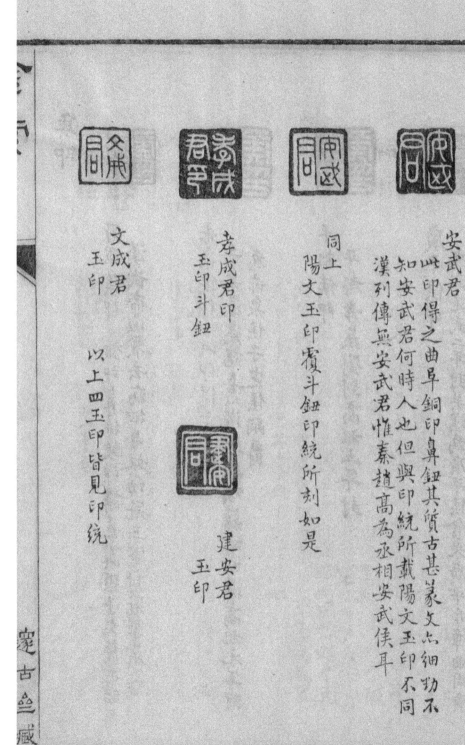

矦印

冠軍矦印　銅印鼻鈕較印譜差小此張子文麓所貽
漢武帝以霍去病征匈奴功冠三軍封冠軍矦

赤泉侯印　此印得于平陵
赤泉嚴矦楊喜以灌嬰斬項籍有功漢高祖元年封
為赤泉侯子定侯嗣爵

平都侯印
平都孝矦劉到高祖五年封

廣平侯印
光武建武二年封吳漢為廣平侯食采廣平斥漳曲周廣
年四縣

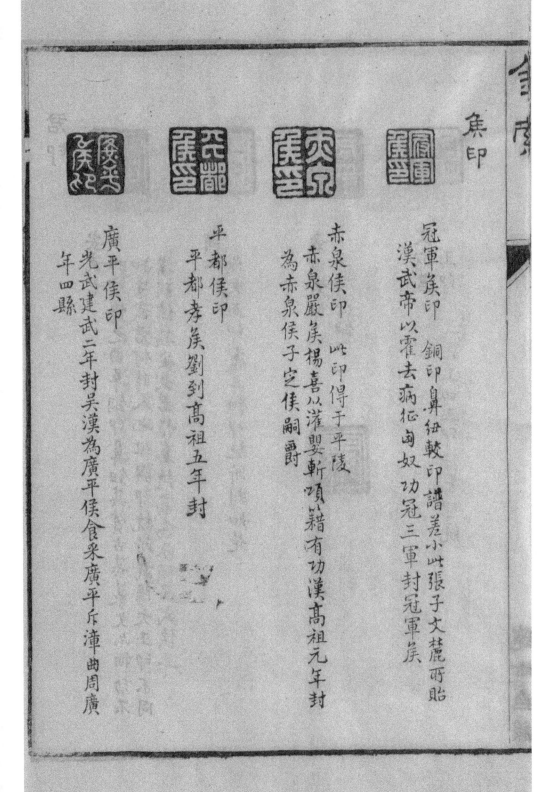

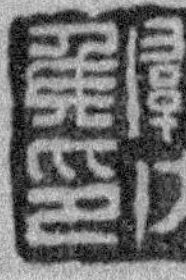

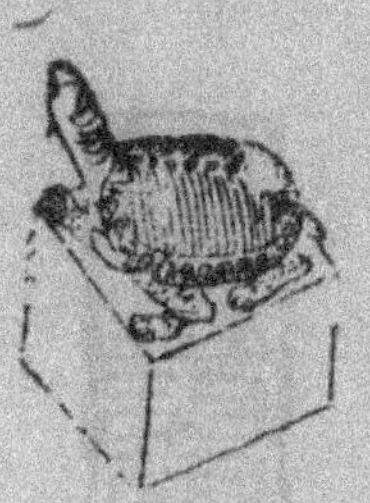

關內侯印　此印得之曲阜塗金龜鈕字亦嵌金甚古

印藪云秦爵二十等二十徹侯十九關內侯居京師亦無國邑漢志無土寄食所在縣民租多少各有戶數爲限　按漢列傳馮奉世字子明上黨潞人宣帝時破莎車王威振西域爲光祿大夫水衡都尉元帝時平隴西羌彡姐旁種賜爵關內侯食邑五百戶金六十斤又馮魴字孝孫從光武中興有方略以威信稱中元元年代張純爲司空賜爵關內侯云云則吾馮氏之爲關內侯者漢有其二未始不[illegible]於此也

文同而筆畫小異　俱見印藪

內字疊文其一見于印藪其次[illegible]爲[illegible]所得于沛寧[illegible]亦龜鈕塗金耳

關中侯印

建安二十年曹孟德始制名號侯至五大夫與[illegible]

列侯關內侯凡六等以賞軍功而關中侯爵十[illegible]

金印紫綬不食租虛封耳

關中侯印

風遂湖集

關外侯印

黃初定制關外侯十[illegible]

級墨綬

順陽侯家印信　橐駝紐

漢成帝建始二年封膠東王子董為[illegible]

陽侯

故成平侯私印

辟邪鈕失子印字兼反[illegible]

廣平侯印　見前注文今篆異

前遂印統說屬之吳漢此印見于印萃考前漢表廣平敬侯薛歐以將軍擊項籍將鍾離眛侯四千五百户靖侯嗣則漢初已有廣平侯不自東漢始矣

昌邑侯印

漢地里志山陽郡武帝天漢四年改昌邑國

宣平侯印　見印萃

前漢表宣平武侯張敖嗣父耳為趙王廢王為侯高九年封

平津侯章　見銅鼓書堂藏印

漢公孫宏傳宏薛人元朔中為丞相詔曰高成之平津鄉户六百五十封為平津侯其後以為故事至丞相封自宏始也

汝陽侯印

漢志汝南郡屬豫州有女陽縣師古曰女讀曰汝

都鄉侯印

漢志常山郡縣十八都鄉侯國莽曰分鄉　又印統以為鄉侯另次于後

臨淄侯印

魏志陳思王曹植建安十五年徙封臨淄侯

巨野侯章

漢志山陽郡縣鉅壄大壄澤在北兖州藪

醴陵侯邑

前漢表醴陵侯越高祖四年封以卒吏擊項羽爲河内都尉用長沙相侯六百戶

見印萃

綏武侯印

安陽鄉侯

正義侯印

俱見印統

武平侯印

漢獻帝建元中曹操為大將軍武平侯

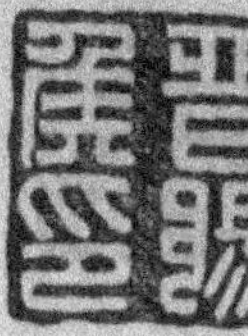

晉陽侯印

陽字阜旁反書漢陽嘉銅洗有此文

石洛侯印　塗金龜鈕

金石志云此印諸城人得之城南土中歸李仁煜孝廉史記王子侯表石洛侯劉敬城陽頃王子元狩元年封

都鄉侯印

漢承秦制侯功大者食縣小者食鄉得臣其吏民皆為列侯後漢始有大縣小縣鄉亭侯之等差

安昌亭侯　塗金龜紐制度極佳趙子昂得於都下
漢志蕤録徹侯之号或取其縣蕭何鄼侯是也或取
其鄉公孫宏平津侯是也或取其亭關公漢壽亭侯
是也

武陽亭侯
秦制十里一亭十亭一鄉漢因
之大率縣方百
里

平都亭侯
凡言都亭者並
城內亭也漢法
大縣侯位視三
公小縣視上卿
亭視二千石

漢都亭侯印

畢門亭侯
桂未谷云即成皋馬
援上書所謂成皋丞
印誤作四下羊也

都亭侯印
漢皇后紀獻帝母
王夫人兄斌興平
元年封都亭侯

宜都亭侯
漢上郡屬并州有
宜都縣莽曰堅寧
小邑未知是否

東武亭侯
漢表東武侯郭蒙
定三秦破項籍侯
三千戶此乃亭侯未
必是此

東陽亭侯之印　見集古印存

漢壽亭侯之印　見古今印則
三國蜀志關某字雲長以偏將軍為先鋒刺顏良于萬衆
之中遂解白馬圍曹公表封為漢壽亭侯謚曰壯繆侯

陽平亭侯　見印統

望山亭侯　見印則

益壽亭侯　見印萃

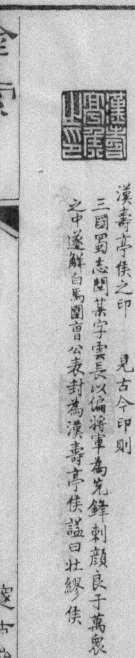

安陵亭侯

長貴亭侯

杜亭侯印

南亭侯印

以上俱見印統

侯夫人印

廣阿侯夫人印　見銅鼓書堂藏印

漢表廣阿懿侯任敖以客從起沛爲御史陳豨反堅守侯

千八百戶後遷爲御史大夫七年封夷侯敬侯嗣爵云

侯夫人當不外是矣夫人印罕見殊足異也

子印

林慮子章 見印統

後漢郡國志河內郡

林慮故隆慮殤帝改

大將軍印

大將軍印章

後漢書百官志將軍不常置本注曰掌征伐背叛比公者四第一

大將軍次驃騎將軍次車騎將軍次衛將軍又有前後左

右將軍初武帝以衛青數征伐有功以為大將軍欲尊寵之

以古尊官唯三公皆將軍故置大司馬號以冠之後霍光王鳳皆然

左大將軍章

上二方見印萃

下一方見印統

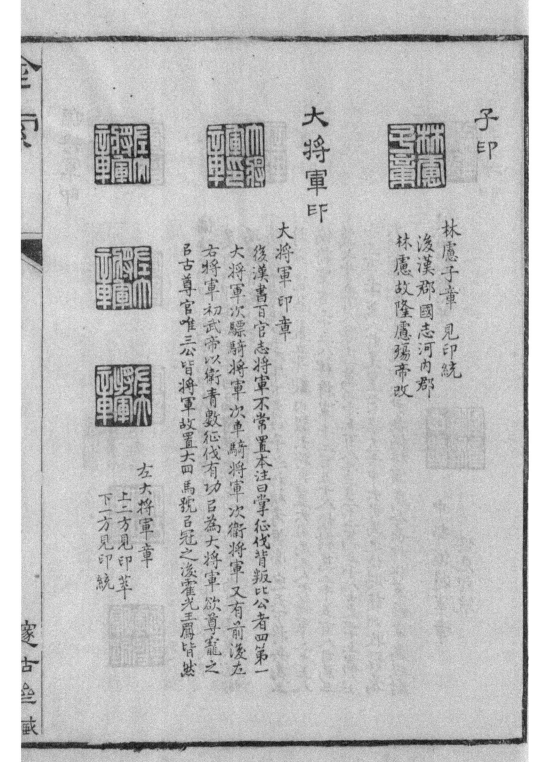

偏将軍印

偏将軍印　上二方見印統　下三方見印苹　末一方見查氏印
姜白石印譜云老子曰偏将軍處左則其由来尚矣後漢寇恂
馮異皆為此官
漢王莽傳地皇元年下書曰予之初祖考黄帝定天下将兵為上
将軍建華蓋立斗獻内設大将外置大司馬五人大将軍二十五人
偏将軍百二十五人裨将軍千二百五十人校尉萬二千五百人司馬三
萬七千五百人候十一萬二千五百人當百二十二萬五千人士吏四十五萬人士
千三百五十萬人於是置前後左右中大司馬之位賜諸州牧號為
大将軍郡卒正連帥大尹為偏将軍屬令長裨将軍縣宰為校尉

建威偏将軍

中部偏将軍章
倶見印統

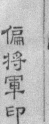

裨將軍印

裨將軍印章

裨將軍張賽　俱見印統
將軍印以名姓著者
此外罕見

將軍印

驃騎將軍章　見印萃
宋百官志云漢武元狩二年始用霍去病爲之漢西京置大將軍驃騎將軍位次丞相鵰按光武中興雲臺二十八將有驃騎大將軍參蘧侯杜茂驃騎大將軍櫟陽侯景丹驃騎將軍劉隆此外驃騎尚多印統等以北朝寧遠將軍爲首殊失倫次

車騎將軍　車騎將軍章　俱見印萃
宋百官志漢文元年始用薄昭爲車騎將軍鵰按隸釋亦有車騎將軍馮緄碑

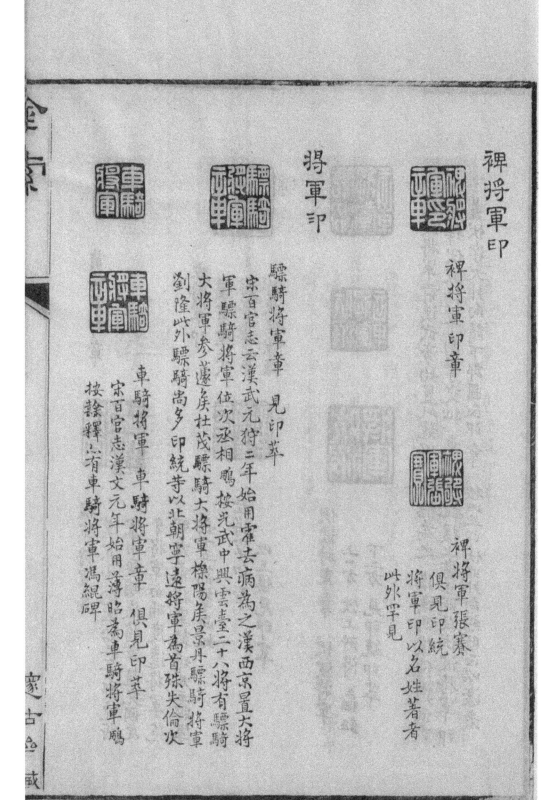

前將軍印章

後軍將軍章
漢宣帝紀本始二年祁連將軍田廣明後將軍趙充國虎牙將軍田順度遼將軍范明友前將軍韓增凡五將軍兵十五萬擊匈奴

左將軍印
漢雲臺二十八將有左將軍膠東侯陳俊

左將軍印章
以上俱見印萃

伏波將軍章 伏波將軍
上一方 汶上所得 龜鈕
下二方 見印統印萃

伏波將軍前漢武帝始置此號以路博德為之 後漢馬援傳建武十年拜伏波將軍南擊交趾 東觀漢記援上書臣所假伏波將軍印書伏字犬外向請下郡國正印章 按此三印伏非外向想既正以後者

征虜將軍章　見印統印萃

後漢建武中祭遵爲征虜將軍廉潔奉公建武嘆曰安得憂國奉公如祭征虜者乎　按雲臺二十八將有征虜將軍潁陽侯祭遵漢末孫賁張飛亦爲之又魏武以臨菑侯植行征虜將軍又雍邱縣有魏征虜將軍王思賢碑

虎牙將軍章　見印統

漢宣帝本始二年以雲中太守田順爲虎牙將軍　又雲臺二十八將中有虎牙大將軍安平侯蓋延

虎威將軍章　見汪氏印存

虎伏將軍章　見印統

折衝將軍章　見印萃
漢建安中魏武以樂進居之

折衝將軍章
見印統

揚烈將軍章
見印統

安國將軍
見印萃

衛騎將軍
見印萃

同上

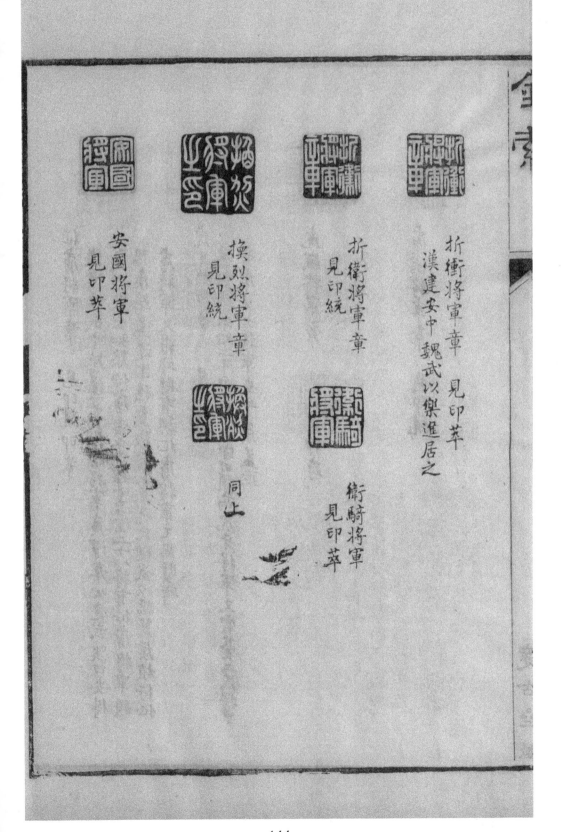

建義將軍章　見印萃

漢光武帝紀建武元年偏將軍朱祐為建義大將軍遣耿弇率彊弩將軍陳俊軍五社津　鵬按曲阜孔廣爽所藏建義將軍印龜鈕与印萃同惟卩旁作卩

強弩將軍章　見印萃

說見前注又漢武帝以路博德為彊弩校尉李沮為彊弩將軍則又在光武前惟此印較大未必漢制

鷹揚將軍章

漢建安中魏武以曹洪居之

上二方印統下一方印萃

樓船將軍章　見印萃

漢武帝紀元封二年遣樓船將軍楊僕將應募罪人擊朝鮮

又南粵王傳主爵都尉楊僕為樓船將軍出豫章下橫浦

振威將軍章

後漢初宋登為之

振武將軍章

前漢末王況為之

奮武將軍印　奮武將軍章　見印萃印統

史記年表漢元帝永光二年七月太常任千秋為奮武將軍擊西羌　又後漢末呂布為之

建武將軍章　見印統

漢韓安國王晏並為之又蜀志劉封傳文帝善孟達姿才遂授此官

將印

五官中郎將

後漢百官志五官中郎將一人比二千石本注曰主五官郎五官中郎比六百石五官侍郎比四百石五官郎中比三百石凡郎官皆主更直執戟宿衛諸殿門　魏志命公世子丕爲五官中郎將

中郎將印

中郎將有左右皆比二千石

殿中中郎將印

後漢百官志陛長主直虎賁朝會在殿中

虎賁中郎將印

虎賁中郎將比二千石本注曰主虎賁宿衛前書武帝置期門平帝更名虎賁蔡質漢儀曰主虎賁千五百人

武衛次飛武賁將印

熊渠將印　見印存

部曲將印　四印同以下皆鼻鈕

後漢百官志領軍皆有部曲大將軍營五部部校尉一人比二千石軍司馬一人比千石部下有曲曲有軍候一人比六百石曲下有屯屯長一人比二百石其不置校尉部但軍司馬一人又有軍假司馬假候皆為副貳其別營領屬為別部司馬其兵多少各隨時宜

騎部曲將

副部曲將

督印

騎督之印 塗金龜鈕

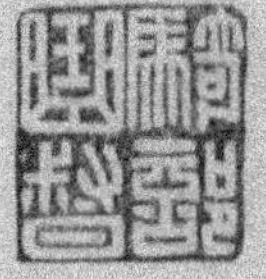

騎部曲督 以下鼻鈕

部曲督印

千人督印

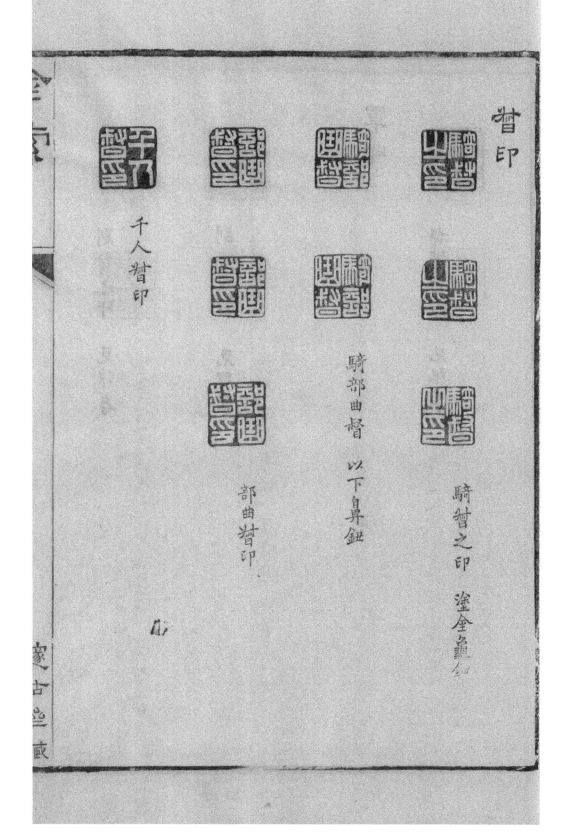

副督之印　見印存

副部曲督　見印萃

軍印

都護軍印　見印萃

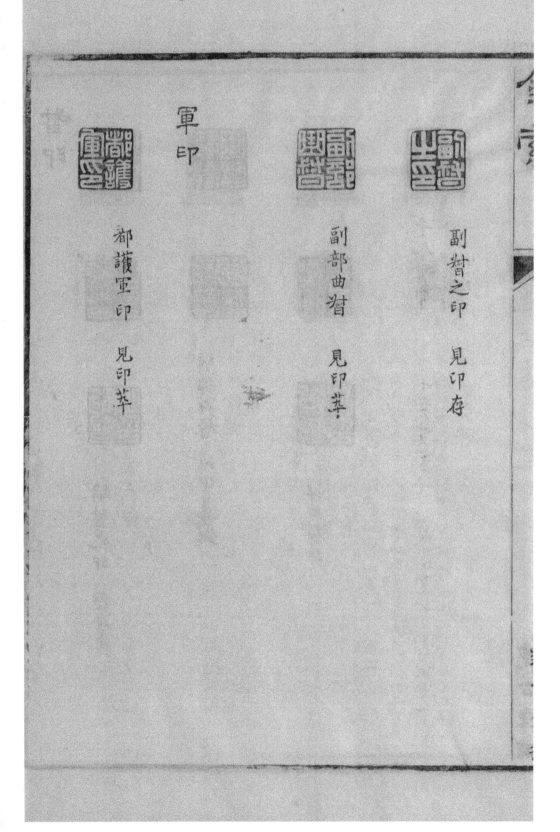

護軍印章　見印統　印存左讀
印統云護軍秦官漢因之元狩四年屬大
司馬哀帝更名司寇平帝復名護軍

右護軍印　見印萃

行營左護軍印　見印統　印萃

行營右護軍印　行營右護軍　俱見印統

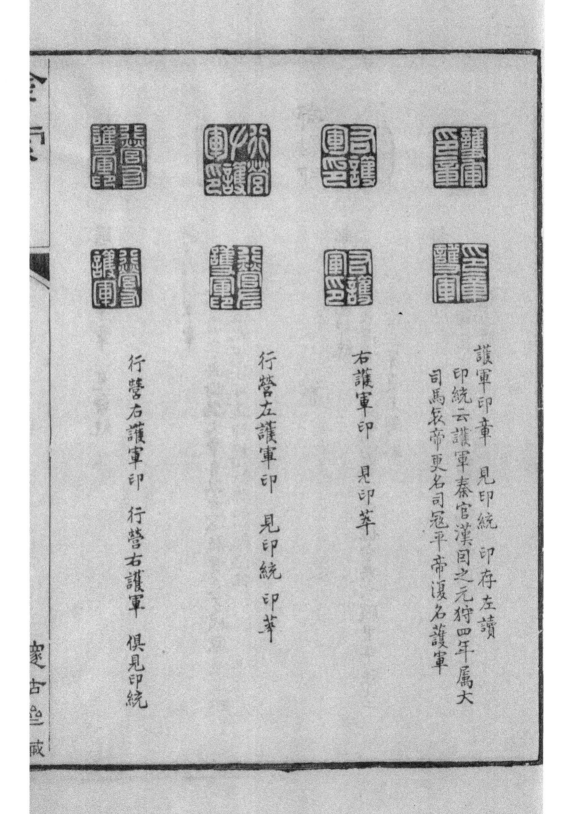

滄如護軍章　見印統

討薉辦軍章

薉貊即濊字典論魏文帝自叙云濊貊貢良弓代獻良馬此從艸不從水古字可通印統釋作討穢恐非

都尉印

都尉　見印統

印統云東漢百官表郡尉秦官掌佐守典武職甲卒秩比二千石景帝二年更名都尉

都尉

文同前印伏虎鈕四足當其四角沈州都閫惠印山昌運得之曲阜係玉牌所易者

駙馬都尉　駙馬都尉之印
第一第二方見印統塗金龜鈕第三方見印統細商金龜
鈕第四見查氏藏印第五見印萃第六見印統

駙馬都尉　俱銀印龜鈕二方鵬所得
漢武帝以宗室外戚為奉車駙馬騎三都
尉而奉朝請元帝為晉王時以參軍為奉
車都尉掾屬為駙馬都尉行參軍舍人
為騎都尉皆奉朝請後罷奉車騎二都
尉留駙馬都尉奉朝請諸尚公主者劉惔
桓温皆為之
續漢志駙馬都尉比二千石掌駙馬

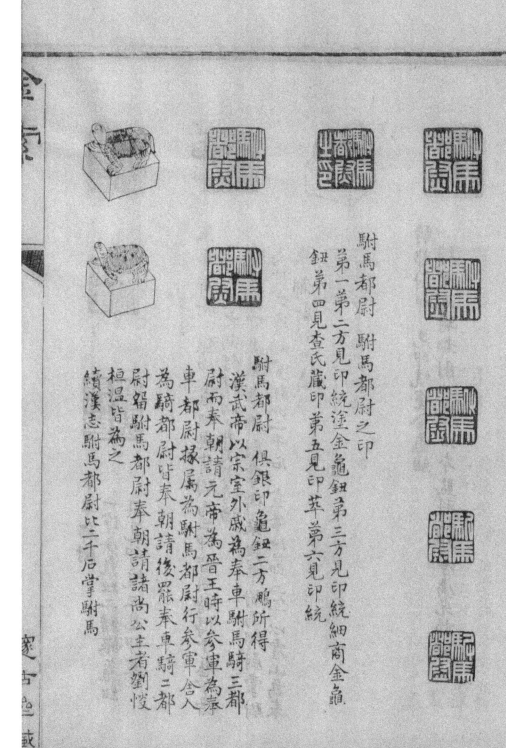

奉車都尉
一塗金龜紐二錯銀龜紐
俱見印統三見印萃

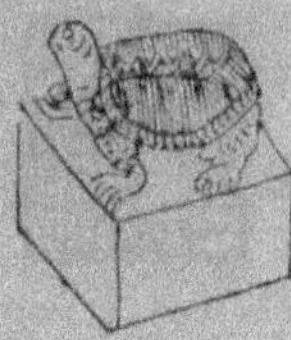

奉車都尉 銀印龜紐與前駙馬二印皆同時得于歷下者
純銀為之刻鏤精細蓋漢末時物
前漢百官表奉車都尉掌御乘輿車駙馬都尉掌駙
馬皆武帝初置秩比二千石 宣帝地節二年以霍山為奉
車都尉領尚書事

騎都尉印 見印統塗金龜紐
續漢志騎都尉比二千石本監羽林騎右屬光祿勳

武猛都尉　上二方印統下方查譜
漢何進使武猛都尉丁原燒孟津火照城中又魏橫海將軍碑載呂君歷武猛都尉考其時乃建安中也

將兵都尉
上一方印統　下一方查氏銅鼓書堂印譜

强弩都尉　見印萃
强弩都尉章　見印統

協律都尉　見印萃
漢外戚傳孝武李夫人兄延年性知音善歌舞武帝愛之以為協律都尉

參軍都尉 一見印統一見印萃

水衡都尉 見印萃

漢百官表水衡都尉掌上林苑注張晏曰主都水及上林苑故曰水衡主諸官故曰都有卒徒武事故曰尉師古曰衡平也

巧工都尉 見印統

西部都尉 見印萃

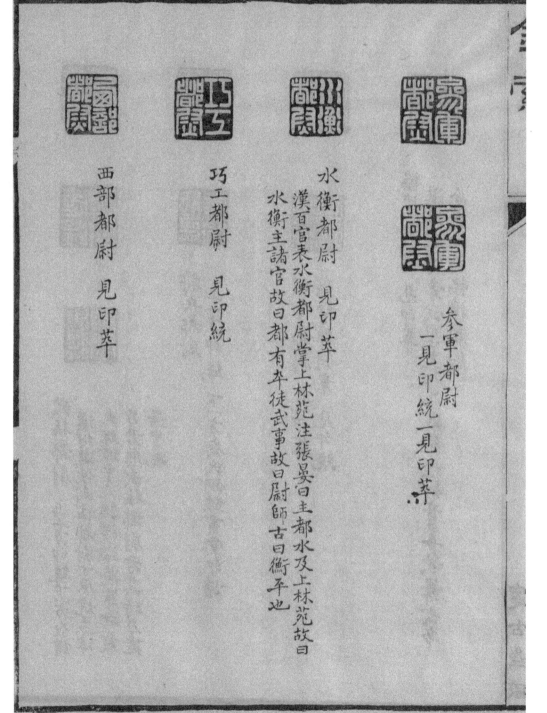

雁門都尉　見印萃

廣漢屬國都尉　見印統

後漢郡國志廣漢屬國都尉故北部都尉屬蜀郡安帝時以為屬國都尉別領三城　續百官志每屬國置都尉一人比二千石又云屬國都尉主蠻夷降者　孝順帝紀永和二年廣漢屬國都尉擊破白馬羌

校尉

校尉之印　校尉之印章　見印統　查氏印

續百官志大將軍營五部部校尉一人比二千石

司隸校尉　見印統印萃

續百官志司隸校尉一人比二千石孝武帝初置持節掌察舉百官已下及京師近郡犯法者　漢武初置司隸校尉後漢亦置之所部河南尹河內左扶風右馮翊京兆尹河東宏農凡七郡治河南洛陽無所不糾惟不察三公廷議九卿魏晉司隸與兩漢同司隸于端門外坐在諸卿上絕席其入殿按本品秩在諸卿下不絕席隋煬帝置司隸臺有大夫一人

按漢碑楊渙楊淮皆為司隸校尉

建威校尉　見印萃

建威偏將校尉　見印萃

建武校尉章　印萃

漢威武將校尉　見印統

武猛校尉　見印統

建安中吳潘璋為武猛校尉魏齊王芳嘗祀武猛校尉典韋于太祖庭韋以建安二年死事也

射聲校尉　見印萃

續漢志射聲校尉一人比二千石掌宿衛兵司馬一人比千石服虔曰工射也冥冥中聞聲則射中之故以為名

城門校尉　見印萃

續漢志城門校尉一人比二千石司馬一人千石每門候一人六百石本注城門校尉掌雒陽城門十二所其正南一門曰平城門北宮門屬衛尉其餘上西門雍門廣陽門津門小苑門開陽門耗門中東門上東門穀門夏門凡十二門　靈帝紀建寧元年正月城門校尉竇武為大將軍

步兵校尉　見印萃

續漢志步兵校尉一人比二千石掌宿衛兵司馬一人千石

綏民校尉　見印統　查氏銅鼓書堂藏印
漢志未載今道州有漢故綏民校尉騎都尉桂陽曲紅灌
陽長熊君碑篆額与此印合

平虜校尉　印萃

驅馬校尉　印萃

典農校尉　印萃

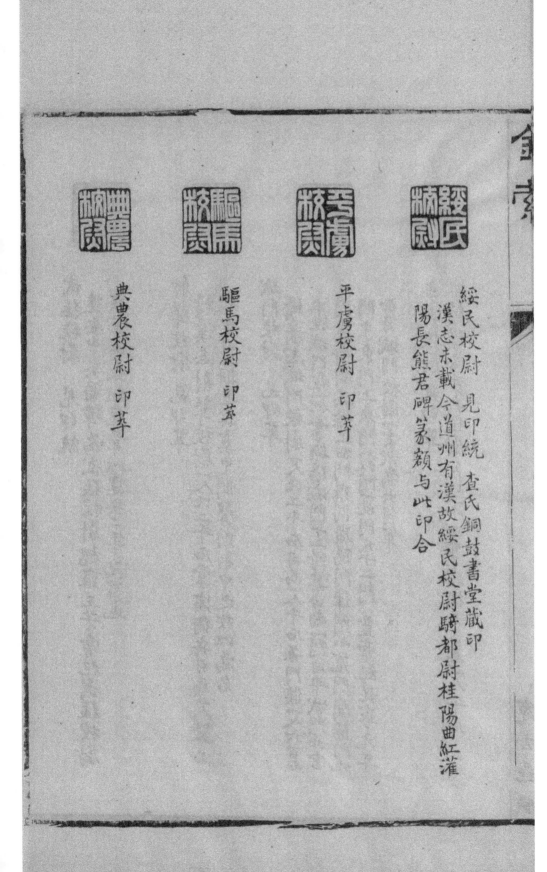

衛尉印

尉印

長樂衛尉　見印苹
續漢志衛尉卿一人中二千石本注曰掌宮門衛士宮中徼循事丞一人比千石靈帝紀建寧元年四月長樂衛尉王畼為司空

建章衛尉　見印苹
前漢百官表衛尉掌宮門衛屯兵景帝初更名中大夫令後元年復長樂建章甘泉衛尉皆掌其官師古曰各隨所掌之宮以名官

故鄣尉印　見印統
西漢表云縣皆有丞尉秩四百石至二百石是為長吏故鄣秦鄣郡所治東漢屬丹陽郡吳興記曰中平年分縣南置吉安縣光和末張角亂此鄉守險助國漢嘉之故立縣

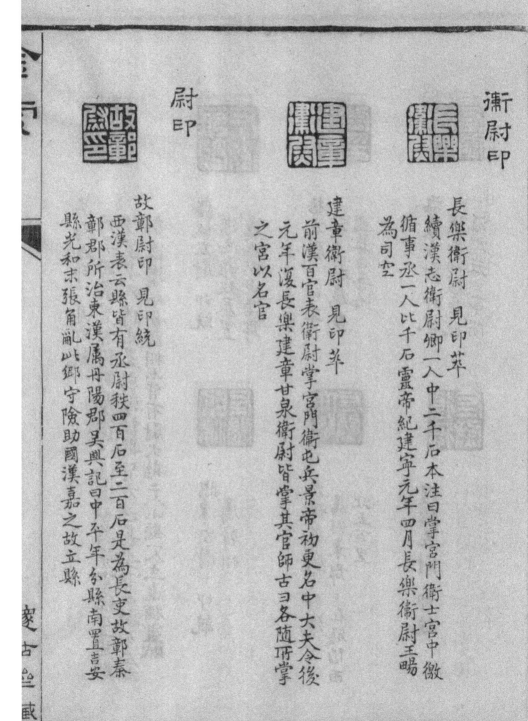

吳尉之印　見印統

周吳國秦置會稽郡西漢因之後漢分吳帯十三城置吳郡隋置吳州　通志畧尉漢諸縣皆有之長安有四尉分左右部後漢令長國相亦皆有尉大縣二人小縣一人主追捕盜賊

雝奴左尉　印統

漢志雝奴秦置屬幽州漁陽郡

梧左尉　印萃

漢志梧屬楚國莽曰吾治

海陵左尉　印統

漢志海陵屬臨淮郡莽曰亭間

臨津左尉　印統

屬韓州

大陽左尉　印統

屬河東郡〻在雒陽西北五百里

復德左尉　印統

鬲左尉印　印統

漢屬平原郡雒陽北一千三百里夏時有鬲氏國

三封左尉　查氏

漢屬并州朔方郡

蘭干左尉　印統

漢屬涼州漢陽郡在雒陽西二千里

東國右尉　印統

彭城左尉　印萃

漢屬徐州彭城國古大彭邑在雒陽東千二百二十里

下洛左尉　印統

後漢志作下落屬幽州上谷郡〻在雒陽東北二千二百里

林慮左尉　汪氏印存

林慮故隆慮殤帝時改屬河內郡

原陽右尉　印統

原陽屬并州雲中郡

杜陵右尉　印統

古唐杜氏國漢屬京兆尹京兆在雒陽西九百五十里

姑臧右尉　印統

姑臧屬凉州武威郡雒陽西三千五百里

曲成侯尉　印統

漢表曲成侯萬歲中山靖王子元鼎五年封　國屬東萊郡

王翁主尉　印統

按史記齊悼惠王世家云厲王母曰紀太后取其弟女為厲王后王不愛紀氏女太后令其長女紀翁主入王宮正其後宮毋令得近王欲令愛紀氏女如淳云翁主稱母姓則此印為王氏女之家臣明矣

雲陽右尉　印統

屬左馮翊馮翊在雒陽西六百餘里

護軍中尉　汪氏印存

高帝時張良嘗為護軍中尉

軍曲尉印　印統

大司馬印

大司馬印

漢百官表武帝元狩四年初置大司馬以冠將軍之號成帝綏和元年初賜大司馬金印紫綬哀帝元壽二年復賜大司馬印綬置官屬去將軍位在司徒上　元狩四年大將軍衛青為大司馬大將軍驃騎將軍　後元二年奉車都尉霍光為大司馬大將軍又中興二十八將有大司馬廣平侯吳漢

大司馬印章　俱見印萃

按印藪印統未收大司馬印而以殿中司馬為首不知殿中司馬晉官安得加漢司馬印上耶

司馬印

陷敶司馬　見印統及查氏銅鼓書堂藏印

集古印譜云敶古戰陣字漢安帝元初中任尚募陷陣士擊羌零建安間樂進于禁皆為陷陣校尉鵬按有校尉自有司馬司馬者校尉屬官

越騎司馬　印萃

續漢志越尉校尉一人比二千石掌宿衛兵司馬一人千石晉灼曰越騎取其才力超越也光武改青巾右校尉為越騎校尉

強弩司馬　查氏印　印統

宋百官志云漢武帝以路博德為彊弩校尉李沮為彊弩將軍按將軍及校尉皆必有司馬也又漢藝文志有彊弩將軍王圍射法五篇

虎步司馬　印統　印萃同

虎步搜捕司馬　見蓮湖印譜　印統釋叟搜誤

金石志云叟与搜通摶与捕通虎步之設不見漢志見水經注引諸葛亮表云臣遣虎步監孟琰據武功水東則是蜀漢所設內有監有搜捕司馬也

虎步挫鋒司馬　印統

挫鋒者挫敵人之鋒与陷陣意同印統云鋒字當從屮今从弓漢逢童子碑逢字亦然

虎步挫尉司馬　銅印穿鈕上刻建武元年正月給

挫尉司馬者挫鋒尉之司馬也集古印譜云漢光武晉惠帝元帝趙石虎燕慕容忠齊明帝魏北海王顥皆改元建武光武即位在六月晉惠改元在七月晉元在三月慕容忠在六月齊明帝在十月北海王顥在五月此疑是石虎時印也

大醫司馬　查氏藏印

續漢志有大醫令一人六百石此大醫司馬未定何時所設

撫戎司馬　桂氏藏印

漢晉志俱未見未定何時

武力司馬 印統

落索平難司馬 印統

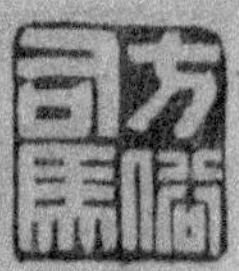

方俗司馬 查氏藏印 印統

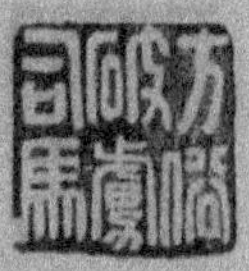

方俗破虜司馬 印統

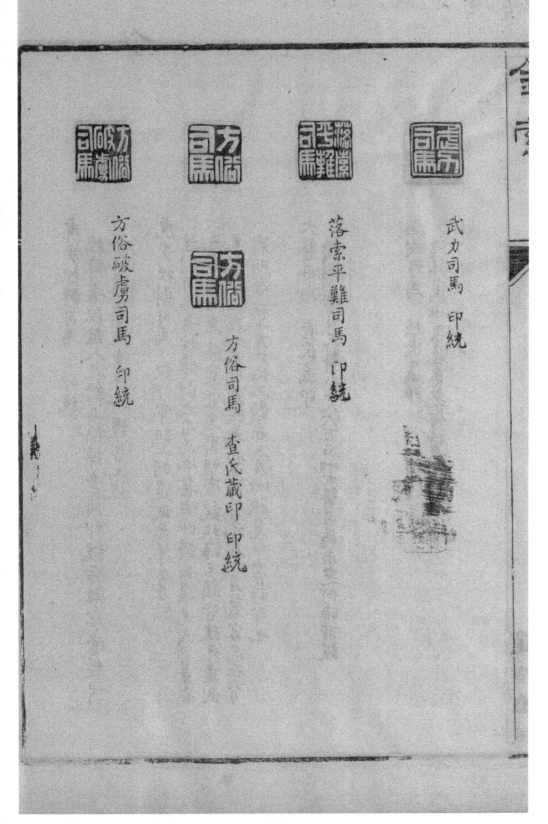

漆園司馬　印統

見查氏藏印

常山漆菌司馬　印統

按菌即園字陳思王碑東閣晨開西菌夜賞可証

無當司馬　印統　汪氏印存

大尉司馬　汪氏印存

按續漢志大將軍長史司馬皆一人司馬主兵如太尉從事此印

作大尉司馬豈太尉亦置司馬與

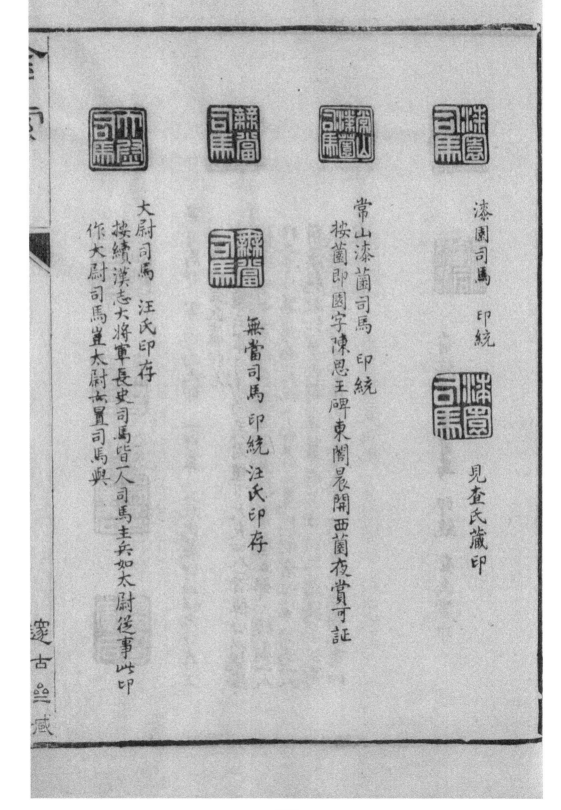

軍司馬印　軍司馬之印　一印萃二三孔氏藏印四汪氏印存五
玉印六查氏藏印

集古印譜云軍司馬尚矣周禮下大夫四人晉悼公以魏絳張老為中軍司馬後漢志大將軍營五部〻校尉一人比二千石軍司馬一人比千石其不置校尉者但軍司馬一人前漢楊敞給事大將軍幕府為軍司馬後漢吳汎鄭衆班勇徐幹夏侯尚皆嘗為之魏晉宋後周亦有此官

前將軍軍司馬印　印綂　查氏藏印

前鋒司馬　印綂

後将軍軍司馬　查氏藏印　汪氏印存

後軍司馬　此印四氏學教授馬君毓泉所贈者印譜未有

左将軍軍司馬　印綂　次印得于曲阜

蜀先主建安中為左将軍以龐義為左

将軍軍司馬

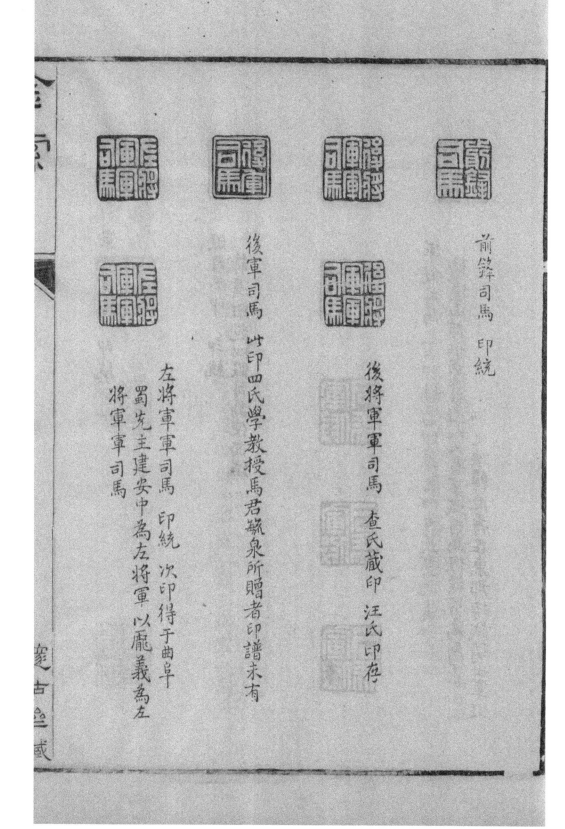

軍候司馬　印統

假司馬印　印統

前漢班超以假司馬使西域

軍假司馬　一二印統三四印萃五印存六查氏藏印

續漢志部但軍司馬一人又有軍假司馬假候皆爲副貳

印譜云蕭望之遺御史按韓延壽在東郡時試騎士軍假

司馬千人持幢旁轂數事

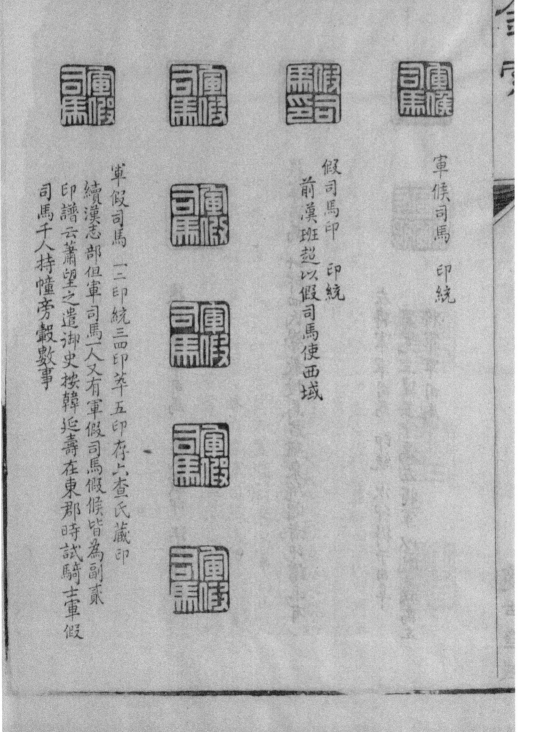

漢假司馬　印統

假司馬印係之以漢亦出使于夷即夷人臣服于漢者姜白石

云歷代印文皆不稱代惟率善令則曰魏曰晉見未廣也

詔假司馬　印統　印萃

鎮南軍假司馬　印統

四鎮起于漢末劉表嘗爲鎮南將軍此鎮南將軍之副司

馬印也

後將軍假司馬　印統　印萃

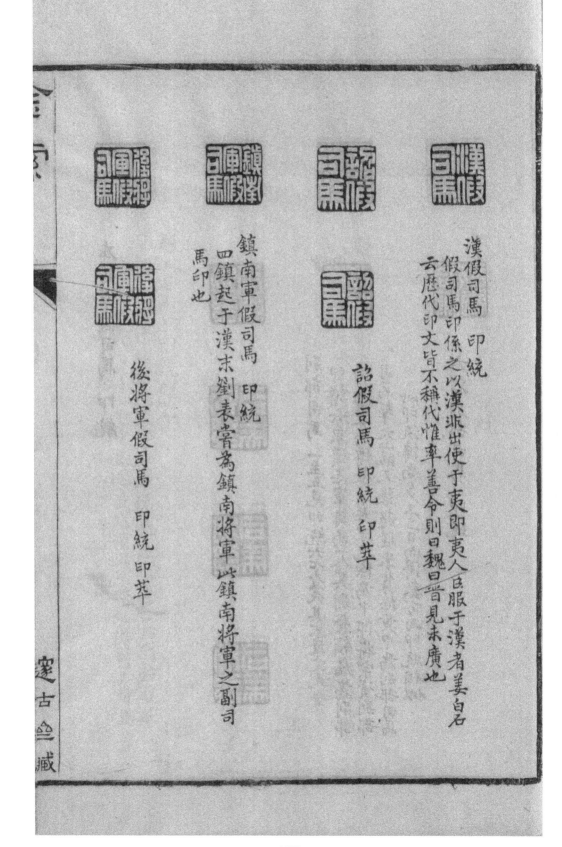

左將軍假司馬　印統

別部司馬　一至五見印統六七查氏其末反文尤奇
印譜云東漢志軍司馬一人其別營領屬爲別部
司馬度尚傳長沙太守抗徐爲中郎將宗資別部
司馬擊大山賊又張超從朱儁征黃巾爲別部司馬
此印流傳尚多予百而得數方与印統相似

右將別部司馬　印統

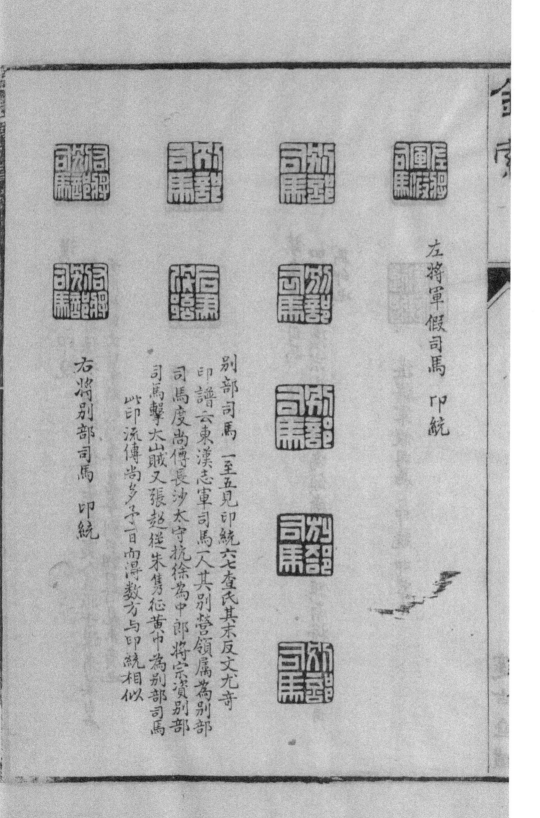

威寇將軍司馬　印統

掃逆將軍司馬　印存

威寇掃逆俱見於宋書四十號將軍以為或是後漢及魏所置

巧工司馬　印統印萃

顧氏印譜云趙德夫金石錄偽趙建武元年西門豹殿基記有巧工司馬臣張由等監近歲臨淄縣人畊地得巧工司馬印遍考史傳皆無此官僅見此碑所載耳

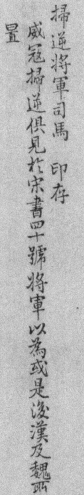

石工司馬

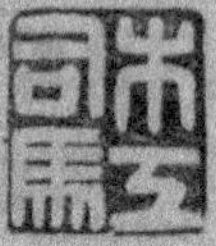

木工司馬

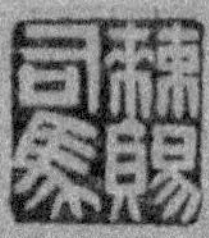

勅賜司馬

建安司馬　俱見印統無考

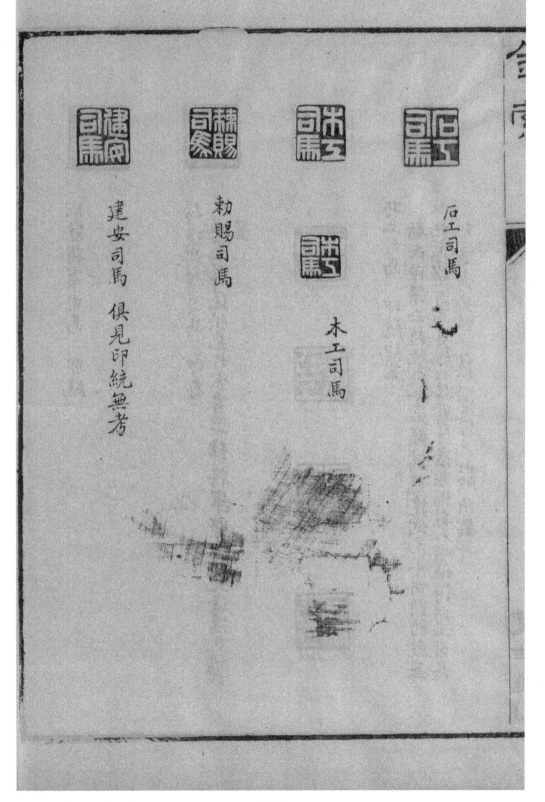

軍曲印

軍曲　玉印狻猊鈕
續漢志大将軍營五部〻下有曲〻下有屯

軍曲　銅印臺鈕　俱見印統
按漢印有此橢圓式後世仿之以為起首小印漢篆亦有
此種一字如一印謂之童首篆亦謂之狹兒而以其形似之

候印

軍候之印　查氏藏印　顏氏藏印
軍有曲〻有軍候一人秩六百石其假候又為
軍候之副貳

邃古齋藏

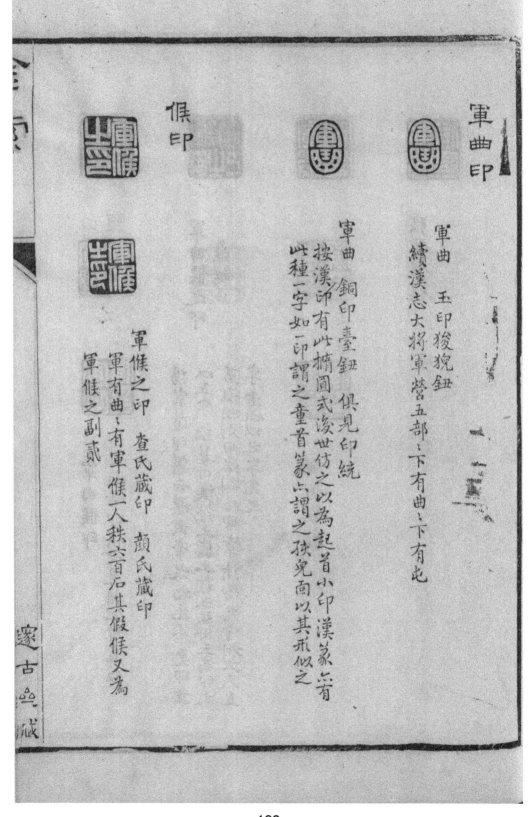

軍曲候印

此等印俱大畧相似皆鼻鈕

軍曲候之印

龜鈕

楊宗道印譜云漢武帝太初元年更印章以五字張晏曰漢據土德土數五故用五爲印文若丞相則曰丞相之印章諸卿及守相不足五字者亦以之字足之

軍假候印

强弩假候

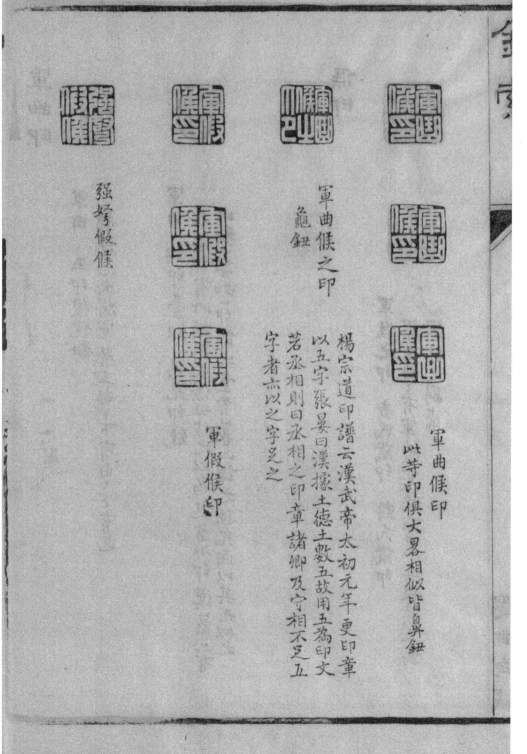

北軍中候　印統

續漢志北軍中候一人六百石本注曰掌監五營

關外候印　印統

此與陰文印關外侯不同

濟南候印　印統　次印桂氏藏

聚降尉右前候　印統

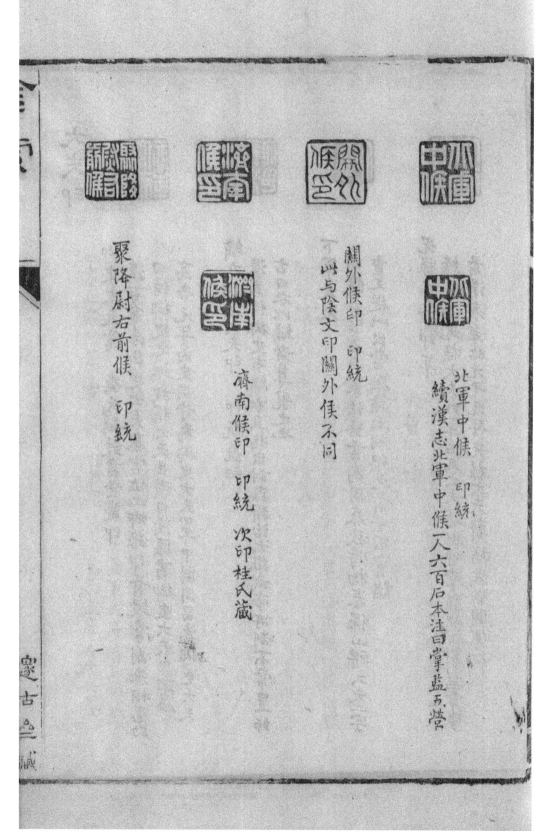

大夫印

御史大夫章　查氏銅鼓書堂藏印

漢百官表御史大夫秦官位上卿銀印青綬掌副丞相應劭曰侍御史之率故稱大夫臣瓚曰茂陵書御史大夫中二千石高帝元年內史周苛為御史大夫四年中尉周昌為御史大夫

繡衣執法大夫印　印綂龜鈕

漢表侍御史有繡衣直指出討姦猾治大獄武帝所制不常置師古曰衣以繡者尊寵之也

下軍大夫

印統云官名与篆法皆當為周春秋時物泰繹山碑大夫二字重文從此出當在諸玉銅印之前可不寶諸

光祿大夫　印萃

續漢志光祿大夫比二千石凡大夫議郎皆掌顧問應對無常事前漢表孝昭元平元年光祿大夫韓增為前將軍

大中大夫　大中大夫印　俱見印萃
漢表大夫掌論議有太中大夫中大夫諫
大夫太中大夫秩比千石　兩都賦序太中大
夫董仲舒

司隸大夫章　查氏藏印
續漢志司隸校尉比二千石孝武帝初置　後漢楊球傳云球
為司隸校尉權門莫不屏氣

中丞印

御史中丞章　桂氏
御史大夫有二丞一為
御史丞一為御史中丞
中丞在殿中蘭臺

武庫中丞　查氏藏印
武庫令執金吾屬宮
漢表武庫有三丞　續
漢志武庫令主兵器

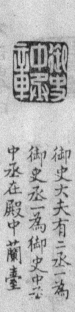

大司農印

牧印

尹印

大司農印　印萃
續漢志大司農卿一人中二千石掌諸錢穀金帛諸貨幣
漢表天漢元年桑宏羊為大司農　又鄭興之子鄭衆能傳
父學官至大司農

司牧官印　查氏藏印
漢百官表武帝元封五年初置部刺史掌奉詔條察州秩六百石
成帝綏和元年更名牧秩二千石哀帝建平二年復為刺史元壽二
年復為牧　按續百官志但言十二州刺史常以八月巡行所部郡國
而不稱牧則此固西漢時印也

京兆尹印　印萃
漢志京兆尹縣十二長安新豐船司空藍田華陰鄭湖下邽
南陵奉明霸陵杜陵注云故秦內史高帝更為渭南郡武帝
更為京兆尹

太守印

河東太守章　印存

漢志河東郡縣二十四安邑大陽猗氏解蒲反河北左邑汾陰聞喜濩澤端氏臨汾垣皮氏長脩平陽襄陵彘楊北屈蒲子絳狐讘騏　後漢屬司隸在雒陽西北五百里

河内太守章　印存

漢志河内郡縣十八懷汲武德波山陽河陽州共平皋朝歌脩武温埜王獲嘉軹沁水隆慮蕩陰　後漢屬司隸在雒陽北百二十里

上黨太守章　印統

漢志上黨郡縣十四長子屯留余吾銅鞮沾涅氏襄垣壺關泫氏高都潞陭氏陽阿穀遠　後漢屬并州刺史部在雒陽北千五百里

犍爲太守章　查氏藏印

漢志犍爲郡縣十二僰道江陽武陽南安資中符牛鞞南廣漢陽都鄢朱提堂琅　後漢犍爲屬國都尉別領二城朱提漢陽　按此真西漢印〻文亦古若東漢則改屬國都尉矣

濟南太守章　印統

漢志濟南郡縣十四東平陵鄒平臺梁鄒土鼓於陵陽邱般陽菅朝陽歷城猇著宜城　後漢屬青州刺史部在雒陽東千八百里

宏農太守章　印統

漢志宏農郡縣十一宏農盧氏陝宜陽黽池丹水新安商析陸渾上雒　後漢屬司隸在雒陽西南四百五十里

洛陽太守印　印莘

漢志河南郡故秦三川郡高帝更名洛陽縣二十二雒陽滎陽偃師京平陰中牟平陽武河南緱氏卷原武鞏穀成故市密新成開封成皋苑陵梁新鄭　後漢河南尹屬司隸

會稽太守章　印莘

漢志會稽郡縣二十六吳曲阿烏傷毗陵餘暨陽羨諸暨無錫山陰丹徒餘姚婁上虞海鹽剡由拳大末烏程句章餘杭鄞錢唐鄮富春治回浦　後漢屬揚州刺史部在雒陽東三千八百里

漢陽太守　印萃

後漢志漢陽郡在雒陽西二千里十三城冀望恒阿陽略陽勇士成紀隴源道蘭干平襄顯親上邽西屬涼州刺史部　前漢爲天水郡

雁門太守　印萃

漢志雁門郡縣十四善無沃陽繁畤中陵陰館樓煩武州汪陶劇陽崞平城埒馬邑彊陰　後漢屬并州刺史部在雒陽北千五百里　續漢百官志京都置尹一人二千石丞二人每郡置太守一人二千石丞一人

史印

上谷郡長史印　查氏藏印

漢志上谷郡縣十五沮陽泉上潘軍都居庸雊瞀夷輿寧昌廣寧涿鹿且居茹女祁下落　後漢屬幽州刺史部在雒陽東北三千二百里　續漢志郡當邊戍者丞爲長史

司徒左長史印　印統

續漢百官志司徒公一人世祖即位為大司徒建武二十七年去大

長史一人千石

立節將軍長史　印統

續漢志大將軍如三公為長史司馬皆一人千石

武威長史　印萃

漢志武威郡故匈

奴休屠王地武帝太

初四年開莽曰張掖

宣威長史之印　印統

武勇史印　印統

查氏藏印与上小異

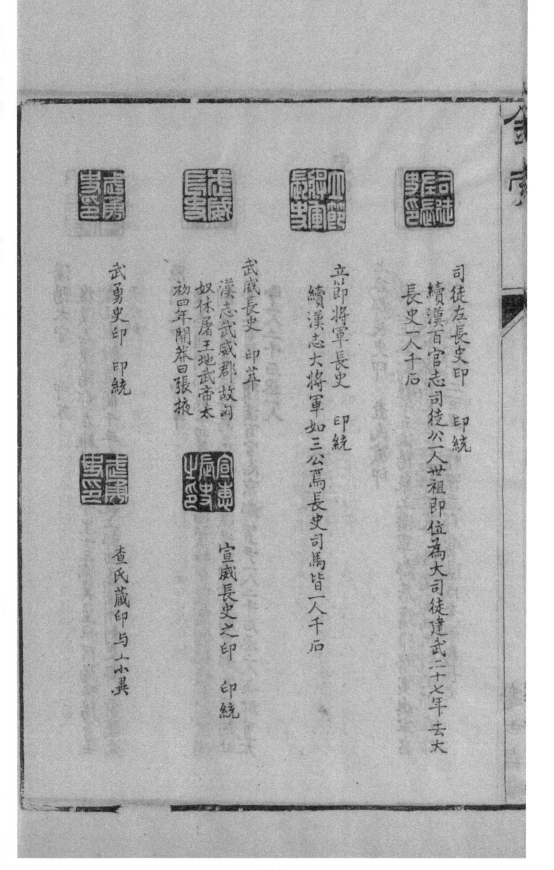

令印

中書令印　印萃

續漢百官志尚書令一人千石武帝用宦者更為中書謁者令
成帝用士人復故掌凡選署及奏下尚書文書衆事

太子率更令　印統

續漢志太子率更令一人千石主庶子舍人更直職似光祿

新豐令印　印統

漢志新豐縣屬京兆尹

斄令之印　印統

漢志斄縣屬右扶風后稷封斄師古曰讀與邰同

池陽令印　孔氏藏印

漢志池陽縣屬左馮翊
按池字此作沱其陽印二字似不全者而文甚古

槐里令印　印萃

槐里亦屬右扶風

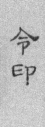

晉陽令印　印存
漢志晉陽屬太
原郡

中牟令印　查氏
漢志中牟屬河
南郡

白馬令印　印統
漢志白馬東郡
屬兗州

潁川令印　查氏
漢志陽翟莽曰
潁川屬潁川郡

河陽令印　印統
漢志河陽屬河內郡

穀成令印　印統
穀成亦河南郡禹貢瀍水
出替亭印譜俱以東郡
之穀城當之非也

頓邱令印　孔氏藏印
頓邱屬東郡曹孟德年二
十三時為頓邱令

封邱令印　印統
漢志封邱屬陳留郡

居巢令印　印綂
漢志居巢屬廬江郡應劭曰故巢國也春秋楚人圍巢

建陽令印　印綂
漢志建陽屬九江郡

彭澤令印　印綂
漢志彭澤屬豫章郡禹貢彭蠡澤在西

下相令印　印綂
漢志下相屬臨淮郡

尋陽令印　印綂
匕廬江郡禹貢九江在其南

即邱令印　印存
漢志即邱屬東海郡孟康曰即古祝邱

新淦令印　印綂
匕豫章郡

樊令之印　印綂
漢志屬東平國括地志二漢樊縣在兖州瑕邱西南二十五里

安豐令印　印統
漢志屬六安國故楚
地禹貢大别山在西南

江都令印　印存
漢志廣陵國縣四
廣陵江都高郵平
安

泉陵令印　印統
漢志泉陵侯國莽
曰溥閏屬零陵郡

雝奴令印　印統
漢志雍奴漁陽郡
屬幽州

行唐令印　印統
漢志南行唐屬常山郡
莽曰延億

新城令印　印統
考後漢志新城有二屬
河南尹史記秦遷西周
公于𢘓狐也一屬梁國左
傳諸侯會新城也

故道令印　印統
漢志故道莽曰善治屬
武都郡

金城令印　印統
漢志金城莽曰金屏屬
金城郡

宰印

圜陽宰之印　孔氏藏印

漢志圜陽縣屬并州西河郡師古曰此縣在圜水之陽圜陰縣在圜水之陰圜本作圁今銀州銀水即是　王莽傳始建國元年改縣令長曰宰

潁陰宰之印

漢志潁陰縣屬豫州潁川郡　孟康曰夏啓有鈞臺之饗在潁川南

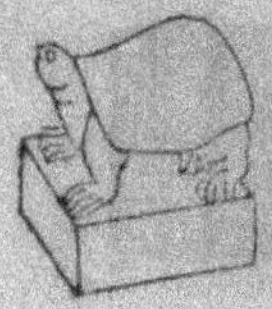

鵰得此印于曲阜

龜鈕甚古

義溝道宰印　印存

漢志北地郡義渠道莽曰義溝　漢百官公卿表列侯所食縣曰國皇太后皇后公主所食曰邑有蠻夷曰道凡縣道國邑千五百八十七鄉六千六百二十二亭二萬九千六百三十五

蒙陰宰之印　查氏藏印

漢志屬兗州泰山郡禹貢蒙山在西南

就都亭宰印　印統

漢志蜀郡廣都縣莽曰就都亭又莽傳縣以亭名者三百六十以應符命文也

長印

新豐長印　二印俱印綂
屬京兆高祖七年置按西京雜記云太上皇徙長安居深宮悽愴
不樂高祖乃作新豐移諸舊人實之太上皇乃悅高祖常祭
枌榆之社𢯱巷棟宇物色惟舊士女老幼相攜路首各知其室
放犬羊雞鴨於通塗亦競識其家匠人胡寬所營也
漢百官表縣萬戶以上為令秩千石至六百石減萬戶為長秩五
百石至三百石

新陽長印　查氏
漢志新陽屬汝
南郡

昌邑長印　印綂
漢志昌邑屬山陽
郡又國名

州陵長印　印綂
漢志州陵莽曰江夏屬南
郡

東光長印　印綂
漢志東光屬渤海郡

睢陵長印　印統

漢志睢陵莽曰睢陸屬臨淮郡

沮長之印　印統

漢志沮縣沮水出東狼谷屬武都郡

即墨長印

漢志即墨屬膠東國宋符瑞志晉武帝時即墨長獻白兎此印係惠印山藏

宣威長印　印統

漢志宣威屬武威郡

堵陽長印　印存

漢志堵陽莽曰陽城屬荊州南陽郡常昭曰堵音者

利成長印　印存

漢志利成屬徐州東海郡

方城長印　查氏

漢志方城屬廣陽國後漢志屬涿郡

朔方長印　印統

漢志朔方郡朔方縣莽曰武符

故鄣長印 印統
漢志故鄣屬丹陽
郡秦鄣郡所治
詳故鄣尉印

餘杭長印
漢志餘杭屬吳郡
後漢志屬會稽郡

防東長印
後漢志防東屬山
陽郡

廣陽長印
考漢志廣陽有二
一爲涿郡良鄉并曰
廣陽一屬廣陽郡

同上

武德長印
後漢志武德屬河內郡

新昌長印
鵬考漢志新昌有二屬
涿郡侯國一屬幽州遼東
郡此云長應是遼東

封谿長印 以上俱印統
後漢志封谿屬交趾郡
在雒陽南萬一千里

元平長印　印統

白虎邑長　查氏
漢表皇太后皇后公主所食曰邑白虎未詳其地

萬安長印　印統

張掖屬國左盧水長　印存
後漢志張掖郡故匈奴昆邪王地武帝置雒陽西四千二百里應劭曰張國臂掖也又張掖屬國武帝置屬國都尉以主蠻夷降者領五城

廣化長印　印統

蓚陵長印　印存

綏通長印　印統

沛祠祀長　印紱

印譜云漢志王國有祠祀長本注云祠祀比四百石又韋元成傳高祖時令諸侯王都皆立太上皇廟至惠帝尊高帝為太祖廟景帝尊孝文為太宗廟行所嘗幸郡國各立太祖太宗廟合百六十七所則沛固宜有此官也

同上　汪氏印存

陝谿關長

彭城醫長

稸農左長　俱印紱

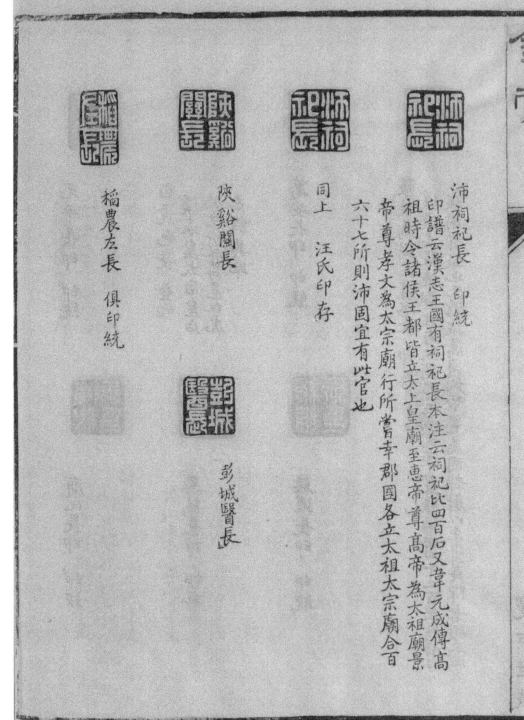

丞印

大鴻臚丞　印統
續漢志大鴻臚卿
一人中二千石丞一人比
千石掌諸侯

平的國丞　印統
平的侯國屬北海郡
凡縣公主所食湯沐
曰國丞一人見續志

南陽守丞　印存
漢志南陽郡屬荊
州郡守秩二千石丞
六百石

受降太尉丞　印統
漢築受降城在大究

太醫丞印　印統
續漢志太醫令一人六百石
掌諸醫藥丞一人主藥方
丞一人主藥方

齊典醫丞　印統

營郎太守丞　印統
漢志北海郡營陵或曰營
郎漢表郡守秦官景帝
中二年更名太守　按景
君碑營守俱作營同此

校尉丞印　印統

琅槐丞印　印綬
漢志琅槐屬千乘郡師古曰槐音回

且慮丞印　印綬
漢志且慮屬遼西郡莽曰鉏慮師古曰慮音盧

祋栩丞印　印綬
漢志祋栩屬左馮翊師古曰祋丁活反栩音詡

木禾丞印　印綬
漢志木禾屬并州上郡

舞陽丞印　印綬
漢志舞陽屬潁川郡應劭曰舞水出南

容城丞印　印綬
漢志容城莽曰深澤屬幽州涿郡

廣陵尉丞　顏氏藏印
漢志廣陵國縣四江都易王非廣陵屬王胥皆都此莽曰安定

橫海候丞　印綬
漢有橫海將軍韓說見朝鮮傳

寧陽丞印　印統
漢志寧陽侯國莽
曰寧順屬泰山郡

營軍司馬丞　印存

睢陵馬丞印
漢志睢陵莽曰睢陸
屬臨淮郡

上虞馬丞印　印萃
漢志上虞屬會稽
郡莽曰會稽

軍司馬丞印　印萃

軍曲候丞印　印統

東平陸馬丞　王蓮湖集印
東平陸漢志屬東平國
應劭曰古厥國金石志云曰
東平陸者別于西河平陸也

虢縣馬丞印　查氏藏印
漢志虢縣屬右扶風有虢
宮

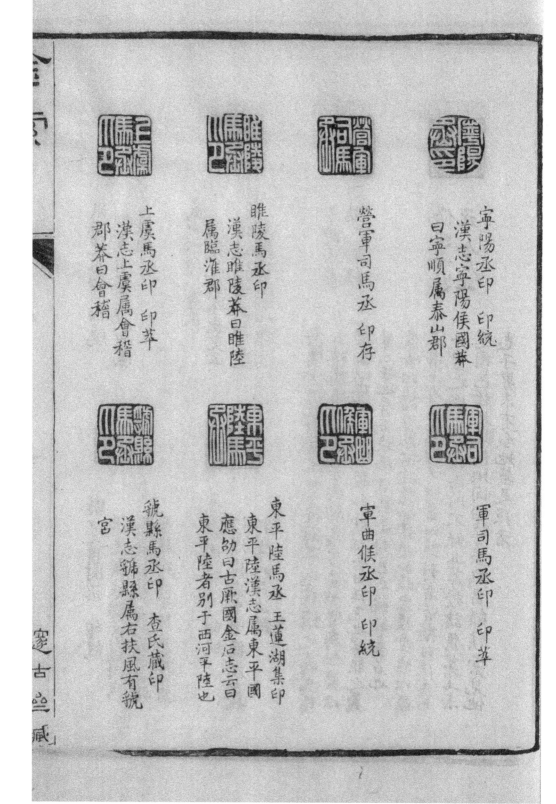

淯水徒丞印 印統
漢志淯水屬幽州樂浪郡

屯田丞印 查氏
西羌傳金城長史上官鴻上開置歸義建威屯田二十七部

多睦子家丞 印統

條睦子家丞 金石記

樂浪前尉丞 印統
漢志樂浪郡屬幽州應劭曰故朝鮮國也師古曰浪音狼續志雒陽東北五千里

立義丞印 印統
後漢建安中龐德為立義將軍此其丞歟

兩漢金石記云漢王莽傳封王氏齊縗之屬為侯大功為伯小功為子緦麻為男其女皆為任男以睦女以隆為號皆授印韍師古曰任充也男服之義男亦任也音壬睦隆皆其受封邑之號取嘉名也集古印譜曰莽所改縣如建睦加睦宏睦季睦以睦名者十有三未聞多睦蓋以縣封者皆期親侯國而子男之地鄉亭故志所不錄且莽授諸侯茅土未定國邑故初睦侯姚恂始睦侯嬀昌雖侯亦不見他志子男未有分地無足疑者

永武男家丞　印存　印統小異

梁旁家丞　印統

東鄉家丞　印存

漢志東鄉屬沛郡　續漢志家邑置家丞庶子各一人主侍侯使理家事食邑不滿千戶不置家丞

長聚則丞　查氏藏印

此亦莽時所封子男家丞印也則丞二字不多見惟見于陽泉使者熏爐銘有雒陽付守長則丞善之文考漢王莽傳云州從禹貢為九爵從周氏有五諸公一同有衆萬戶土方百里侯伯一國衆戶五千土方七十里子男一則衆戶二千有五百土方五十里今已受茅土者公十四人侯九十三人伯二十一人子百七十一人男四百九十七人凡七百九十六人此則丞之切據也

相印

高密侯相　印萃

漢志高密故齊文帝別為膠西國宣帝更為高密國縣五高密昌安后泉夷安成都續漢志皇子封王其郡為國每置傅一人相一人皆二千石傅如師相如太守侯國置相一人其秩各如本縣主治民如令長不臣也但納租于侯以戶數為限

長社侯相　印存

漢志長社屬潁川郡應劭曰宗人圖長葛是也其社中樹暴長

秉德侯相　印存印統同

廣望侯相　查氏藏印

漢志廣望侯國屬幽州涿郡

平昌侯相 印統

漢志平昌屬徐州琅邪郡 後漢志平昌侯國屬青州北海國

宜陽侯相之印 查氏

漢志宜陽在黽池屬宏農郡

陰槃侯相 印萃

漢志陰槃莽曰扶亭屬右扶風 後漢西羌傳陰槃相曹鳳上言西戎為害

濟南相印 印萃

漢志濟南郡屬青州 文帝別為濟南國

江都相印 查氏藏

漢志江都屬廣陵國 漢董仲舒嘗為江都王相

順武男則相 印萃

此莽時子男之相詳前則丞印

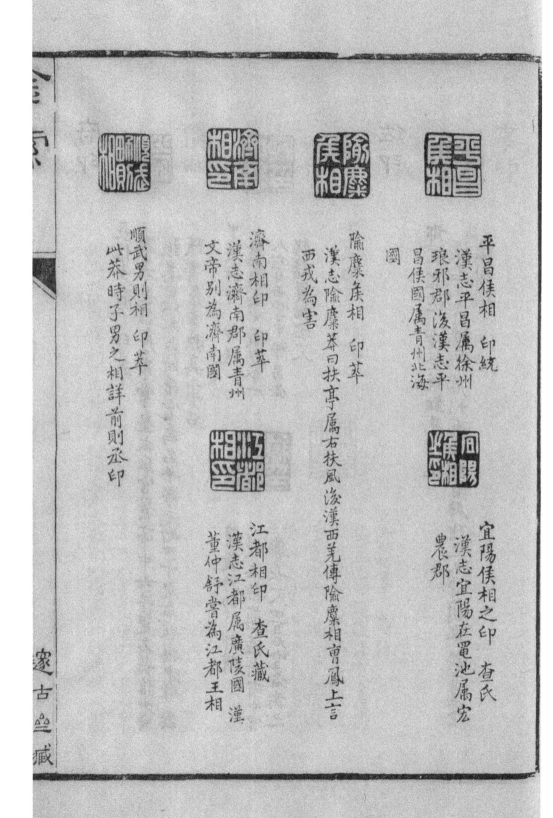

府印

長信少府　印苹

漢表長信詹事掌皇太后宮景帝中六年更名長信少府

張晏曰以太后所居宮為名平帝元始四年更名長樂少府　茂

陵書詹事秩真二千石

中藏府印　印統

續漢志中藏府令一

人六百石掌中幣帛金

銀諸貨物丞一人

藥藏府印　印統

漢志無藥藏府有中宮

藥長一人四百石宦者為之

佐印

郡五官佐　塗金銳鈕見印統

漢志五官掾秩百石州有掾皆自辟除之又晉蘭亭詩有五官

佐謝繹

事印

司隸從事 印統
續漢志司隸從事
史十二人秩百石

州解事印 杳氏藏印

立義從事 印統

立義行事 印統
吴孟思印譜後漢有立義將
軍西域志車師後王毅燉煌
行事注行事謂行掌史事桂
陽太守周憬碑陰有故行事

僕印

清河僕印
此印係四氏學博馬子篪泉所得持贈張潤浦明府者疑張氏閒章
然漢印也考後漢志有清河國屬冀州部又漢表諸侯王國武帝
改其太僕曰僕秩千石續漢志僕主車及馭則此當為清河國僕之印也

匠印

將作大匠　印革

續漢志將作大匠一人二千石承秦將作少府景帝改將作大匠掌脩作宗廟宮室陵園木土之功

士印

偏將軍中士　印綂

里印

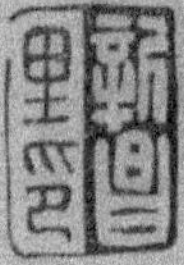

新昌里印　顏氏藏印

漢志遼東郡有新昌縣續漢志里有里魁掌一里百家此新昌里長其即里魁歟

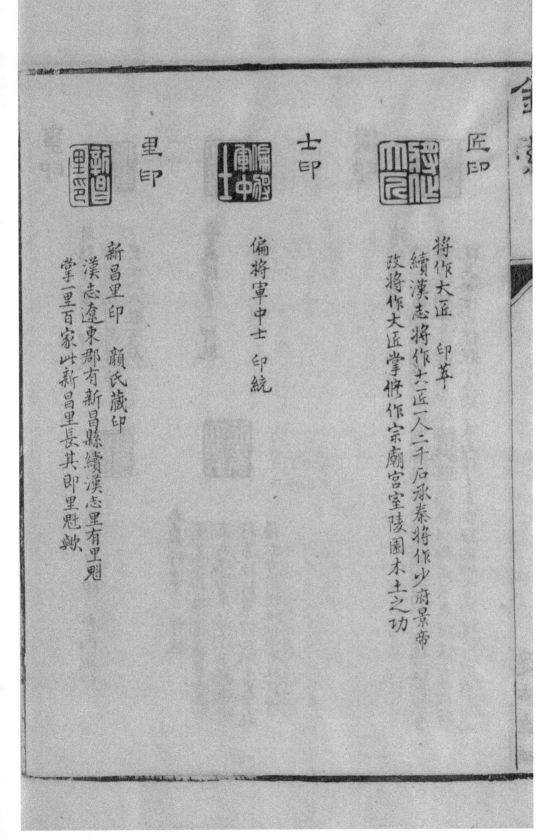

使者印

天帝使者
查氏藏印　印統同

萬安使者章
印統

無上使者
查氏藏印

神章

皇天上帝制萬神章
查氏藏印
以上無考

黃神越章　孔氏藏印
抱朴子古之入山者佩黃神越章之印其濶四寸其字百二十此印兩面一面不清

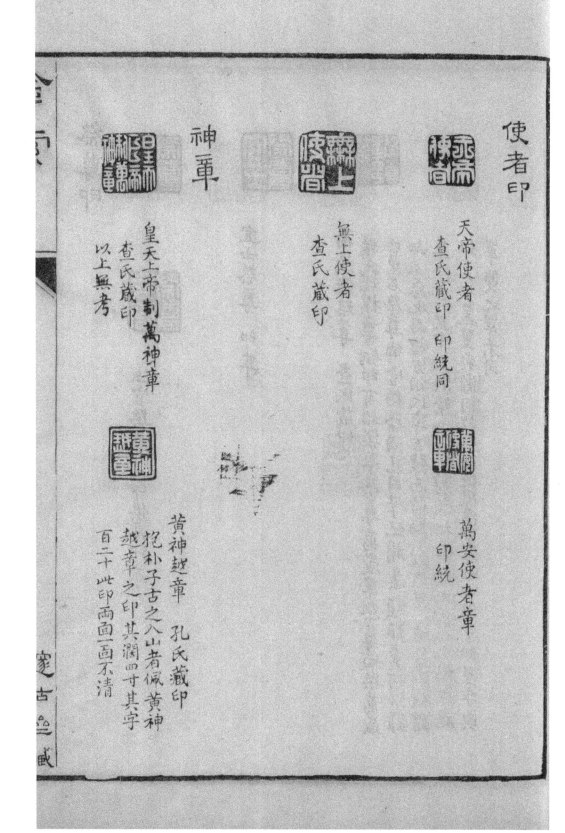

祭尊印

上官祭尊　二印俱見印苹

宜士祭尊　印苹

萬歲僤祭尊　查氏藏印

桂氏札樸云古銅印有始樂单祭尊萬歲單祭尊始樂萬歲皆里名祭尊鄉官猶祭酒見困學紀聞集韻難嚢何切難却凶惡也周禮方相氏率百隸而時難〻或作單通作僤䨲謂单祭尊里中主僤祭者單僤聲相近　按玉篇古文僤作䨲奴多切盖單與僤同故此字從風從單今此印作單即單字與單雙之單不同

父老印

漢三老右印　印綬龜鈕

漢高帝紀二年詔舉民年五十以上修行能率衆為善者置以為鄉三老鄉各一人擇三老一人為縣三老与縣令丞尉以事相教勿復繇戍

萬歲僤三老

同上　俱查氏藏印

萬歲左三老　印綬

里中萬歲

里中父兄私印　俱印綬

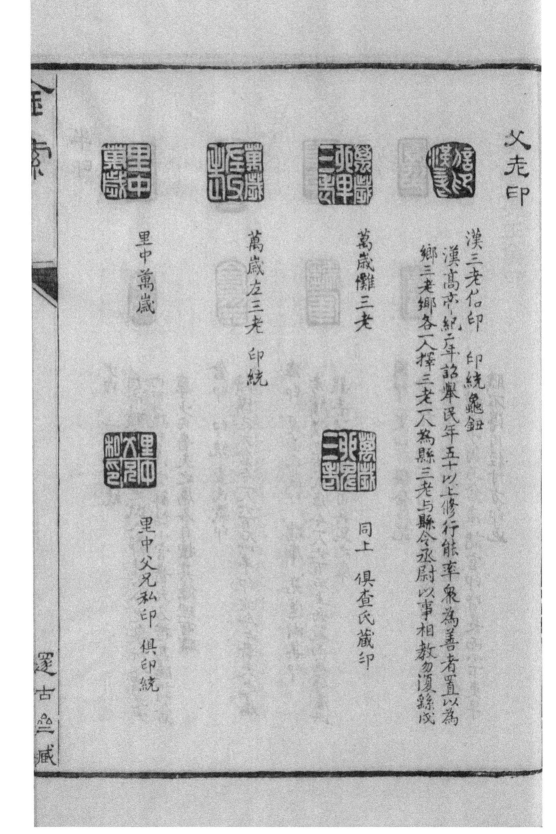

半印

少内　二印俱印統
周官職内掌邦之賦入鄭注若今之泉所入謂之少
内賈疏引漢官解詁小官嗇夫各擅其職謂倉
庫少内嗇夫之屬各自擅其條理所職

倉印　印統　查氏藏印
續漢志太倉令一人六百石此半印非令乃嗇夫之屬

庫印　見查氏藏印　騶庫　見蓮湖集印
考續漢志有武庫令一人六百石主兵器而無騶庫此
疑主六騶之士所用兵器之庫

園印　史印　俱金石記
金石記云此亦漢印十三州志所謂有秩嗇夫得
假半章者也楊子法言五兩之綸半通之銅
札樸云少内与倉庫諸官印皆長而小下吏卑
職不得用徑寸方印也

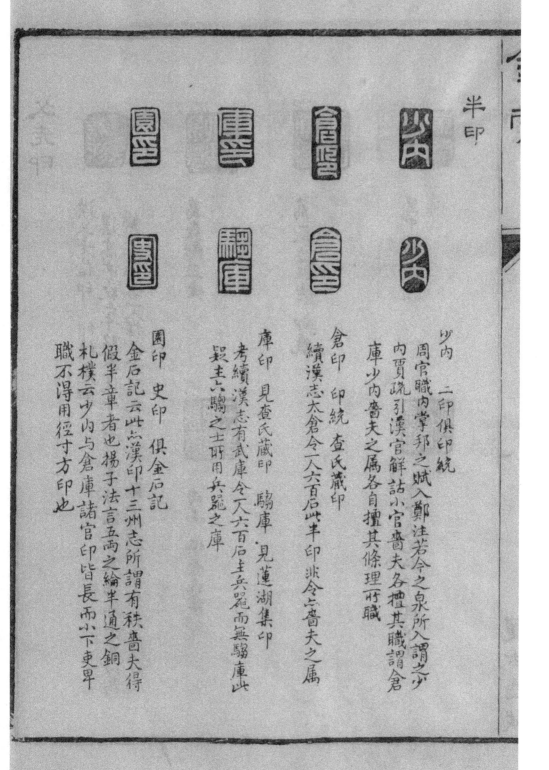

漢蠻夷王侯印

部洛王章　印統龜鈕

洛即落字三國志東夷傳注落各有小帥數百千落爲一部大人又云遼西烏丸大人邱力居衆五千餘落上谷烏丸大人難樓衆九千餘落各稱王此印但云部落王未有漢字蓋其未歸義時印也

四角胡王　一汪氏印存　一桂氏藏印

桂氏繆篆分韻云昰長客京師見人售此印塗金槖佗鈕宋芝山潘毅堂兩君同觀未詳四角何義及讀後漢南匈奴傳云其大臣貴者左賢王次左谷蠡王次右賢王次右谷蠡王謂之四角次左右日逐王次左右溫禺鞮王次左右漸將王是爲六角皆單于子弟次第當爲單于者也鵬又得角王鏡可以互証

四角羌王　一印存　一印萃

後漢西羌傳西羌之本出自三苗國近南岳元帝時彡姐等七種羌寇隴西馮奉世擊破之此云四角未詳

率義侯印　印存　印統同

續百官志四夷國王率衆王歸義侯邑君邑長皆有丞比郡縣

蠻夷邑侯　印統

蠻夷長印

漢率衆長　印統

漢仟長印　印統

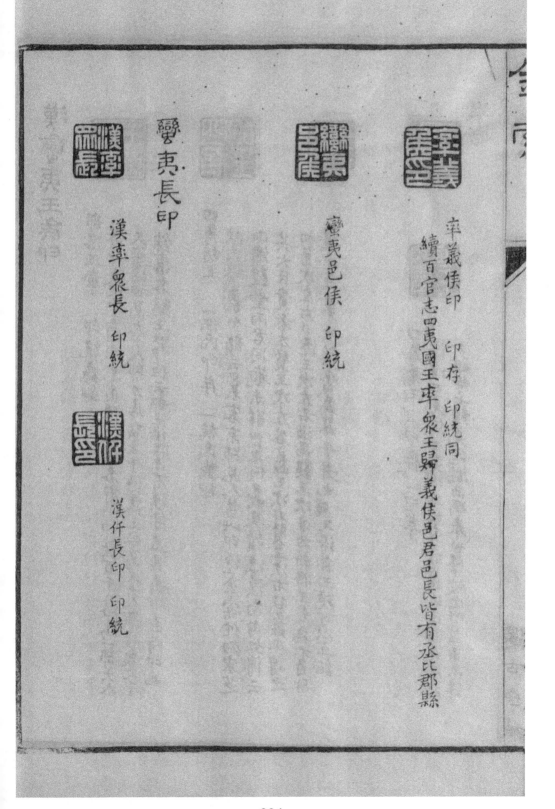

蜀漢印

征虜將軍章　印萃

三國志蜀書先主既定江南以張飛益德為宜都太守征虜將軍封新亭侯

討虜將軍　印統

黃忠南陽人仕昭烈勇藝冠三軍列五虎將益州既定拜討虜將軍

平西將軍

此印龜鈕友人錢復堂所贈

此二印見印統印萃

先主以馬超為平西將軍督臨沮因為前都亭侯　印統云晉周處為平西將軍宋臨川王義慶亦為平西將軍此印今藏宜興周孝侯廟廟祝世掌之鶴按平西將軍自不一人若周處則以御史中丞隸夏侯駿伐氐力戰而沒追贈平西將軍者非宜定有此印也

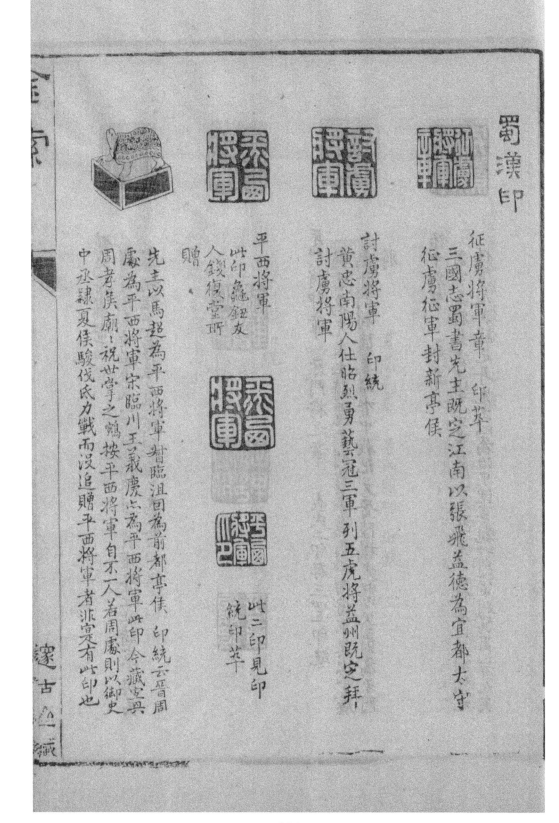

鎮北將軍章

蜀書先主傳章武二年鎮北將軍黄權督江北諸軍與吳軍相距于夷陵道　又魏延亦為之

牙門將印章　牙門將之章　皇氏二印存三四五印統

趙雲為先主主騎還牙門將軍後為征南將軍其次子廣為牙門將隨姜維沓中戰死　又晉陸機少襲父爵為牙門將

治中別駕　印萃

蜀書吳將魯肅遺先主書曰龐士元非百里才也使處治中別駕之任當展其驥足耳先主以為治中從事觀此則治中別駕蜀已有之矣

漢屠各率衆長　印統

屠各印統誤釋屠耆山左金石志云屠各乃北方種落之名後漢公孫瓚傳云瓚子續為屠各所殺又晉書載紀王浚罵靳準曰屠各逆奴

漢叟邑長　查氏藏印　印統

書牧誓疏孔穎達曰叟蜀夷之别名漢興平元年馬騰劉範謀誅李傕益州牧劉焉遣叟兵五千助之

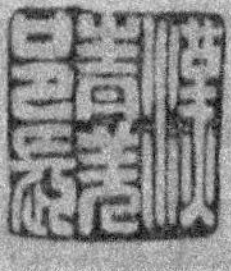

漢青羌邑長　印統

汧隴左右有青氐白氐即其服色而名之氐制似羌青羌其猶青氐歟

漢歸義羌佰長　查氏

漢盧水仟長　蓮湖

後漢志張掖屬國有千人官其即仟長歟

漢叟仟長　印統

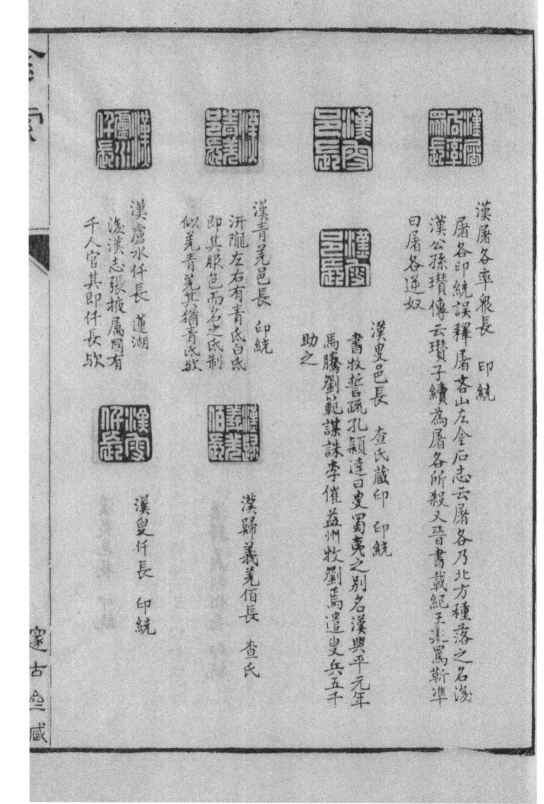

漢歸義仟長

孔氏藏印

漢夷邑長 印統

漢歸義胡師長 印統

二千五百人為師後漢書稽胡散居離石以西安定以東

漢歸義胡佰長 印統

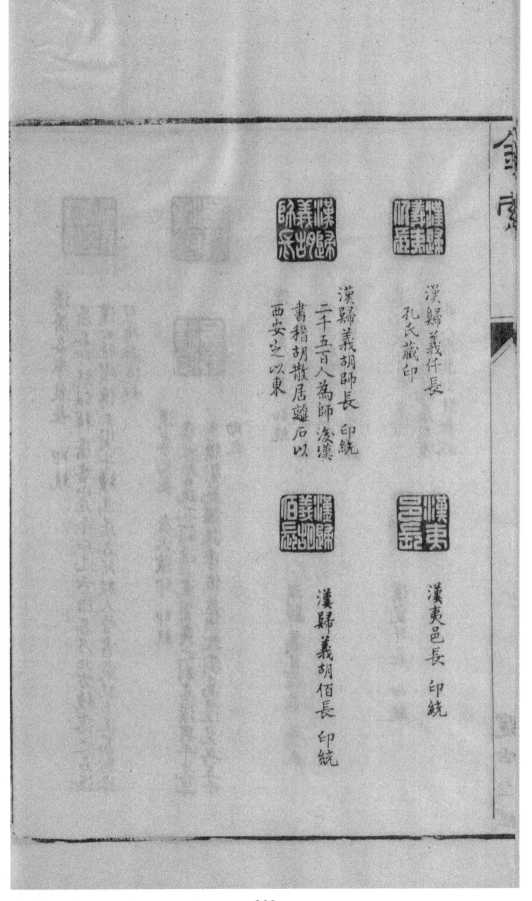

魏印

冠軍將軍 印苯 印綬

冠軍之名始于楚之懷王以宋義為卿子冠軍魏正始中以文欽為冠軍將軍揚州刺史

揚武將軍章 查氏藏印

三國志魏書文帝即王位遷滿寵揚武將軍

淩江將軍章 查氏 印綬

淩字從水宋書褚對度傳淩之自假淩江將軍字亦從水通鑑作陵注引沈約志云魏置陵江將軍為四十號之首言欲陵駕江流以蕩平吳會也

宣威將軍章 印綬

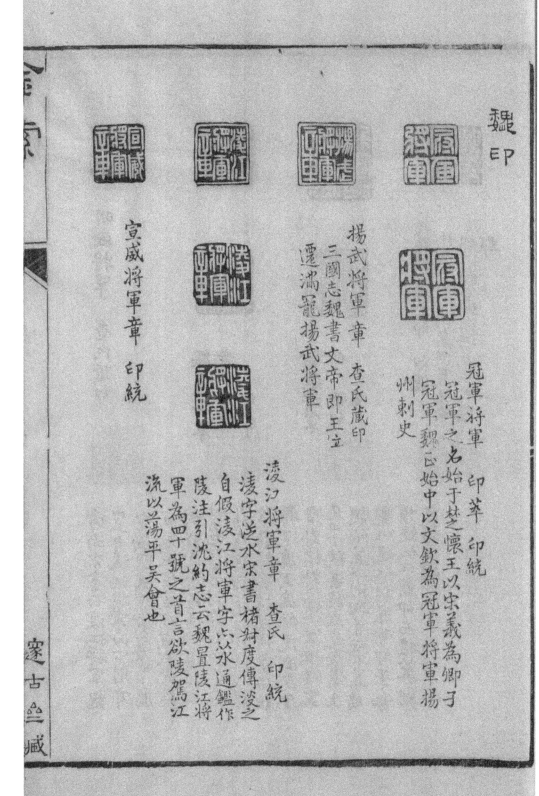

明威將軍　查氏藏印

綏邊將軍章　印統　印華

討寇將軍印　俱印華

弋陽郡丞之印　印統
後漢志弋陽侯國屬汝南郡　魏分汝南江夏為弋陽郡

考南宋書云凌江將軍魏置自凌江將軍以下則有宣威明威驤威厲威、厲威冠威虜威戎威武武烈武毅武奮綏遠綏邊綏戎討寇討虜討難討夷蕩寇蕩虜蕩難蕩逆殄寇殄虜殄難掃夷掃寇掃虜掃難掃逆厲武厲鋒虎威虎牙廣野橫野偏將軍裨將軍凡四十號其餘或是後漢及魏所置今則或置或不置鷹觀此凌江討寇等印華勢橫縱似北朝印而禮箕朔故列于魏

魏率善氐仟長

氐西南夷種散居廣漢之間

魏烏丸率善邑長

三國志注引魏書烏丸者東胡也漢初匈奴冒頓滅其國餘類保烏丸山因以為號　印存

魏率善胡仟長

魏率善叟仟長

魏率善氐佰長

魏烏丸率善佰長

魏率善胡佰長

魏屠各率善佰長

俱見印統

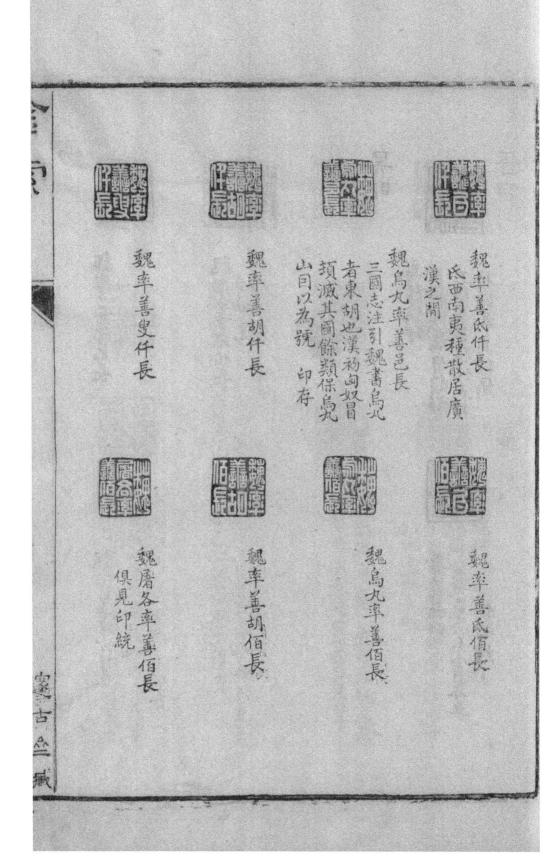

魏率善羌邑長

魏率善羌仟長

魏率善羌伯長
俱印統

吳印

烏程侯印
烏程漢屬會稽郡
三國吳書孫休立封
孫晧為烏程侯

壽昌長印
壽昌吳分富春立
俱印統

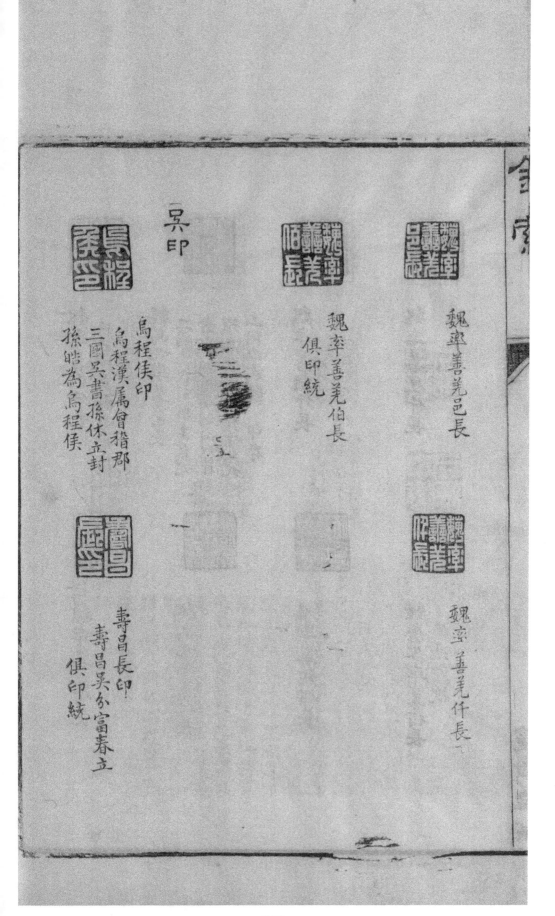

晉印

龍驤將軍章　印統
龍驤將軍之印　印萃
宋百官志龍驤將軍晉武帝
始以王濬居之

廣武將軍章　查氏　印統　印存
晉志廣武將軍晉江左置

左衛將軍　印統
晉職官志左右衛將軍文帝初置中衛及武帝受命分為左
右衛以羊琇為左趙序為右竝置長史司馬功曹主簿員

中衛司馬　三查氏　三印統
宋志云晉文帝為相國〻〻府置
中衛將軍則此即中衛之司馬也

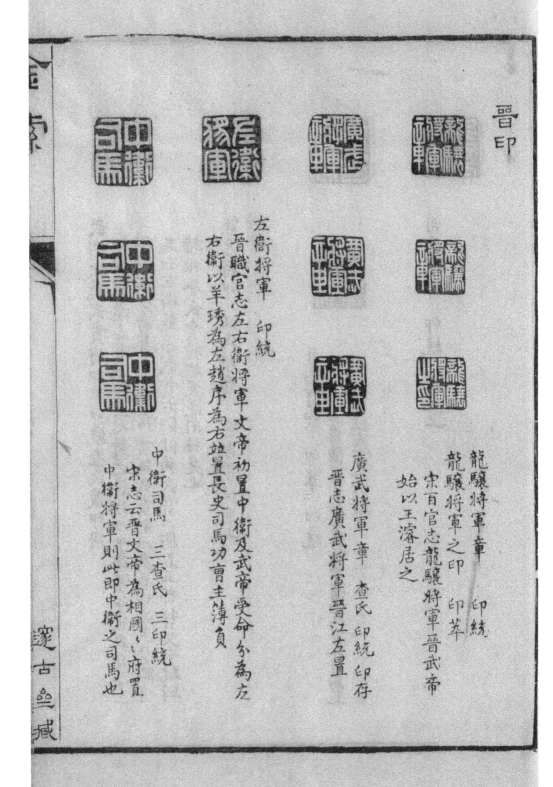

武衛佽飛武賁將印　印統查氏藏印同

初觀續漢志有佽飛主弋射之說故以此爲漢印然與昆臺三令同屬少府且其時有虎賁無武賁則此爲晉印必矣晉職官志云左衛熊渠武賁右衛佽飛武賁二衛各五部督又云驍騎持椎斧武賁持鈹冗從羽林是也

熊淭將印　汪氏印存　淭即渠說見上

司馬督印　印萃　印統

通志晉鹵簿司馬督在前中道左右各司馬史三人引仗左右各六行

司馬史印　印統　說見上

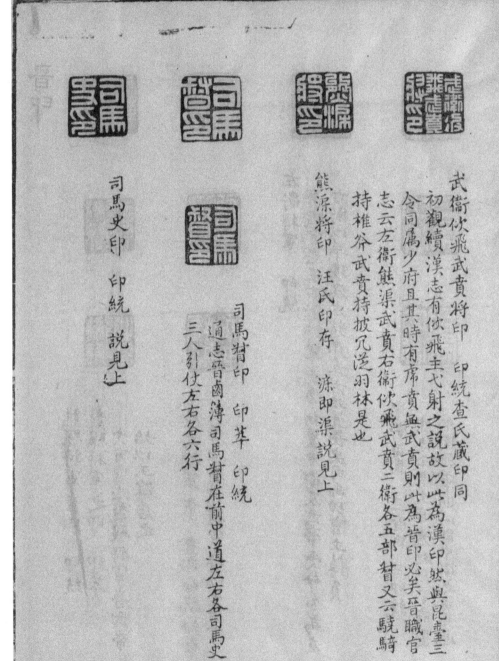

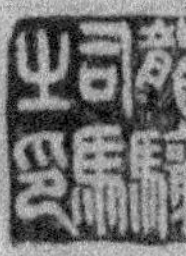

龍驤司馬之印　印統

此蓋龍驤將軍之司馬

殿中司馬　査氏蔵印　印萃

晉志更制殿中將軍中郎校尉司馬　印統云

殿中司馬蓋環衛之官大駕出則居華蓋邊

乘輿前楯弩間与殿中都尉校尉共一行

殿中都尉　印存

殿中校尉　印統

晉志云武帝甚重兵官故軍校多選朝廷清望之士居之

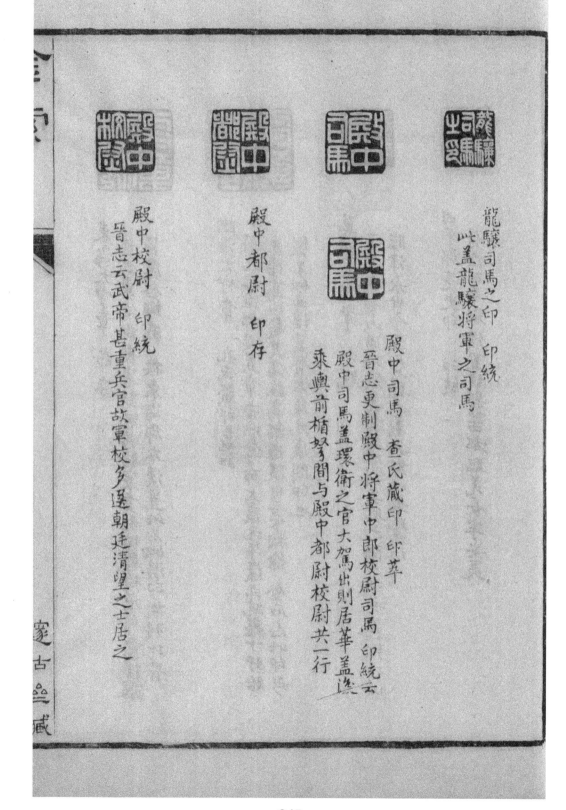

東海太守章　印存

晉志東海郡縣十二郯祝其朐襄賁利城贛榆厚邱蘭陵承
昌慮合鄉戚　按東海郡本漢置此不似漢印故列於晉

臨淮太守章　孔氏藏印龜鈕

晉志臨淮郡漢置章帝以合下邳太康元年復立統縣十盱眙
東陽高山贅其潘旌高郵淮陵司吾下相徐　金石志此印形
製不似西漢蓋晉太康元康間印也

義興太守章　印統

晉志惠帝以周玘創義討石冰割吳興之陽羨并義鄉國山
臨津永世平陵凡六縣立義興郡以表玘之功

西平郡長史印　印統

晉志西平郡漢置統縣四西都臨羌長寧安夷

新空縣侯之印　印統塗金龜鈕

晉志新空縣屬益州建寧郡　職官志縣王如郡侯始封王之支子為公承封王之支子為侯繼承封王之支子為伯

右將軍會稽內史印　印統

印統云銅印斗鈕中空刻印兩面合漢丁為之者中央文朽處乃丁柄穿蝕小點晉永和八年王羲之自護軍右將軍代王述為會稽內史唐太宗貞觀四年虞世南書孔子廟碑成刻石以拓本進呈太宗加愛賜以此印是印歸虞

永新令印　印統

永新屬安成郡吳置

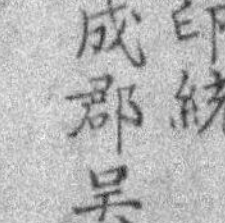

安寧令印　印統

安寧屬高涼國

江寧長印　查氏

江寧屬丹陽郡太康二年分建鄴置

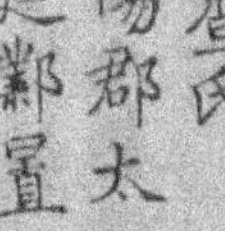

浦陽長印　印統

浦陽屬九德郡周越裳氏地

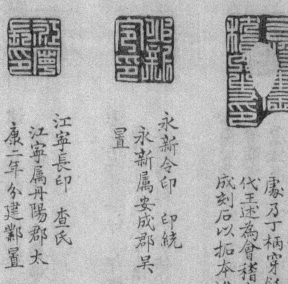

津梧長印　印綂

津梧晉屬九真郡

壽張典書令印　印綂

壽張晉屬東平國職官志云典書令在常侍下侍郎上及渡江則侍郎次常侍而典書令居三軍下

汝南公典書丞　印綂

晉職官志大國置典書典祠典衛學官令典書丞各一人又云平原汝南琅邪扶風齊爲大國此印云汝南公其爲大國可知已

金陵男典書丞　蓮湖集印

此印金石志屬之唐以爲唐以前名秣陵王府官有典籤無典書得此可補唐書職官之所未備鵬竊謂此晉印耳晉職官志云伯子男惟典書以下此切証也庾子山哀江南賦云金陵瓦解則六朝稱金陵矣故類列于晉

汀陰伯典衛丞　印統

高顯子典祠長　汪氏印存

高顯屬元菟郡晉職官志小國始封王之支子爲子不滿五千戶始封王之支子及始封公侯之子皆爲男通志職官畧東晉元帝太興元年始置九分食一王國有傅友典書令丞文學郎中令中尉大農左右常侍內史將軍典祠典衛學官令治書中尉

廣次男典祠長　汪氏印存

左公車官　印統

晉志衛尉統武庫公車衛士

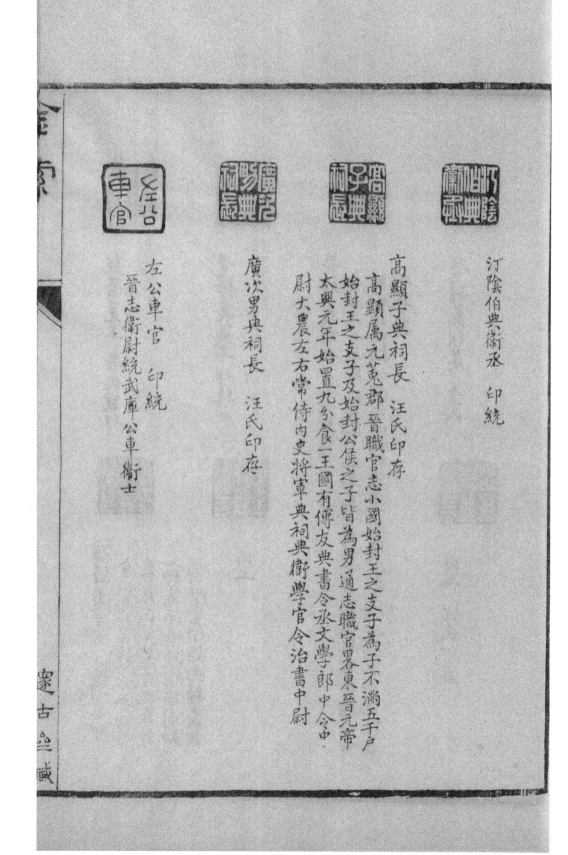

親晉羌王　查氏藏印

晉歸義羌王　蓮湖集印

金石志晉惠紀永平六年秦雍氐羌悉叛推氐帥齊萬年僭號稱帝則知前此赤亭諸羌歸義矣

晉歸義叟王　印統

同上

晉歸義胡王　蓮湖集印

金石志云武帝紀咸寧五年冬十月戊寅匈奴餘渠都督獨雍等帥部落歸化封之必此時事不然後此劉元海起胡王不復歸義于晉矣

晉歸義胡侯　查氏

同上　汪氏印存

晉蠻夷率善邑君　印統銀印駝鈕

印統云漢青衣道夷長令田內屬安帝增令田爵號為奉通邑君魏東夷傳有率善邑君

晉蠻夷率善仟長　印統銅印駝鈕　蓮湖集印同

印統云漢書盤瓠之後號蠻夷今云蠻夷者南蠻之通稱也其地多蛇虺故為虺鈕金石志云晉武帝紀咸寧三年西北雜虜及鮮卑五溪蠻夷東夷三國前後千餘輩各率種人部落內附印必此時所置

晉上郡率善佰長　汪氏印存

上郡屬并州漢志有晉志無蓋惠帝永興而後地歸劉元海矣

晉烏丸率善邑長

丸与桓通

晉烏丸率善佰長

俱印統　駝鈕

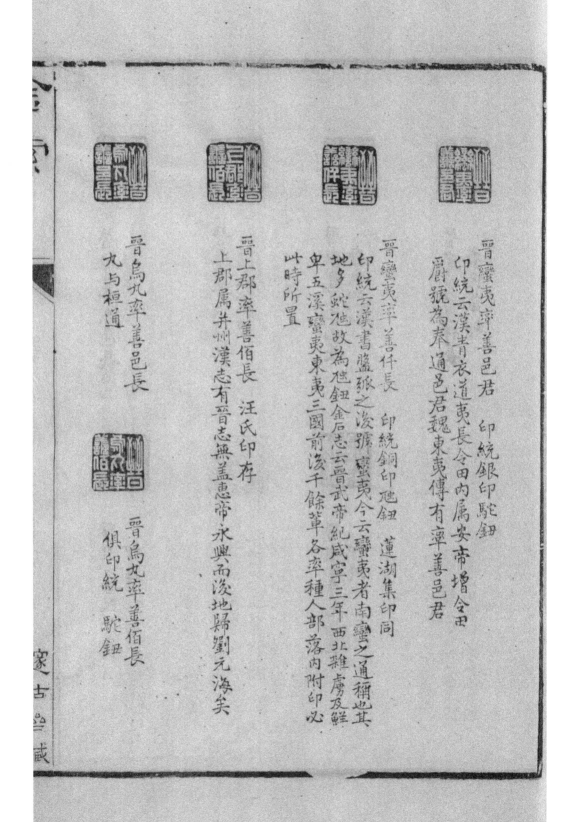

晉率善氐邑長
印存

晉率善氐佰長
顏氏藏印

晉率善羌邑長
查氏藏印

晉率善叟仟長
查氏藏印

晉率善氐仟長
印存

晉率善羌佰長
印統

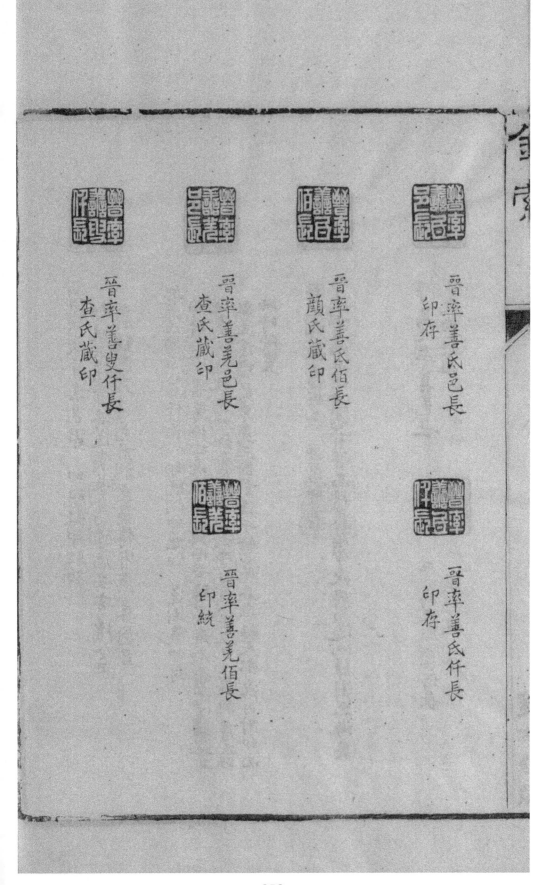

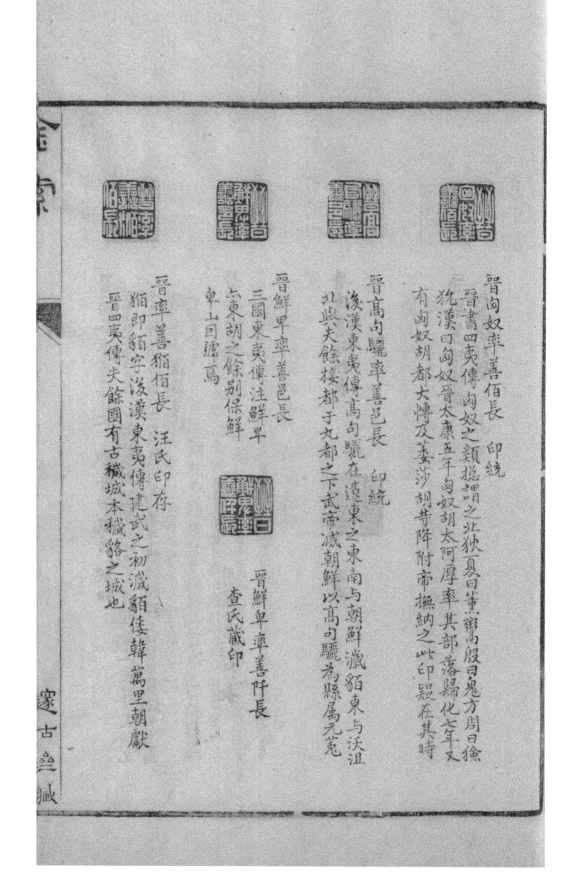

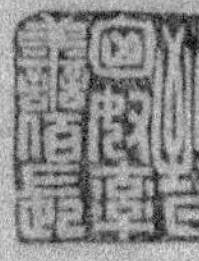

晉匈奴率善佰長　印統

晉書四夷傳匈奴之類揔謂之北狄夏曰葷粥殷曰鬼方周曰獫狁漢曰匈奴晉太康五年匈奴胡太阿厚率其部落歸化七年又有匈奴胡都大博及萎莎胡等降附帝撫納之此印疑在其時

晉高句驪率善邑長　印統

後漢東夷傳高句驪在遼東之東南与朝鮮濊貊東与沃沮北與夫餘接都于丸都之下武帝滅朝鮮以高句驪為縣屬元菟

晉鮮卑率善邑長

三國東夷傳注鮮卑亦東胡之餘別保鮮卑山因號焉

晉鮮卑率善阡長

查氏藏印

晉率善貊佰長　汪氏印存

貊即貊字後漢東夷傳建武之初濊貊倭韓萬里朝獻

晉四夷傳夫餘國有古穢城本穢貉之城也

晉屠各率善阡長　印存印統同　駝鈕

晉四夷傳北狄以部落爲類其入居塞者有屠各種鮮支種凡十九種屠各最豪貴故得爲單于統領諸種又晉書載紀王沈焉靳準曰屠各逆奴

晉率善胡邑長

晉率善胡阡長

晉率善胡陌長

同上

晉率善胡秋長

以上俱印統

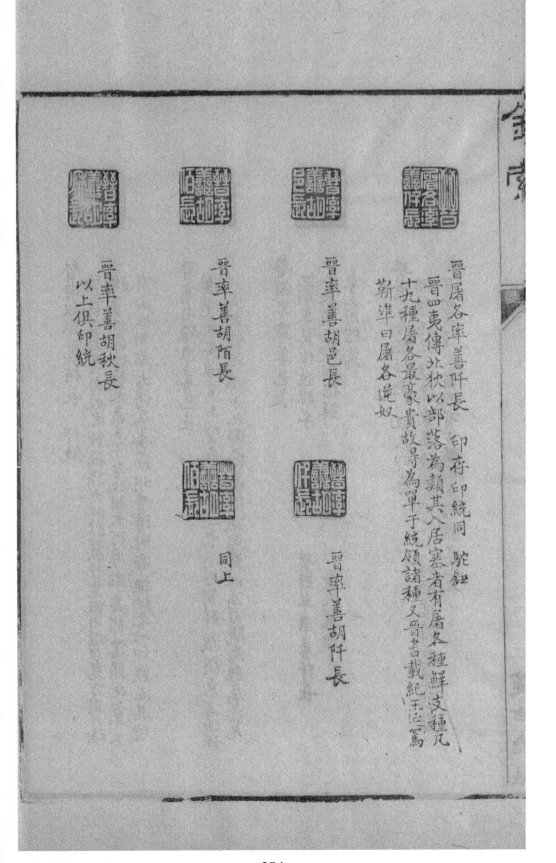

趙印附

歸趙侯印　印統龜

晉紀錙元海族子曜以元帝大興元年僭帝位改國號曰趙據有關中又大興二年石勒據襄僭位亦改國號曰趙此必前趙後趙時封蒐人降者

南宋印

高安縣開國侯章　印統龜鈕

楊宗道印譜云文之上有金鈿五字云輔國將軍章蓋古之虛爵高安屬筠州輔國將軍後漢置晉宋皆有之鵰攷高安有二一屬九真一屬渠州南宋書云高安本新立屬汶陽太守先屬渠州又云劉義賓元嘉二年封新野縣侯位至輔國將軍又云龍陽縣開國侯鎮惡其時縣侯三品与輔國相當此印當屬南宋

典祠令印　印統鍾爍詩品有宋典祠令任曇緒

南梁印

安夷将軍章　印統龜鈕

梁大通三年再序将軍號為二十四班有安夷超武綏邊等號

超武将軍之印　印統獸鈕

綏寇将軍印　印萃

此梁六雜號将軍印也

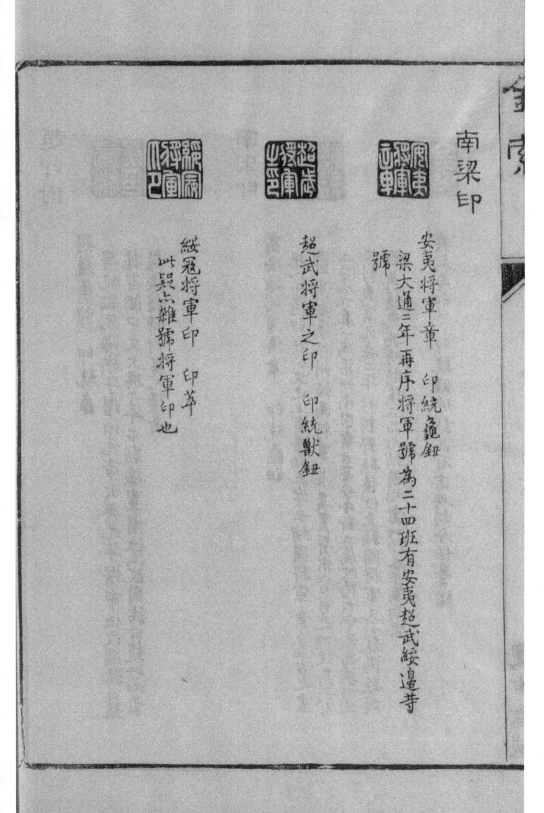

北魏開國公印

京兆郡開國公章　塗金龜鈕

印譜俱刻此印而不言其何時但云始于晉令今考晉書無之惟北魏〻東魏天平中高祐子敖曹以司徒公為京兆郡開國公魏官氏志開國公爵第一品地形志云京兆郡領縣八長安杜鄠山北新豐霸城陰槃藍田漢高時為渭南郡武帝為京兆尹也

男印

開國男章

北魏之制開國縣男第五品此虛爵未封縣也

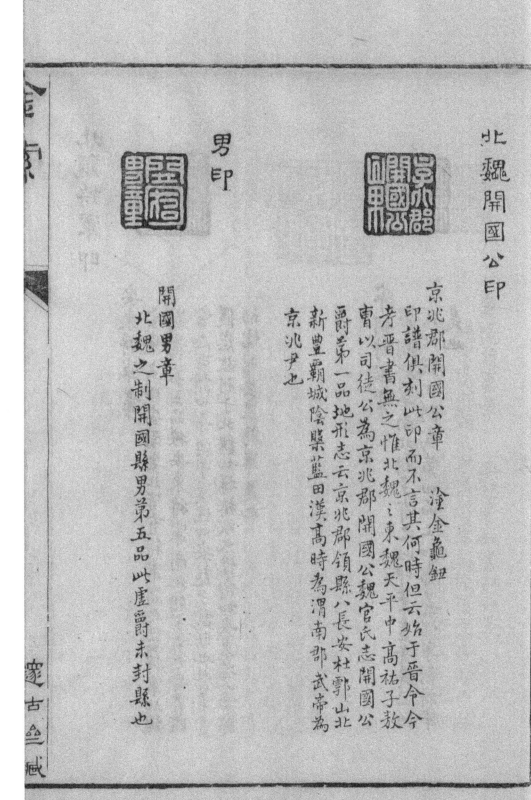

北魏將軍印

安東將軍章

安東安西安南安北皆有將軍謂之四安將軍北魏制為第二品按安東將軍南北朝多有之晉書職官志所謂四平興于漢代四安起于魏初也此筆畫緩遲故列于北魏如楊椿以太僕卿加安東將軍鄭幼儒贈安東將軍是也

寧朔將軍章

寧朔將軍南北朝多有之此印筆畫奇異因列於北魏魏制為第四品上如鄭羲假寧朔將軍是也

寧遠將軍章　玉印豸鈕舊刻如是

楊宗道印譜云寧遠將軍楊楨隋高帝祖予得此印于錢唐玉色甚古但將軍印不宜用玉鶴按印制亦小或是南朝之印

此印乃鶴所得于曲阜者文同上而大倍之銅印雙獅銜珠鈕古所未聞今併其鈕刻畫以表異印譜謂將軍印不應用玉今得此印正用銅又制作甚偉當有合於北朝將軍之印也考魏書官氏志寧遠將軍與鷹揚將軍同列從第五品後改為從第四品又考隋本紀漢楊震八代孫鉉仕燕鉉生元壽後魏為武川鎮司馬元壽生惠嘏嘏生烈烈生寧遠將軍楨楨生忠方從周太祖起義賜姓普六茹氏則此印正當北魏時也又北魏尉元善射世祖賜爵富城男加寧遠將軍如是者不少則不獨楊楨矣

左積射將軍章

此印見印叢考漢魏無積射晉太康十年立射營弩營始置積射以彊弩將軍主之未有左右積射之名北魏官氏志左右積射將軍與左右積弩將軍並為從四品下

宣威將軍

北魏第六品上

厲武將軍

北魏第八品下

東魏將軍印

驡驤將軍章

桂未谷札樸云余在洛陽得古印涂金龜鈕文曰驡驤將軍章德州封氏有北魏高湛墓誌石刻亦作驡驤六朝文字好增偏旁無它義也此印持贈潘舍人有為鵝按龍驤將軍晉宋以來多有之其龍加馬者見于北魏張猛龍碑驡驤府其稱驡驤將軍者見于東魏興和三年李仲琁修孔子廟碑陰有驡驤將軍趙良伍則以為東魏印可也在東魏為第三品

太守印

隴東太守章

北魏以前無隴東郡至東魏始有之其領縣三涇陽祖居撫夷也北齊武平元年有隴東王胡長仁感孝頌刻入石索中

宜陽太守章

東魏天平初始立宜陽郡其領縣三宜陽西新安東亭也又興和中置宜陽郡其領三則宜陽南澠池金門也此印与隴東太守印形制篆文相似信為一時之制

隨開國印

南郡開國

此印見于曲阜孔氏形制甚異底平背穹如伏龜而虛其中兩旁大孔可貫帶如今時帶版然考晉宋有南郡而無開國北魏有開國而無南郡兼之者惟隋必隋時印也唐則合歸江南道矣隋志南郡統縣十謂江陵長楊宜昌枝江當陽松滋長林公安〻興紫陵蓋荊州地也

主爵印

主爵私符　銅印鼻鈕

桂氏札樸云萊州修城掘得銅印文曰主爵私符考隋書元壽授尚書主爵侍郎隋志主爵侍郎屬吏部尚書金石志云漢〻汲黯傳黯守東海大治上召為主爵都尉列于九卿曰私符者別于官印也鴨玩印文不類于漢姑屬之隋

金

唐小璽

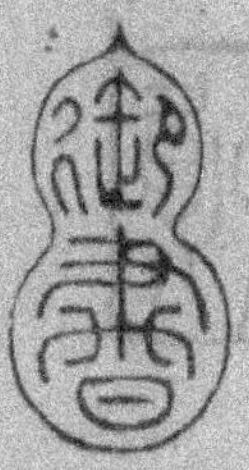

御書

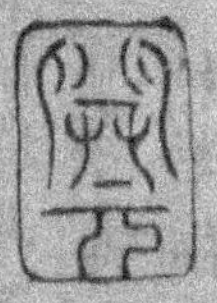

開元

二印俱見明皇御書鶺鴒頌

尚書印

尚書吏部之印

見唐人帖可見唐吏部官印止如此大也

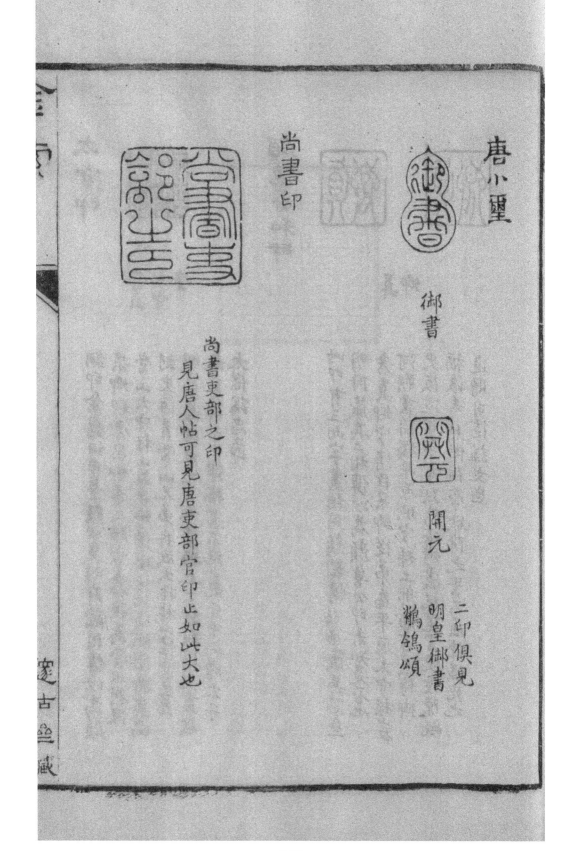

太守印

常山太守章

銅印金龜鈕曲阜顔心齋明府藏相傳以為顔杲卿印考杲卿魯人師古五世孫為營田判假常山太守祿山反杲卿傳檄河北退賊圍斬其偽刺史傳首常山兄弟兵威大振祿山懼使史思明蔡希德攻之王承業擁兵不救粮竭矢盡被執節解于天津橋罵不絕口乾元中加贈太子太保謚忠節

顔魯公私印

真卿

此印有三而字畫相同顔翰傳振吉藏其一心齋明府藏其二相傳以為顔魯公印未知是否也考真卿字清臣杲卿從弟為平原太守祿山反河朔盡陷獨平原城守拜工部尚書兼侍御史後逆臣李希烈陷汝州盧杞建言使往陳禍福後希烈僭稱帝欲降之罵不屈使縊死之追贈司徒謚文忠

唐行軍都統印

行軍都統之印

此印為泗水縣孝廉王君容谷家榕所藏其自記云銅印直紐厚可漢尺七分以黍秤計之重三十兩背鈕兩旁鐫武成二年行軍都統之印按都統之官自晉孝武以來下逮唐宋皆有之北遼亦設此官武成紀年一為北周宇文毓一為蜀主王建而行軍都統兩史俱無明文俟博雅鑒定焉

鶴考年號有三武成一為北周一為唐逆臣李希烈一為蜀王建在北周時印尚小且多陰文与此不類以為王建時物則似之但前蜀世家並言楊復光以其兵為八都都將千人建与晏宏皆為一都頭未見有行軍都統之名惟唐逆臣傳云李希烈在德宗時詔進南平郡王又拜諸軍都統後據汴即皇帝位國号楚建元武成此或其時鑄而未敢定也

都統印

都統之印

印為孔農部所藏未有年
月未知時代姑次于行軍都
統之後金石志則定為宋印

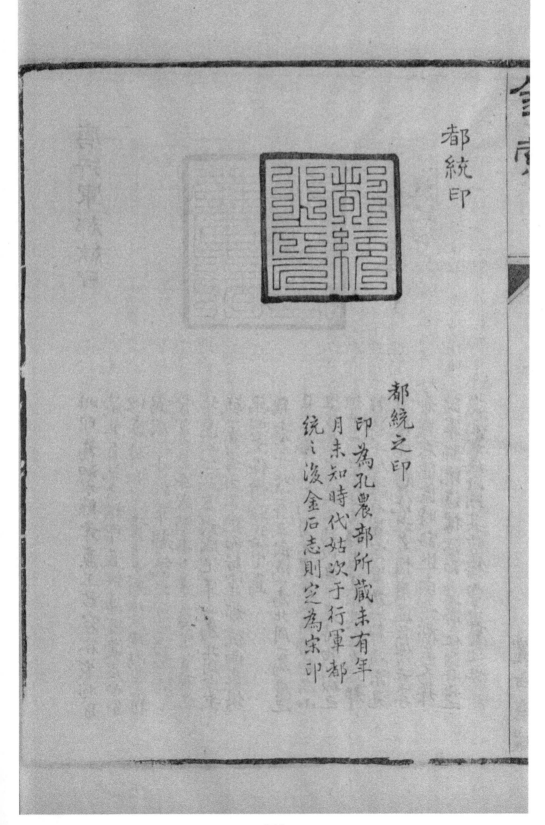

唐右策畱後朱記

右策寧州畱後朱記

右策寧州畱後朱記

此印得之西安為曲阜孔氏藏金石志取孔戶部繼涵之説釋右宋寧州云宋地名鵬按右宋無解且宋上有竹頭亦非宋字不如取桂氏右策之説為長桂氏札樸云新唐書兵志永泰元年魚朝恩以神策軍屯苑中分左右廂遂為天子禁軍貞元二年改神策左右廂為左右神策此印文曰右策即以右神策軍出鎮者也舊唐書地理志武德元年改北地郡為寧州貞觀元年置都督府此印文曰寧州即在京畿西北者也通鑑廣德元年以梁崇義為山南東道節度使畱後〻〻之名始此嗣是有以節度子弟為畱後者有叛將自稱畱後者有軍士私立為畱後者亦有朝命即以畱後為節度使者

唐時印泥非一色此印文曰朱記以別于它色耳其印長而不用篆文蓋非頒於朝乃自造私記也鵬按朱記之制見於金史百官志云凡朱記方一寸銅重十四兩是印有直柄而薄無十四兩蓋一時之制不同也

後唐印

中書門下之印

此後唐明宗長興時印也明宗於五代爲令主此印鐫在泰安府城北冥福院地土碑中其前有勑中書門下宣賜冥福禪院產業地土之文則此即中書門下所用印也其印疊用三方文亦不準存此以見時之制其後有長寧四年九月二十三日牒

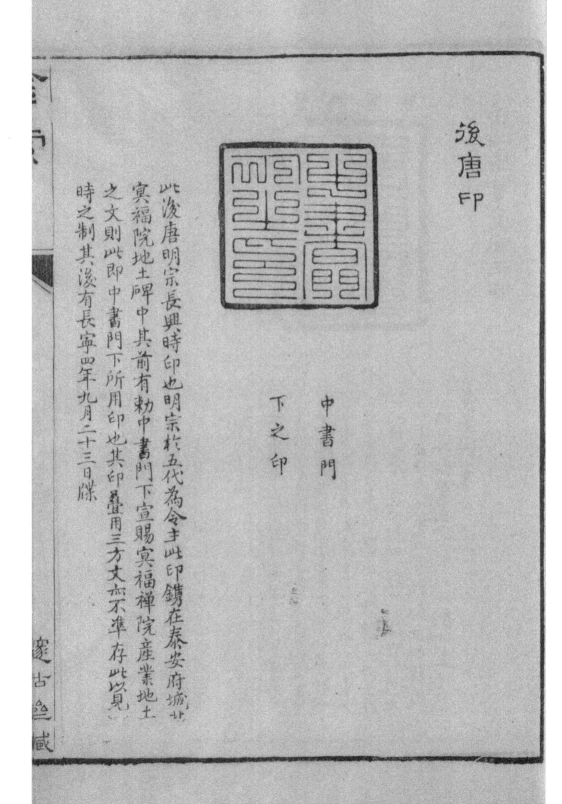

宋仁宗曹皇后玉印

慈聖御筆

宋仁宗曹皇后之御寶
項元汴藏

慈聖御筆

印長今營造尺二寸八分闊二寸一分厚一寸五分朱文四字背鐫項元汴題識八分書十三字項側題正書四字皆陰文金后志云慈聖曹后乃贈韓王彬之孫女景祐元年冊為皇后後神宗立尊為太皇太后慈聖者謚也后諫青苗法擬黜王安石并宛猶免蘇軾兄弟以詩得罪之厄可謂賢矣后善飛白書老學菴筆記載當時揮翰多用慈壽宮寶此曰慈聖御筆似非生前所御之物宋時宸翰專閣儲藏疑當時直閣者用以題識元汴謂為曹后御寶誤矣印係良玉琢成惜毁于火璺起無色藏孔廣樂家

宋高宗書詔之寶

書詔之寶

見玉虹樓所刻宋高宗勅岳武穆手詔書體古勁印自不真故摹刻之以見其概

宋都虞候朱記

拱聖下十都虞候朱記 長官曰印 僚屬曰記

印藏曲阜孔氏面刻篆文九字背刻端拱二年四月鑄正書七字中心隆起直柄頂刻上字山左金石志引孔戶部繼涵之說甚詳曰都虞候在京在外皆有之品秩尊卑不一惟殿前司為最所稱三帥者都指揮使副都指揮使都虞候也都指揮使以節度使為之副都指揮使都虞候以刺史以上充又每軍有都指揮使有副有都虞候每都有軍使兵馬使十將將虞候承局押官此十都虞候殆猶步軍之十將耳其曰拱聖者兵志云乾德中選諸州縣兵送闕下立為驍雄雍熙中改拱辰旋改拱聖背刻端拱二年端拱在雍熙後太宗之十四年也

宋酒務記一

曲阜縣酒務記

金石志云此必宋真宗大中祥符五年以前印蓋五年閏十月即改縣曰仙源矣曲阜雖置自有唐以来然唐無酒務官惟宋諸州軍乃設監當官掌茶塩酒務征輸及鐵冶之事故有鈐記殆徽貞也舊藏顏教授崇槼家今贈山東臬司司理馮某

酒務記二

西戴陽邨酒務之記

西戴陽村未知所在因前印而類記之友人張馥亭得之任城

張天師玉印一

陽平治都功印

印二

未識

覃谿先生云宋周公謹雲煙過眼録明郎仁寶七修類稿皆載張天師玉印云陽平治都功印郎仁寶云玉印乃張道陵所傳者則亦漢時所刻矣愚去年扵嗣正一眞人張錦崖赴隆所見其符所用大小二印其文竝同蓋小者是眞也鵬按小印亦不類漢篆俟考

印三

陽平治
都功印

文同小印篆
法小異未審
何時所增也

天仙玉印

天仙
照鑒

泰山畱志載碧霞元君祠舊有玉印文曰天仙照鑒相傳為秦時物案文献通考泰山玉女祠側有石像宋真宗東封易以玉磐石為龕置舊所此印當為大中祥苻時賜物乾隆庚申祠燬于火此印出諸煨燼完好如故 鵬于泰安縣庫見之印重九十六兩高二寸六分上別有獅紐連座高四寸八分都人鈐印以為可以辟邪

天樞雷院印

天樞雷院印

此係道流所用印

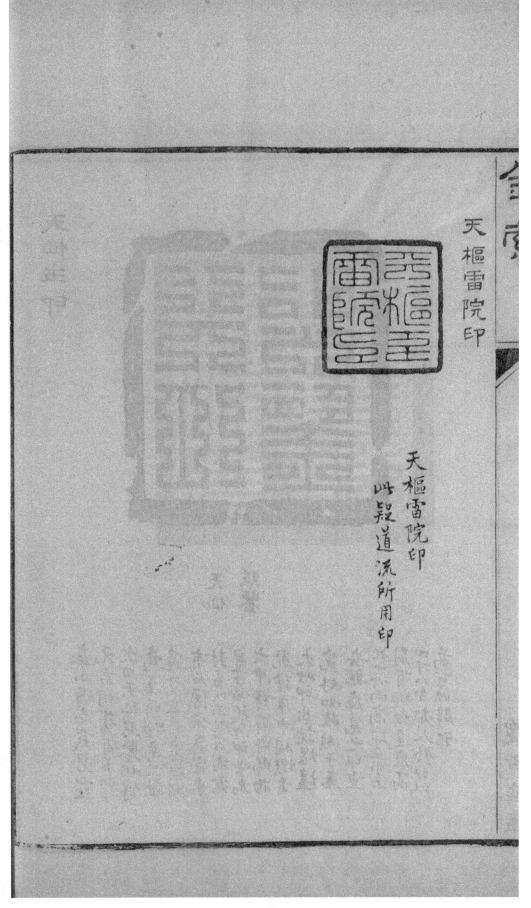

齊阜昌印附

奉符
縣印

泰安在宋時為奉符縣是宜爲宋印肰鐫在泰安冥福院碑下層其末有阜昌二年二月三日給則齊阜昌時印也考金立劉豫為齊王改元阜昌必是時矣碑刻奉符縣給崇法院主僧法巖收執照會一色三印 其上層即後唐長興四年中書門下牒文也

金平章印

平章政事之印

此印見金大定二十二年長清縣靈巖寺滌公開堂疏碑鈐在疏文之末年月之下日字之上未題金紫光祿大夫平章政事宗國公蒲察按金世宗紀大定二十一年尚書左丞蒲察通為平章政事二十三年十一月丙寅平章政事蒲察通罷此碑此印正在未罷之時尊之故不書其名

此金時從一品之印

金副元帥印

左副元帥之印

印方漢尺四寸一分當今裁尺二寸七分強直鈕無年月藏曲阜孔廣棨家金石志以為元帥之名惟元有專官竊考金史兵制太宗天會元年以伐宋更為元帥府置元帥及左右副及左右監軍左右都監金制都元帥必以諳班孛極烈為之恒居守而不出其時左副元帥宗翰也右副元帥宗望也它如撻懶及宗輔及阿离補并嘗為左副元帥則不自元始矣

此金時正二品印

金尚書禮部印

翰林侍講學士印

尚書禮部之印
金泰和六年十一月谷山寺牒碑
有此印文連用十五方相同也
此金時正三品印

翰林侍講學士之印
金明昌六年沖寧普照寺照公
開堂疏碑有此印文是碑党懷
英撰并書即係党懷英官印
此金時從三品印

金彈壓所印

永興軍節度使印

彈壓所印

印藏于曲阜顏氏亦係直鈕頂刻上字而無年月厚重斑斕古澤可愛考金史元光二年六月丁亥羅行省所置監察御史兼彈壓之職可見彈壓有所故印稱彈壓所也

永興軍節度使之印

見古帖考金史京兆府上宋京兆郡永興軍節度使皇統二年置總管府

此二印皆金時從三品印

金都統所印

印背

成字都統所印

都統之制始於金太祖收國元年十二月以經畧遼地討高永昌置南路都統司天輔五年襲遼主始有內外諸軍都統之名其後行軍則立兵罷則省宣宗元光間時招義軍以三十人為謀克五謀克為一千戶四千戶為一萬戶四萬戶為一副統兩副統為一都統此復國初之名也是印在哀宗正大四年造蓋承元光之制其以字號編印者見於章宗泰和八年閏四月勅殿前都點檢司依總管府例鑄印以金木水火土五字為號給之此成字則又倍以千文編號矣

都統之品史無明文疑大小不一也

金副統印

副統約字之印

都統副統說具前印此較都統印差小一分其直鈕六相侶惟前刻行宮礼部造此作行官禮部未知孰是元光二年乃宣宗之十一年也二印為泉河司馬嚴公午橋所得

金提控印

沇州印

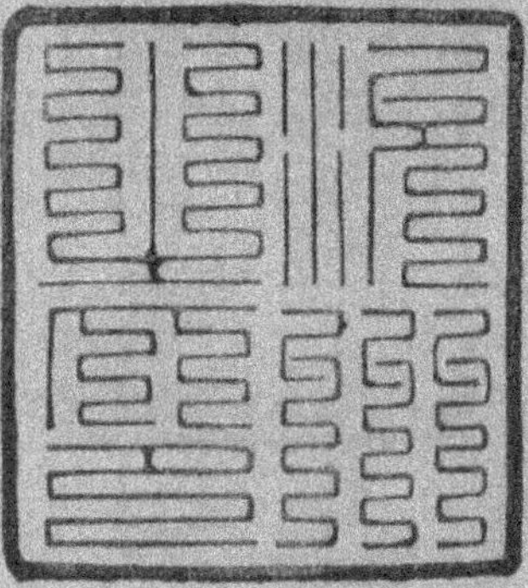

提控所維字印

此印見于洛陽金制提控不一如提控烏魯古則正四品提控南京規運柴炭使則從五品〻類推字亦其編列〻次第

此金時正四品以下之印

沇州之印

金大定二十年滕村佛堂給牒有此印文其結為字字號也攷金史諸州刺史正五品掌治州事

此金時正五品之印

金提舉城隍司印

印造鈔庫印

提舉城隍司

上京提舉城隍司提舉從六品南京提舉京城所提舉正七品掌脩完廟社及城隍門鑰百司公廨此金制也印藏孔氏以為宋印宋無此官

此金時從六品以下之印

印造鈔庫之印

印造鈔引庫使從八品掌監視印造勘覆諸路交鈔鹽引大安三年兼抄紙坊此亦金制金石志引孔戶部繼涵說以為宋印亦未確

此金時從八品印

元天歷璽

天歷之寶

此元文宗玉璽用在東坡書黃州寒食詩之前蓋此卷曾入內賞也又見嚴午橋別駕及袁青臣所藏黃山谷墨蹟手卷皆有此印知當年亦曾入文宗內賞

萬戶印

萬戶之印

元百官志太祖起自朔土統有其衆部落野處非有城郭之制國俗淳厚非有庶事之煩惟以萬戶統軍旅　此印見桂氏印本未有年月題刻始屬之元

寒公萬戶之印

此印新出土泗水王容谷孝廉得之未知寒公萬戶何人也考後漢志北海國平壽縣有寒亭古寒國浞封此即今濰縣地又考元史中統以順天路萬戶張柔為安肅公濟南路萬戶張榮為濟南公則萬戶封公固與此印合耳

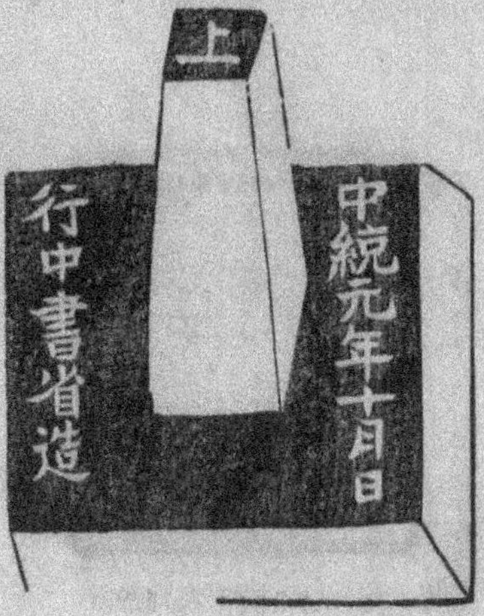

千戶印

益都路管軍千戶建字號之印

考元史益都路唐青州又升靈龍軍宋改鎮海軍金為益都路總管府金屬山東々西道宣慰司又兵志云國初典兵之官長萬夫者為萬戶長千夫者為千戶長百夫者為百戶萬戶之下置總管千戶之下置總把又百官志云行軍千戶所十秩正五品此印用建字號者亦當時編列之次

背刻中統元年十月行中書省造考世祖以庚申年五月改元中統七月詔中書省給諸王塔察兒益都平州封邑十月丁亥李璮言宋兵復軍于漣州則此印正出兵時造其時行中書省蓋稱々也鶴于己卯八月得是印于濟南市肆據云青州人掘土所得適當益都之地印重今漕砝二十一兩五錢

縣印

達魯花赤印

嘉祥縣印
見中統五年嘉祥縣崱山村清神觀
牓示碑牓中共用一色九印

荅魯花赤之印　桂氏藏印
達魯花赤元官名其品秩大小不一府州縣
及西域諸城皆有達魯花赤監治之又諸路
達魯花赤子弟廕叙充散府諸州達魯
花赤其散府諸州子弟充諸縣達魯花赤
諸縣達魯花赤子弟充巡檢

巡檢司印

巡檢
司印

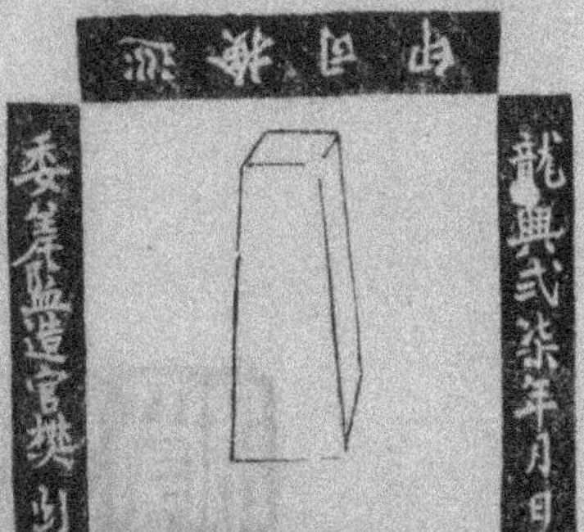

背式

巡檢司職之至微者故列于宋元制至元二十年議巡檢六十月始陞從九品此印四邊題刻廿九字甚察其樊下一字乃花押也惟元無龍興年號又稱二七年及大圍崖殊不可曉或云龍興係未改元之稱元初太宗在十三年未有年號次年太皇后稱制史但稱壬寅年或即是時潭州在湖南道至元十四年立行省改潭州路捴管府此稱大圍崖史無是官或司管番民官中有圍有崖如云茆難寺圍羅章時圍及李崖等之類故以大圍崖捴称之欤癖于道光元年冬得之曲阜此外花押私印不復載焉

道光六年四月朔日鐫
板于嵫陽署齋於時日月合
辟五星聯珠記之

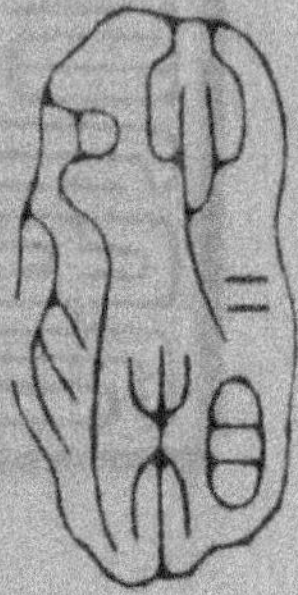

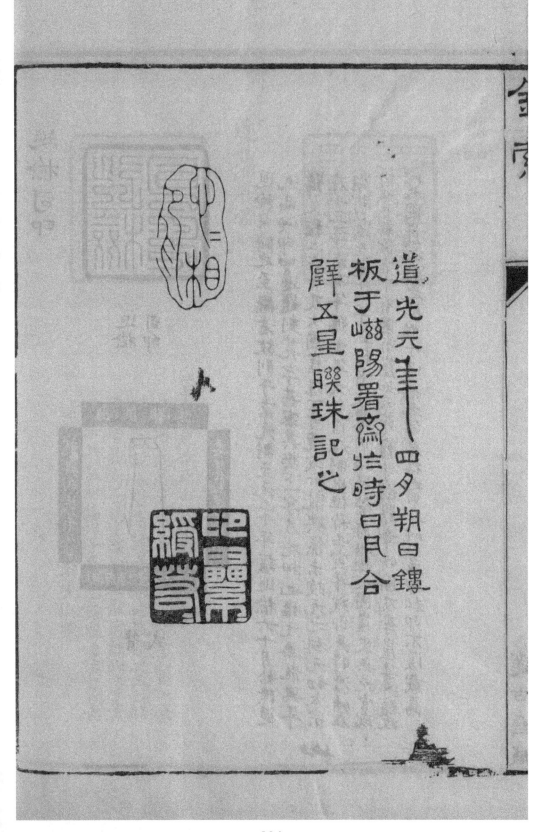

鏡鑑

金索六

紫琅馮雲鵬晏海氏
雲鵷集軒氏同輯

鏡鑑之屬

鏡即鑑也然亦有別說文云鏡取景之器玉篇云鑑鏡屬也後人亦通用之大率漢魏以上稱竟如尚方佳竟之類唐宋間稱鑑如靈鑑寶鑑之類昔周武王銘詞云以鏡自照見形容以人自照見吉凶遂開鏡銘之始茲由漢魏迄金元編鏡鑑之屬

漢天王日月竟

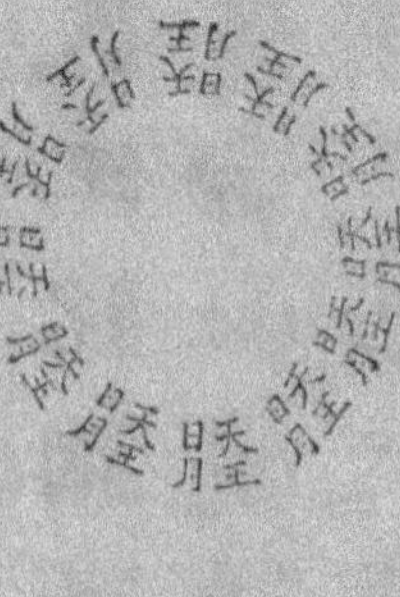

鏡銘天王日月者十二言周一歲皆天王之日月又循環無窮此頌禱之意殆漢宮中物也中作四神四獸之飾間以八柱皆凹下蓋當日嵌珠寶者今脫去耳邊作迴鸞舞鳳紋俱極細質膩如銀朱綠瑩然當屬漢鏡上品此友人王霽塘為予得之任城者考博古錄之二十九器有此鏡而差小誤稱海獸鑑

漢十二辰竟

子丑寅卯辰巳
午未申酉戌亥

五廿

此竟中央方箇篆書十二辰之名其四旁作四神之狀加以麟鳳及五銖錢文之飾鏡黑如漆而有光真漢物也予得之歷下博古錄以十二辰入天文門為第一器

漢尚方御竟

尚方御竟大毋傷巧工刻之成文章左龍右虎辟不羊朱鳥元武順陰陽子孫備 羊即祥字

此鏡如澤漆而光明可鑒字畫清晰筆勢縱横眞御竟也按續漢書百官志少府卿屬尚方令一人六百石本注掌上手工作御刀劍諸好器物則器之必精可知此佀經火刦者於黑漆中滲出銀花裂而未破有足珍者

漢尚方辟邪竟

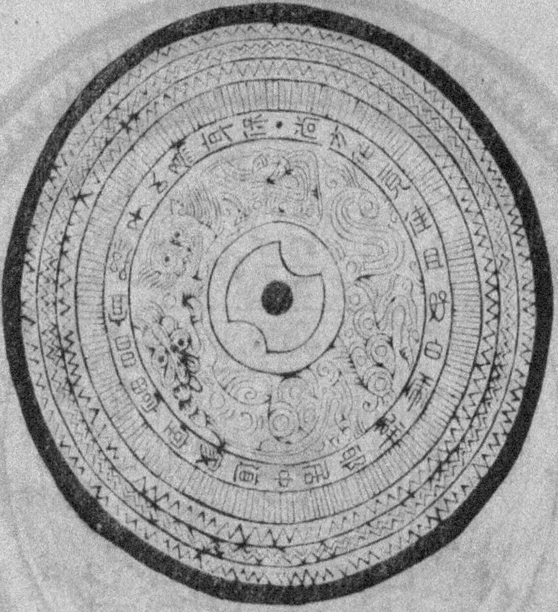

尚方作竟佳且好白虎辟耶居中道家室富昌宜孫子以爲身保耶即邪

是鏡銀質細膩妙好無匹其銘篆古秀無纖豪失筆眞所謂佳且好者其中作蟠龍之飾色如黝漆雜以水綠金星的是漢尚方所造可爲手百鏡軒之上賞也

考隸續載李氏鏡銘云李氏作竟佳且好白虎辟邪主卻卻即除字反道与此畧同此作辟邪可証彼竟作辟耶之誤

漢尚方仙人竟一

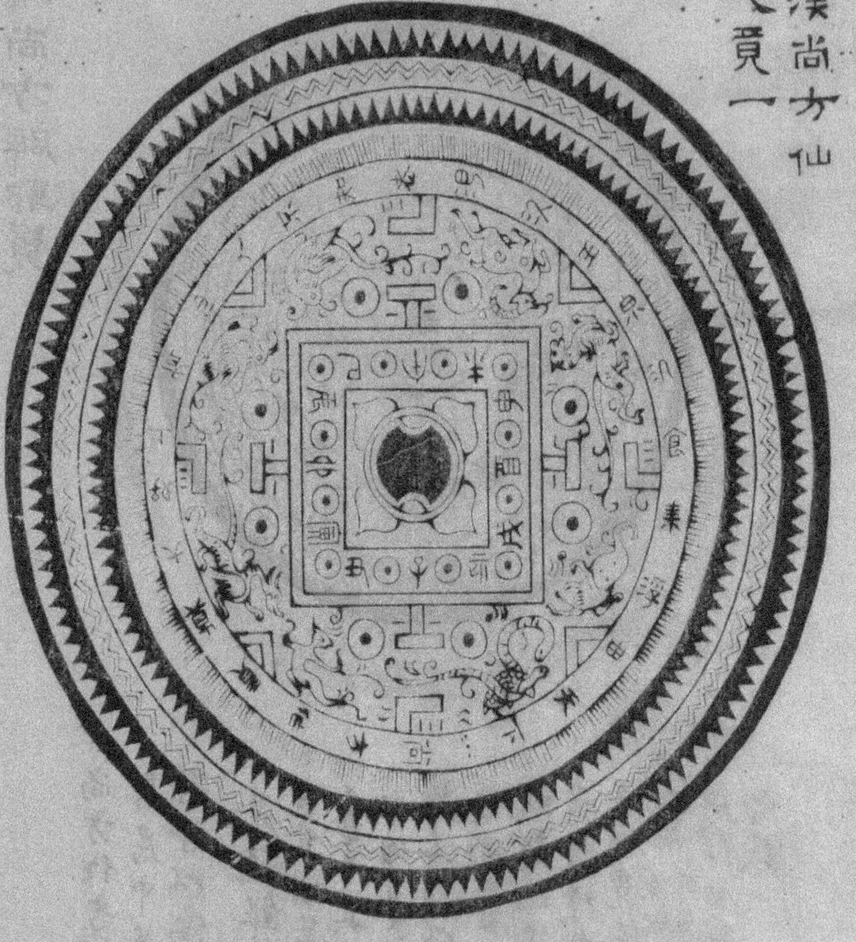

尚方作竟
真大好上
有仙人不
知老渴飲
玉泉飢食
棗浮由天
下
子丑寅卯
辰巳午未
申酉戌亥
浮由郎浮
游此黄小
松司馬竟

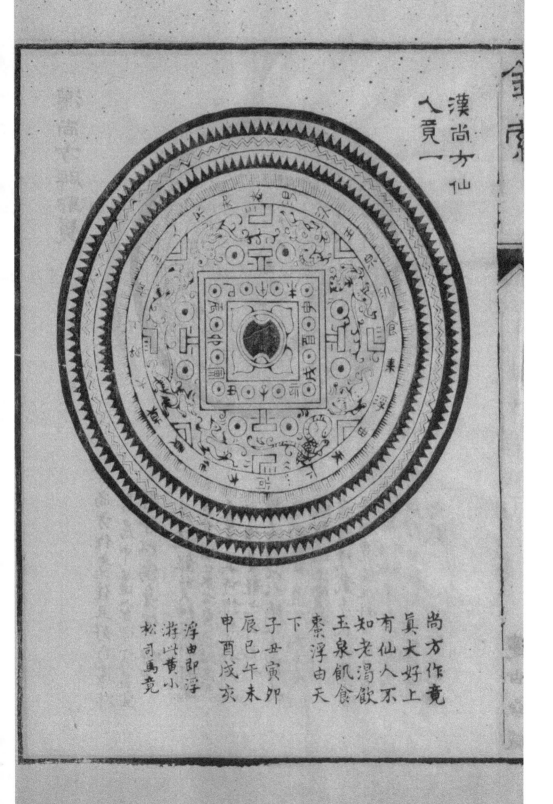

尚方仙人竟二

尚方作竟真大好上有仙人不知老渴飲玉泉飢食棗浮游天下敖四海壽如金石為國保

鏡皆陽文此獨作陰文反書甚奇其拓片有顏心齋印

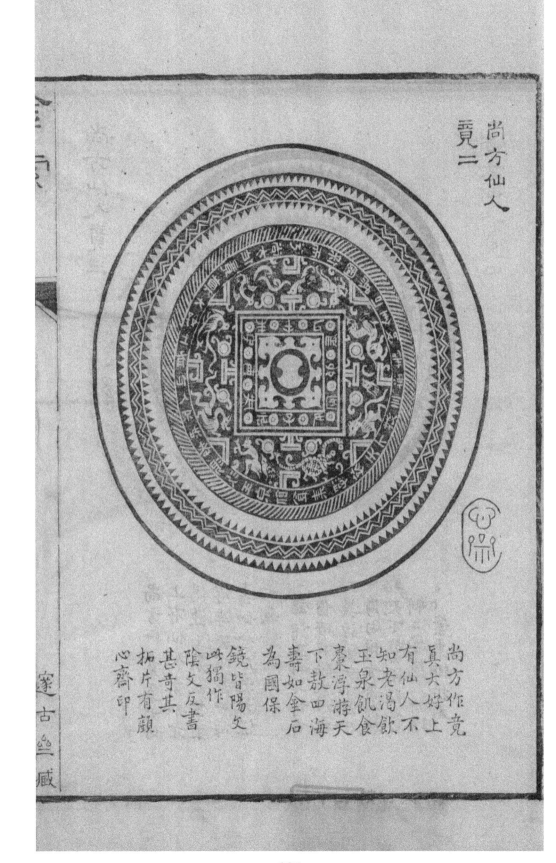

尚方仙人竟三

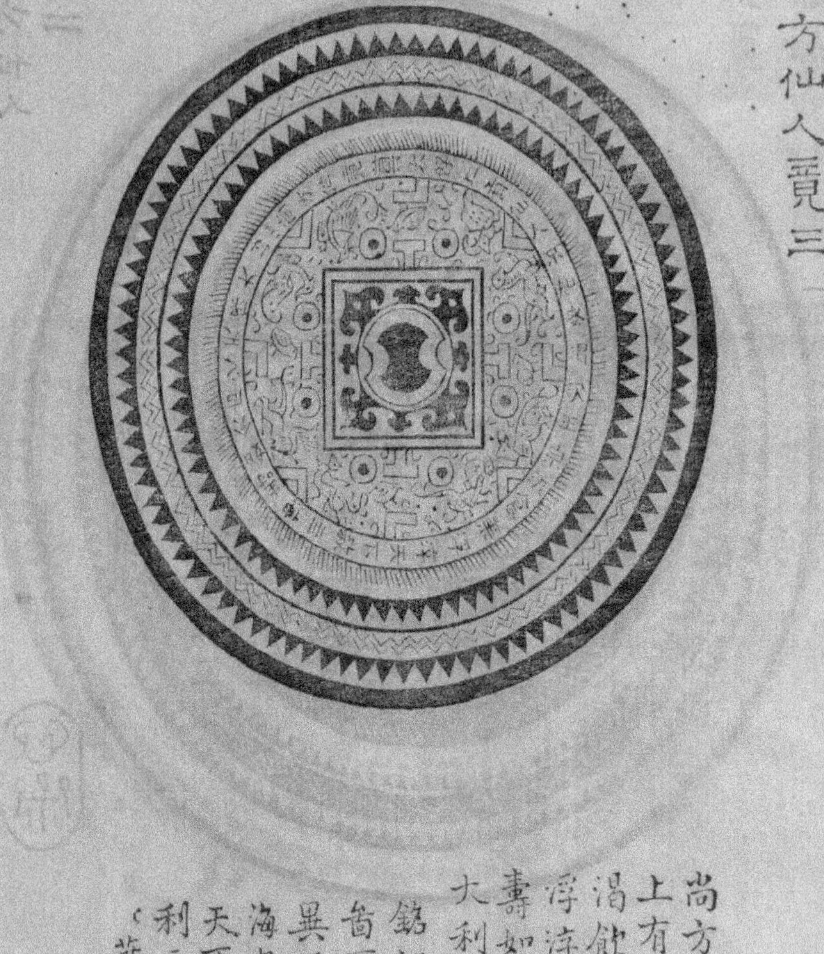

尚方作竟眞大好上有仙人不知老渴飲玉泉飢食棗浮游天下敖四海壽如金石之天保大利

銘詞五句与博古圖所載俱大同小異浮游天下敖四海句博古圖作棑天下放四海誤也大利二字隨人所增

葉東卿拓本

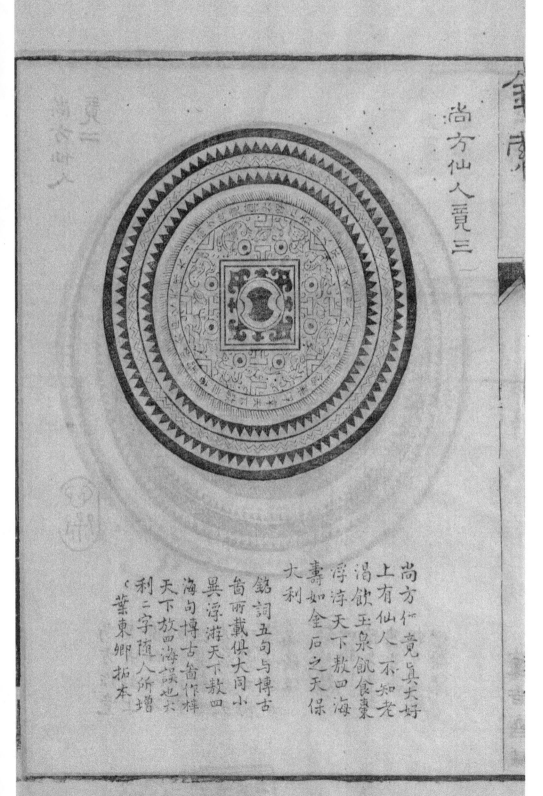

尚方仙人竟四

尚方佳竟眞大好上有仙人不知老渴飲玉泉飢食棗浮游天下敖四海壽如金石為保

此鏡鵬所得其眞字全似莫字金字借用今字

尚方仙人竟五

外層銘

尚方作竟真大巧上有仙人不知老

內層銘

作佳鏡兮真大工上有考句不全

中心銘

長宜孫子

鏡六乳間以六鳥与前竟異此黃小松司馬拓本

漢上方赤松子竟

上方作竟佳且好
明而日月世少有紀
上有仙人赤松子
上方即尚方而
讀爲如上作紀
仙松子七字反文
竟中畫蟲龍
之飾

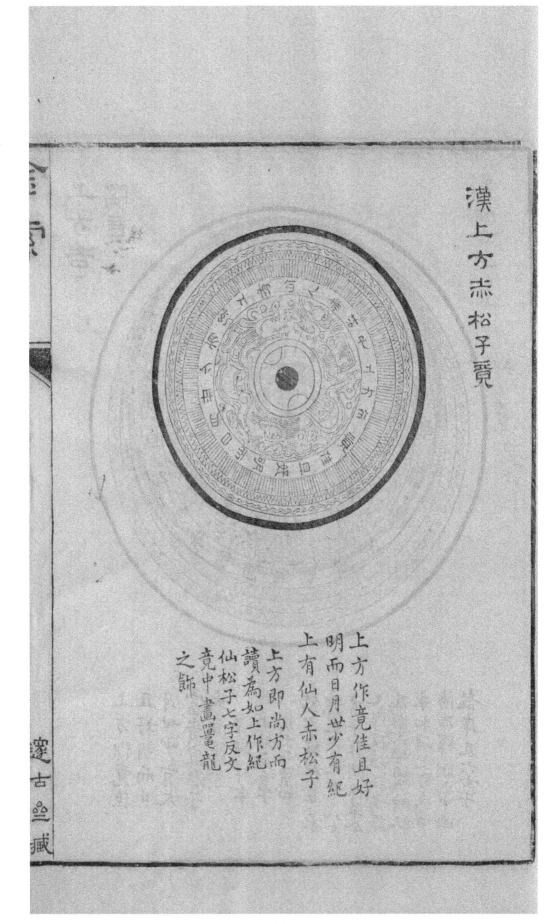

上方吉陽竟

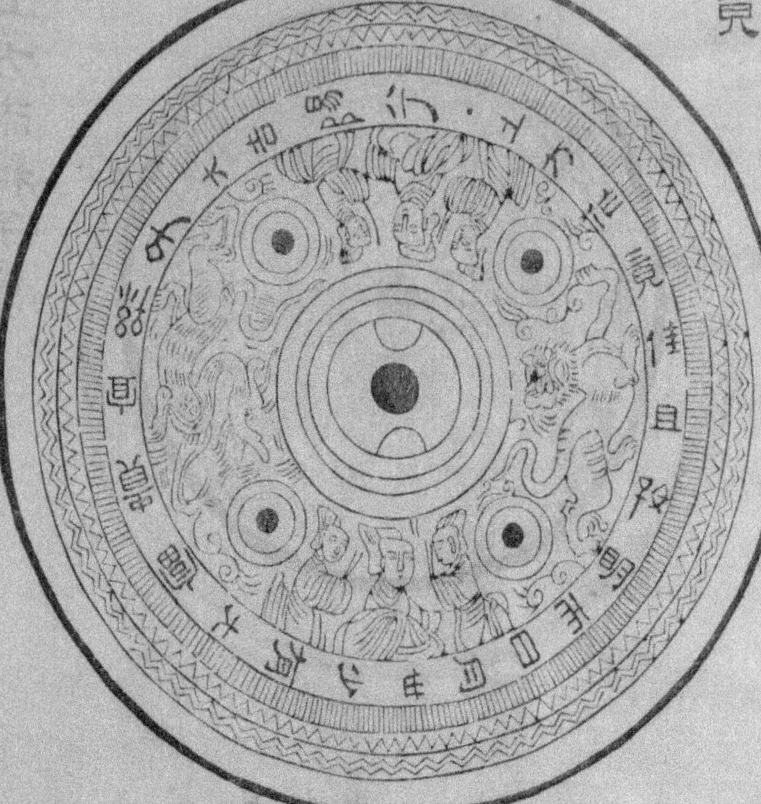

上方作竟佳
且好明而日
月世少有大
富貴宜孫子
大吉陽兮

陽即祥字
上好大三字
反文而讀如

銘字縱橫在篆
隸之間其古之八分
書乎祥渻作羊今
又作陽初疑為誤
及觀隸續所收
永初磚文作大吉
陽乃釋然也中畫
龍虎及六女子

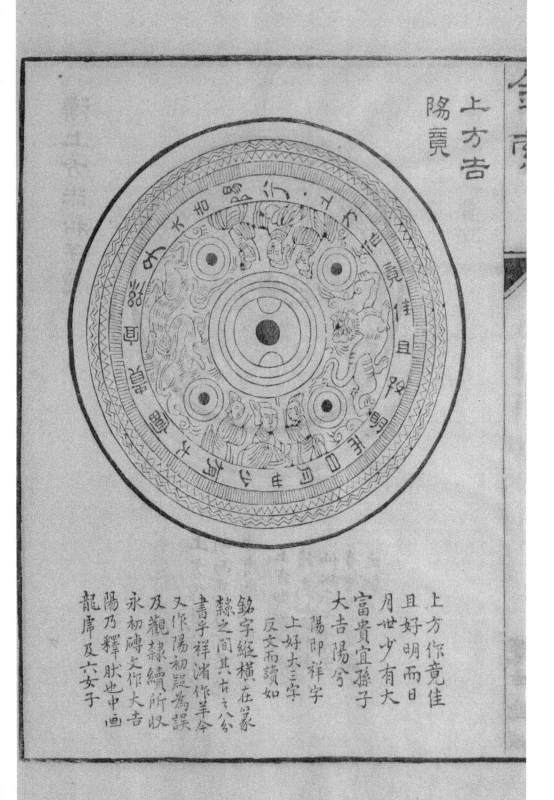

漢尚方佳竟

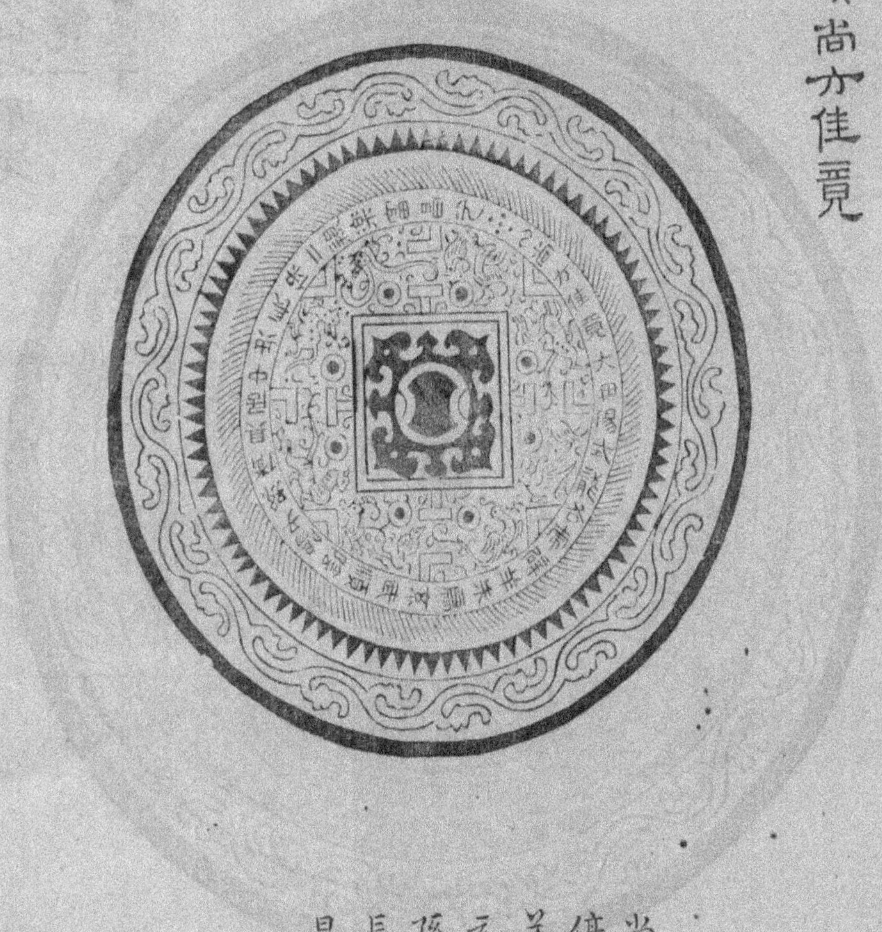

尚方佳竟大毋傷左龍右虎辟羊（羊上脫去不字）朱鳥元武順陰陽子孫備具居中央長保二親樂富昌兮

此葉東卿拓本

漢仙人不老佳竟一

畣減寸四分

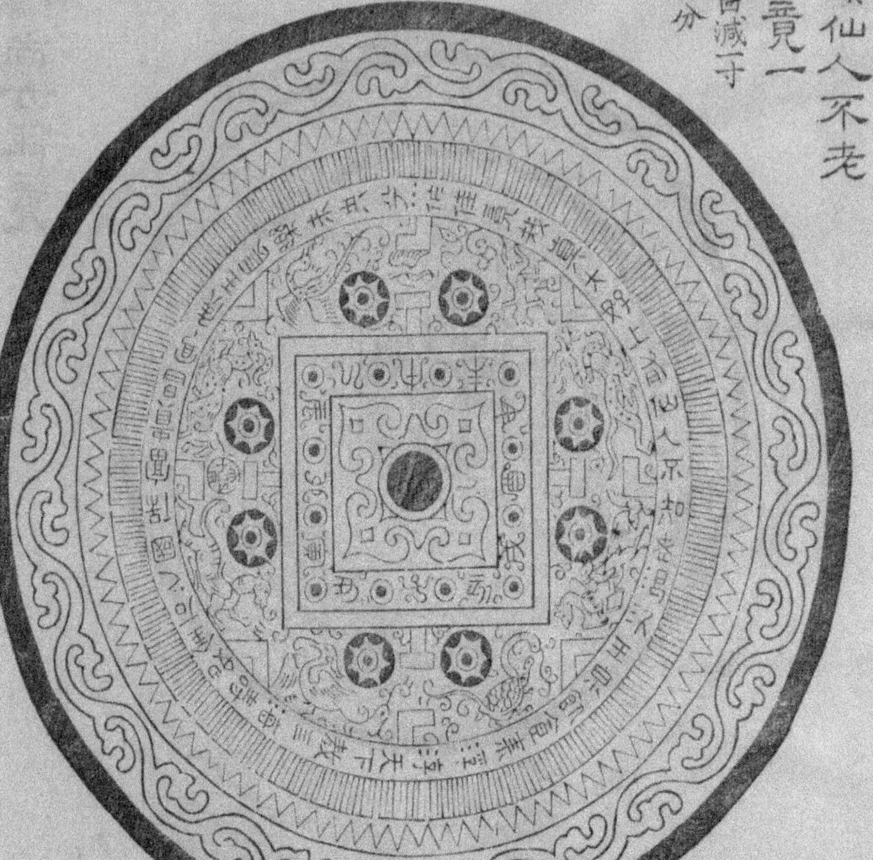

作佳鏡哉眞大好上有仙人不知老渴飲玉泉飢食棗浮游天下敖四海壽如金石之國保富貴昌宜侯王長樂未央兮

方畣十二辰用旻篆又有大泉五十錢文此西漢末鏡也

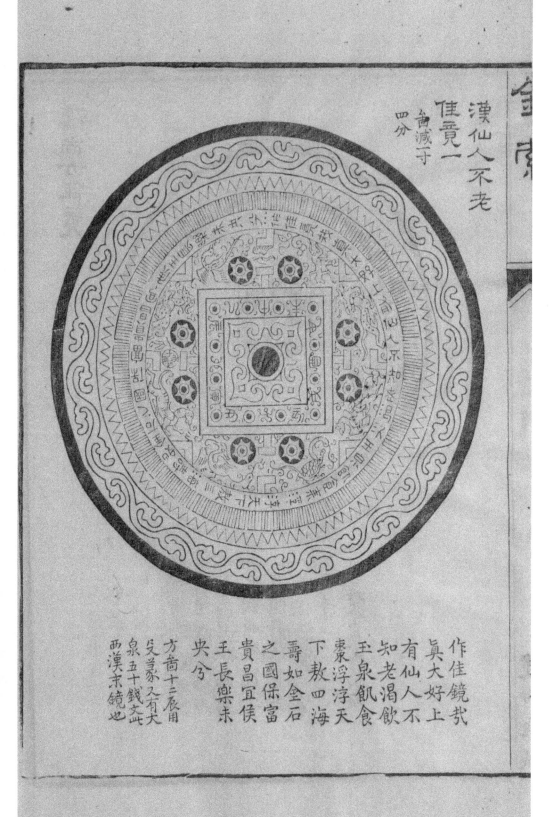

仙人不老佳竟二

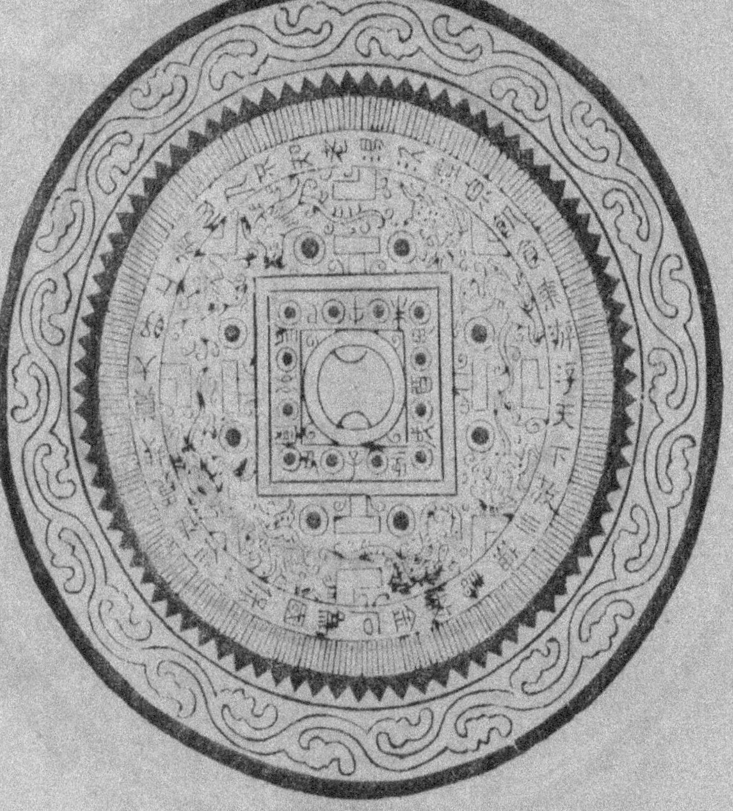

作佳竟哉真大好上有仙人不知老渴飲澧泉飢食棗游浮天下敖四海壽敝金石爲國保

澧卽醴

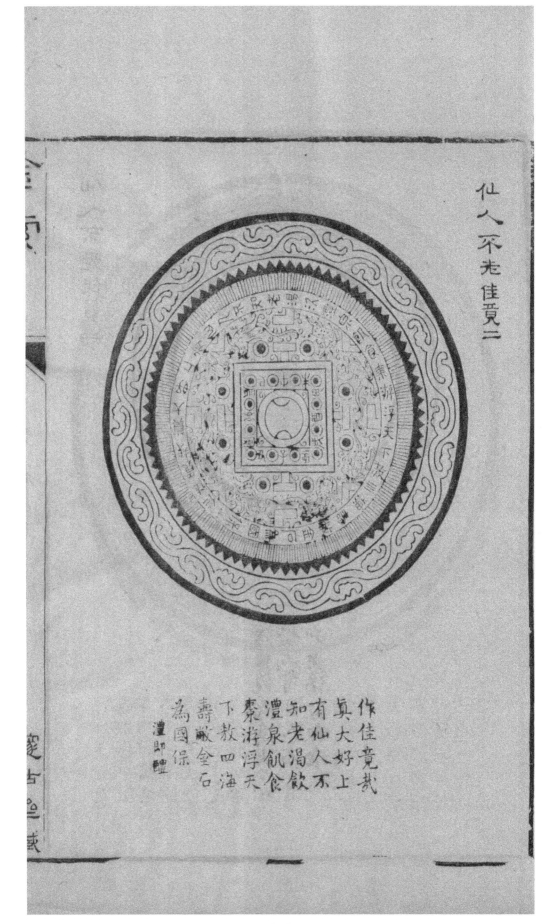

仙人不老佳鏡三

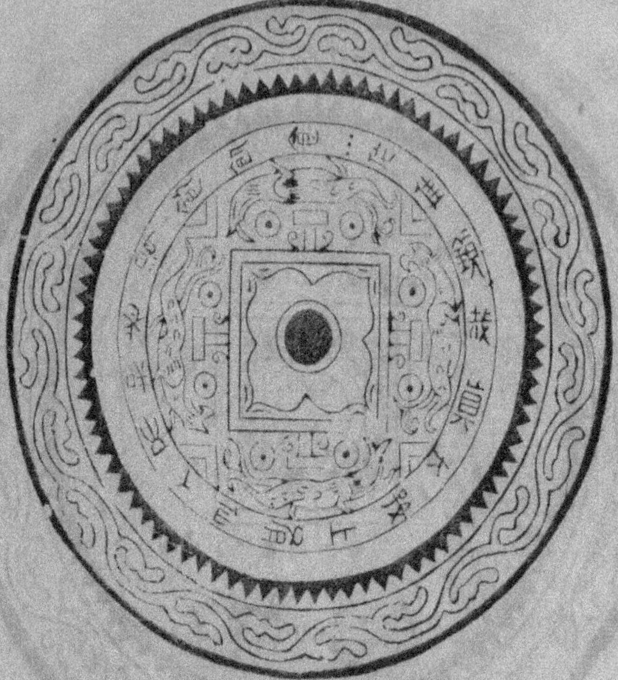

作佳鏡哉真大
好上有仙人不
知老渴飲飢食

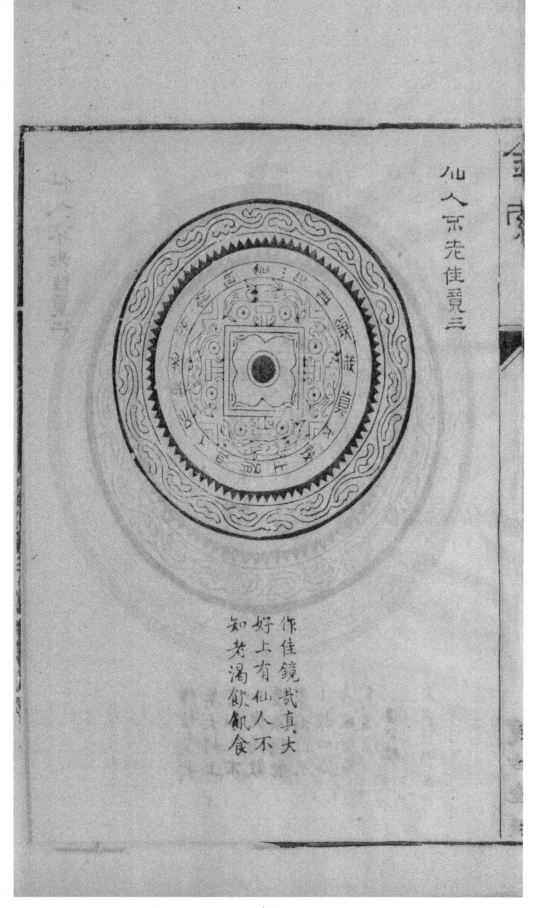

漢太山仙人竟

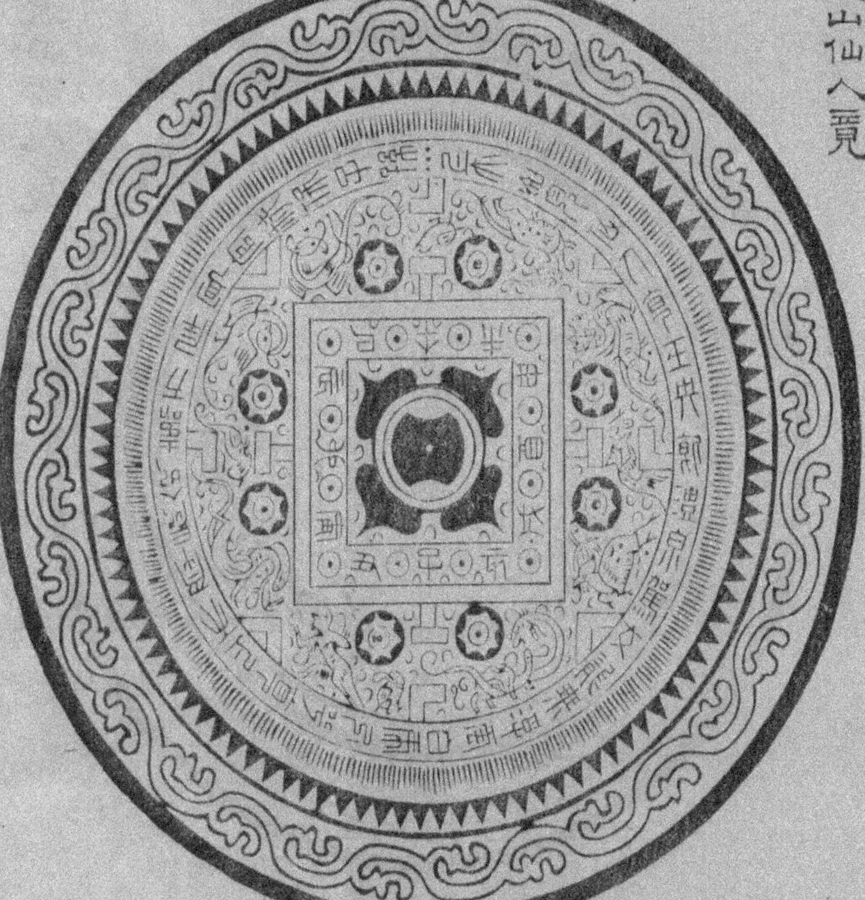

上大山見仙人食玉英飲澧泉駕交龍乘浮雲白虎引兮直上天受長命壽萬年宜官秩保子孫

此鏡色如黝漆字若懸針神禽異獸纖悉可睹漢竟中至完好者曲阜營守劉子君楷所藏今以見貽洵可珍也

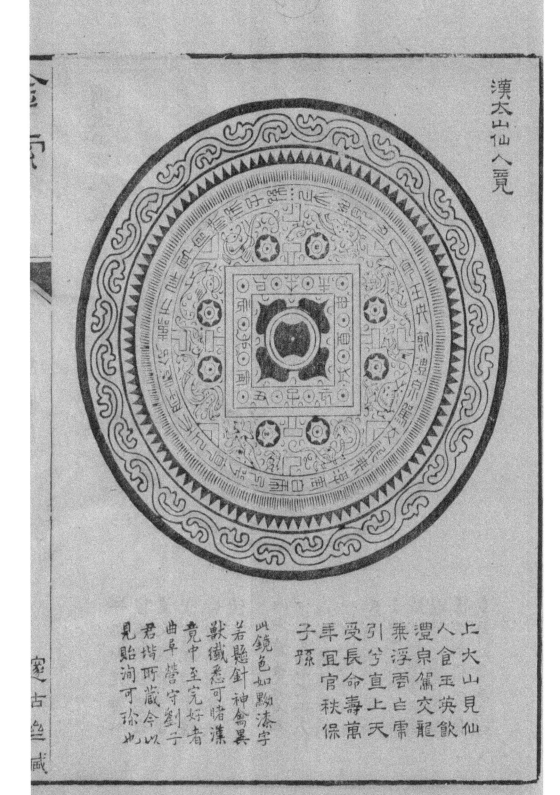

漢太山神人竟

上太山見神人
食玉英飲澧泉
駕文龍乘浮雲
宜官秩保子孫
貴富昌樂未央
兮

此与前竟畧相
佀而差小文亦少
減為劉吉甫所
得漢武好神仙
登封泰山服餌
玉石其即此時竟
歟玉英五常並脩
則見ゝ漢祥瑞篇
博古篇作上方作
竟神人食英玉誤

漢太山神人竟

駕蜚龍乘浮雲上太山見神人食玉英飮黄金宜官秩葆子孫長樂未央大富昌

是竟朱緑文錯字極模糊非有第一竟幾不能辨其隻字此以竟証竟也

漢華山神人竟

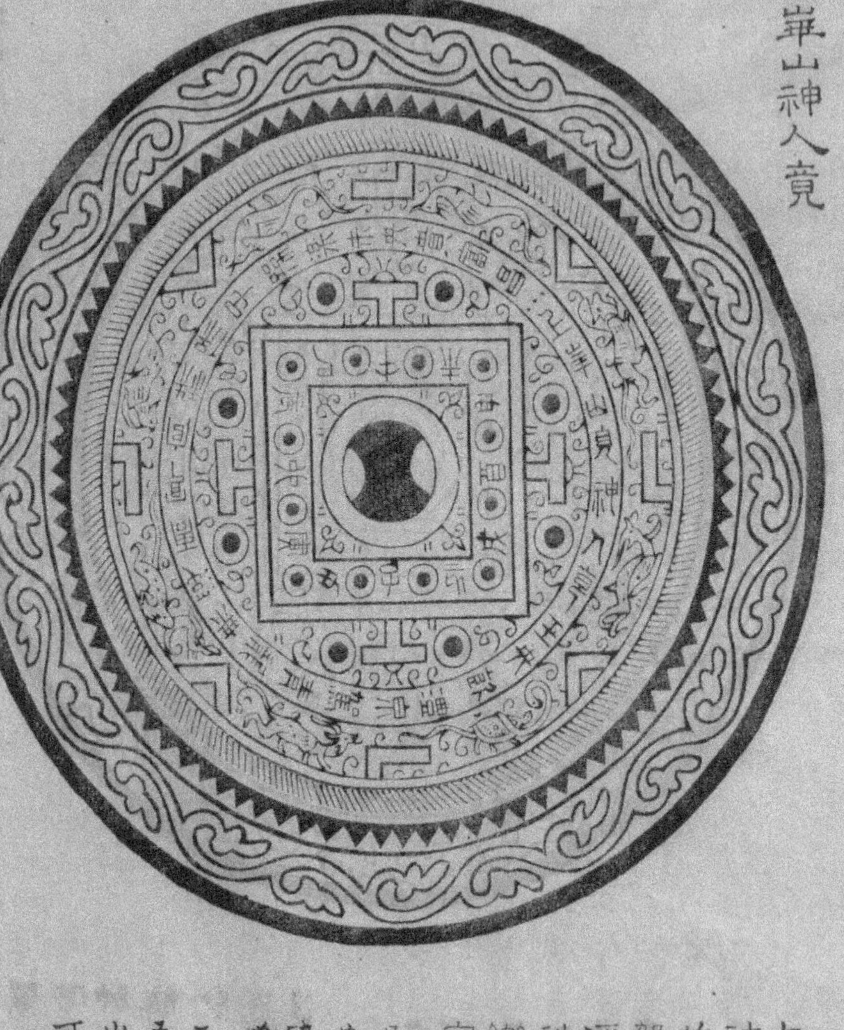

上華山見神人食玉英飲澧泉駕青龍乘浮雲宜官秩保子孫樂未央貴富昌

是鏡甚古又甚明朗惜破碎成七塊矣鴻得泰山弟一鏡于曲阜越五年又得華山鏡于任城可云兩美必合

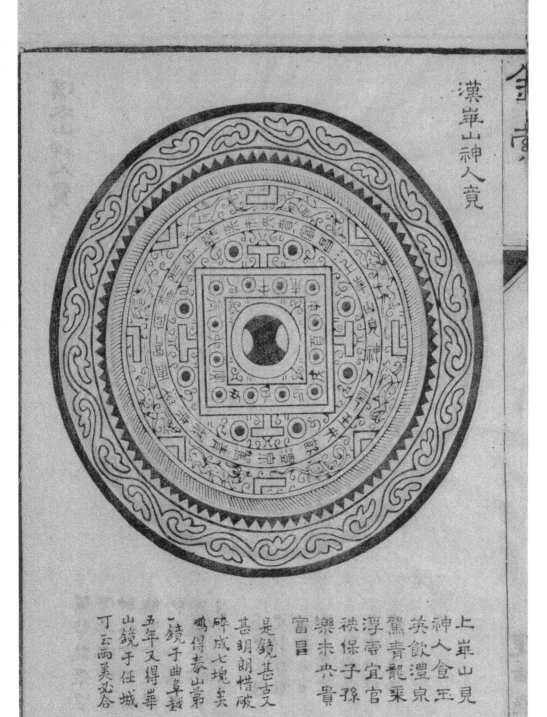

漢盍氏仙人竟

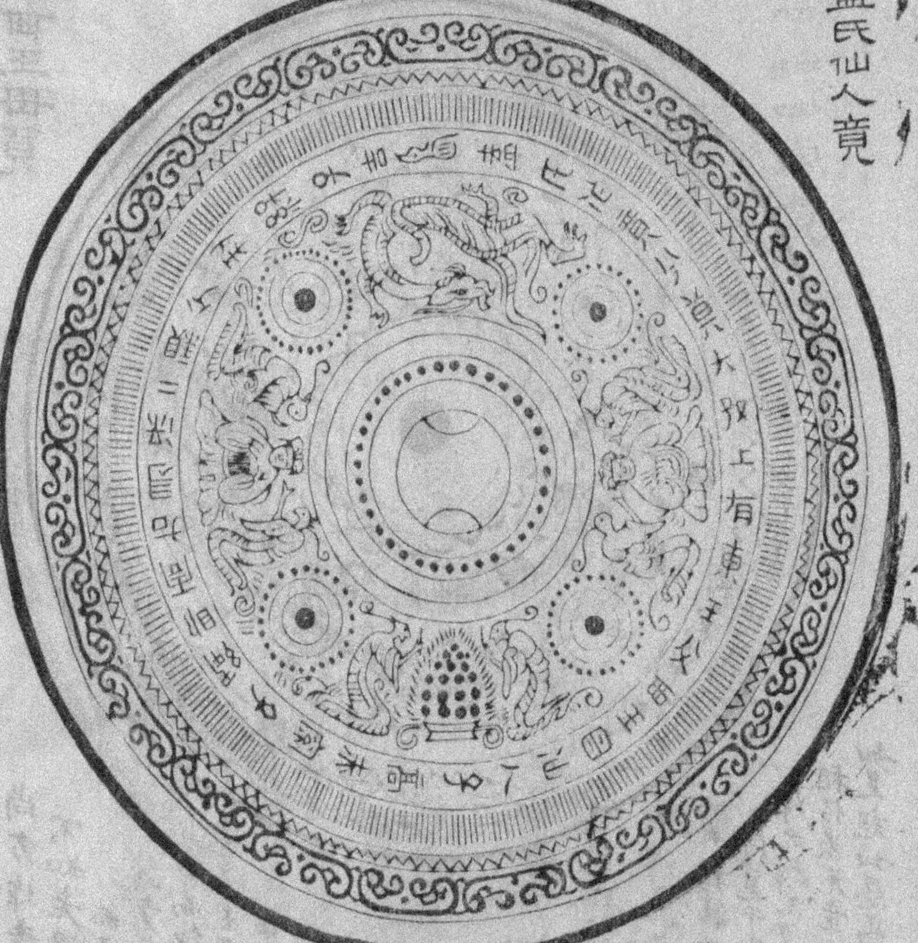

盍氏作竟兮真大敄工有東王父西王母仙人子高赤寀子綘即雲右長保二親兮利紓子吉（下侶鳥形）（敄紓即好祿二字反文寀吉松字即䅘節字）

竟分四格其二格爲二神人四侍從一格侶供奉之物有光敵亦有文晩其旁

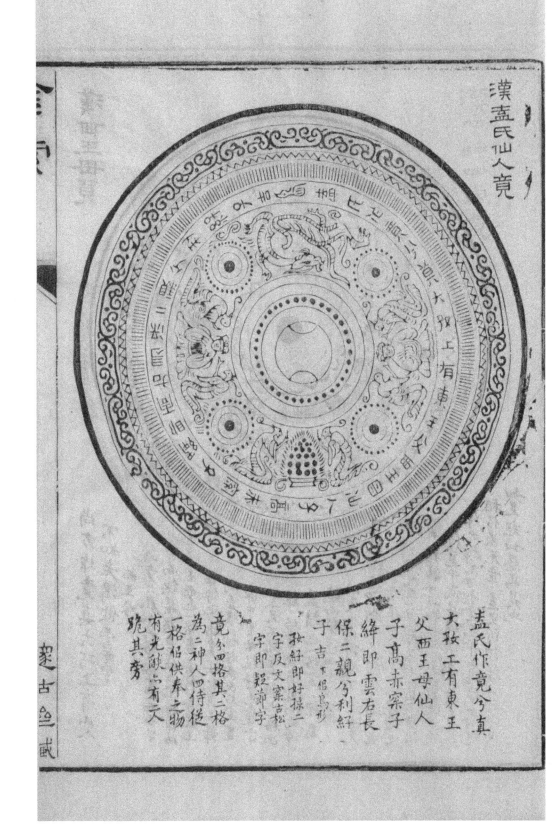

漢西王母竟

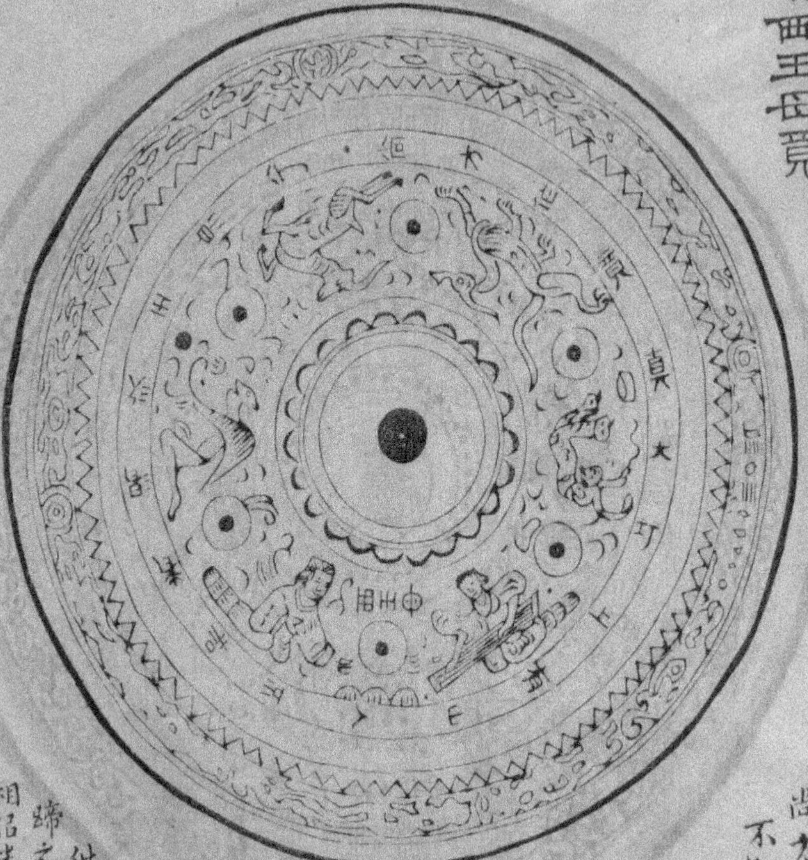

尚方作竟真大巧上有山人不知老渴飲玉泉兮

西王母

此竟六乳分六格一格畫一女子坐而聽其題西王母三字殆即西王母也一格畫一女鼓琴疑王母侍也一格畫一女翻身而舞倒垂纖腰按武氏石室畫像中曾母投杼足履亦同知小足不始于六朝也一格畫龍一格畫獨角獸而馬蹄蓋麟也一格畫一神鬼蹺而擊毬兩手似翼

此係沈州別駕王遂冊先生所贈綫文得一鏡亦同其銘詞旁署西王母三字亦隸續之騶氏竟旁署東王公西王母相類其中鼓琴女子兩羽翼神鬼往往見于武梁祠漢畫其獨角而馬蹄之麟亦与永建元年山陽麟鳳碑相侶米元章畫史所謂麟一角上有肉如足翹如惡馬是也

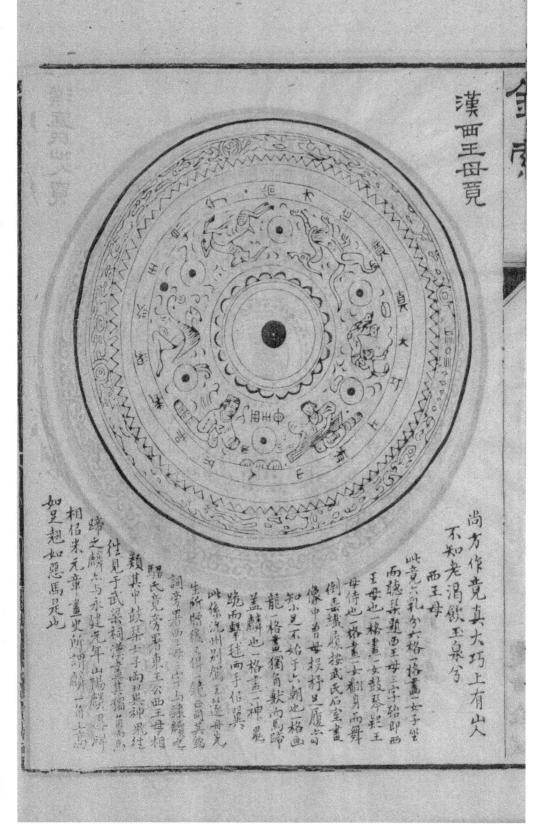

漢四神四虎竟

曲阜孔琴南藏

外銘三十四字

吾自作明竟幽湅三商周刻萬疆四虎象元六合設張自身樂衆從息大吉祥與師命長

內銘十字

吾作明竟幽湅三商周刻

此鏡銘詞大致與博古圖三神三獸等鑑畧同惟內法參差耳其中息訓子師訓衆內銘十字限于十方故語未全也其神像亦甚精緻

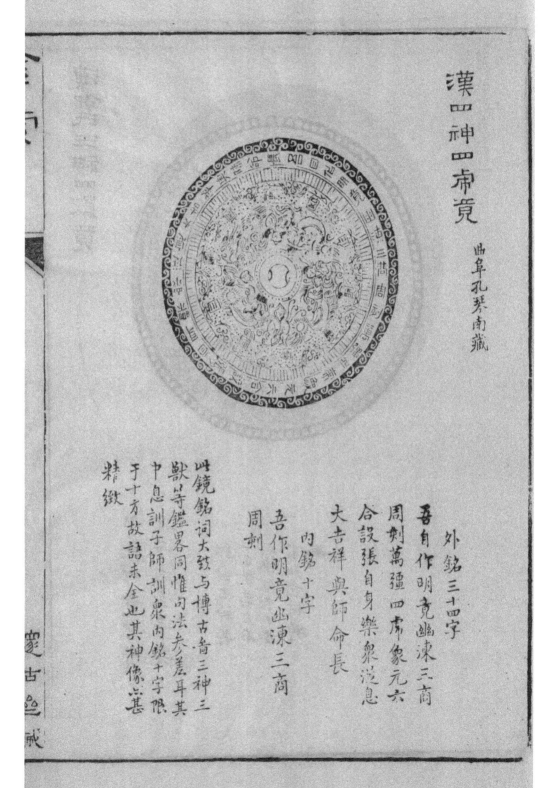

漢郘氏三神四獸竟

郘氏作竟官貴宜子大吉羊矣

鏡刻三神其一正坐其左右二神向中坐者不知為何神也

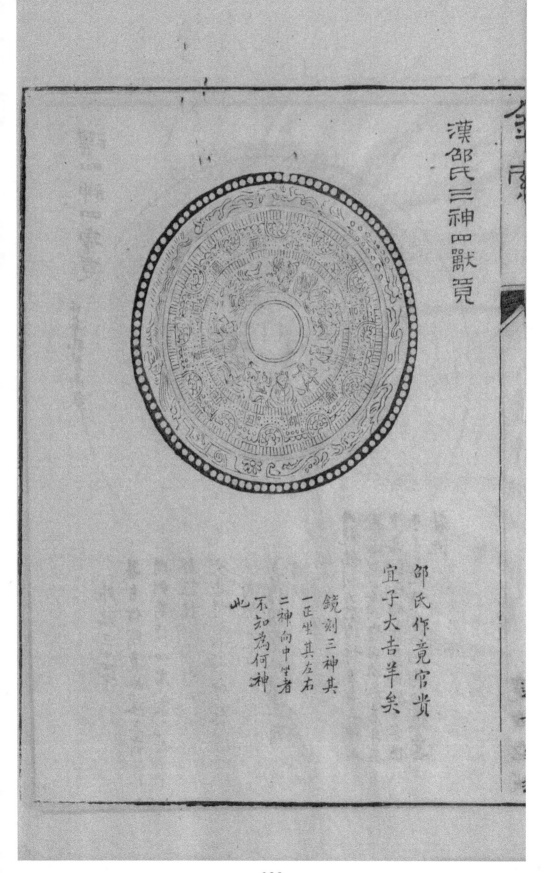

漢宜官竟一

內層銘

君宜長官

外層銘

位至三公

此鏡內銘四字作懸針書与莽布相侶疑西漢時造製亦古質銀體金星朱翠綠三色瑩明潤可玩也予得之泲寧

漢宜官竟二

君宜官位

此鏡載金石志所謂式同蝙蝠鏡為顏運生家藏者予依走落拓本摹入其鏡則不知所往矣

漢宜官竟三

君宜官位

竟小而形制正同其垂畫特粗者商罍中父字垂筆俱粗已開倒薤篆之先聲漢印漢鏡每用此法非深于篆者不知

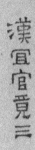

漢宜官竟四

君宜高官

漢宜官竟五

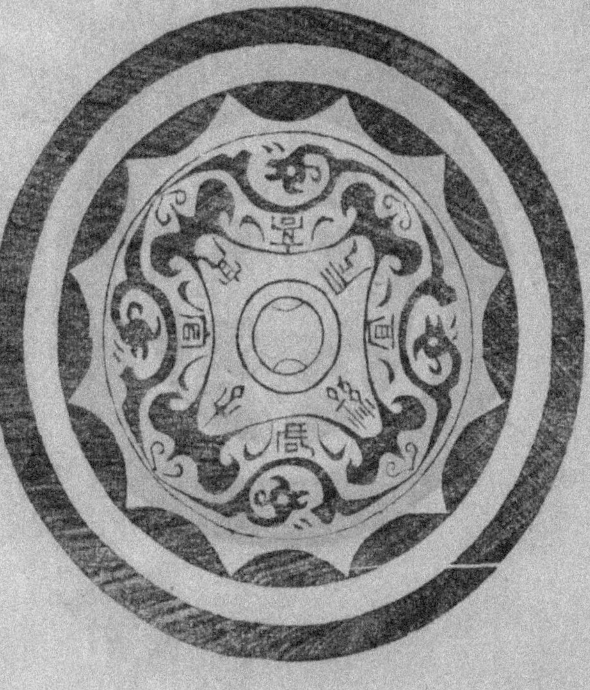

外層
君宜高官
內層
長宜子孫
內作交枝如
意四面盤龍
之飾

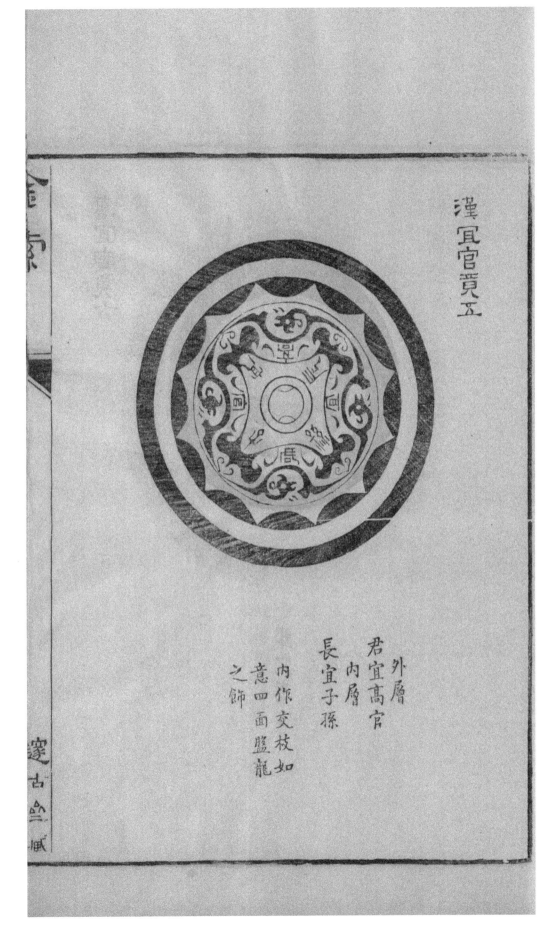

漢宜官賞六

君宜高官

漢高官覔

高官

銘只二字甚古質此黃小松司馬所得

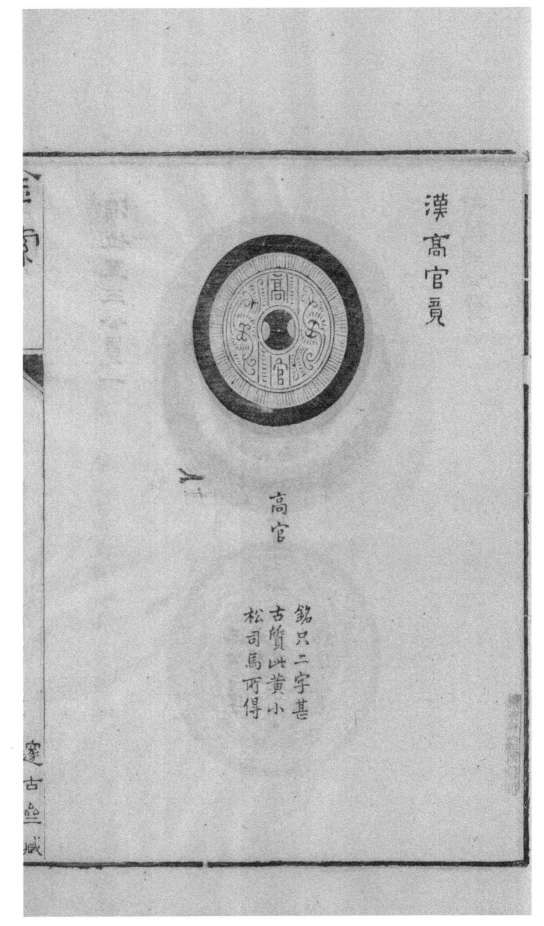

漢位至三公竟一

位至三公

三公二字之閒有三點或取三台之象此孔琹南竟

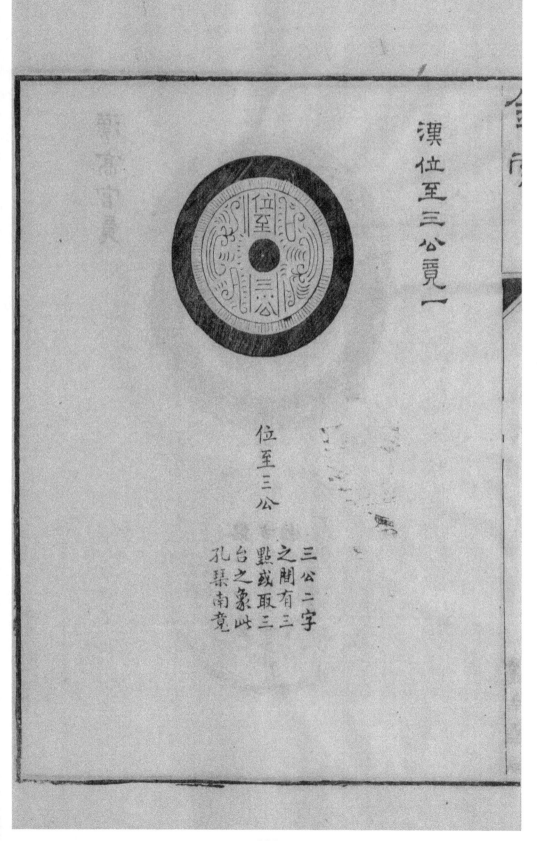

位至三公竟二

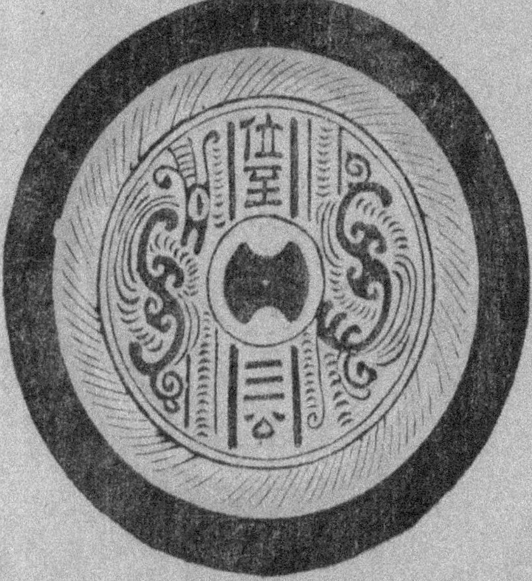

竟三

此二竟皆黃小松司馬所得其小者別致

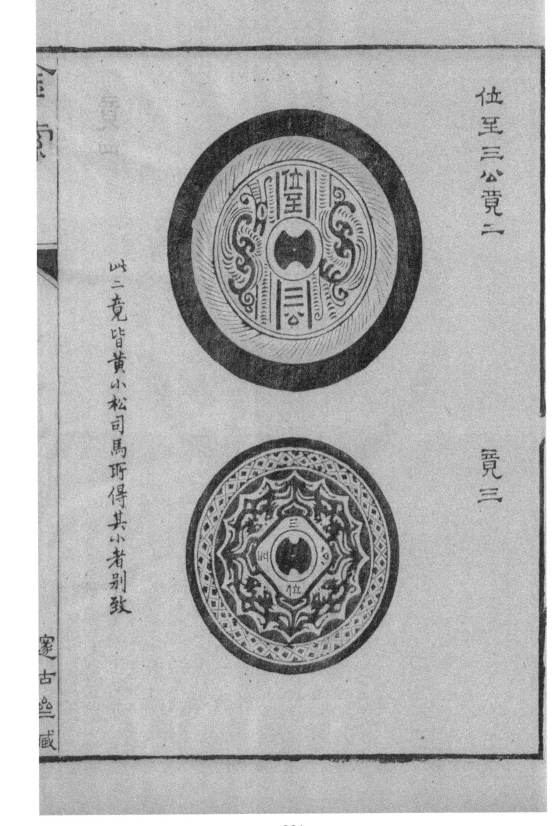

竟四

位至三公

此銘中位字勢縱有似並字葉東卿所得

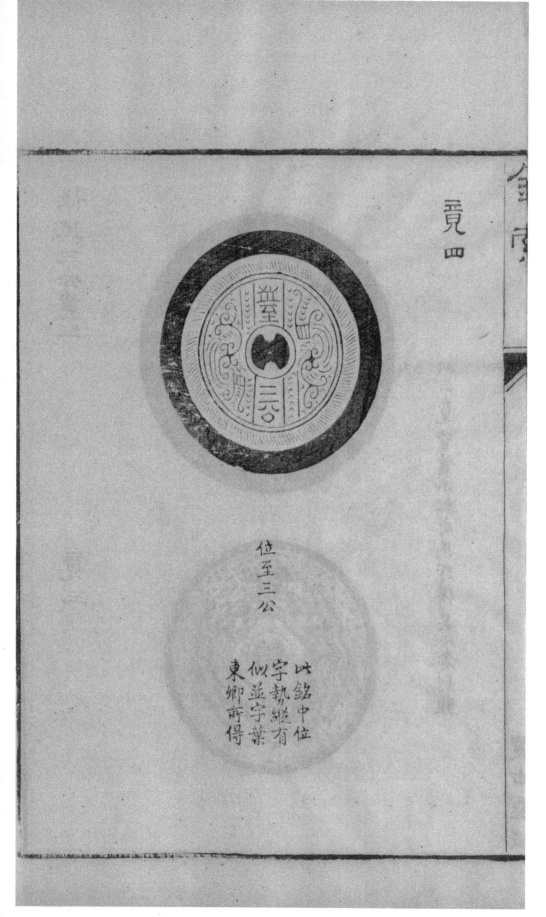

漢許氏竟

許氏作竟自有紀青
龍白虎居左右聖人
周公魯孔子作吏高
遷車生耳郡舉孝
廉州博士少不努力
老乃悔苦

此黃小松所藏竟所謂作
勉戒語者是也內層四神
四獸中層天王日月十二字
外層篆銘四十三字車生
耳者鵬按漢官儀引古
語云仕宦不止車生耳也
崔豹古今注文武車耳古
重較也文官青耳武官赤耳

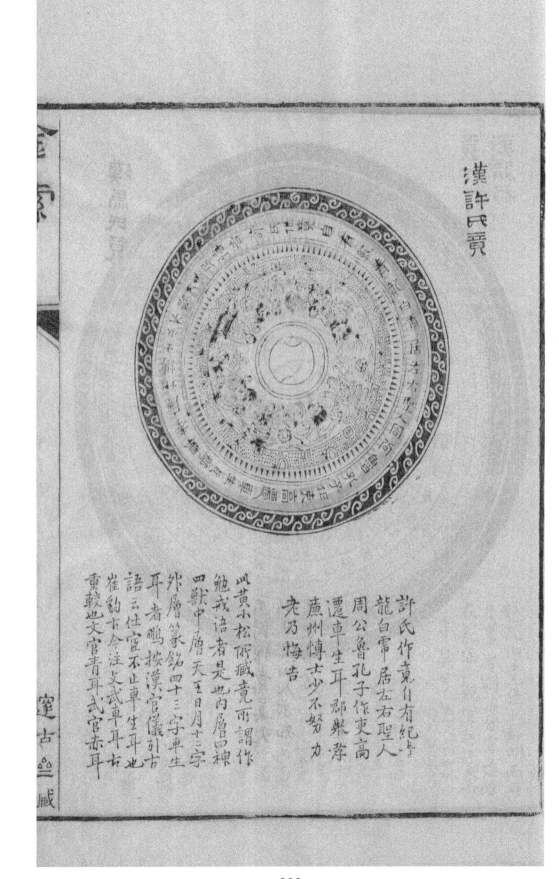

漢馬氏竟

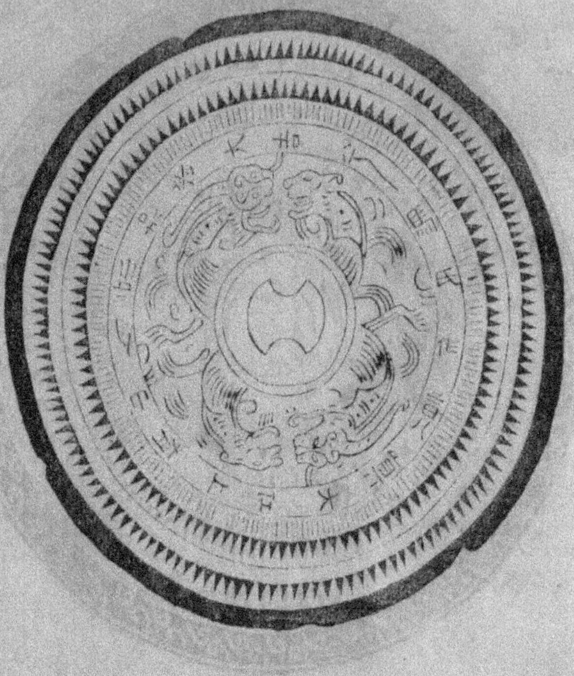

馬氏作竟真大
巧上有山人不知
老大吉兮

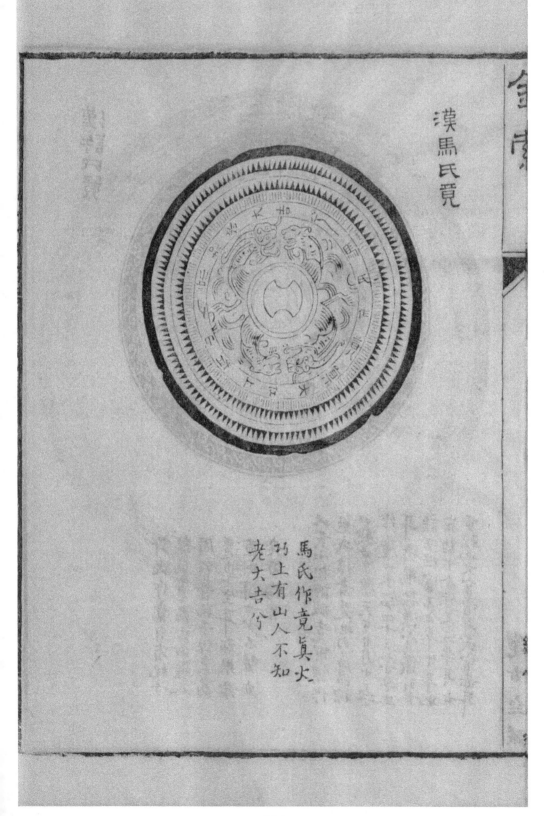

漢龍氏
竟一

龍氏作竟佳且好明而日月世少有刻治分守悉皆在長保〻親宜孫子大吉羊矣兮 而讀為如好 治皆俱反文

鏡分四格一畫曲轅車〻上有蓋〻下坐一女一馬駕之其二格畫六女子中二女坐旁四女皆立侍手中執拂其一格畫龍虎相對之狀

兩漢金石記所收龍氏竟與此畧同惟脫去而字且字誤作宜刻字誤作削少東王公西王母六字按竟宋芝山拓本此竟得之平陵較完備焉

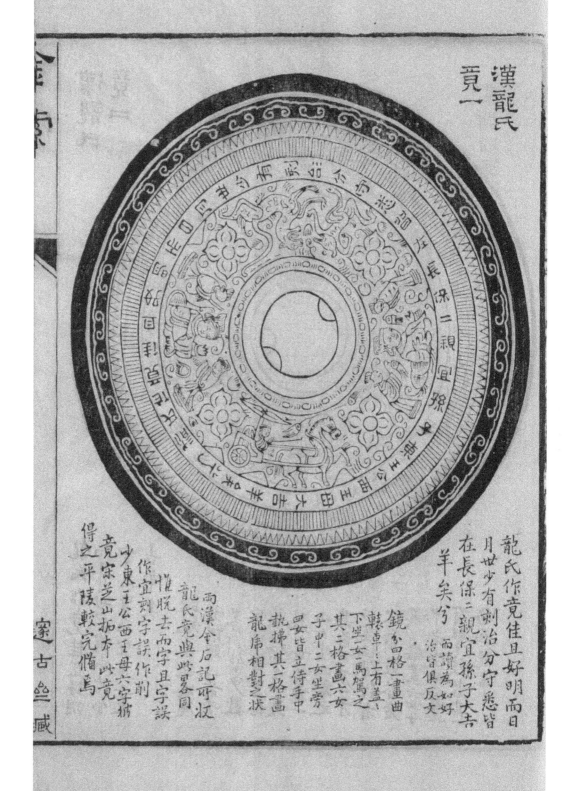

漢龍氏竟二

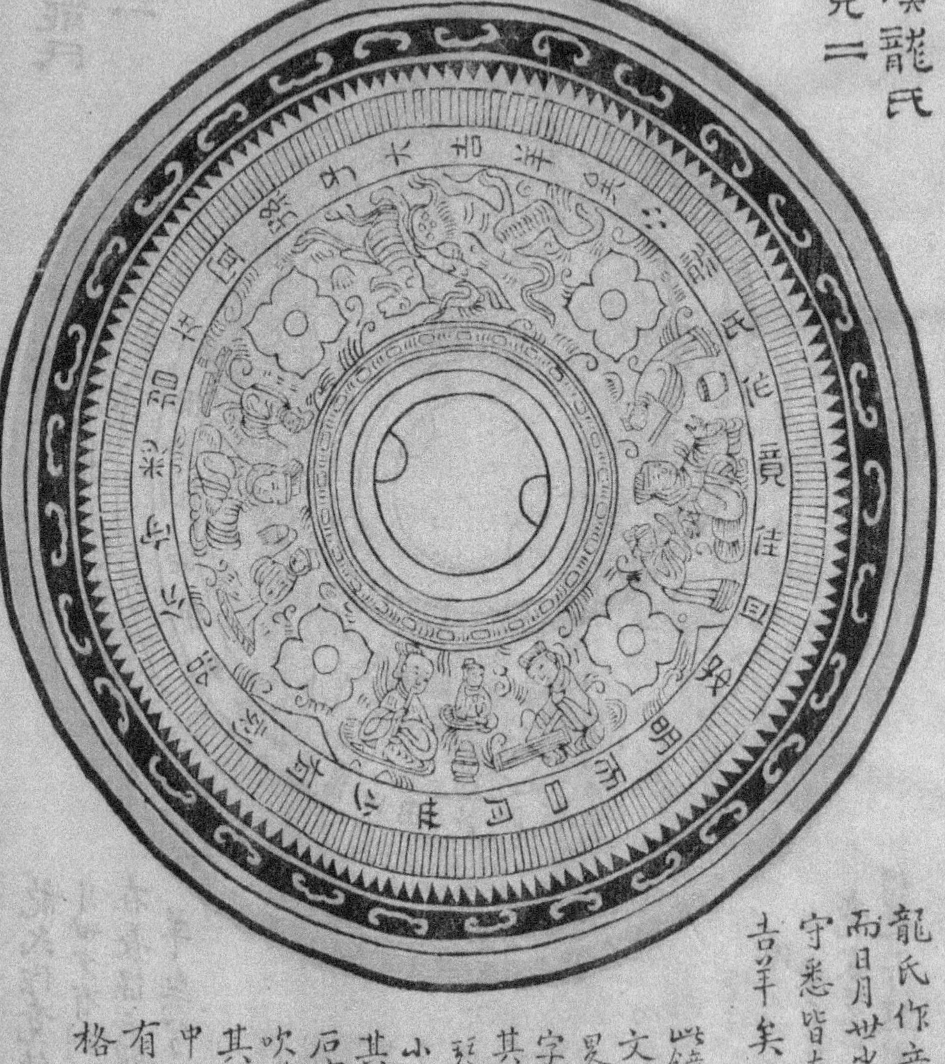

龍氏作竟佳且好明
而日月世少有刻治分
守悉皆在宜孫子大
吉羊矣

此鏡李縣坡廣
文所贈与前竟
畧同銘少數
字畫像分四格
其一格畫一女鼓
琴一女吹簫一
小女坐而聽之
其前有一盒者
石室画像往有
吹簫鼓琴者
其二格畫六字
中者坐旁者立
有擊鼓者其一
格画龍虎

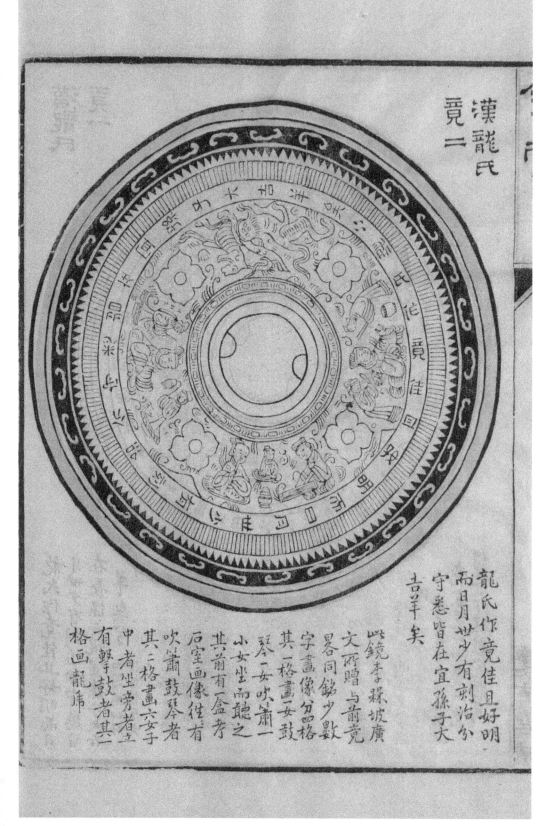

漢龍氏竟三

龍氏作竟四夷服多賀君家人民息胡虜殄滅天下復風雨時節五穀孰蒙祿食長保二親子孫力得天福

鏡中畫三獸龍鈕四十一字剝落過半取它鏡校出之此曲阜營守劉子君階所貽

漢鄒氏竟

騶氏作鏡四夷服多賀國家人民息胡虜殄滅天下復風雨時節五穀孰長保二親得天力傳告後世樂無亟兮

鏡中篆銘四十二字小而茂渊有法亟字即極字之渻

孝洪氏隸續載騶氏二鏡銘文与此同惟少末句其大鏡有兩人相對坐旁題東王公西王母藏江陰守王古中家小者氏字作臣藏司直洪氏家黃長睿定為漢既彼竟胡作祜此正作胡知當時所造非一范也又考婁氏漢隸字原十先韵鄒字引騶氏竟銘作騶正与此合史記齊有三騶子後漢書春秋有騶湪班史並作鄒可見二字通用也

漢周仲竟

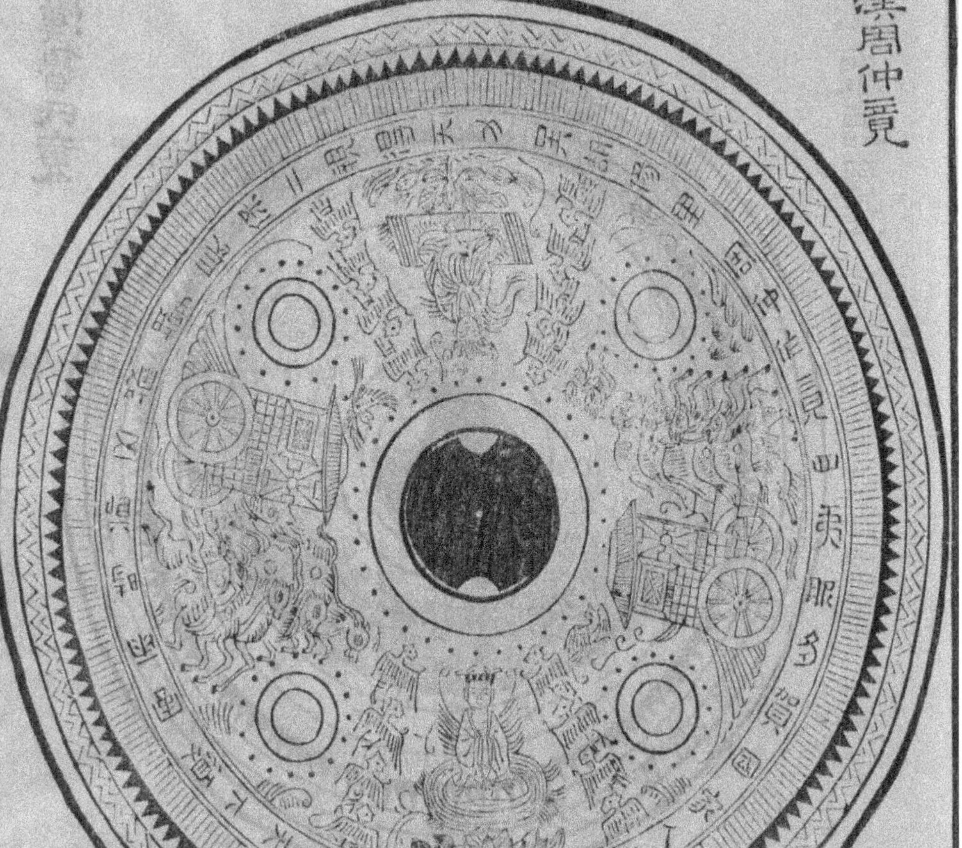

周仲作竟四夷服多賀
國家人民息胡虜殄威天
下復風雨時節五穀
孰長保二親得天力
吳胡傷里

金石志載隋六
馬鏡與此正同
其銘詞與青
羊等鏡相似
皆漢人習用
語非隋鏡也
其二格畫二神
人趺坐蓮台上
各有侍立八人
俱兩翼與武氏
石室画像相佀
金石志以為神
坐蟹篋上六足
森然而無鬚者
亦非其一車六馬一
車四馬皆密緻

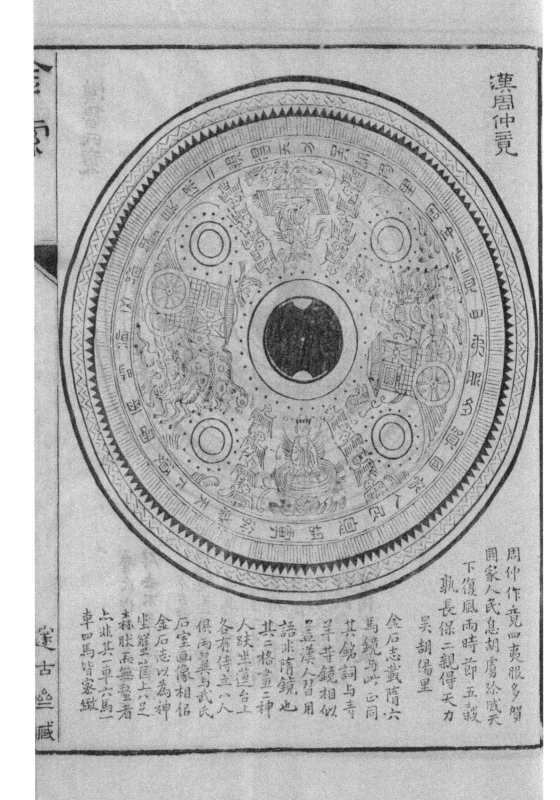

漢魯氏竟

魯氏作竟自有道

辟去不羊治市古

市古即市賈此鏡蓋貿易人所之其古下有三字三下字泐不可辨其中畫龍虎起伏又有兩翼人相對而杵此与周仲竟皆得之任城

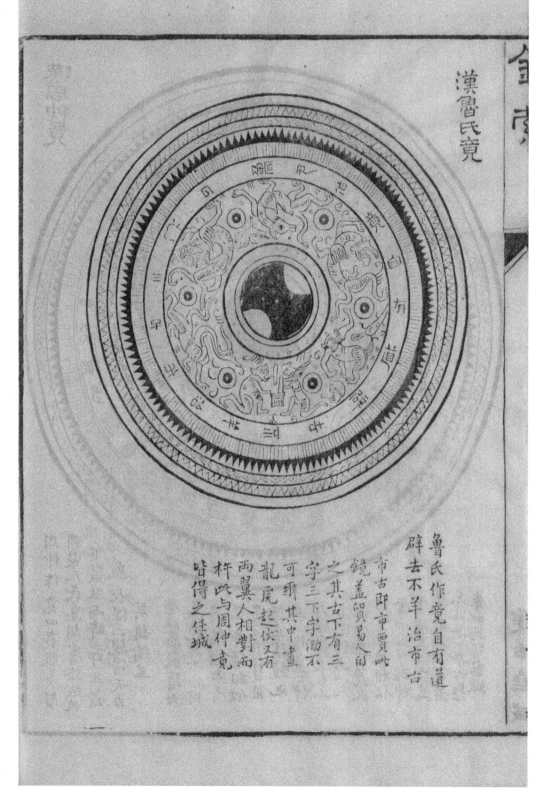

漢張氏竟一

張氏作竟四夷服
多賀君家人民息
官至三公得天福
子孫備具孝且力
樂毋亟兮
張氏

此鏡紫黑厚重銘字结體
謹眞漢物也龍口閒又别寫一
張氏

張氏竟二

張氏作竟宜侯王家當大富樂未央子孫備具居中央長保二親世世昌

此即金石志所謂晉張尹者鵬見于曲阜宦定張氏非張尹也乃氏字反書耳

張氏竟三

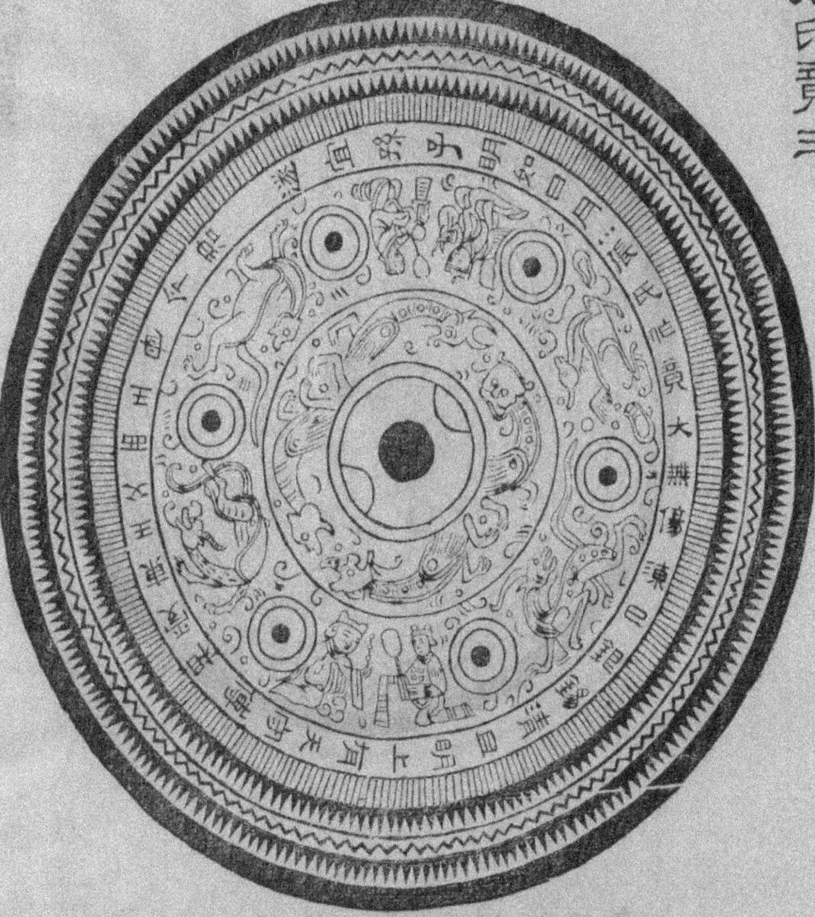

張氏作竟大無傷湅已銀錫清且明上有天守傳相受東王父西王母令君。遂宜孫子明如日月

此徐蘇亭刻史紹薪所得竟銘中泐一字餘俱工整

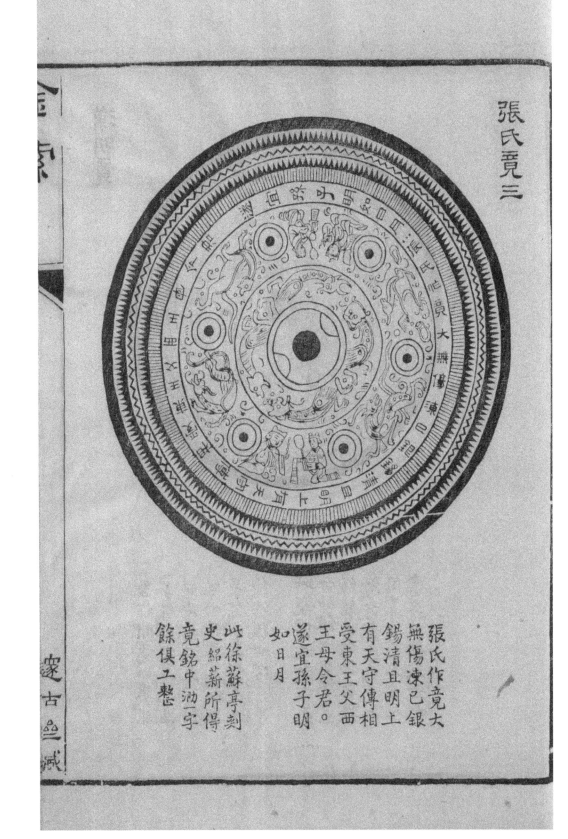

漢明竟

吾作明竟四夷服
多賀國家人民息
胡虜殄滅天下復
風雨時節五穀熟
長保二親得天力
傳告後世兮

此鏡得之應下色
白如銀兩面俱有朱
緑銘中胡作胡隸
續所載李氏竟亦
同蓋反書耳古人
書字不拘左右也

漢蒙氏竟

蒙氏作竟真大工東王公西王母青龍在左白虎居右山人子高赤容 山即仙高即喬容即松

鏡甚明淨有自滇南攜來者得之孜蒙氏為楚之大夫蒙穀之後今荊楚間每有蒙姓者此鏡花飾亦與山左所得諸竟不同左龍右虎其上下蓋一麒一麟也

又按南夷六詔中有蒙氏詔正當大理地諸葛武侯嘗討定之此豈其所遺歟

漢泰言竟

泰言之始自有紀湅治銅錫去其滓辟除不祥宜古市長保二親利孫子字印漢古即貫

泰言人姓名博古圖以為来言之脩類稱以為朱善但非此明是泰言二字致漢人印有泰疊其泰字篆作桼与此正同若来字宜作來朱字宜作朱不相合也去其滓博古圖釋作去與傘吏謬

漢二千石竟

吳海藏

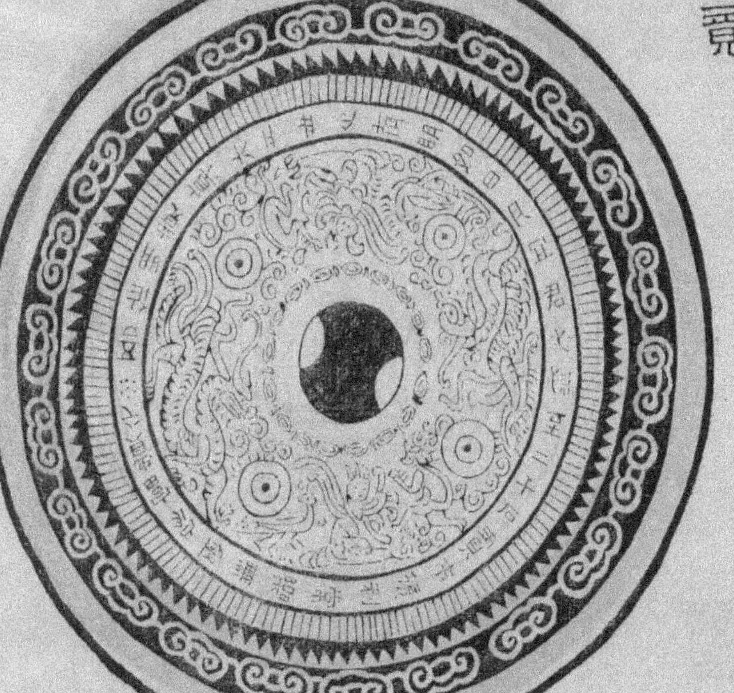

吾作明竟真大工
去少有明如日月
宜君子孫至二千
石賈市得利常
樂無亟家富貴
兮
少月子千家
兮六字反書
亟即極字

鏡分四格其二格為二神人
二格為龍虎二神人旁各
有二物似一猿一鶴銘詞云
二千石者漢制重二千石如
古歌云陛下壽萬年臣得
二千石也復言賈市得利者
如古樂府云為吏當高遷
賈市得萬倍也俱吉利語

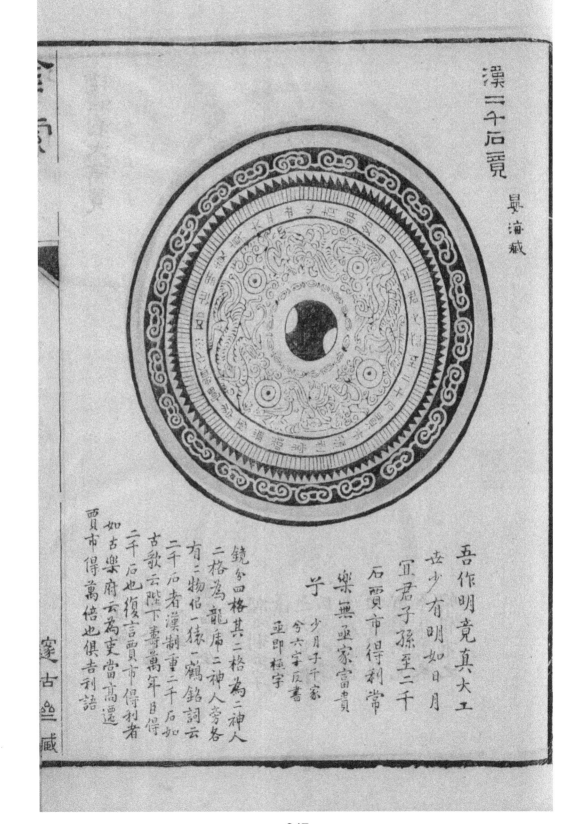

漢日利大萬竟

四正銘

日利大萬

四側銘

家富千金

按日利二字漢印多有之大萬猶巨萬也漢書劉向傳功費大萬百餘此竟予及葉東卿俱有之

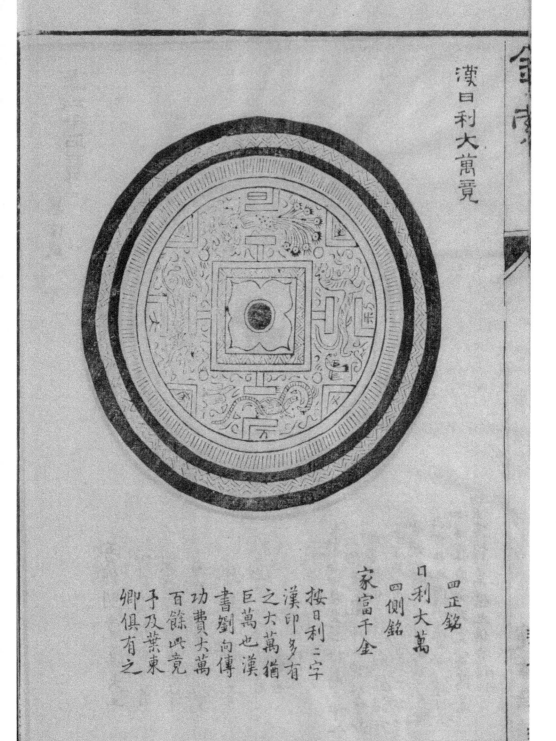

漢青盖鏡一 集軒所得

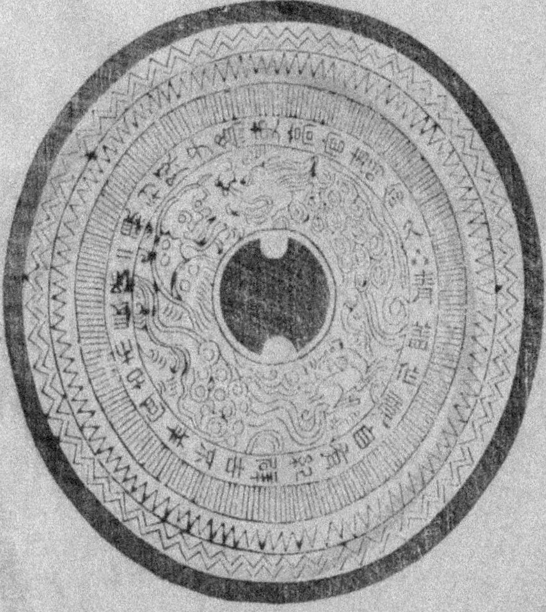

鏡二 晏海所得竟銘同上而差小孔叔南葉東卿亦皆有此竟

青盖作竟自有紀辟去不羊宜古市長保二親利孫子爲吏高官壽命久

鵬按古市即賈市覯二千石竟云賈市得利可見或釋作吉市非也

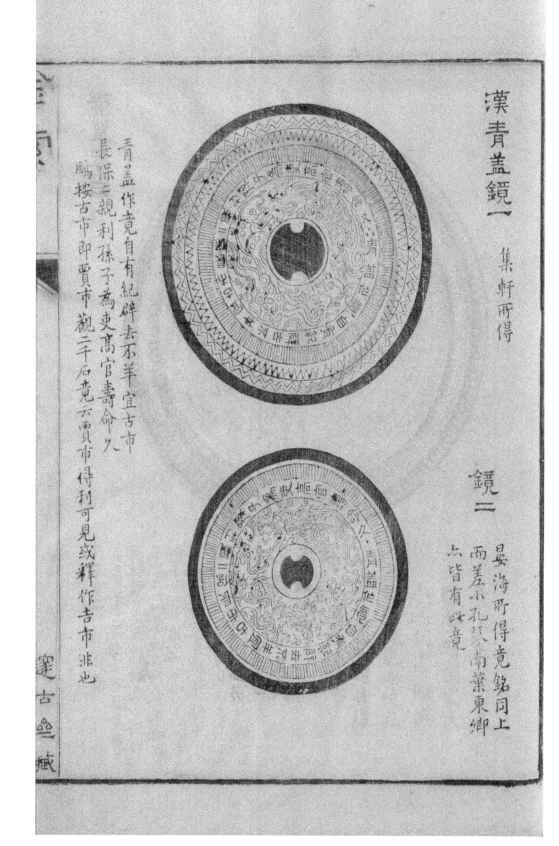

青蓋竟三

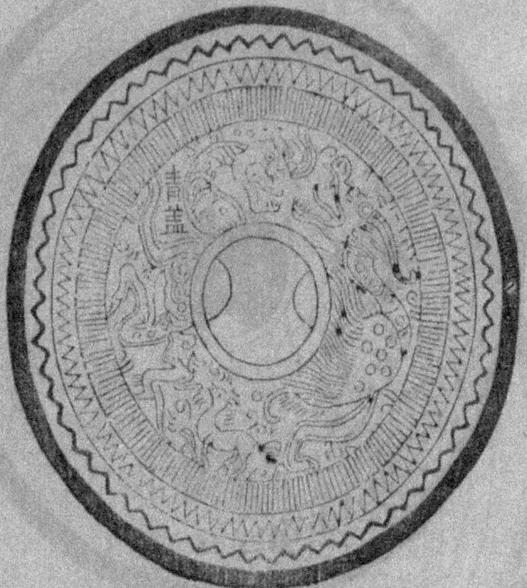

此銘青蓋二字青蓋乃造竟者姓名博古啚亦載此竟釋作青監其不講字義如此

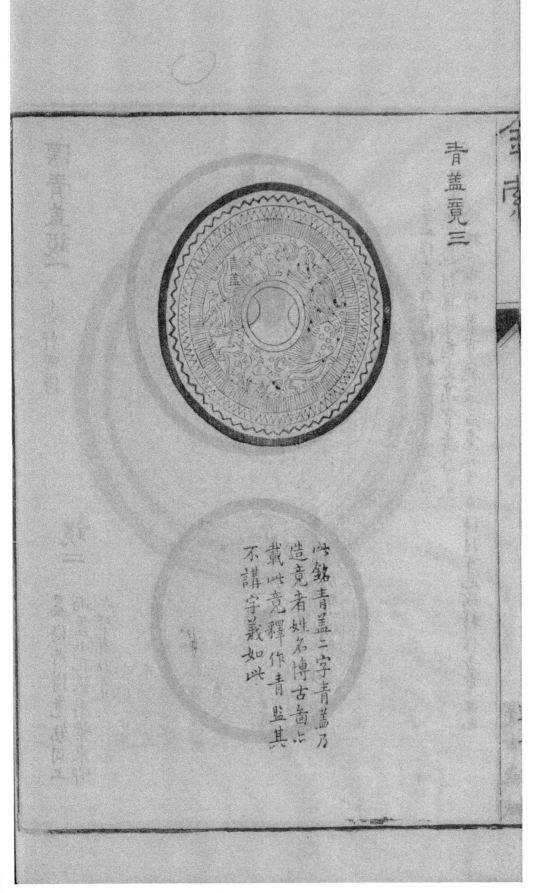

漢青羊竟

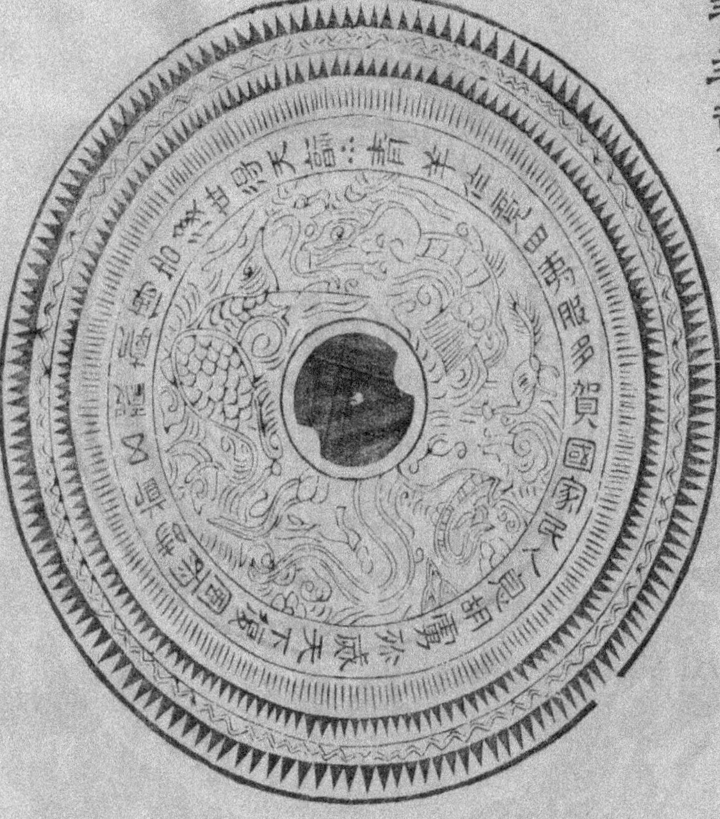

青羊作竟四夷
服多賀國家民
人息胡虜殄威
天下復風雨時節
五穀孰傳告後
世得天福

按婁彥發漢隸字原六三日上載青羊鏡銘云青羊作鏡四夷服多賀國家民息胎虜殄威天下復風雨時五穀孰得天力與此畧同尚少數字不如此之完善且胎字亦誤婁氏又云青羊即青陽如歐羊之類鵬見古漢印有青羊君殆其人歟是竟予丙子夏得之濟南

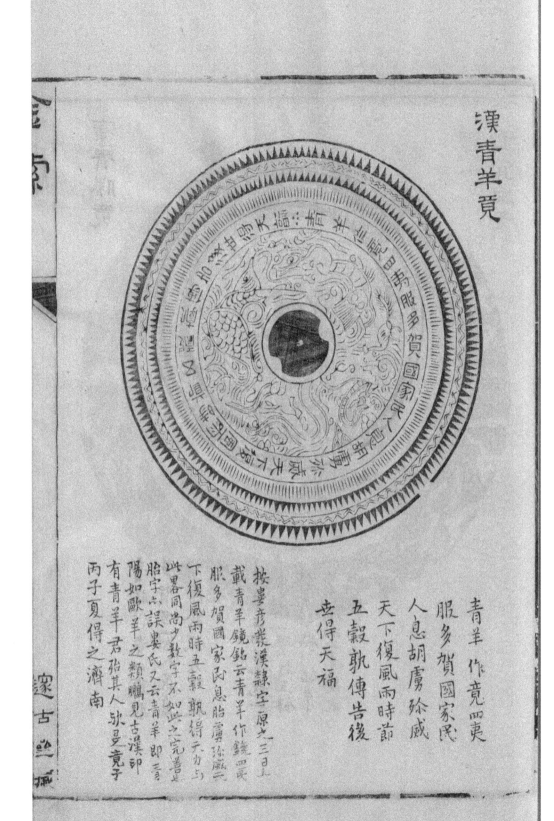

漢青勝竟

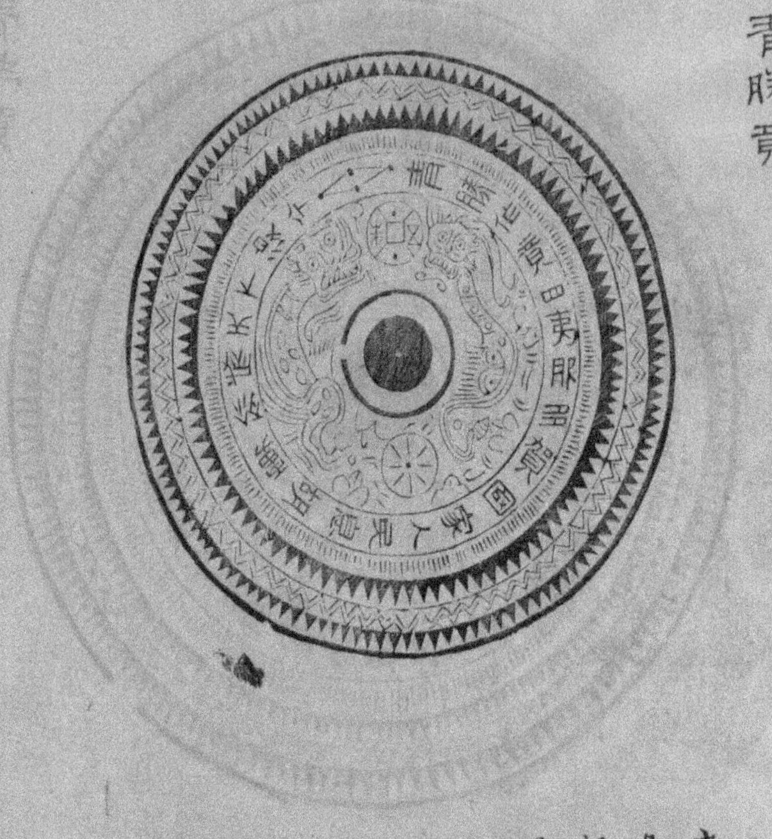

青勝作竟四夷服
多賀國家人民息
胡虜殄威天下復
乎

竟中作兩鼉龍一
車輪一雙柱五銖
錢文之飾一銘中
首尾以四星間之
類龍爪星

漢宜生子鏡一

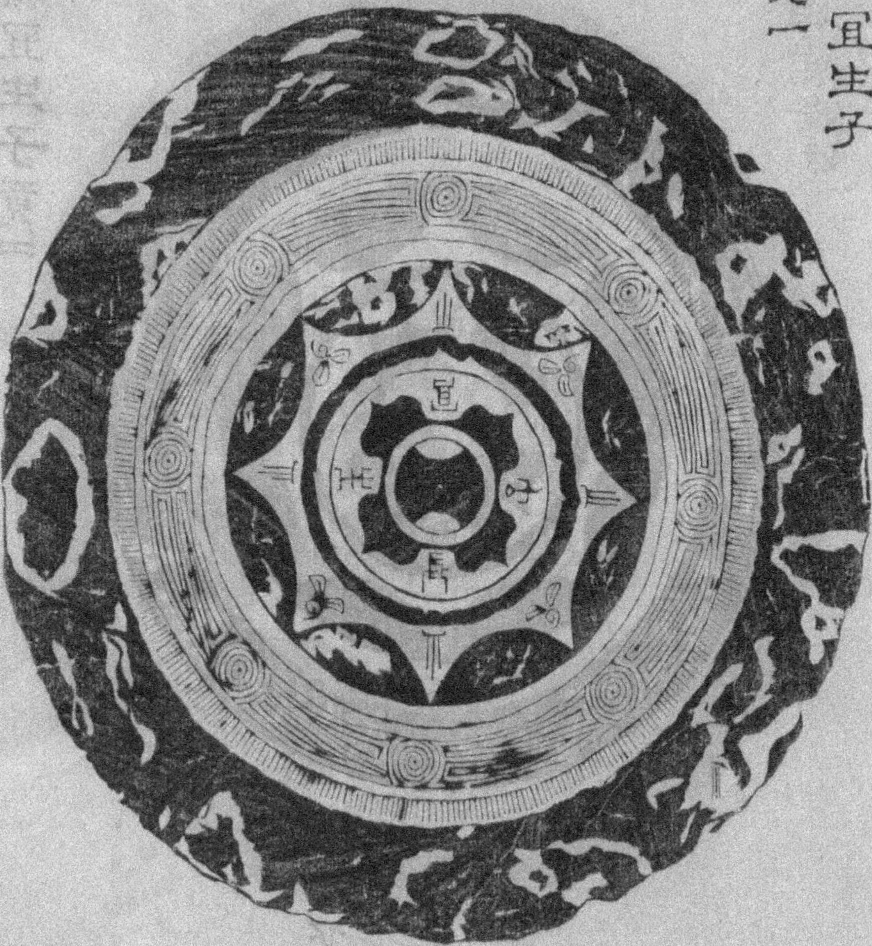

長宜生子

漢宜生子鏡二

長宜生子

此與上一鏡皆葉東卿所得以拓本見寄者

漢千秋萬歲覓

湅治銅錫
清而明
以之為鏡
因量文
章延年益
壽去不
祥與天毋
極如日
光千秋萬
歲長

篆銘三十四
字葉東卿
所得一鏡与
此畧同惟因
量文章作
宜文章末
少歲長二字

漢延年益壽竟

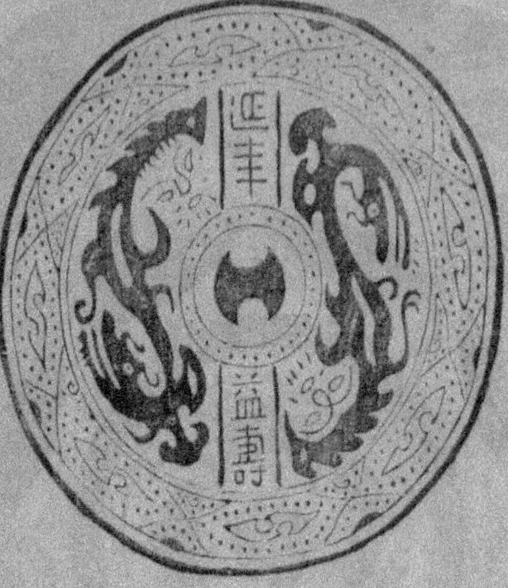

延年益壽

直書篆銘四字旁作二龍二虎之飾顛倒相連陸氏吉金圖云刻此鏡紋殊明晰

金索

漢尚方御竟

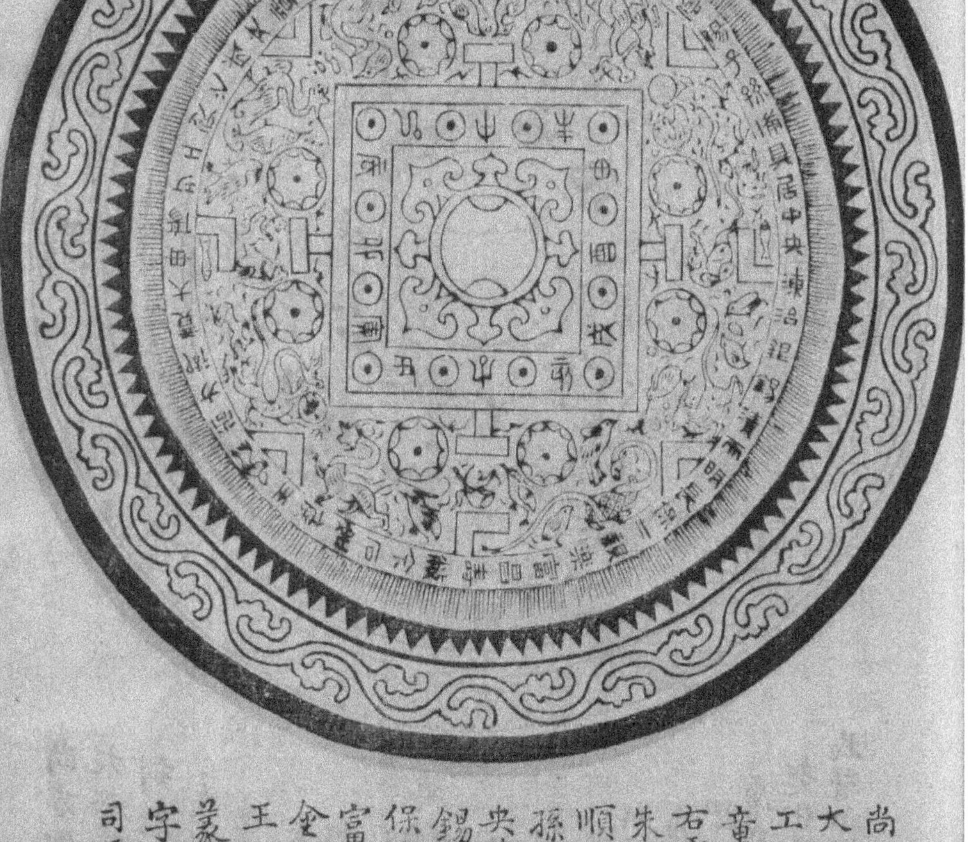

尚方御竟大毋傷巧工刻之成文章左龍右虎辟不羊朱鳥元武順陰陽子孫備具居中央湅治銀錫清而明長保二親樂富昌壽敝金石如侯王

篆銘五十六字為黃小松司馬藏

邃古齋藏

漢尚方鑑
龍覓

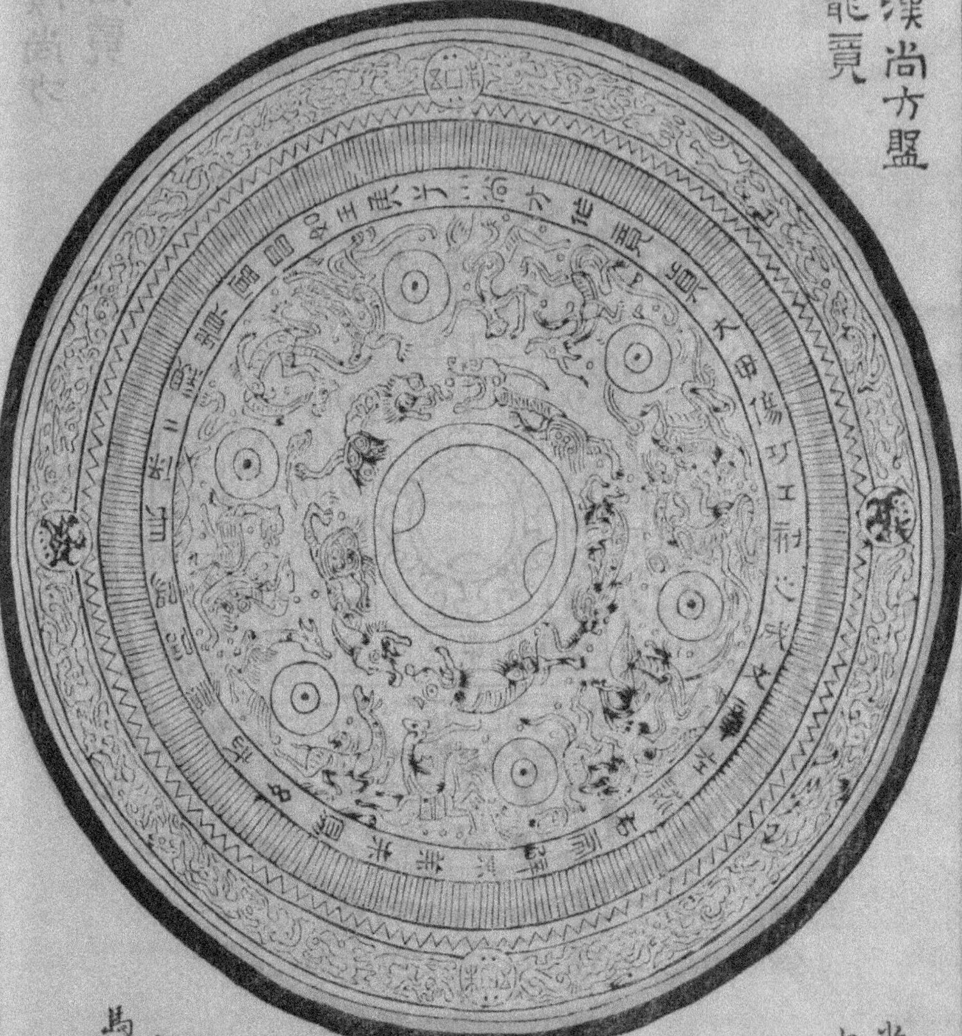

尚方作鏡真大毋傷巧工刻之成文章左龍右虎辟不羊朱鳥元武順陰陽長保二親貴富昌如王侯兮

此竟得之唐丁篆銘四十字中作戲層盤龍之飾起伏異狀有在馬背上作角牴者

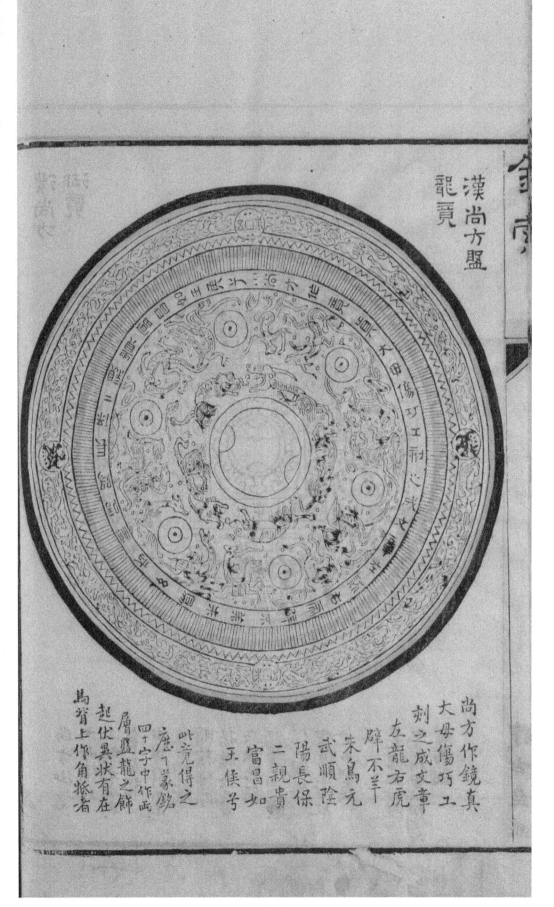

漢八子九孫賣

漢有善銅出丹陽和以銀
錫清且明左龍右虎主四
彭朱爵元武順陰陽八子
九孫治中央

此鏡色如澤漆
字畫妙好淳正
眞漢竟之尤者
雖已破裂有薄
銅固之初無損也
漢有善銅出丹
陽者漢食貨志
云金有三等黃金
以……兩上白金為中赤
……為下注孟康曰
十……丹陽銅也可
如……善矣

銘中爵……姓字蓋即旁守
今蘇常……郡為旁此鏡必
吳人作者

邃古亝藏

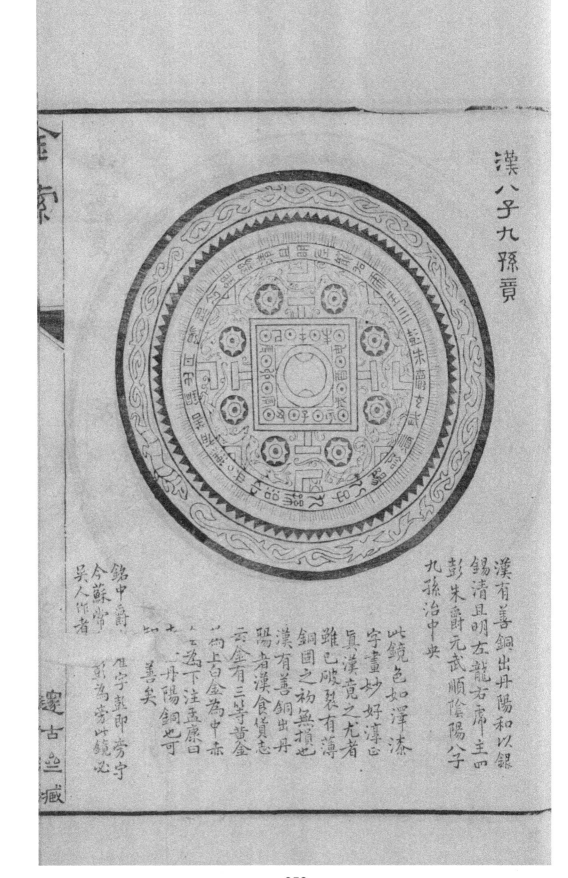

漢善銅覓

漢有善銅出丹陽
和以銀錫清且明
左龍右虎鏡

善銅之説見前其銀字反書銅而和之以銀錫者古人金錫半為鑒燧之劑又泉録云雜銅金銀為之此鏡銘字少而無華甚長蓋懸針篆如莽時貨布文

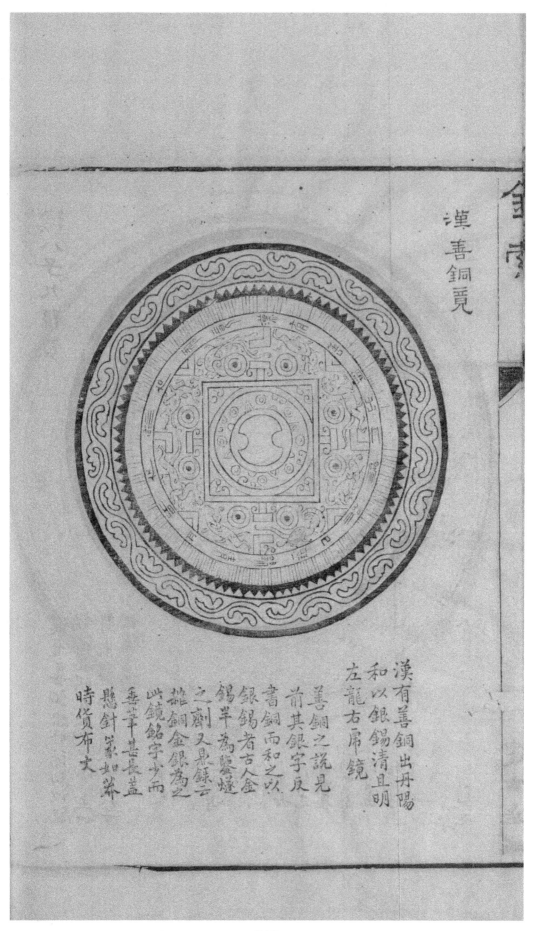

漢善銅覔二 減小六分

漢有善銅出丹陽取之為鏡清如明左龍右虎除四旁長壽宮寺如讀為而

此与博古圖竟畧同如讀為而若靈臺碑崇如不續是也長壽宮寺疑寺人所監造

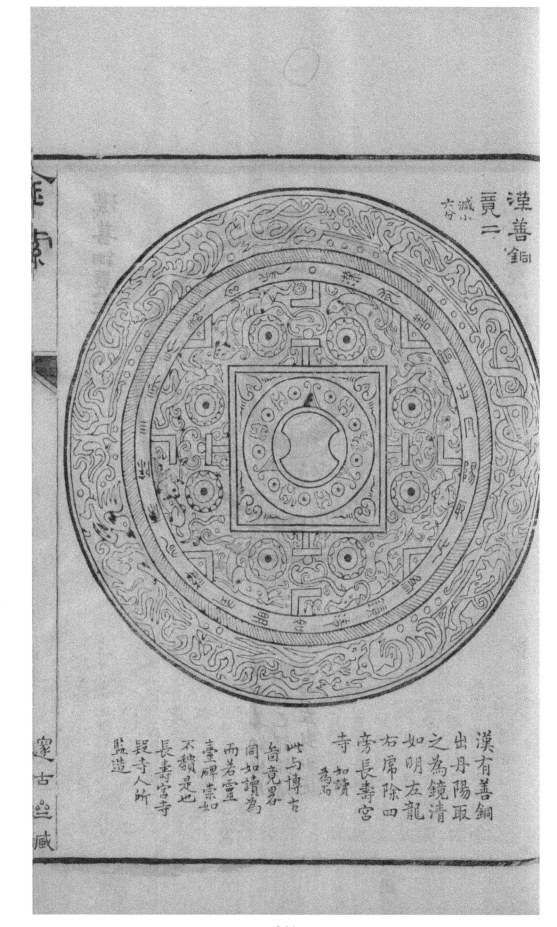

漢善銅竟三

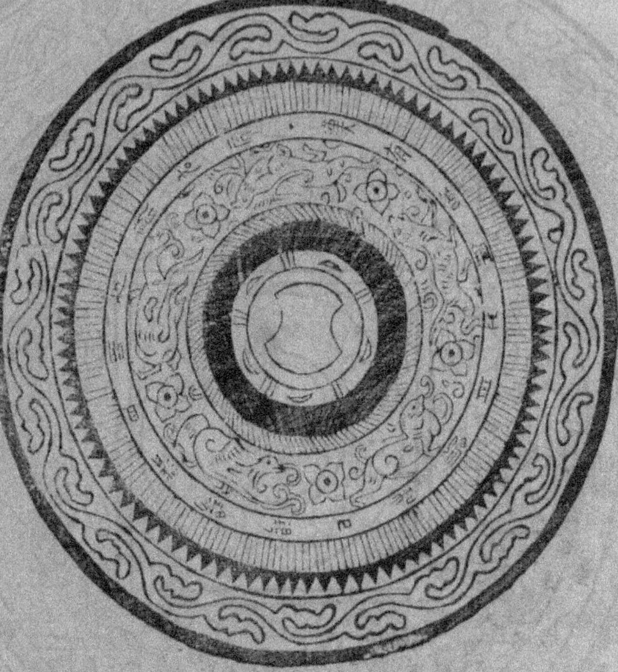

漢有善銅出丹
陽和已銀錫清
且明左龍右虎

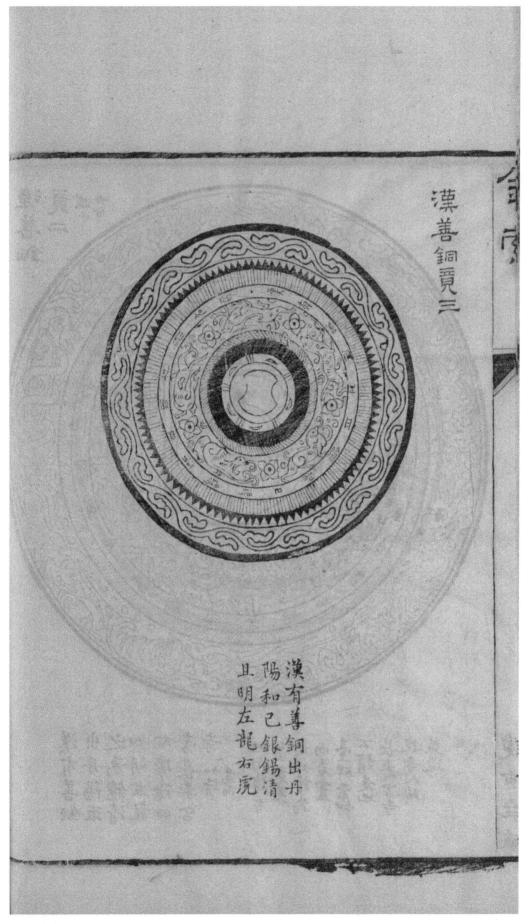

漢角王竟一

旲海藏

竟銘三層

外層銘

漢有善銅出丹陽湅

治銀錫清而明巧工刻

之成文章左龍右虎

辟不羊朱鳥元武

順陰陽子孫服具

居中央長保二親

樂富昌壽如金

石之侯王

中層銘

角王巨虛日得

憙延年益壽

去惡事長樂萬

世宜酒食子孫具

家大富

内層銘

宜子孫

竟分七格画四神及仙人鼓琴

騎獸之狀

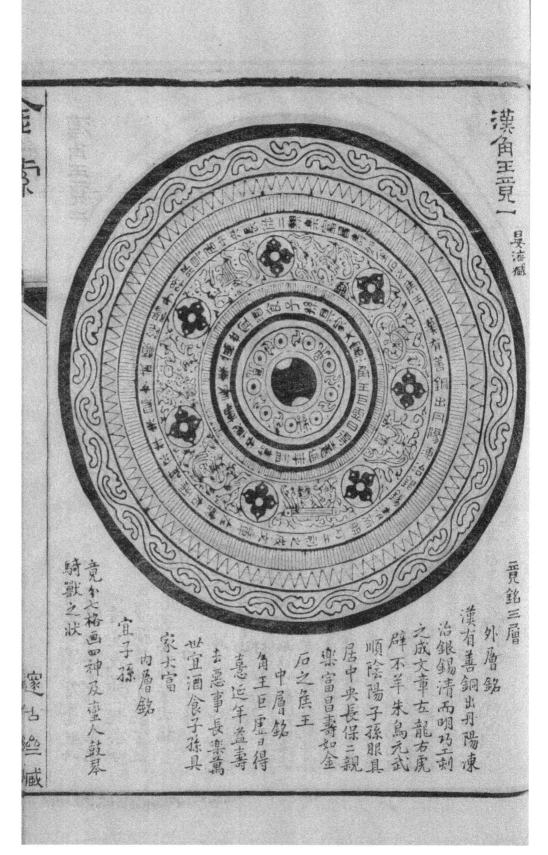

漢角王竟二

角王巨靈日有憙照此
明鏡成快意上有龍虎
四時置長保二親樂毋
事子孫相息家富就
元天毋極受大福

内銘十二辰

此竟見陸氏吉金圖
与予所得畧同陸氏
好古而不識古故有圖
無注予釋之云角王
巨虛者言匈奴部落
之大也後漢南匈奴
傳云其大者左賢王次
左谷蠡王次右賢王次
右谷蠡王謂之四角次
左右日逐王次左右溫禺
鞮王次左右斬將王謂
之六角故漢印有四角
羌王四角胡王此竟疑
言角王則四角六角皆
可用之

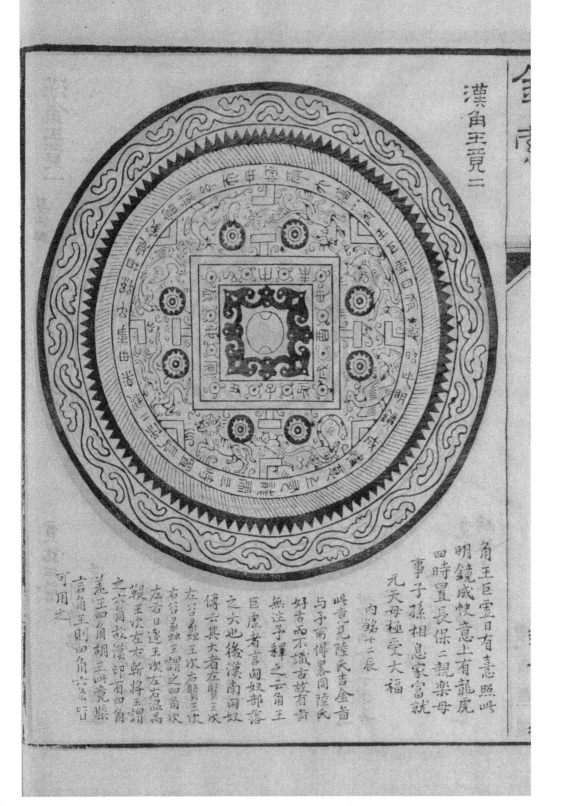

漢人物畫像竟

此竟之制精古非常細心繹之分四乳為四格其一格中立一人張大袖而舞揚其一足帽似髻髺衣緣邊皆悉旁一人鼓琴又二女子在其後翻身而舞望之似長蛇若弓胥也琴旁有一香爐後有一劍一三連環一格中畫一人垂首而坐左右侍坐各二人有播鼗者其它亦有所執持想亦樂器耳一格畫中坐者有鬚亦垂席左右坐三人有作舉手狀者有壺盒又有二女子袖手凝立于後皆高髻瘦腰長裙古語所謂城中好高髻四方高一尺者其一格畫二車往來相值皆駕五馬所謂良馬五之者車有貝蓋有方軫有直櫺窗有斜紋席車後有叠山有鳥畫外緣邊作迴鸞鳥舞鳳之飾此竟止漢尺八寸七分而畫人凡十五畫車二畫馬十一切歌舞飲食器具皆備而且男女衣著翹然古制與武梁石室相似可作縮本漢畫像觀之也能勿寶諸

邃古盦藏

漢雙鳳雙獅竟 縮本

此鏡大漢尺九寸九分係曲阜城守劉子君偕所貽色如黝漆光可以鑒其花飾負縱鏤文深細真漢物也

漢海馬蒲桃竟一

中層五海馬以其一為鏡鈕又有孔雀二其尾甚巨以蒲桃錯雜其間其外層則鵲花蜂蝶蒲桃繞之此竟極厚重

鵬按海馬蒲桃鏡愽古啚不釋其義或取天馬徠自西極及張騫使西域得蒲桃歸之異歟

海馬蒲桃覔二

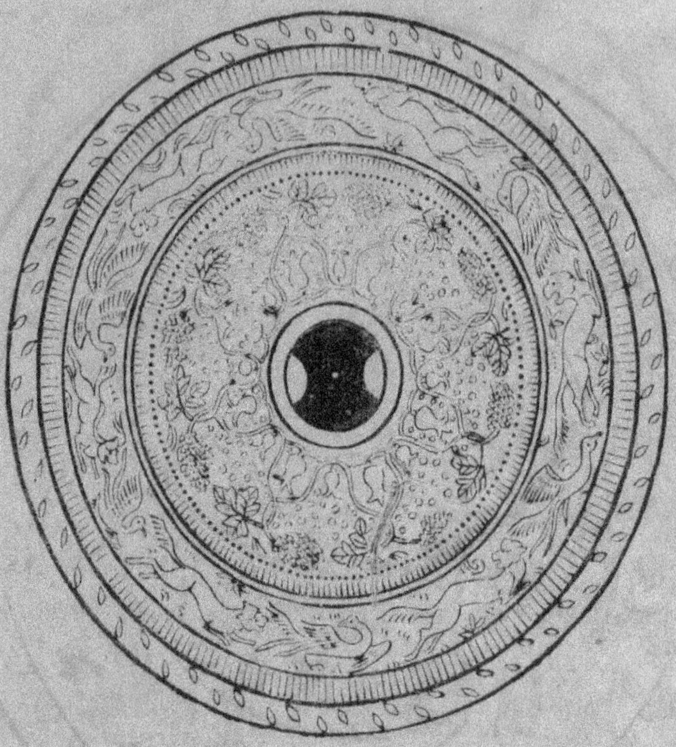

中層蒲桃安榴外層海馬鳳皇其邊乃菱季蕊也

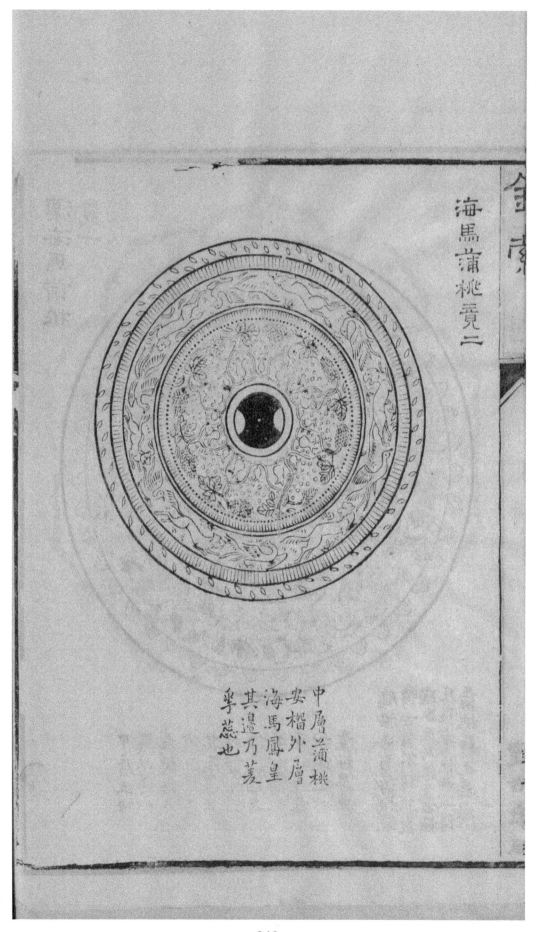

海馬蒲桃覔三

中層海馬外層海燕蒲桃以桃枝負轉其間為界此竟正背俱瑩白如銀

海馬蒲桃覔四

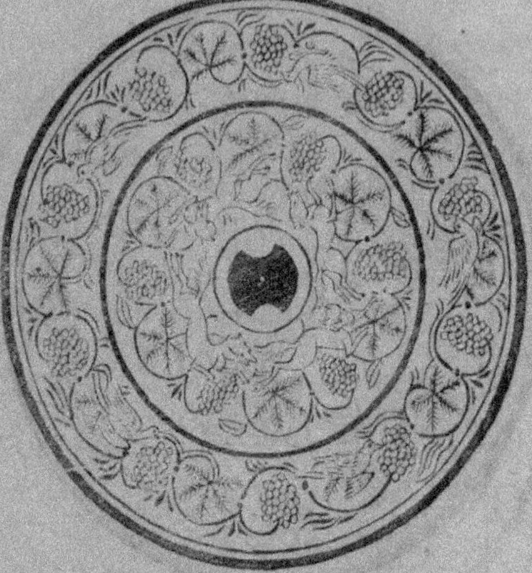

内層海馬蒲桃
外層靈鵲蒲桃
此竟亦白如銀也

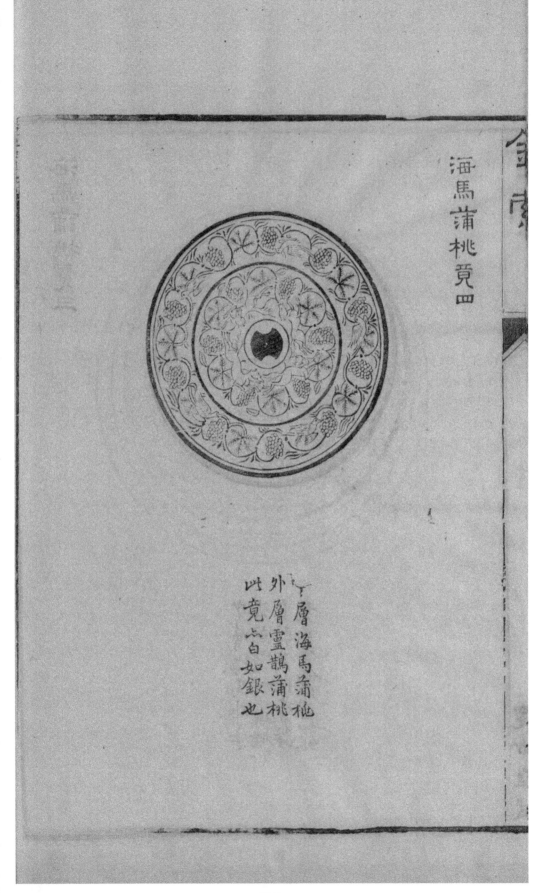

海馬蒲桃五八五

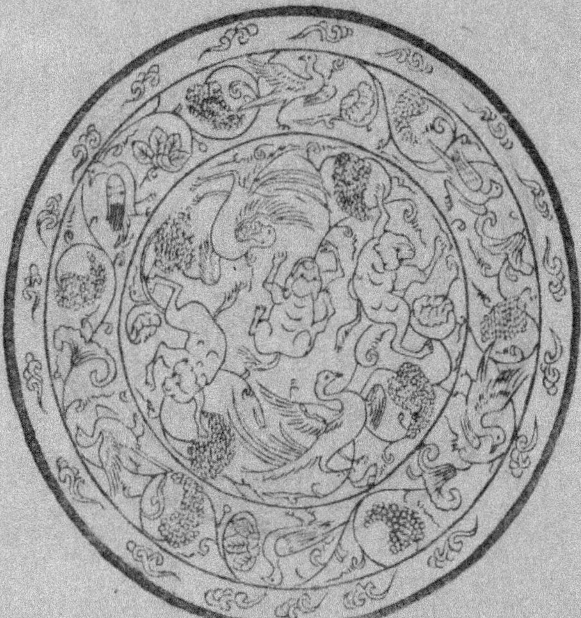

中有二海馬二錦鷄博古録所謂雄馬鏡也其鈕亦用海馬

邃古亝藏

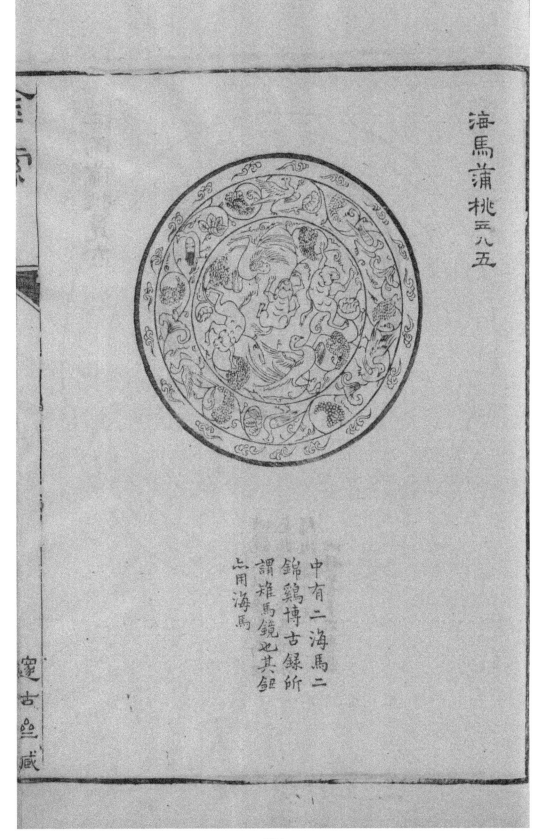

海馬蒲桃鑑六

此鏡亦以海馬爲鈕
色瑩白而紋甚緻朱
綠斑斕可玩
此種甚多不悉載

漢七乳竟

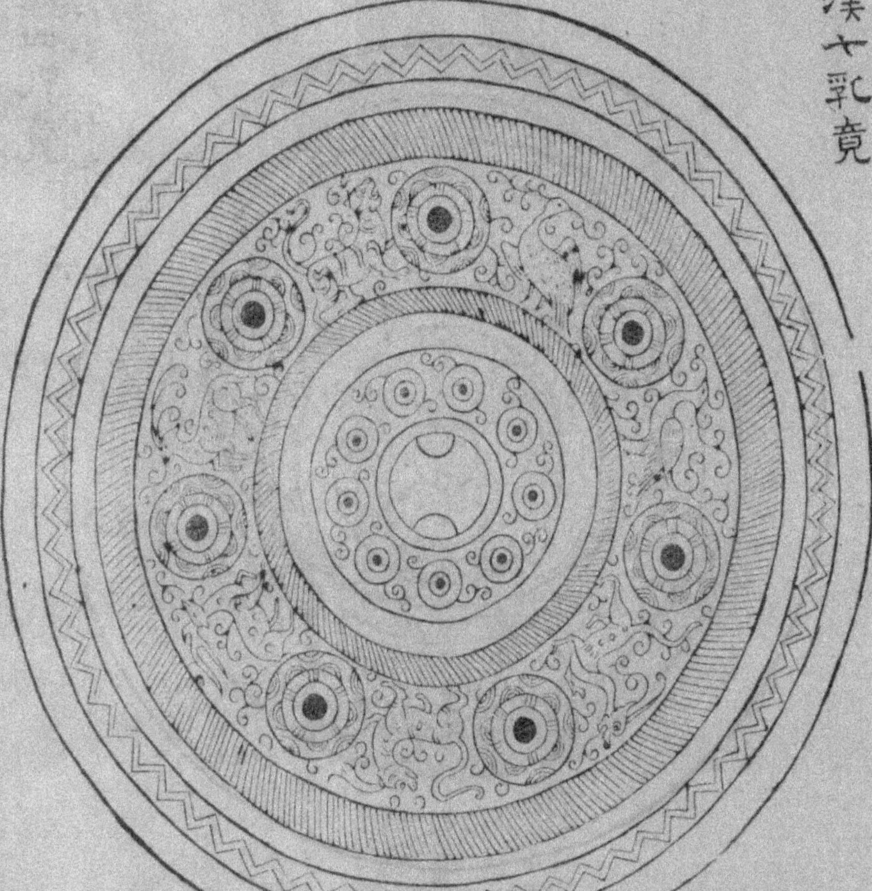

舊以為七乳鏡狀七乳無所取義宜名七星鏡與古鏡文合也

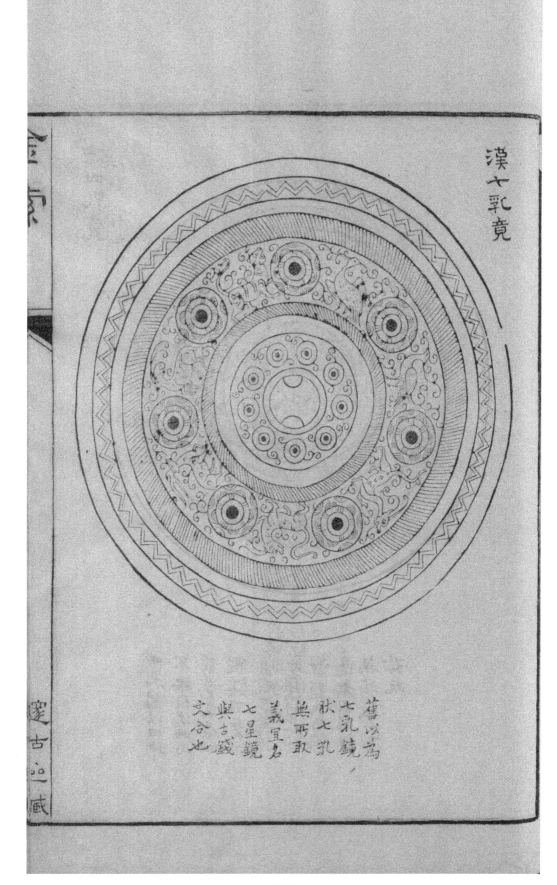

漢四乳竟

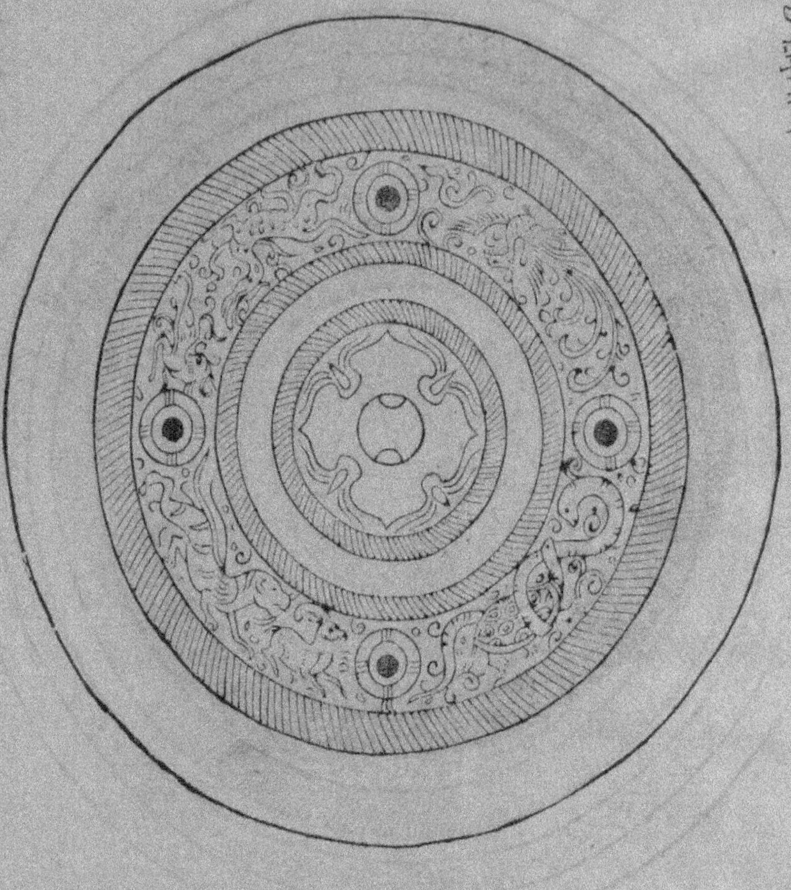

四乳閒以四神
不按位次此与
前竟朱緑如
凝漆不磨而
自明信漢物
也俱得之仙
源顔氏与倣
造者不同雖
無銘識亦可
珎玩

四乳鑑二

此鏡四乳四神各按位次

四乳鑑三

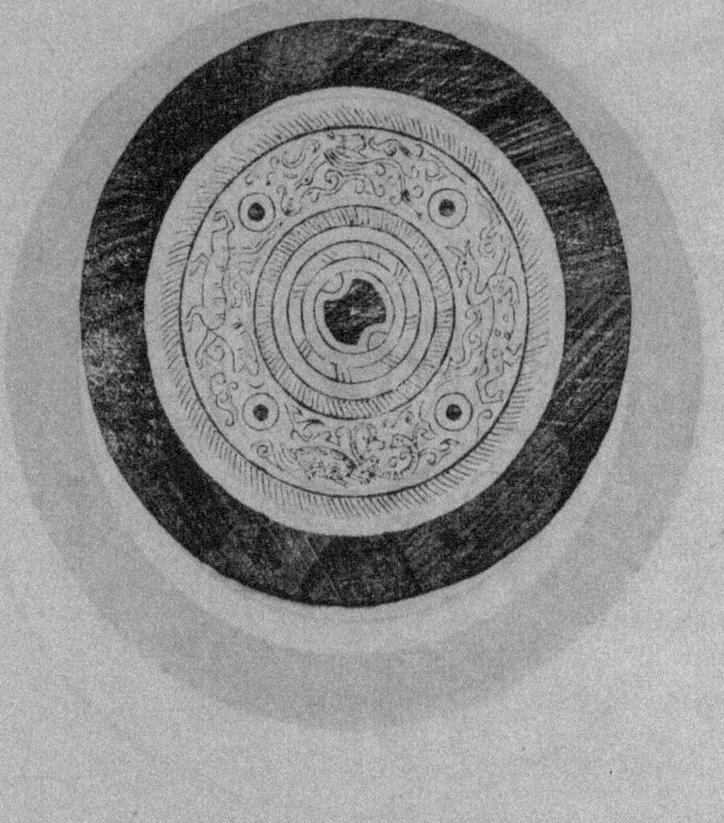

此鏡質如銀而色如深墨龍虎左右不同

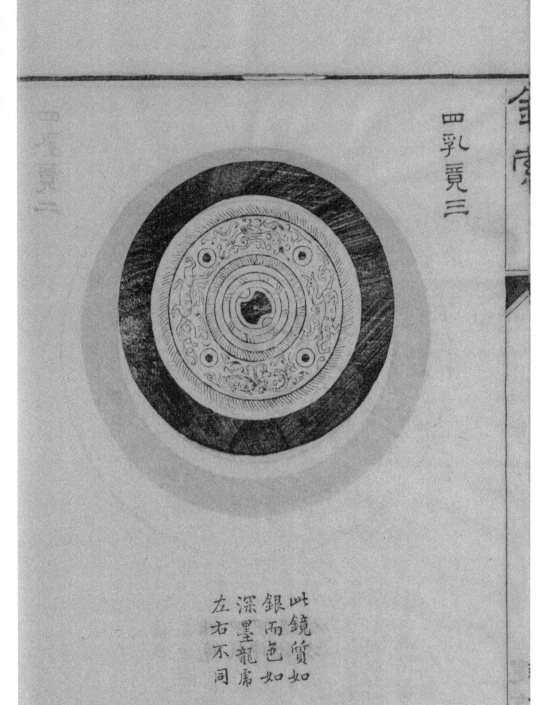

新肖氏竟

舊藏樂園今歸玉虹樓

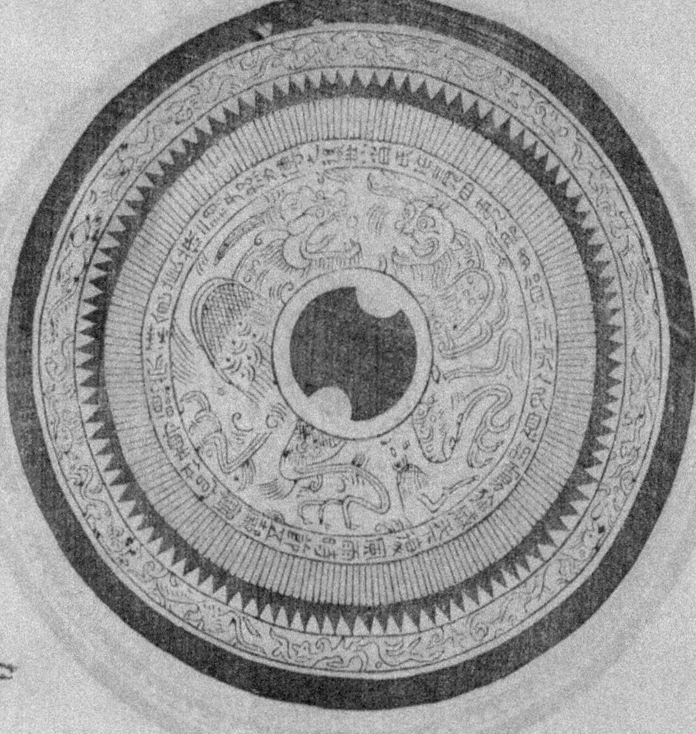

肖氏作竟四夷服多賀新家人民息胡虜殄威天下復風雨時節五穀孰官位尊顯蒙禄食長葆二親子孫力傳之後世

顯即顯 長葆即長保

此新莽時鏡也篆銘四十六字精緻絶倫蓋与青羊騶氏等鏡略同惟易國家為新家耳其中作蟠龍〻飾其邊繞以迴龍舞鳳其色如銀眞可寶玩孔琹南云漢有肖安國肖玉肖同俱陳留人考陳留郡于漢時屬兖州故此竟於沇州得之其說良是

新銀竟

新銀治竟子孫具
多賀君家受大福
位至公卿修祿食
幸得時年獲嘉德
傳之後世樂無極
大吉

此亦莽時鏡故
曰新銀其質不
類銀鏡或一時
倣造者與金石
志所收如一範

新善銅鏡

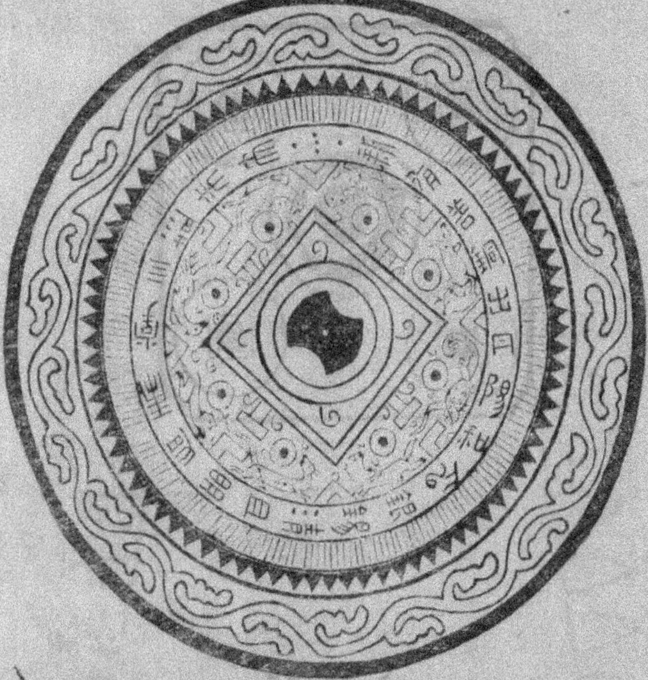

新有善銅出丹陽
和以銀錫清且明
有席掌四旁未央
此亦新莽時鏡
故曰新有善銅
也四旁作三彭
見八子九孫鏡

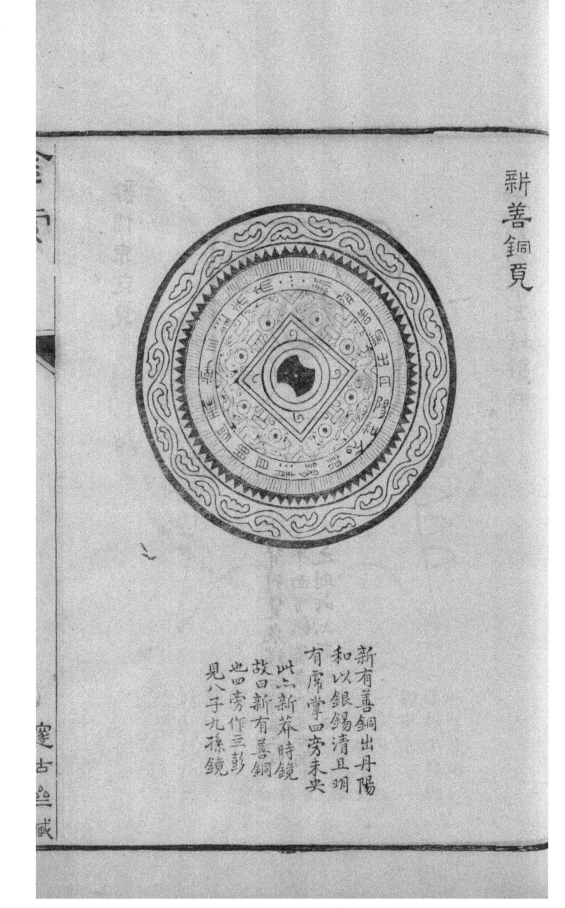

新貨泉范竟

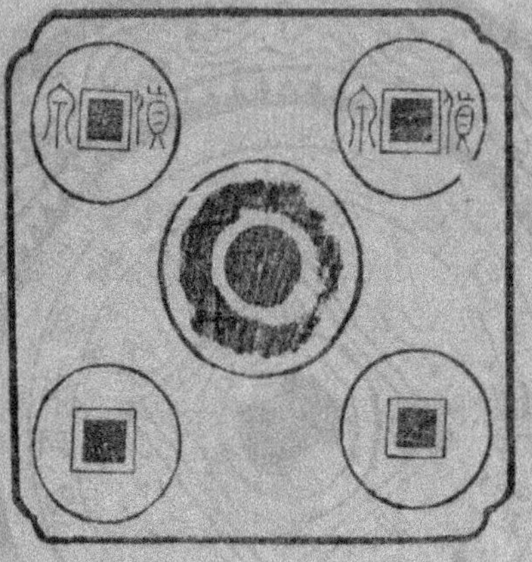

背列貨泉錢乚背各二枚平面可鑑貨泉惟王莽用之則此亦新時鏡也

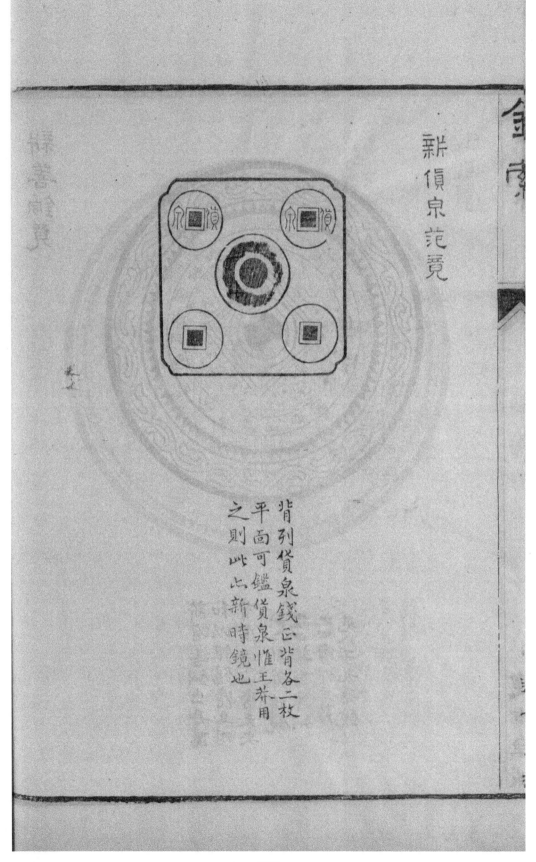

後漢傳形五銖鐘鏡

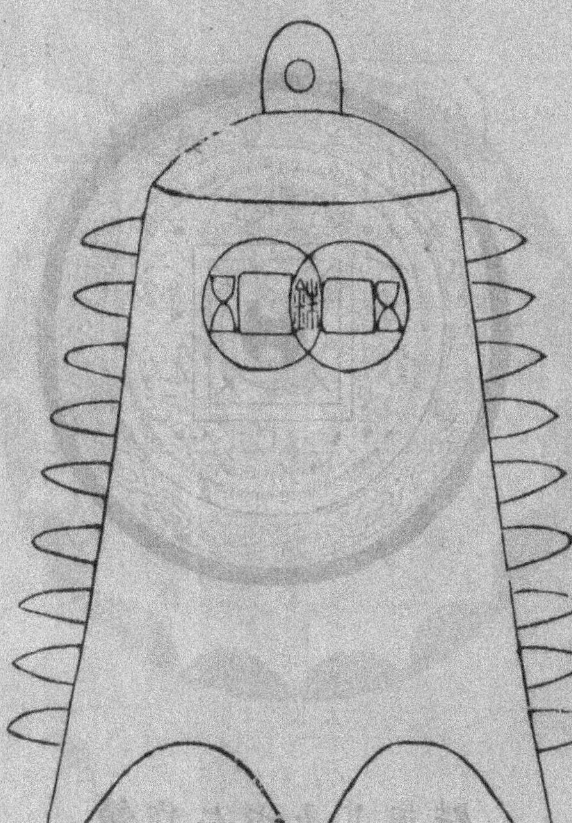

此葉東卿所貽拓本鏡作鐘形邊有十八乳中有五銖二枚相交作五銖銖五之文蓋傳形五銖也鏡式銖非漢制而傳形五銖錢則後漢昭烈時制故屬之後漢

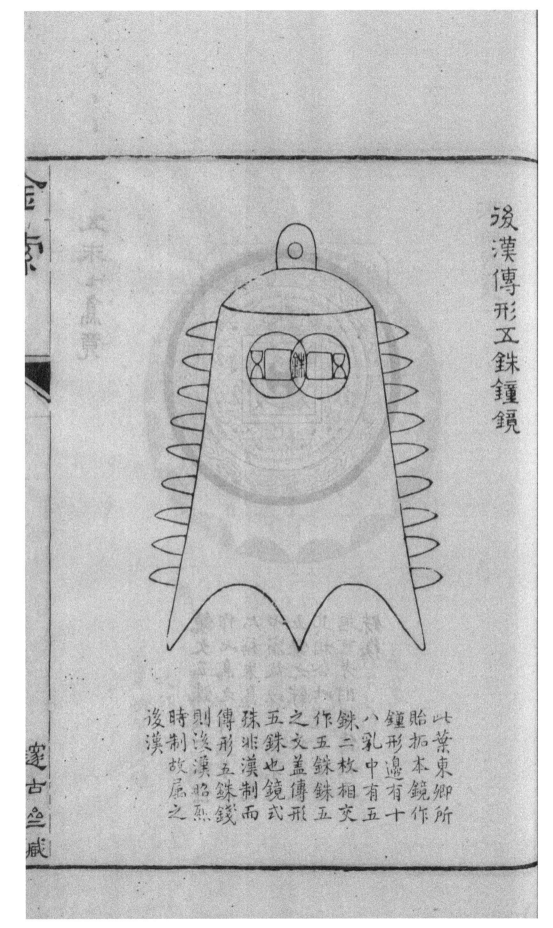

五朱七鳥竟

鏡文五銖錢一枚餘作七鳥之飾蓋朱雀亦稱朱鳥南方朱鳥七宿故以七鳥象之五銖之銖亦作朱取其相合此鏡白晳時無可考附于傳形五銖後

漢日光竟一

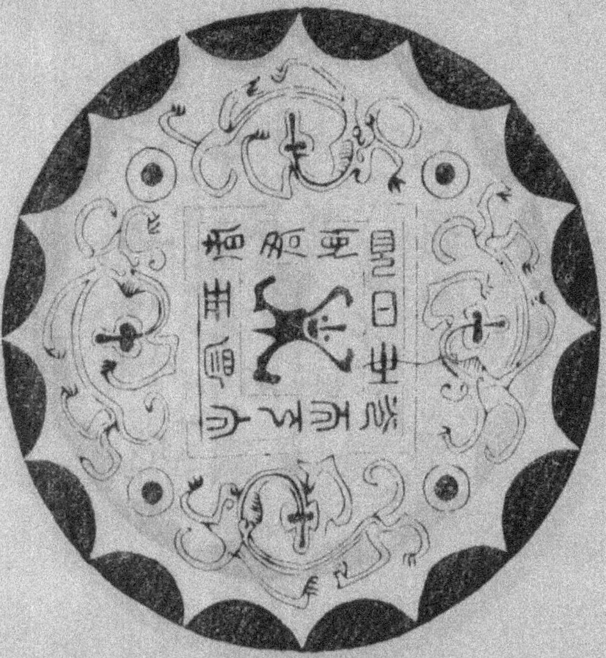

見日之光
天下大明
用者君卿
此竟作四乳及
盤螭之飾外
邊十六出其于
形製少異當
是由漢入六朝
之作予与葉
東卿皆有此鏡

日光賈二

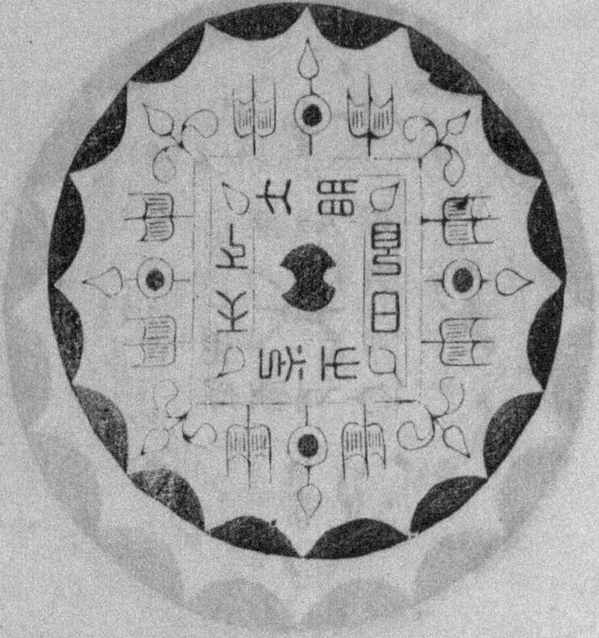

見日之光
天下大明

日光鏡三

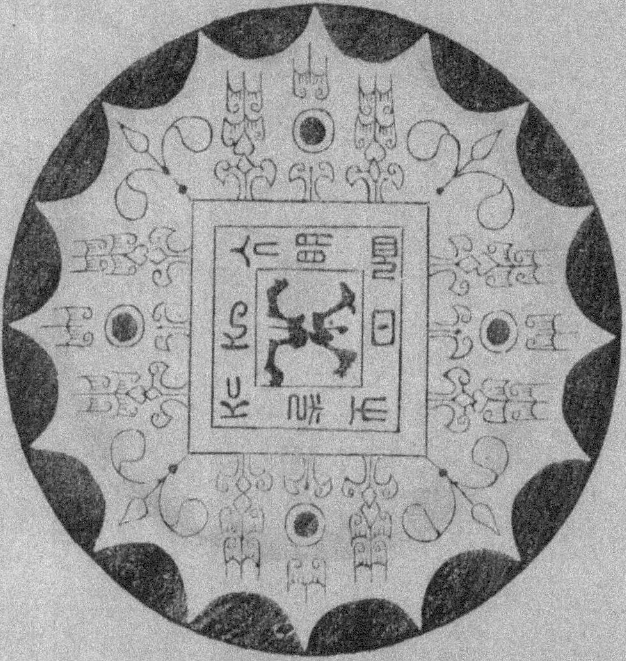

同上

日光竟四

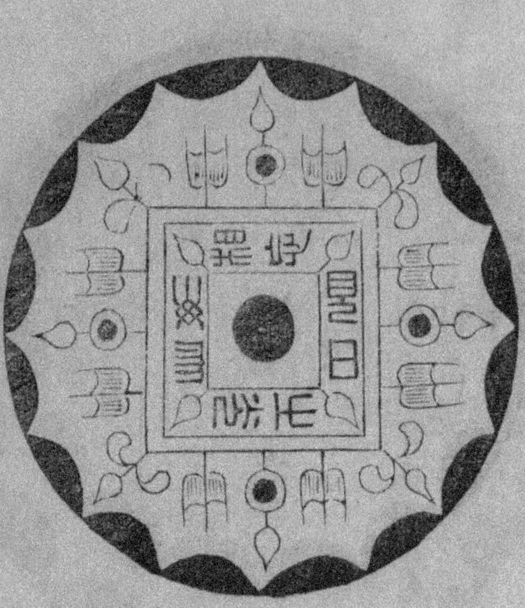

見日之光
長毋相忘

日光竟五

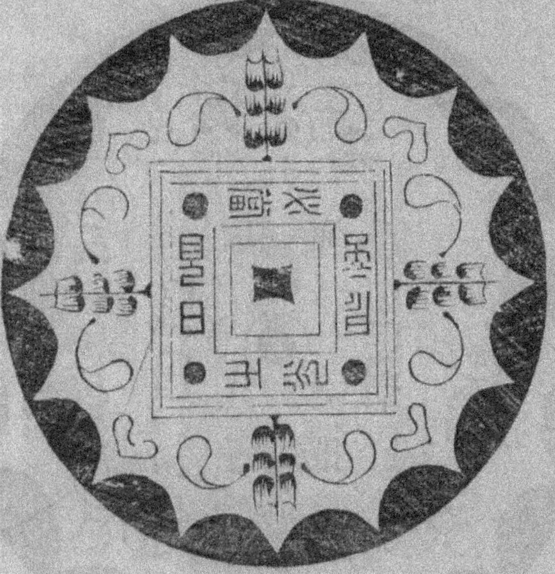

見日之光
所言必當
此鏡集軒得之
歷下當字作平
讀句法峭

日光鏡六

見日之光
長樂未央

此鏡在汶上縣蔡虞夫以拓本見貽按長毋相忘漢印及漢瓦皆有此文長樂未央亦見漢瓦可互相考証也

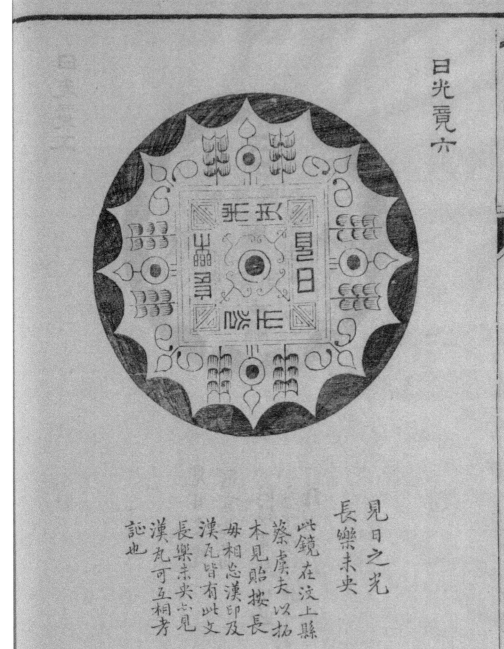

日光鏡七

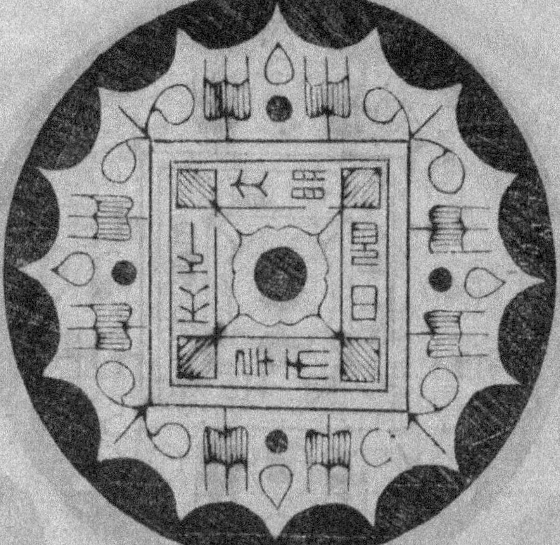

見日之光
天下大明

此姜子小珊
贈晏海鏡

日明竟

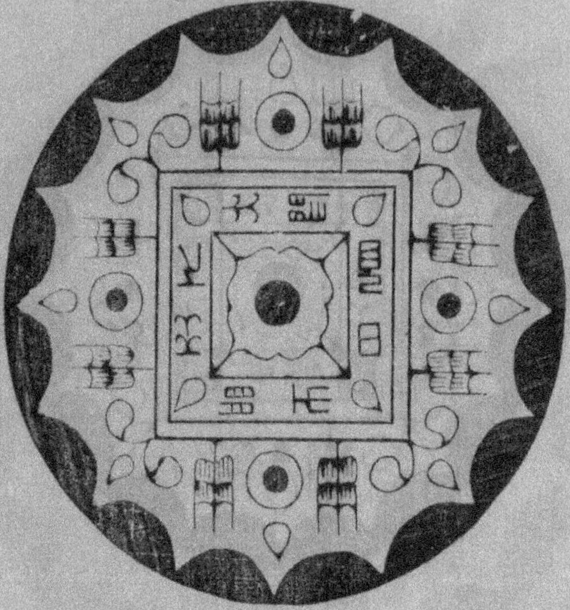

見日之明
天下大陽

此藏東鄉鏡
陽字反書相
配亦巧

魏東阿竟

照是明鏡人快
意左龍右虎
四時置常保
二親樂無
事長宜子
孫家大富
與君相保
常相憶

東阿

此鏡得之
東阿縣魚
山之麓東
阿三之墓
在焉

鏡邊有鏨文東阿
宮〻下一字泐殘即當
年宮中所用者

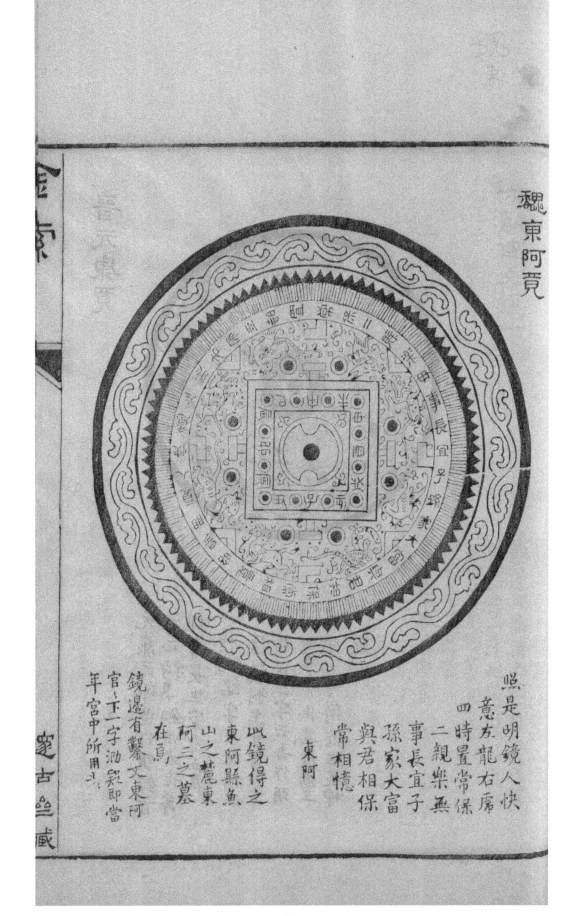

晉元康竟

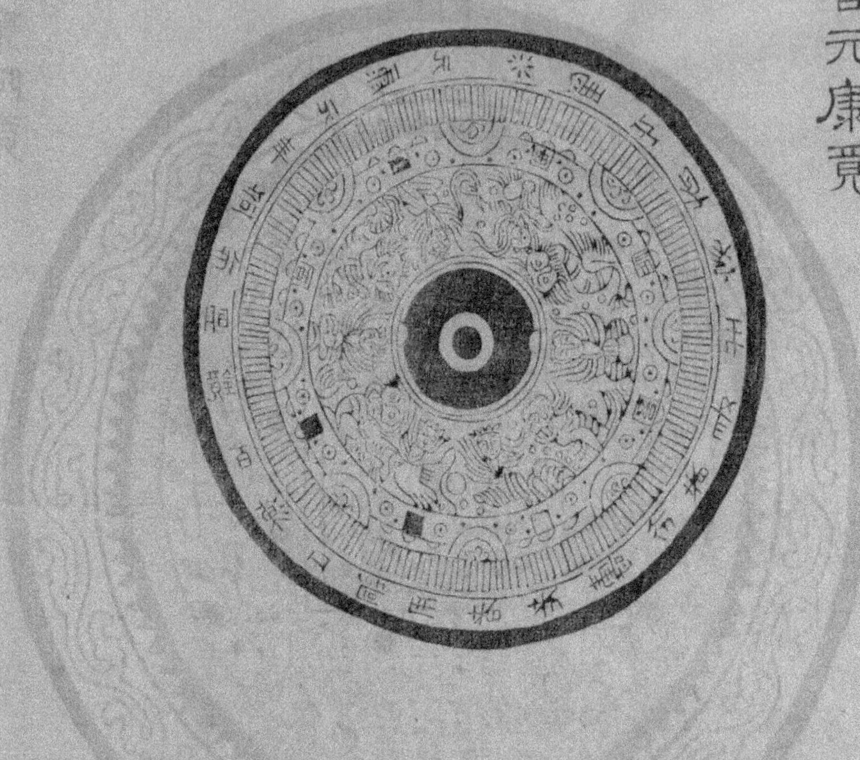

元康元年造作明鏡百

湅□字即真銅用者老壽

作者長生家有五馬

此鏡銘字用行楷派

後漢制矣其內八方

格一格一字云吾作明

○百○○佳其磨湅三

字不可辨餘作衆神

之飾

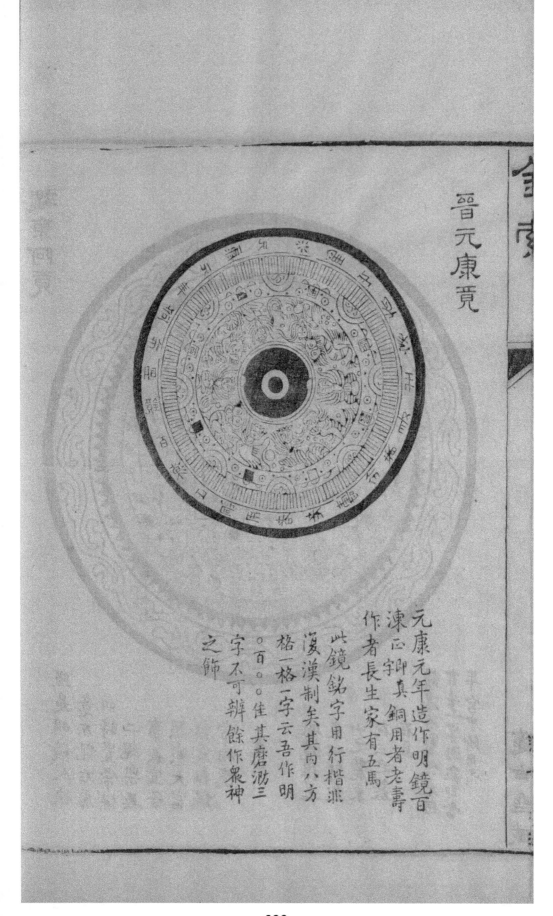

六朝迴文鏡一

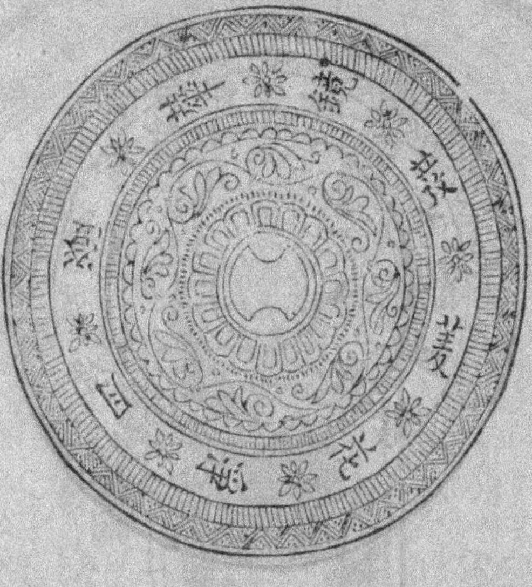

蘇若蘭于前秦苻堅時作迴文錦遂開齊梁之先一時效作此體此鏡一字一季相關迴環往復無不可讀中作菱季之飾

正讀四言八首

鏡發菱花淨月澄華一發菱花淨月澄華鏡二菱花淨月澄華鏡發三花淨月澄華鏡發菱四淨月澄華鏡發菱花五月澄華鏡發菱花淨六澄華鏡發菱花淨月七華鏡發菱花淨月澄八

迴文讀四言八首

鏡華澄月淨花菱發一華澄月淨花菱發鏡二澄月淨花菱發鏡華三月淨花菱發鏡華澄四淨花菱發鏡華澄月五花菱發鏡華澄月淨六菱發鏡華澄月淨花七發鏡華澄月淨花菱八

又首尾交加正讀五言八首迴文讀五言八首共得詩三十二首其交加讀如鏡發菱花淨二月澄華鏡之類

六朝迴文鏡二

此鏡銘十六字可迴文不能脫卻讀故首尾之間有一花隔之

正讀

菱花流彩波澄影正月素齊明鑒泰逾淨

迴文讀

淨逾泰鑒明齊素月正影澄波彩流花菱

前一竟于丙子冬得之沛寧後一竟于丁丑春得之沛南其字畫相類故定為六朝鏡可云雙璧

六朝靈鑑

美哉靈鑑妙極神工明疑積水淨若澄空光涵晉殿影照秦宮防姦集祉應物無窮懸書玉篆永鏤青銅

鏡銘四十字中畫四獸有一麟口中吐玉書此葉六卿鏡

何以知其為六朝也蓋因其字知之如以金為涵婺為姦之類也

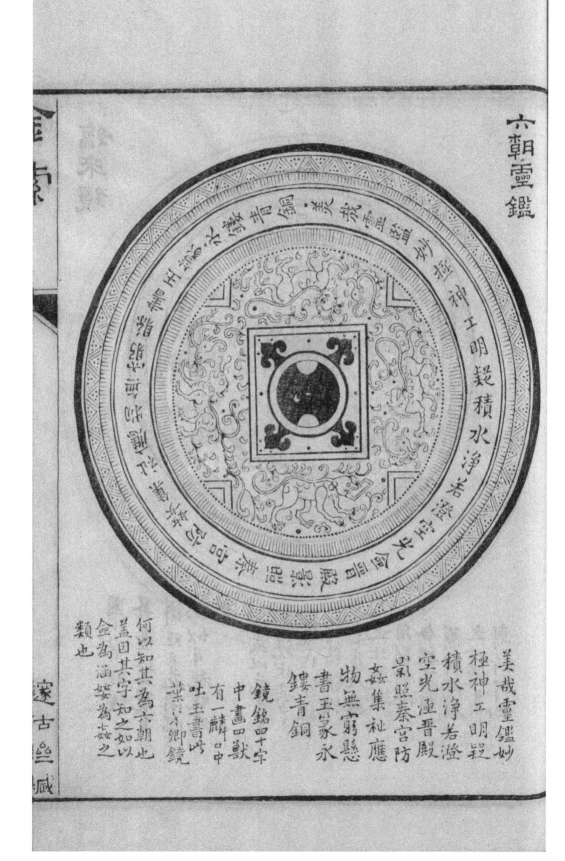

嬌來鏡

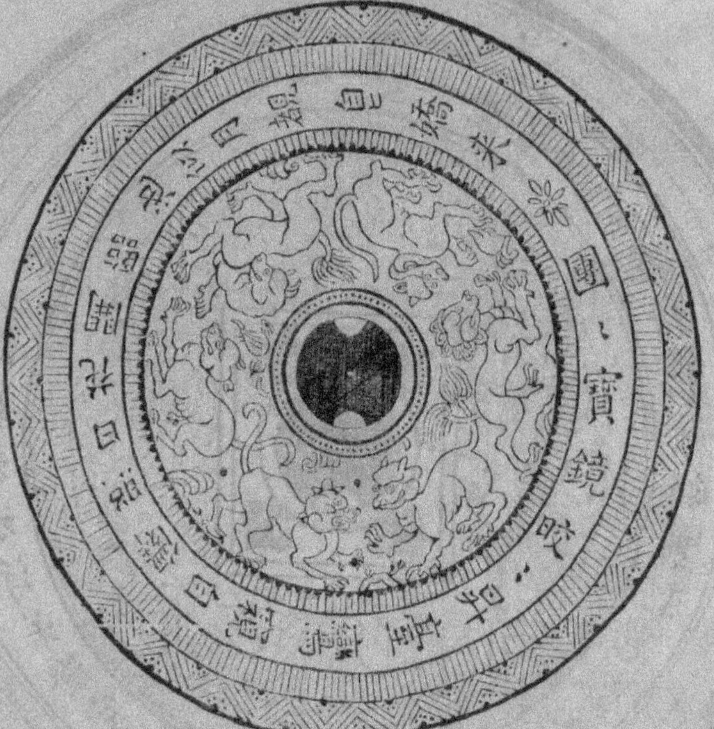

團ゝ寶鏡皎ゝ
昇臺鸞窺自
儛照日花開臨
池似月靚貌嬌
来

此或以為唐
人鏡然其中
窺作窺臨
作臨貌作
自唐人無
之北朝喜
用别體當
合魏齊周
隋碑碣觀
之此鏡集
軒所得也

隨仁壽鏡

此鏡湯子景濤得之西安按隋文帝自開皇九年滅陳混一南北至仁壽時銷兵之效已驗此云傳聞蓋猶在仁壽後也

百鍊竟

精金百鍊有鑒思擬子育長生形神相識鏡中八卦就其方折之勢銘中極作擬从四點每于北朝碑帖見之則此亦六朝時所制竟也

鳳皇雙竟 畫減畧

鳳凰雙鏡南金裝陰陽各為配日月恒相會白玉芙蓉匣翠羽瓊瑤帶同心人心相親照心照膽保千春

紅豆

此竟畫盡與前竟相侶其銘辭香艷旖旎動人侶溫李手筆真可味也二鏡皆东卿拓本

芙蓉覔

詩云鸞鏡曉勻粧
慢把花鈿飾真如
淥水中一朶芙蓉出
鏡如千葉蓮
每一瓣一字以
出字為鈿此
亦東鄉拓本

貴富貢一

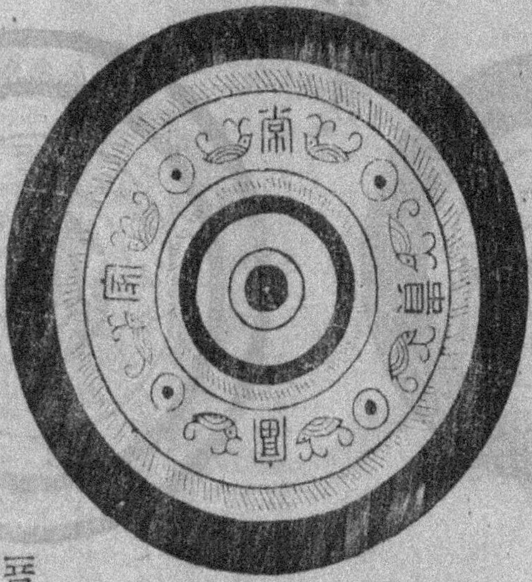

家常貴富

旁有八鳥四星閒之

貢二

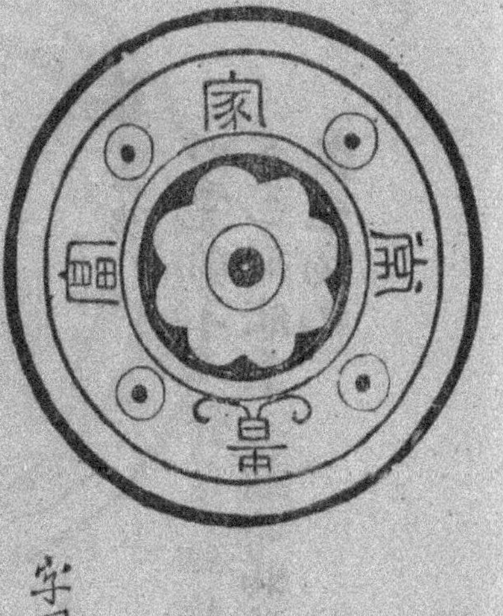

字同上

貢三

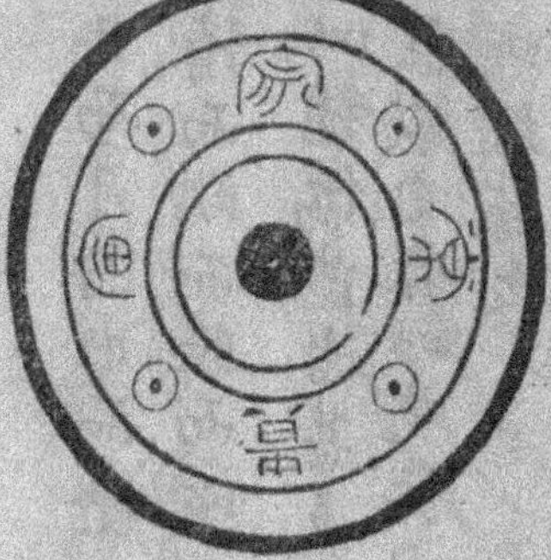

字同上

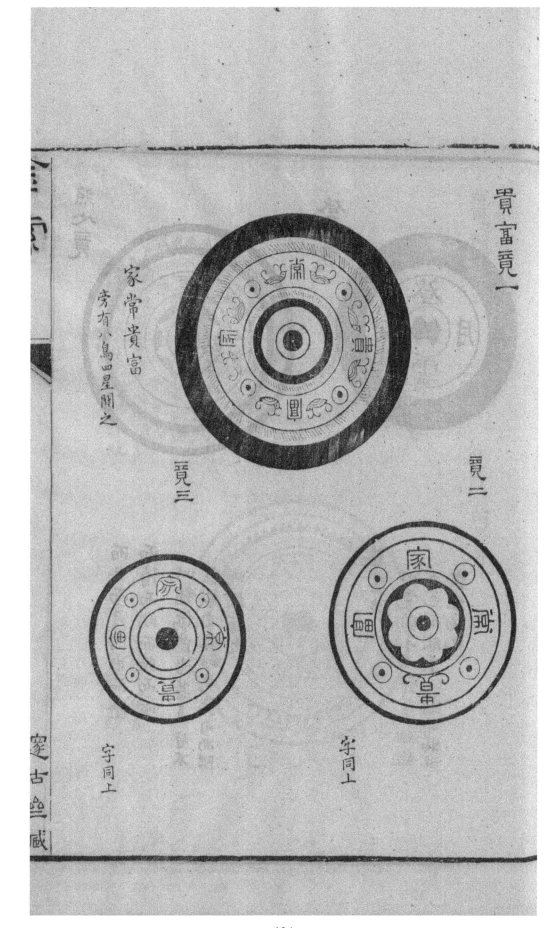

照心竟

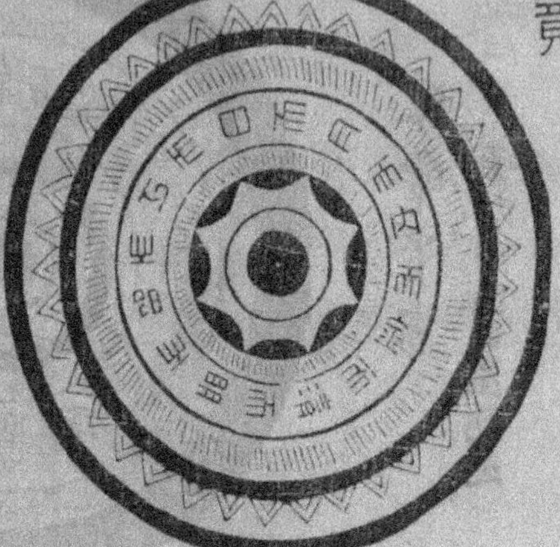

登雲竟

而日而月而内而金
而清而明而照而心
此種偽造者甚多皆不
能成句惟此竟語句尚明
晰故録之

登雲步月
此竟雖小而銀質細緻
五色斑駁真六朝時物非
宋元物也

鼉龍竟一

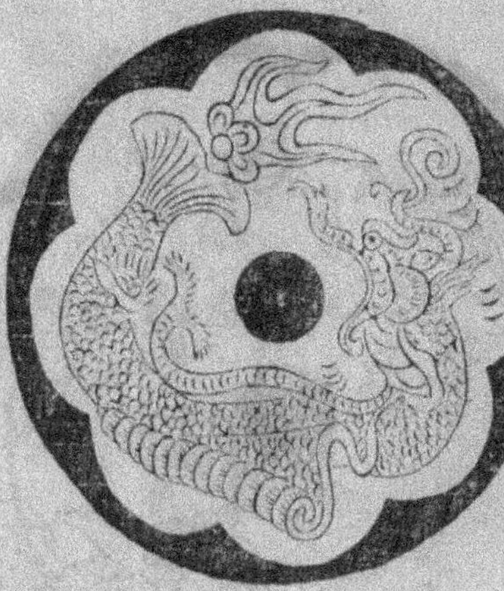

此畫一鼉龍全身盤繞張口向鏡蒂如銜珠狀

竟二

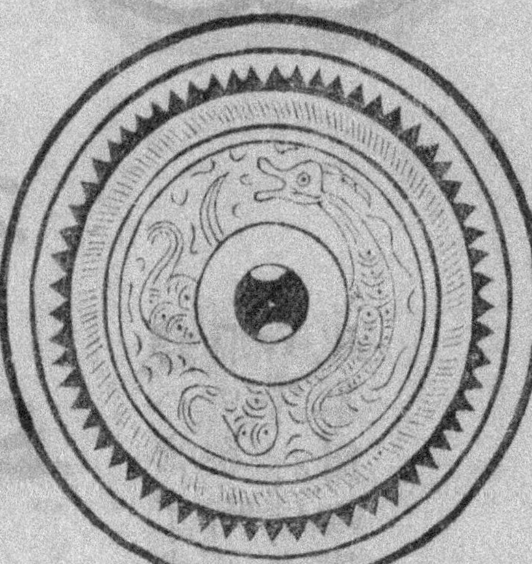

此竟質如白銀五色銹暈不磨自明

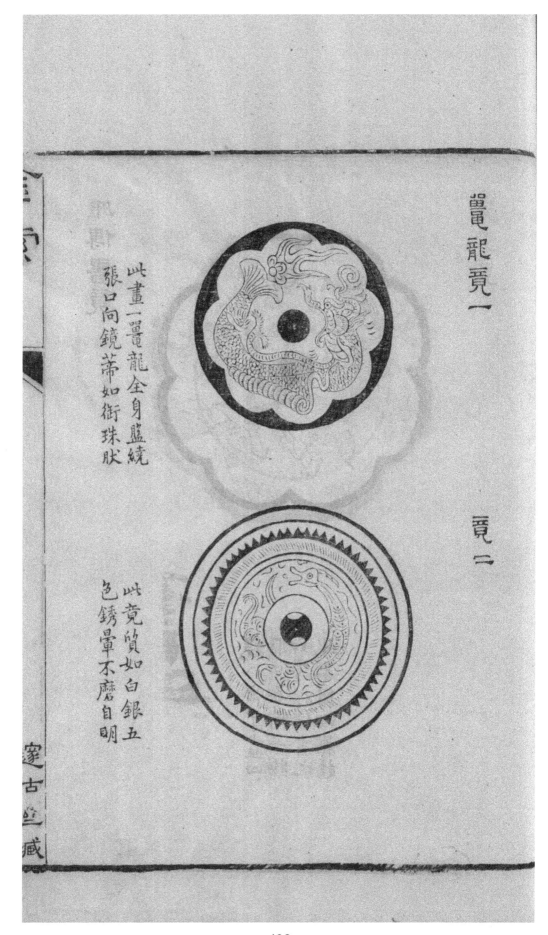

雁傳書鑑

鏡八出中畫四雁口各啣一物如帶作傳書之狀各間以花枝

菱花竟

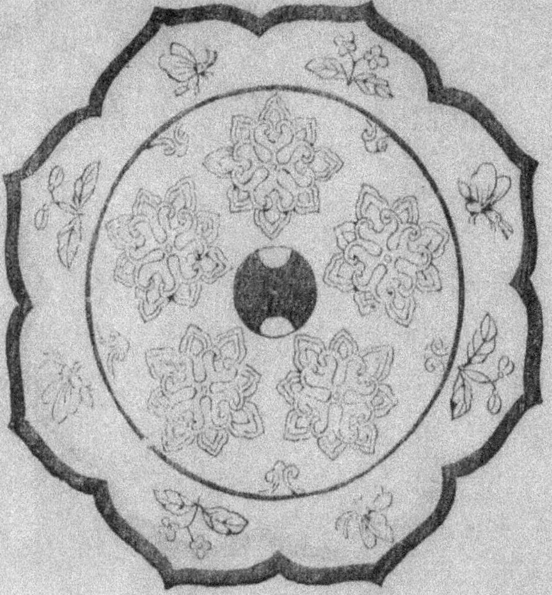

此劉君階所贈鏡
内外作花蝶之飾
與前鏡俱白質黑章

鑒古堂藏

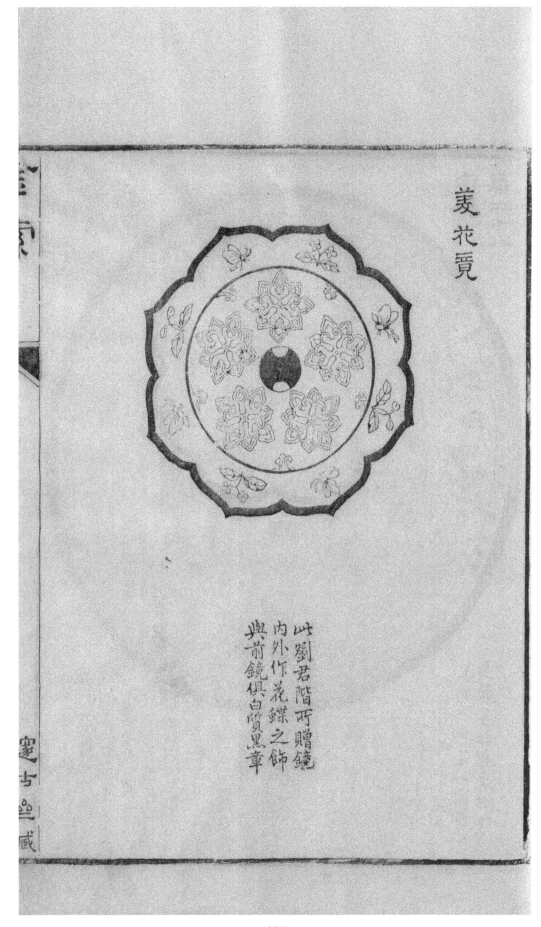

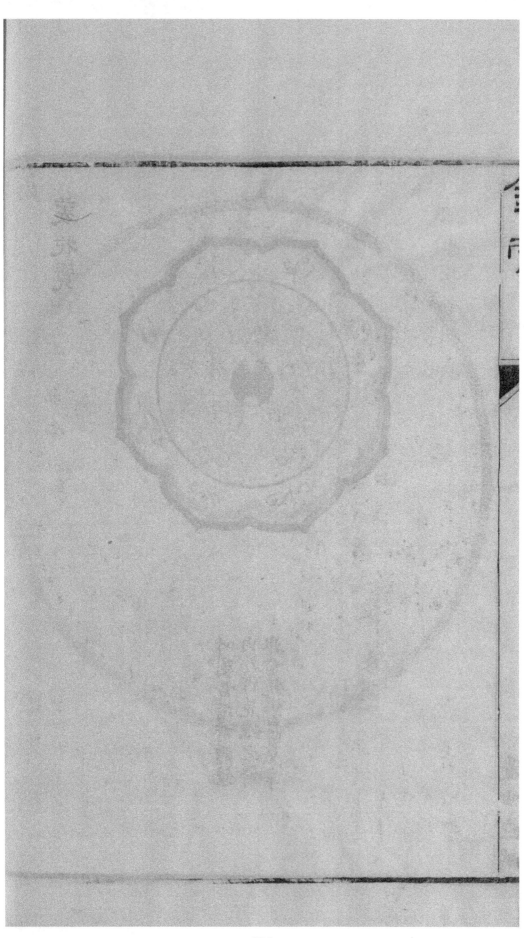

唐二十八宿鏡一

縮本

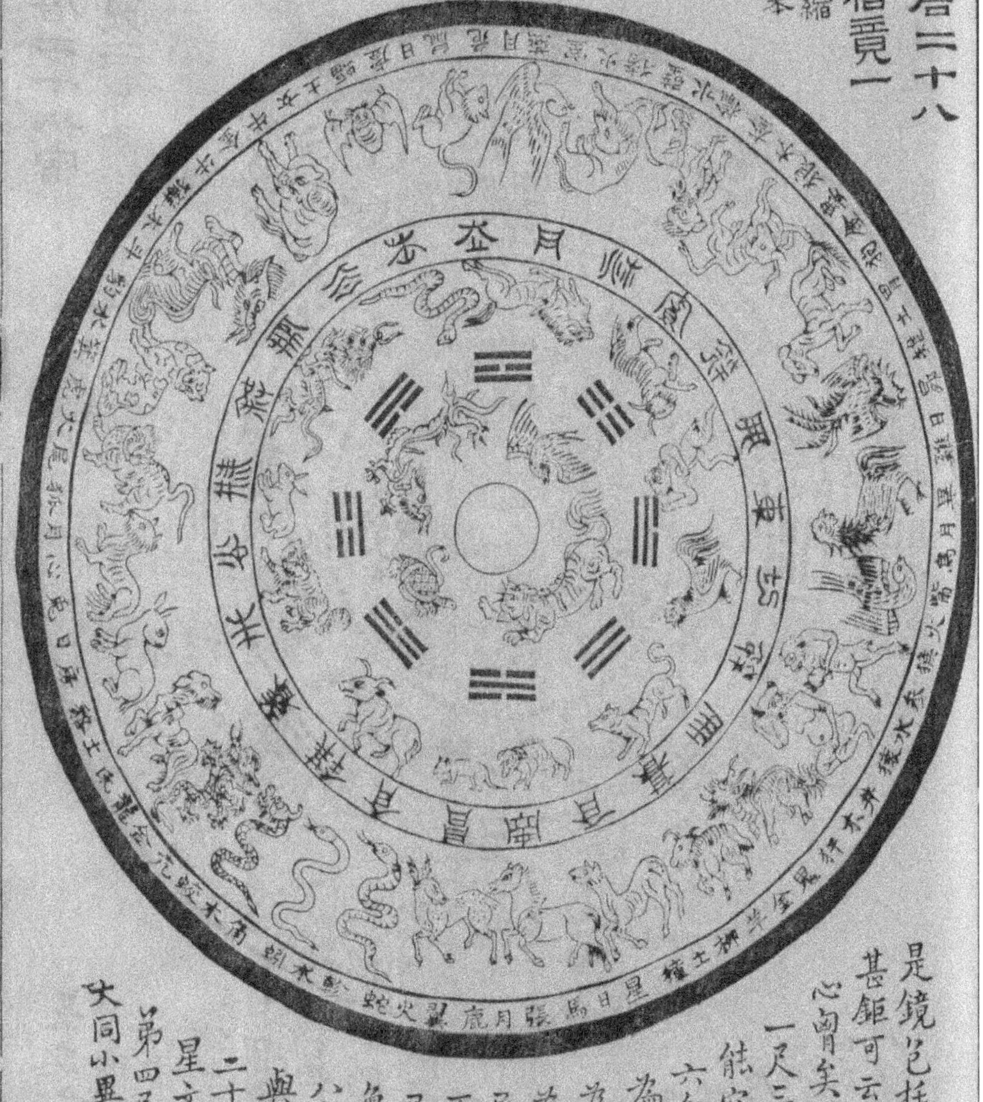

是鏡包括乾象制作甚鉅可云二十八宿羅心胸矣面逕建初尺一尺三寸三分書不能容故縮成分六分其第一層為四神次層為八卦三層為十二生肖四層似符似字不能盡識五層二十八宿之象六層二十八宿星君之名與博古畫中二十八宿竟畫星文者不同其第四層篆文亦大同小異殊不可考

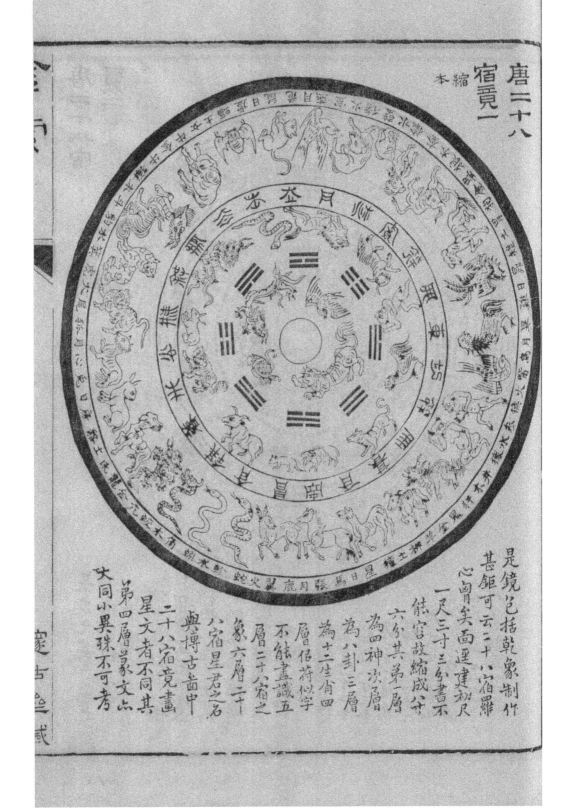

唐二十八宿鏡二 縮本

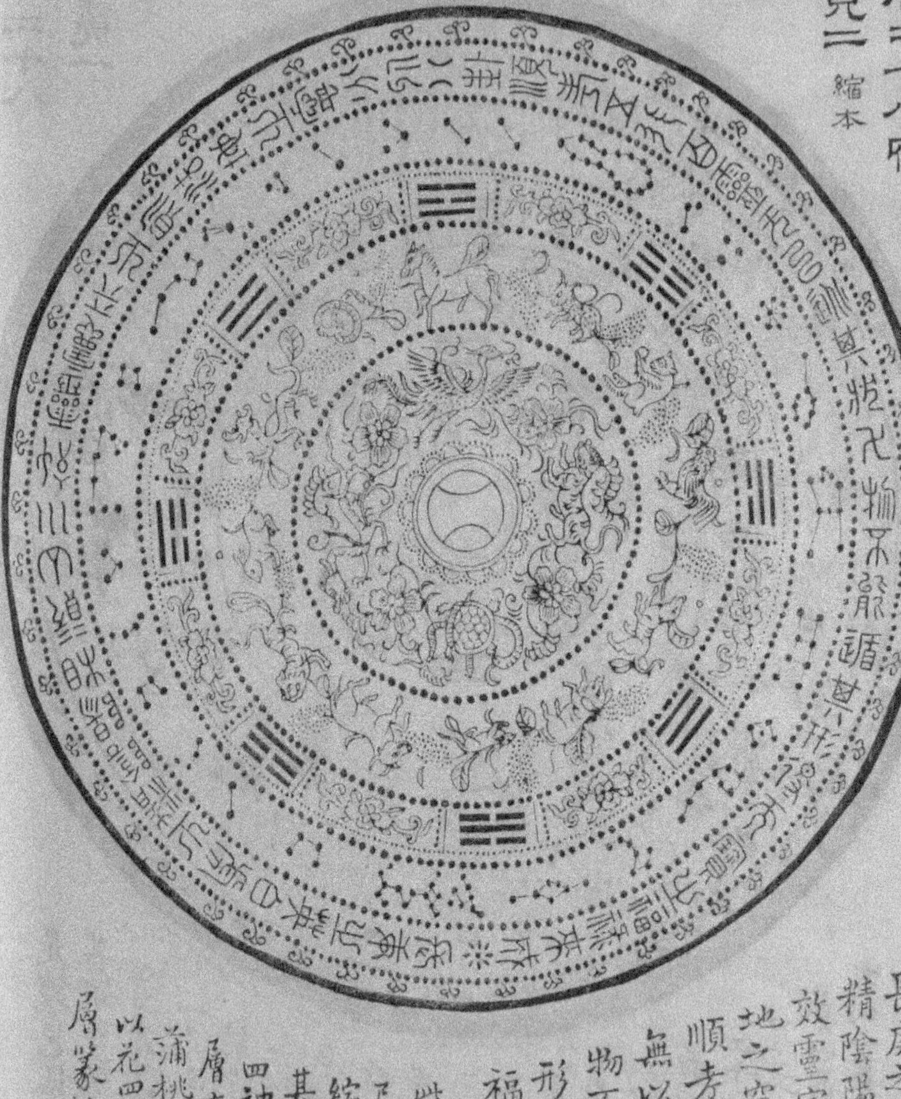

長庚之英白虎之
精陰陽相資山川
效靈憲天之則法
地之寧分列八卦
順考五行百靈
無以逃其狀萬
物不能遁其
形得而寶之
福禄来成

此鏡圓徑漢
尺一尺一寸二分
縮作八寸三分
其第一層為
四神夾以四花二
層十二生肖夾以
蒲桃三層八卦間
以花四層廿八宿五
層篆銘五十四字

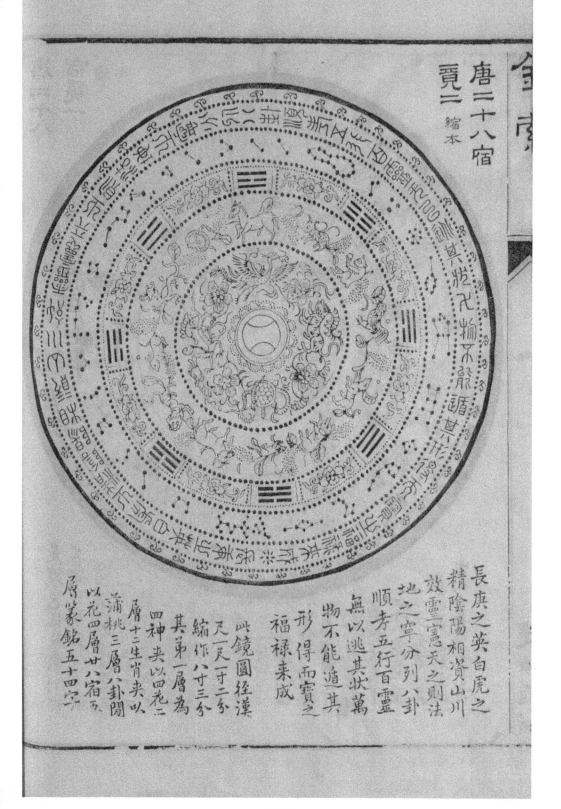

唐璧水竟 縮本

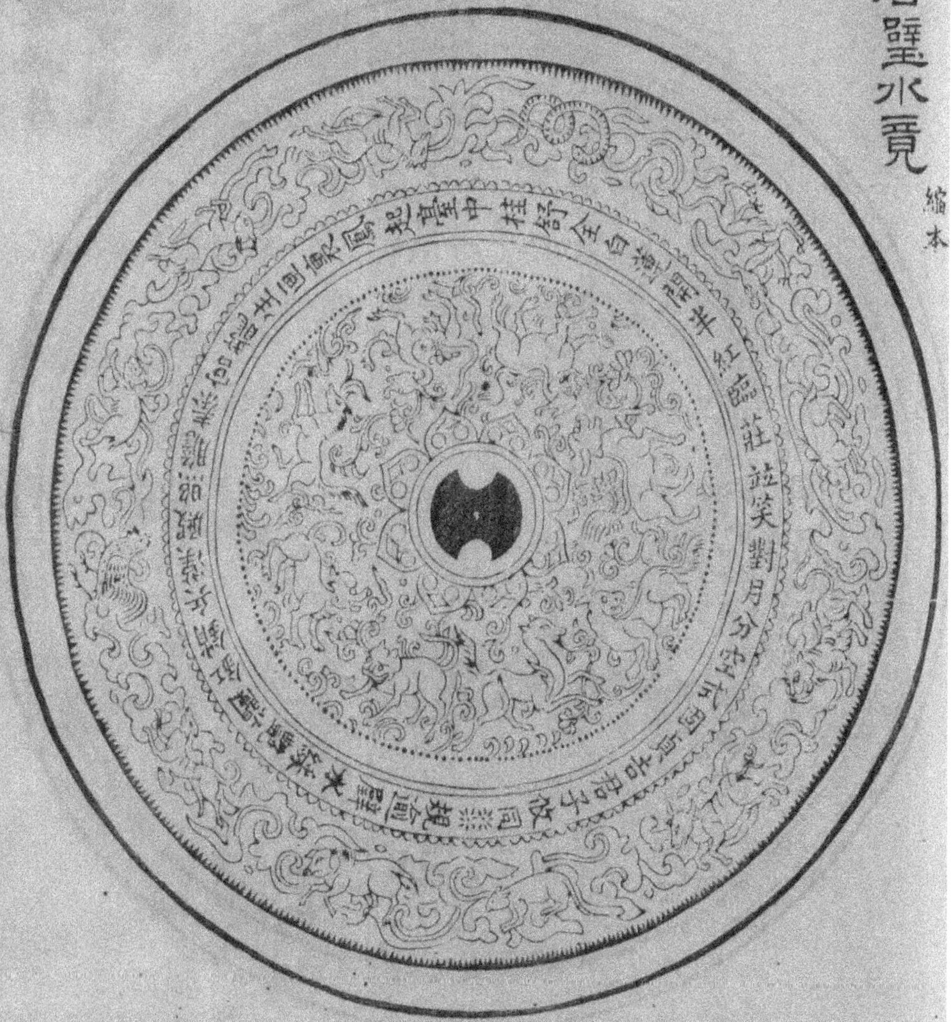

此鏡内作海獅獸之飾外作十二生肖之飾中為正書銘四十八字銘詞古秀如桂舒全白蓮開半紅真唐人麗句不減初月賦此葉東卿竟

唐滿月迴文鏡

縮本

前鏡大漢尺一尺一寸此鏡大一尺三分重六斤正書銘四十字可以迴文正讀一先韻倒讀八庚韻其王字即玉字唐避世字故不曰世曰代也予得此於嶧邑

榮啟奇竟

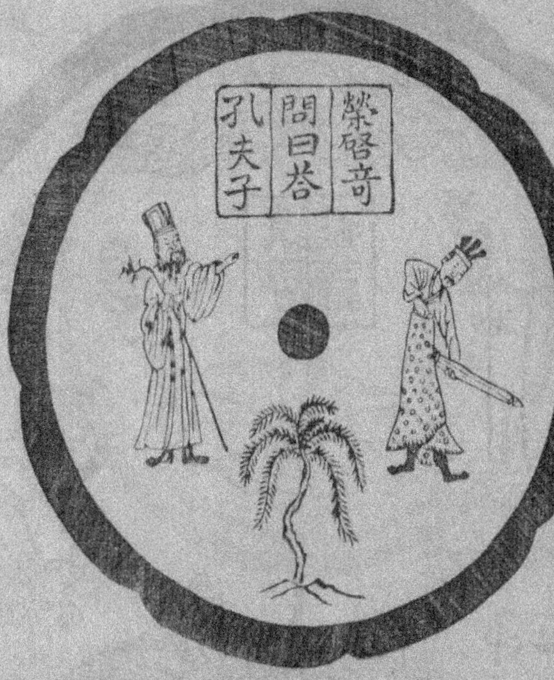

榮啓奇即榮啓期古字通用家語孔子遊于泰山榮啓期行乎郕之野鹿裘索琹而歌孔子問曰先生所以爲者何也荅曰吾樂甚多而至者三天生萬物吾得爲人一樂也男尊女卑吾得爲男二樂也人生有不見日月不免襁褓者吾既行年九十五矣是三樂也處常得終當何憂哉孔子曰善哉能自寬者也此畫執杖者孔子携琴者榮啓奇中行以問曰荅三字括其文頗古拙葉東卿与謝樸園皆有此竟大畧相似

真子飛霜竟

真子飛霜

真子未詳或取修真鍊道之意如南真夫人及元真子之類飛霜疑即元霜裴航遇雲翹夫人與詩云元霜搗盡見雲英

鏡畫一仙真坐而鼓琹有竹有荷池有彩鳳有雲月真福地也

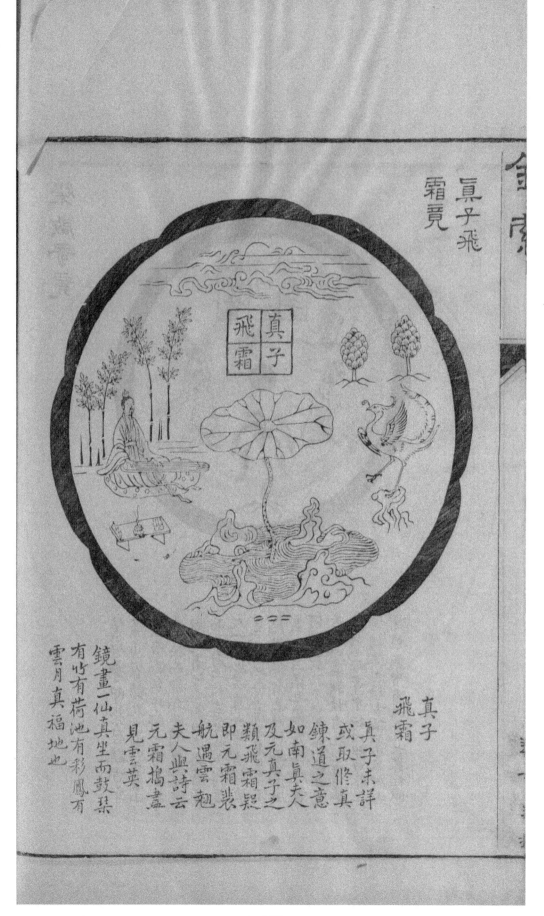

漢宜矦王竟

宜侯王

鏡銘宜侯王三字小篆文其侯字佀賢蓋反書也漢鏡反書字甚多其旁作疊龍旋繞之飾其邊爲截葉文閒以水波文集軒得之任城

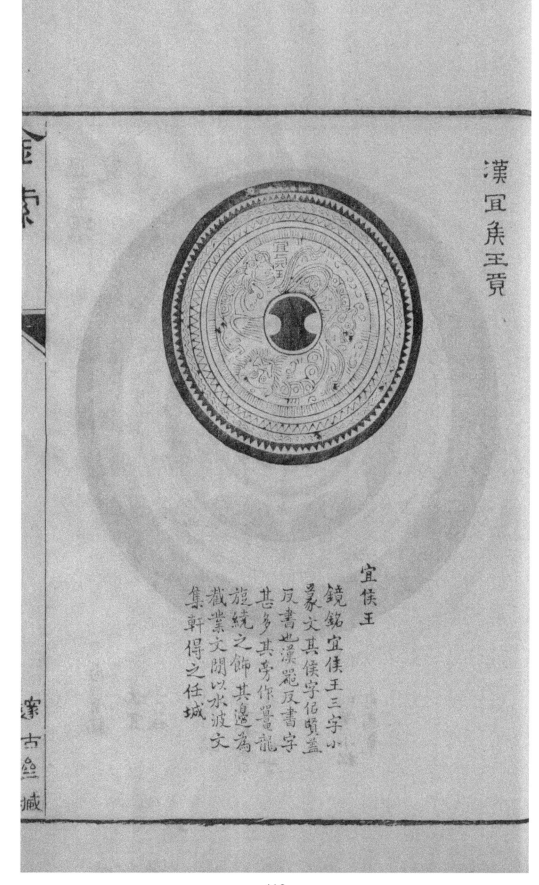

宜子孫
竟

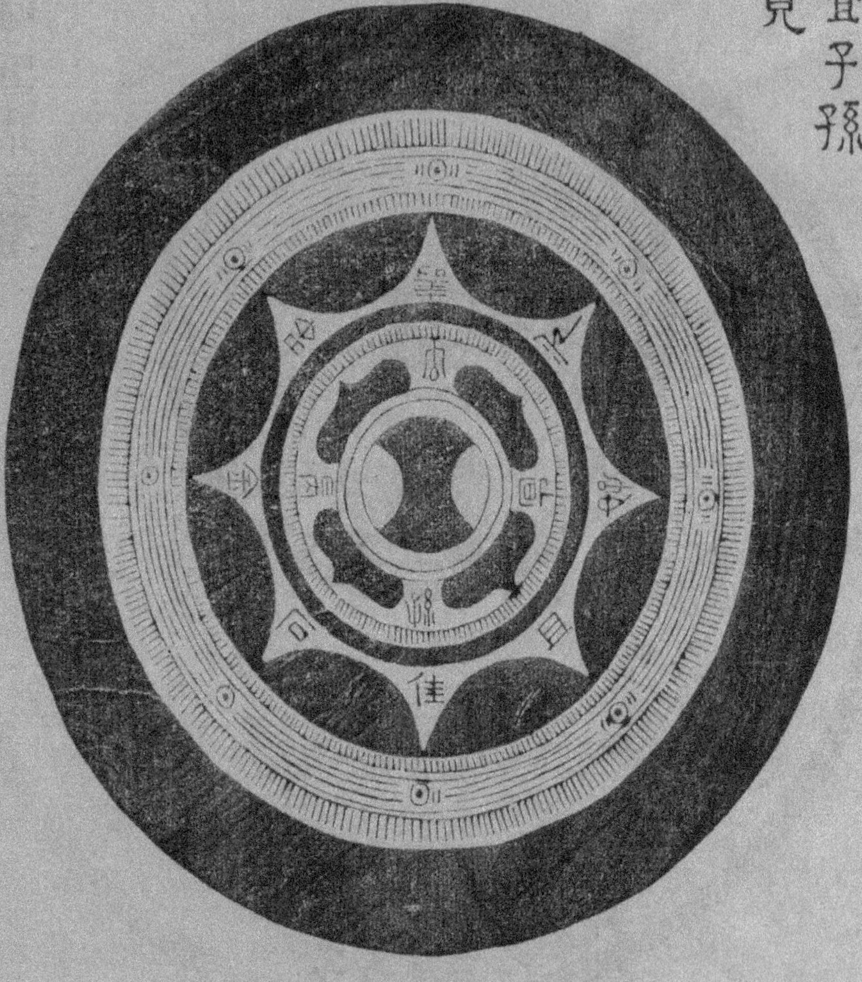

內層銘
長宜
子孫
外層銘
壽如金石
佳且好兮
此黃小松
司馬竟

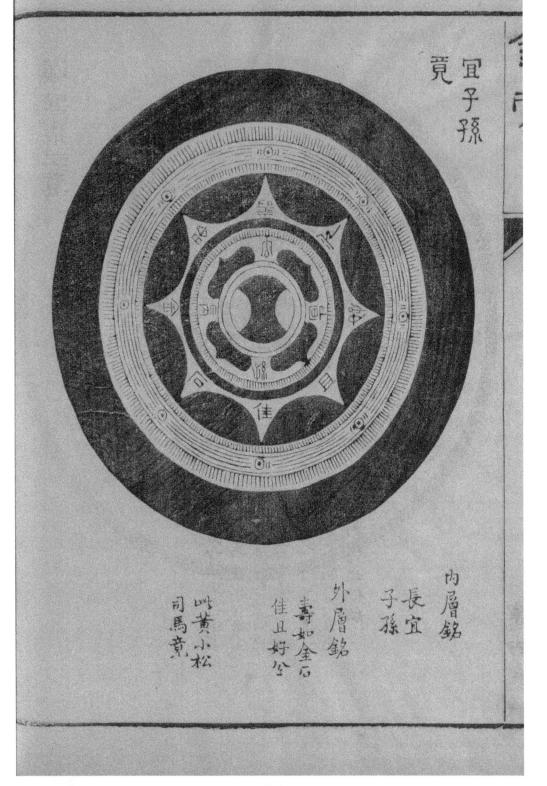

漢宜子孫覓一

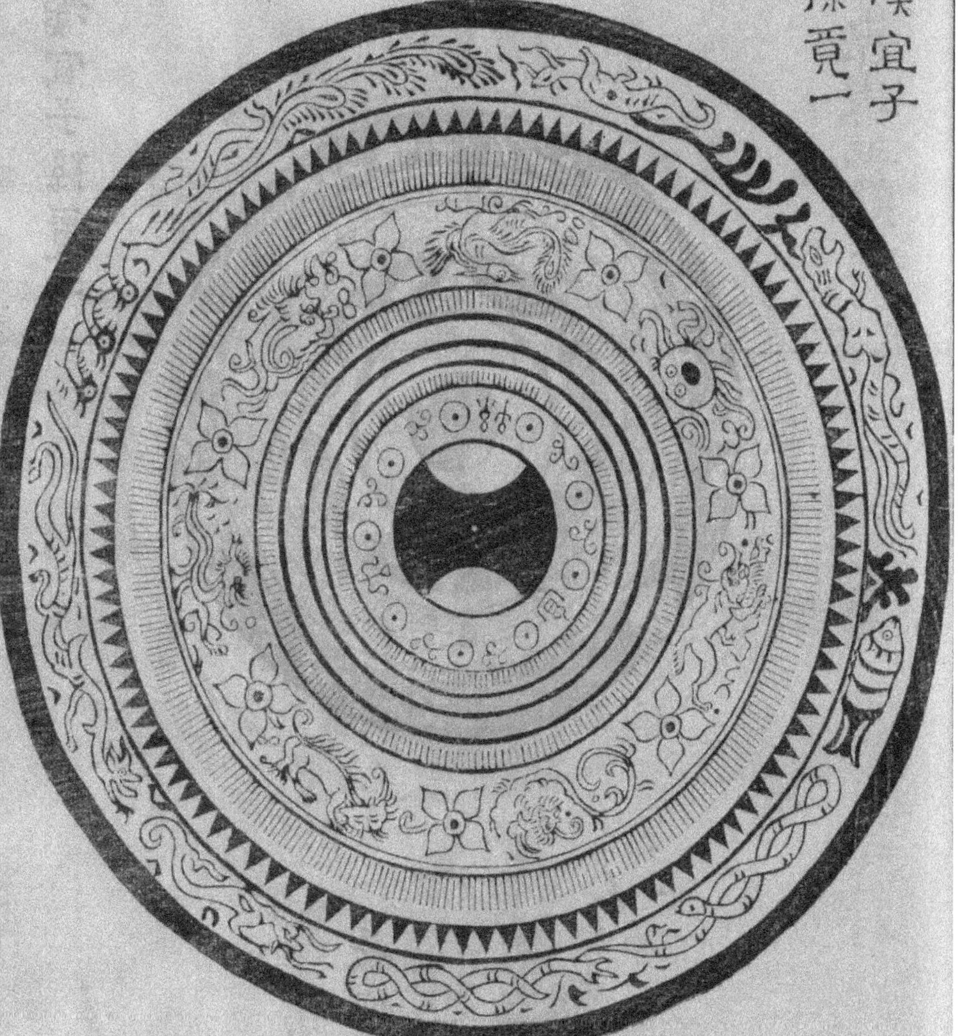

宜子孫

毋小松司馬鏡

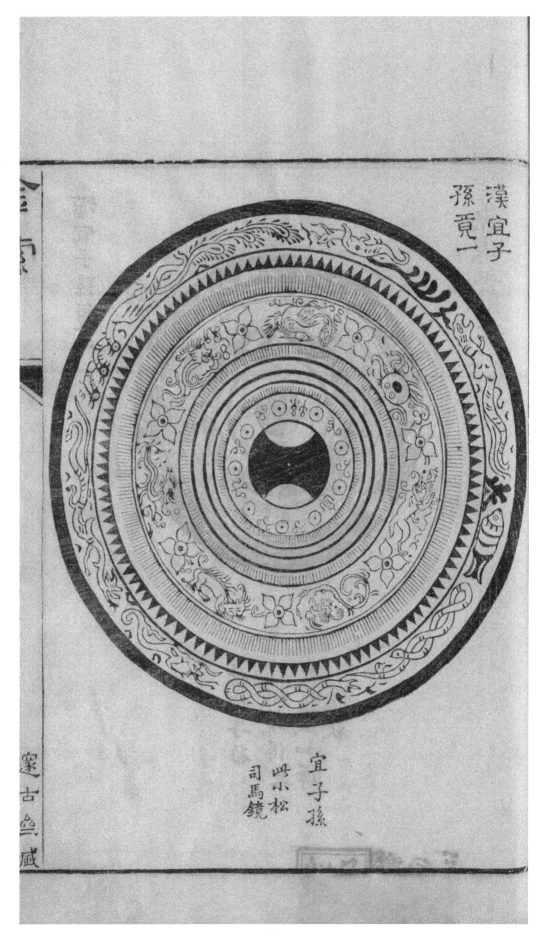

漢宜子孫鑑二

長宜子孫
此鏡得之
任城如澤
漆肰

唐秦王鏡一

博古録載有唐自明鐵鑑較大其字飾亦不同惟其五言四句詩無異故列于唐此葉東卿所得其中關字作開從門内并亦别

唐秦王鏡二

鏡詞同前惟判字直作挤中畫海馬四易蒲桃為桃李之桃此竟子得其三大畧相似

唐元卿竟

日初升月初盈纖翳不
生肖兹萬形是曰櫻寧
瑩乎太清　元卿

唐人崇奉老君以為
同姓祖此竟用櫻寧字
面故疑為唐竟未有
元卿二字是竟之名乃
用老子元之又元衆妙
之門之意古鏡有名金
烱者有鞠壽光先生者
唐司空圖封鏡為容成
侯得此又增一名矣

八卦菱花覔

銘詞四言八句自憶彼菱花起末句媸者忘怒令人絕倒此上二鏡與葉東卿同

唐素月鑑

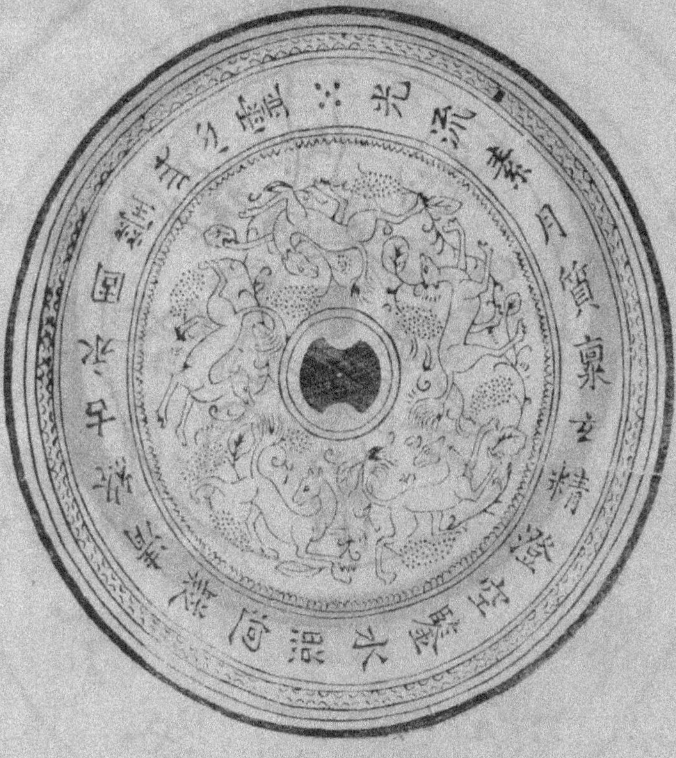

銘四言八句内作海馬蒲桃之飾此葉東御鏡

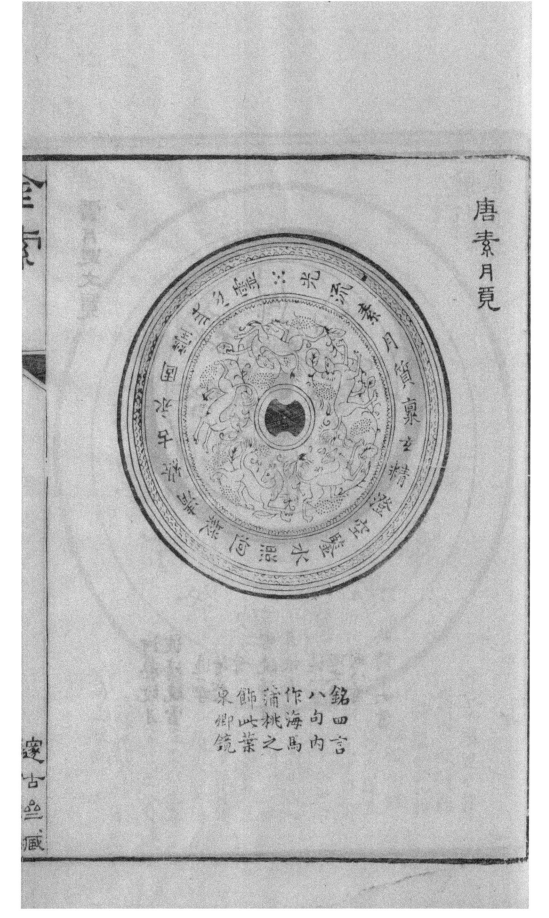

雪月迴文鏡

河澄皎月
波清曉雪
遍一字讀成八首

雪曉清波
月皎澄河
遍一字迴文讀成八首

共詩十六首

唐透光鏡 音減小一寸二分

此菱湖沈子𢗗齋所藏鏡貽贈關里孔伯海儲公者鏡大漢尺九寸四分重今秤六斤制甚古質銘十六字云透光寶鏡仙傳鍊成八卦陽生欺邪主正迎日照之八卦太極光映素壁洵足玩也

唐鑑心鏡

鏡銘
貌有正否
心有善淫
既以鑑貌
亦以鑑心
自警

此鏡与明心意同
而篆文頗佀元卿
鏡蓋亦唐制

前蜀當眉竟

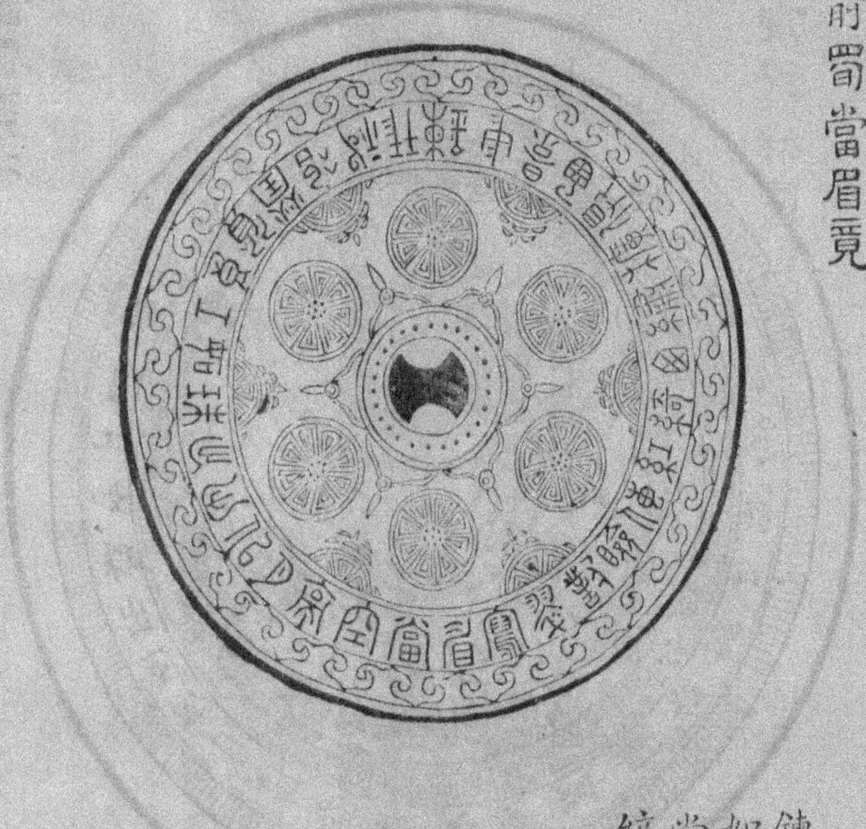

鍊形神冶瑩質良工
如珠出匣似月停空
當眉寫翠對瞼傳紅
綺窗繡幌俱涵影中

瞼即臉幌即幌函即涵字

吹影集云鏡三寸餘其結字奇古語亦婉婉流秀的為徐庾手筆非唐宋諸家所逮池北偶談云此竟萬歷中膠州趙氏得之汴京考張君房麗情集載前蜀王衍幸鳳州天雄軍節度使王承休妻嚴氏有美色王衍愛幸之賜以粧鏡銘詞正與此同

當眉竟二

此鵬所得鏡即金石志所載者其詞与前一鏡同其文与花飾不類竊謂此非一種或三寸六分或七寸或一尺或篆文或楷書吹影集以為六朝鏡博古啚以為唐鏡太平廣記及池北偶談以為蜀王衍竟近人俱主蜀說但王衍不過好色之徒未必古雅如是或古有是鏡衍增損其文以与嚴氏後人又轉相仿效耳

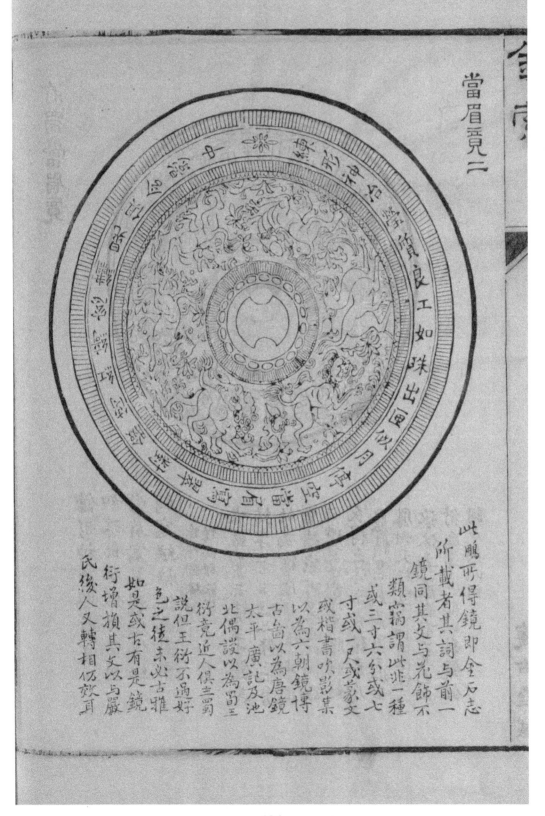

宋元祐羅漢鏡

宋元祐癸酉孟
秋既望鮑公淳
依禪　月畫
像以　七寶
裝嚴敬造大阿
羅漢一十八身

元祐癸酉宋哲宗之八年也
明年改元紹聖矣竟小
而篆文茂滿予購之涑寧
或以為此佛臟中鏡也

太平竟

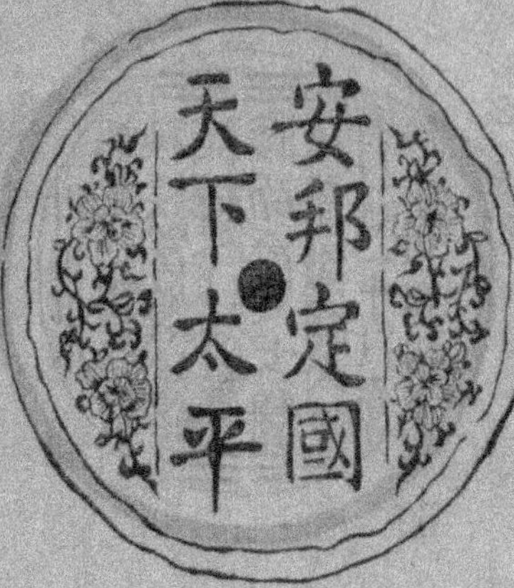

語意似宋初時竟
而未可定其質
殊古此王邃舟别駕
所得者今以惠予

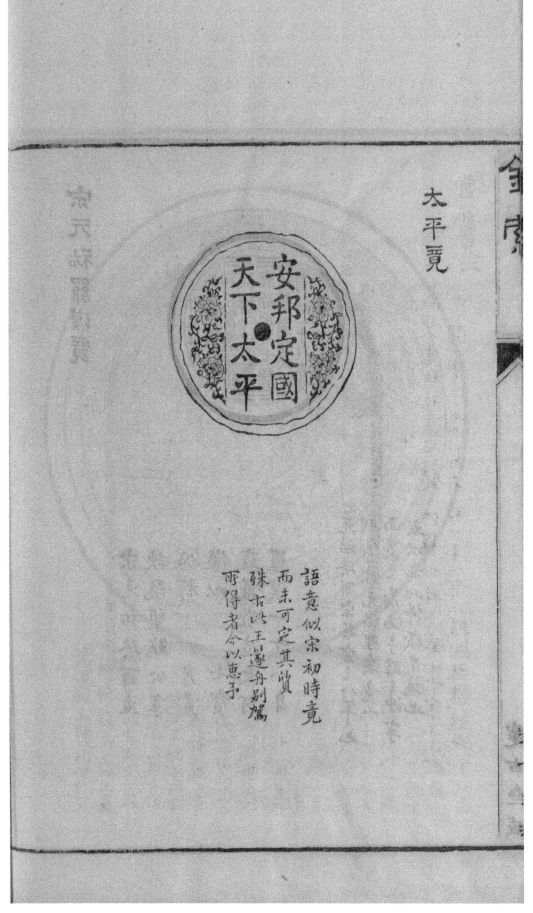

宋政和郝氏竟

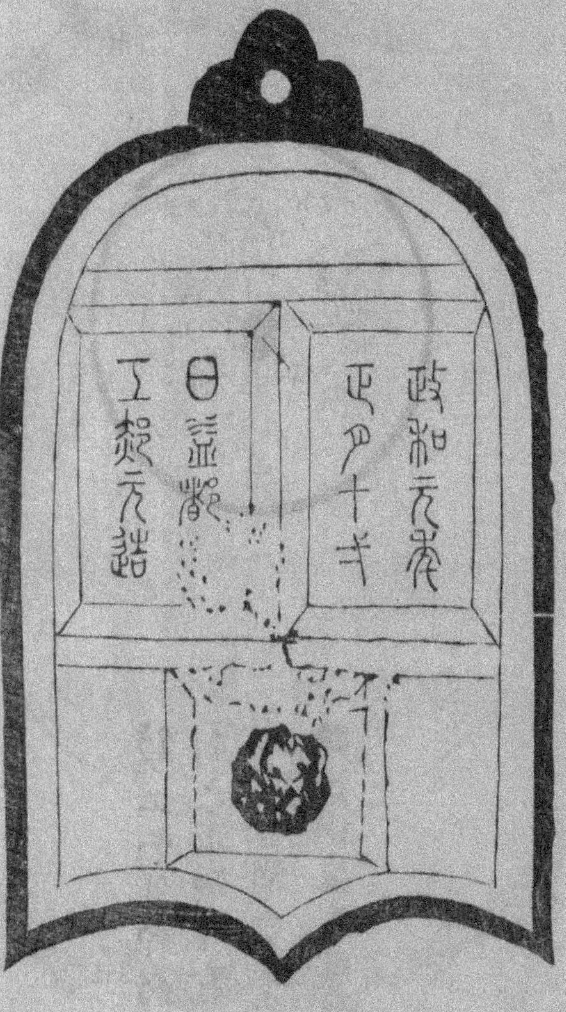

政和元年
正月十一
日益都官
工都元造

此葉東卿拓寄之鏡、、作鐘形銘小篆十六字工上一
字泐必官字也它鏡有鏡子局官工造句故爲補之

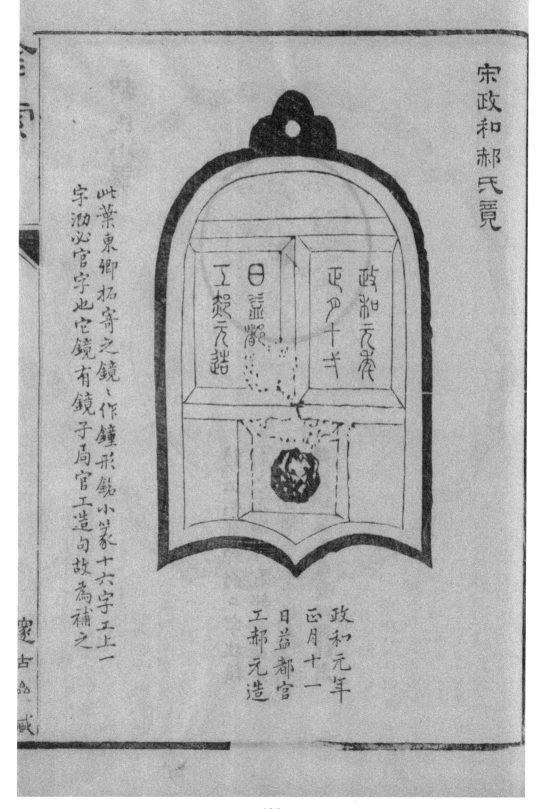

郝氏小竟

鏡上亦有郝氏二字故類列之未知即前郝元吾其上有宮闕一童子執花一女捧蓮此友人李粼坡所貽者

宋滿江紅詞覔

字依樣邊減半

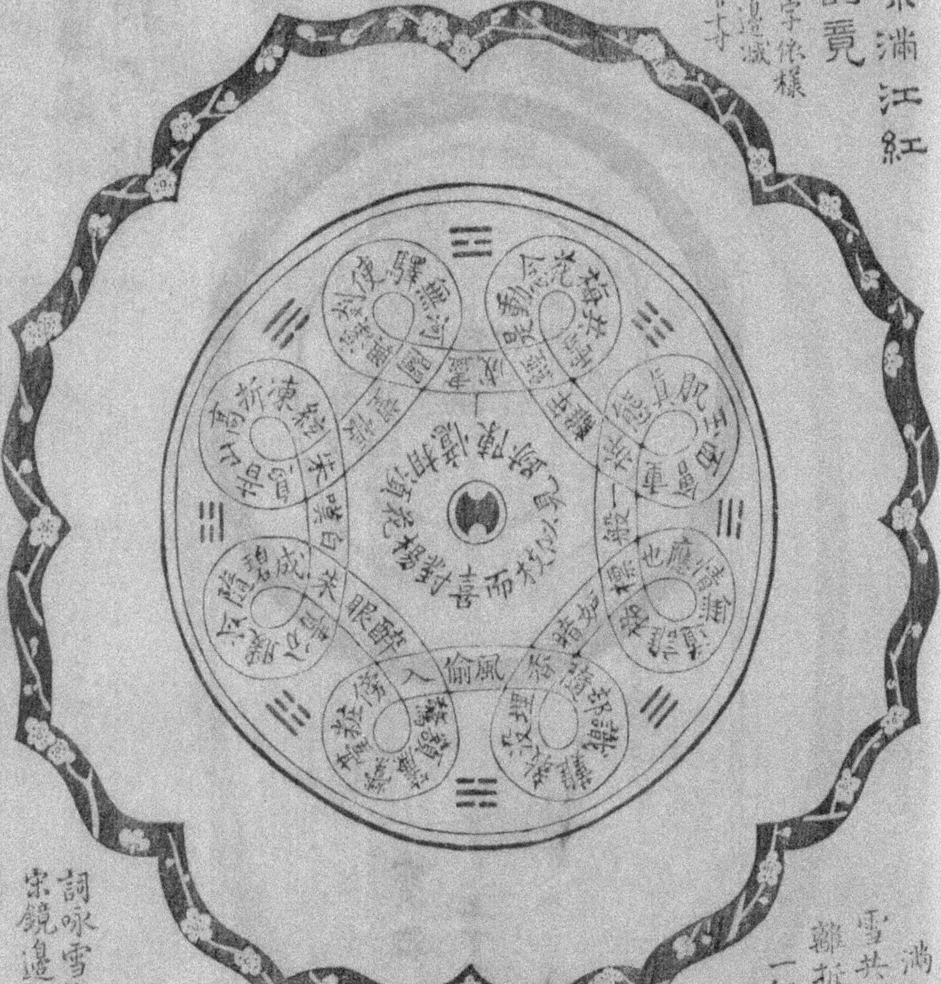

滿江紅

雪共梅花念動是經年離拆重會面玉肌真態一般標格誰道無情應也妒暗香埋没教誰識却隨風偷入傍粧臺縈簾額驚醉眼朱成碧隨冷煖分青白嘆朱紘凍折高山音息悵望關河無驛使剡溪興盡成陳迹見似枝而喜對楊花須相憶

詞咏雪梅清雋類宋人故以爲宋鏡邊作梅花飾予得之汴南

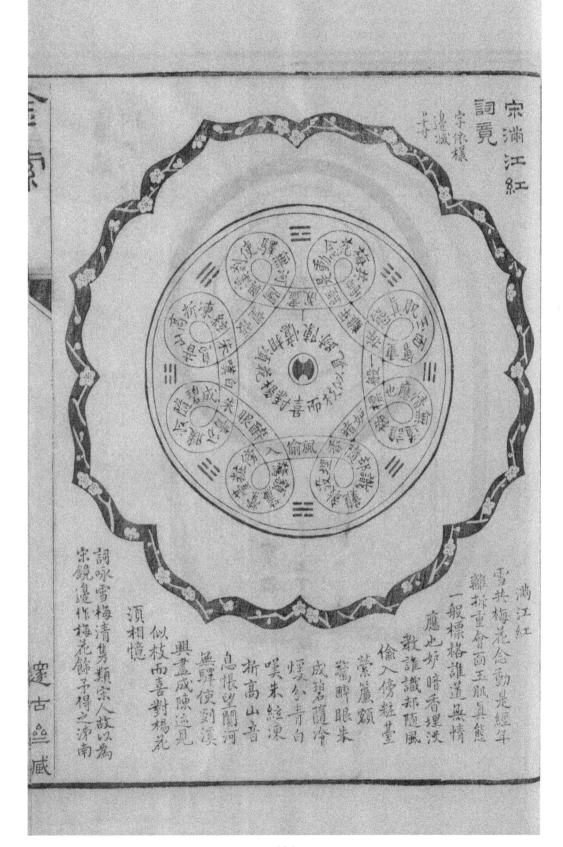

寶鑑

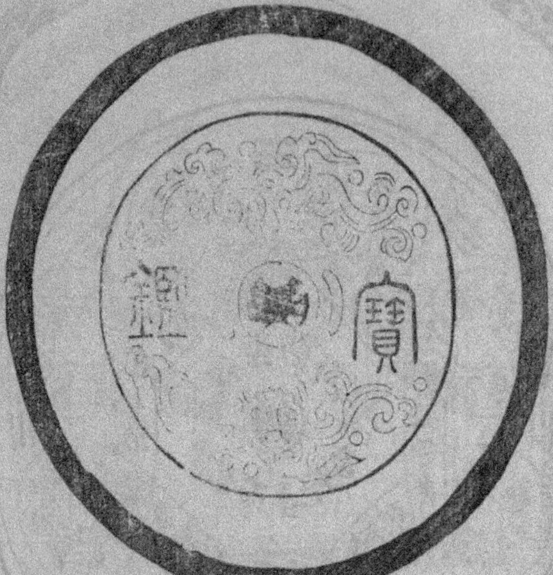

寶鑑

上下有盟螭之飾

軒轅竟　以下未能定其時代大畧宋元間鏡

軒轅氏傳云帝會王母鑄鏡十二隨月用之此鏡蓋倣此意其上畫七星下畫一斗當為丑月可用竟

西邊篆文云軒轅推法造丹藥百煉成得者身昌中間楷書十三字殊不可解細審之或拆字謎耳十口者甲也牛無角者午也牛有口者告也告下加走必造字矣此蓋枝甲午造之意取陽日也

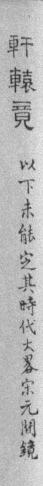

太公竟

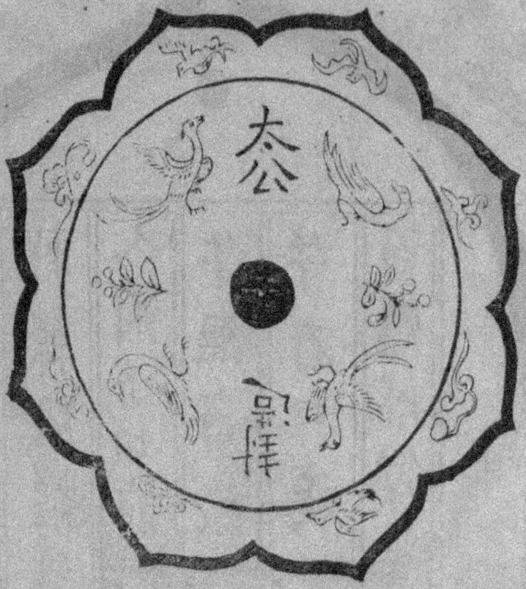

太公封造四字對向
殊不可曉或封氏造
此太公竟也其傍為
花鳥之飾

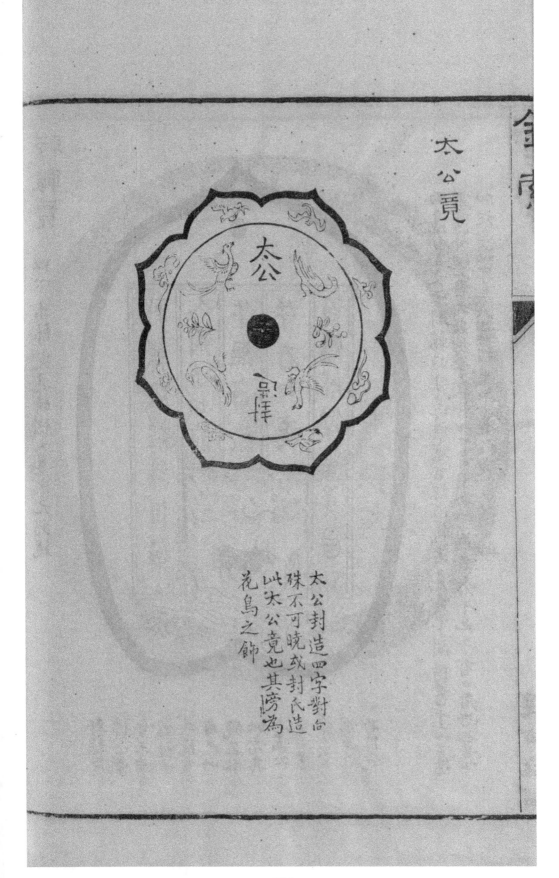

唐出瑞圖覔 減小

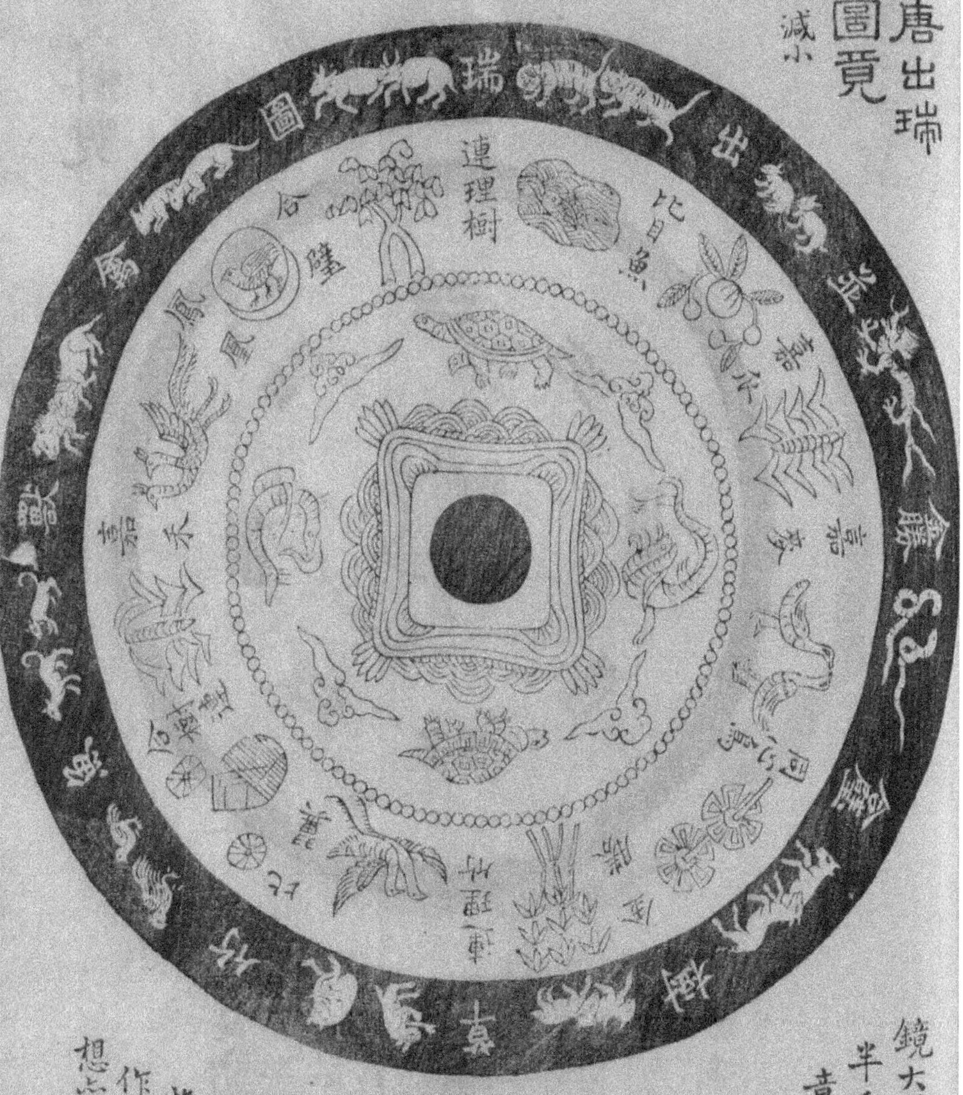

鏡大漢尺一尺五寸半重今秤十二斤竟邊刻禽獸魚竹草樹合壁金勝並出瑞圖十四字間以十二生肖中刻鳳凰嘉禾合樹連比翼連理竹金勝同心鳥嘉麥嘉瓜比目魚連理樹合壁之瑞與博古圖同惟彼作合懽此作合樹連未解想亦合懽果之意

八卦竟

此亦劉子君階所貽鏡兩面明淨如雪銀質金星紋亦負綖雖無題識實唐以前物也

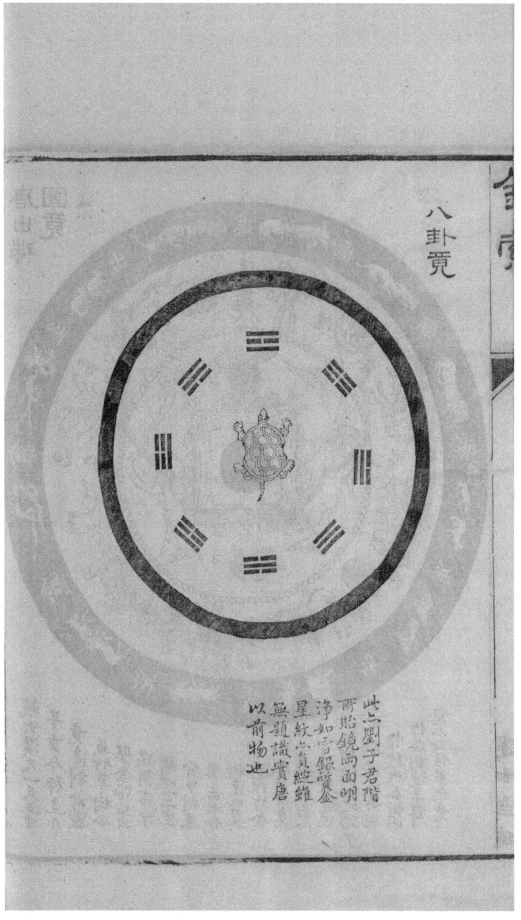

宋二仙鑑

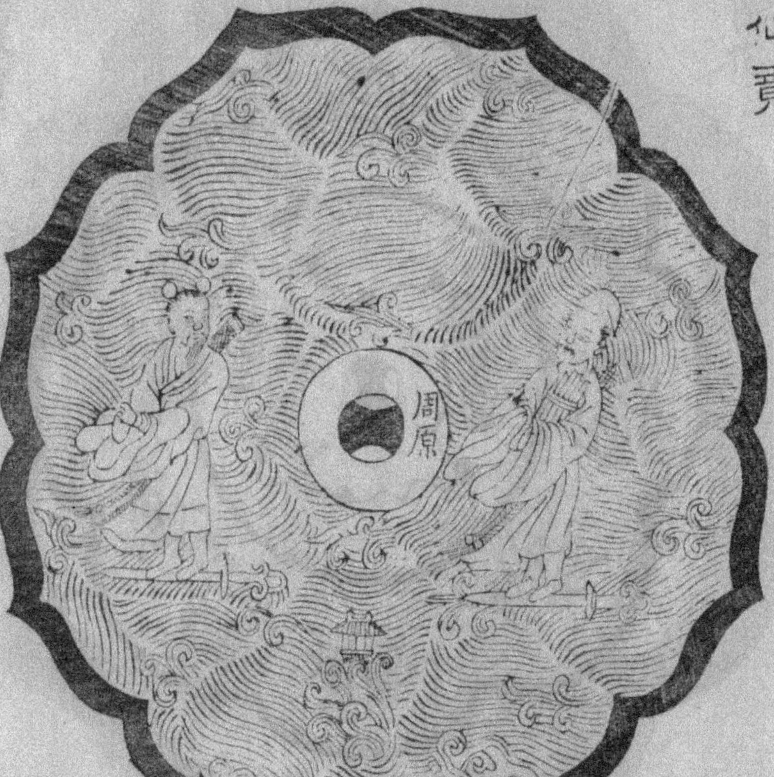

周原鏡畫鍾離呂祖二仙各履一劍渡海之狀海心湧一亭其貝闕欵歀載周原二字盖鑄鏡者

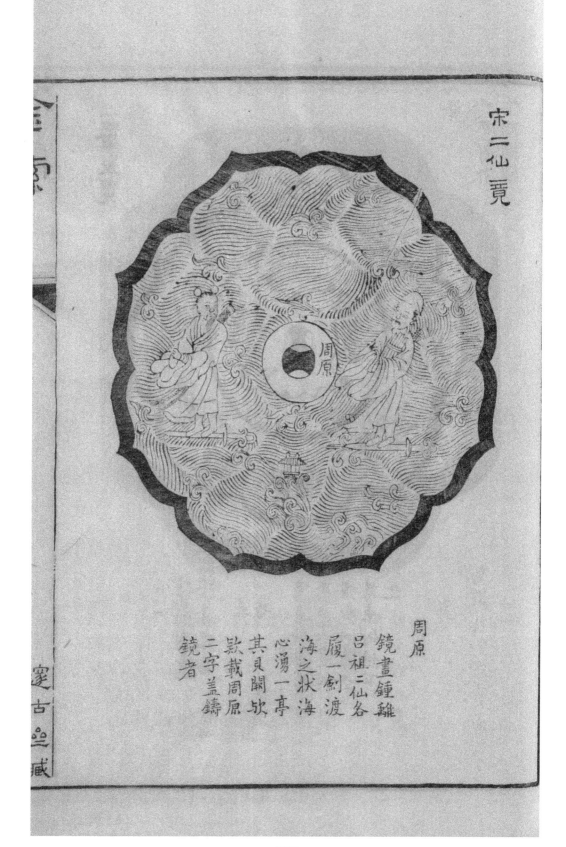

壽星覔

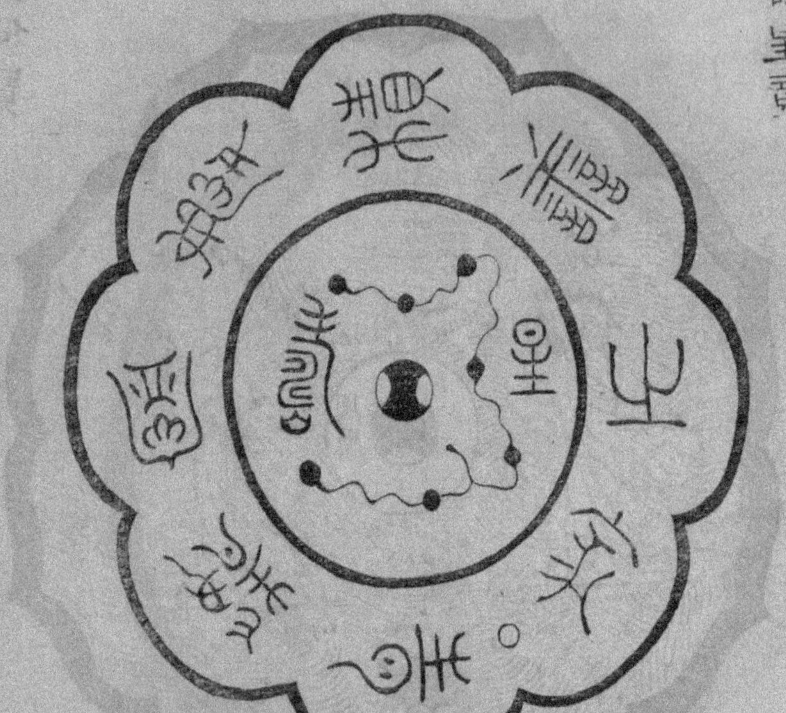

清靜寧慶
積善之家

星
壽

清淯作青其
壽星二字从
左起此竟子
及東鄉俱有
之

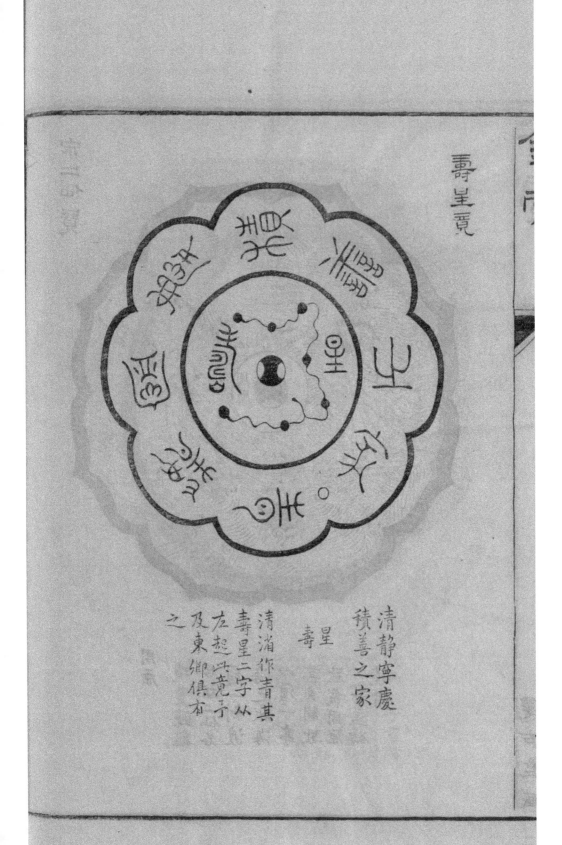

金汝陽縣八角寶花鑑

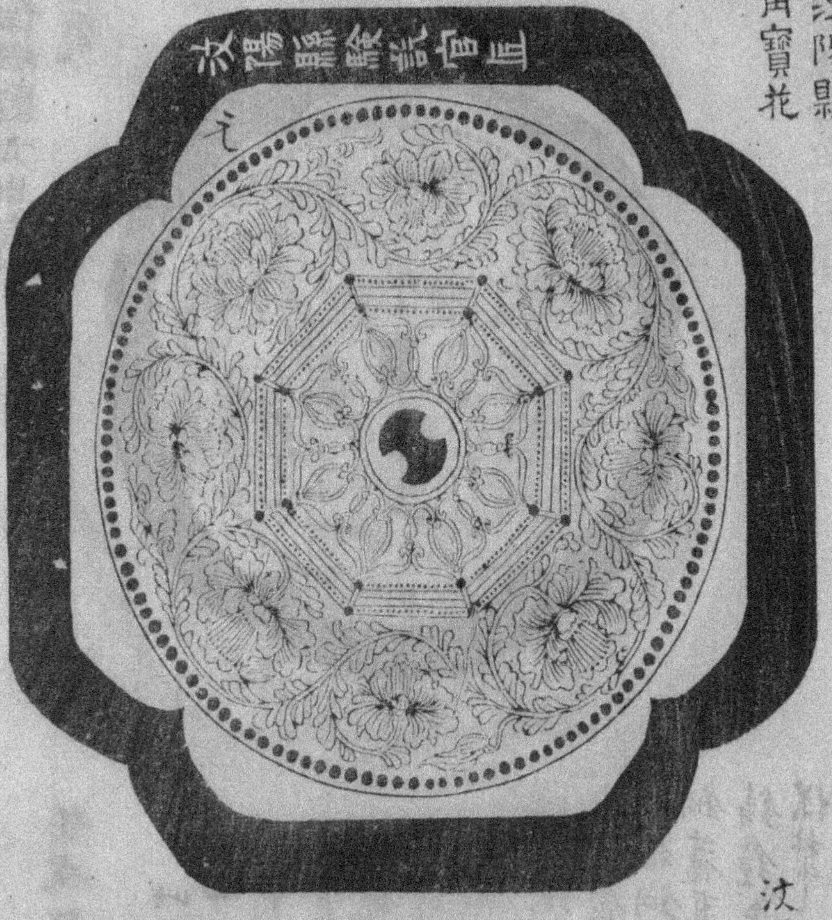

汝陽縣驗記官匠

元

鏡中作八角闌干交枝一寶花之飾題一元字其上邊刻汝陽縣驗記官匠考汝上本平陸縣北齊為樂平金改為汝陽故定為金鏡若元時則稱汝上矣其題一元字蓋工人姓也

金任城縣六出寶花竟

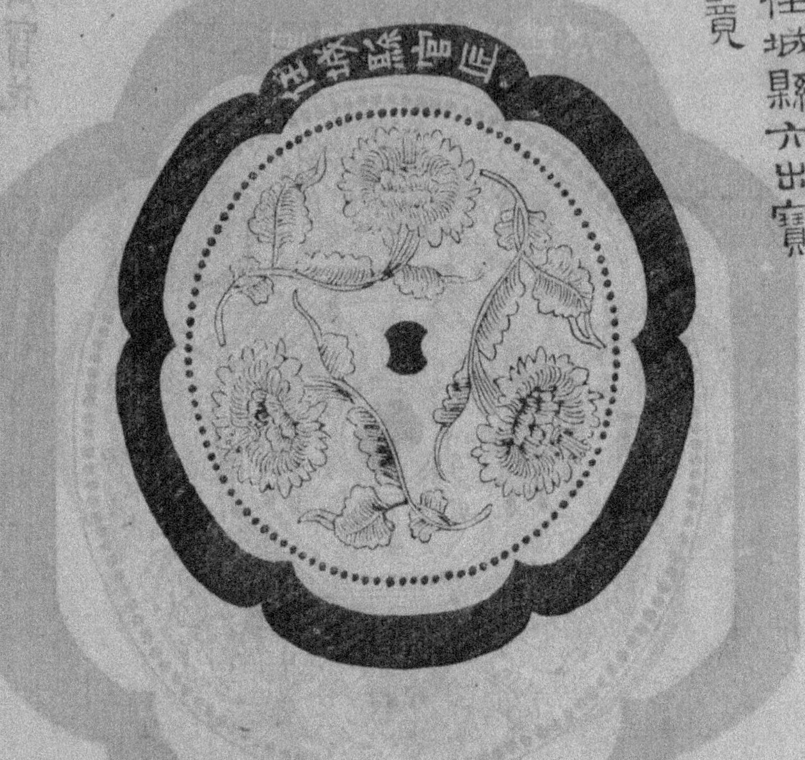

任城縣官匠

此鏡殊薄中作三乳邊刻任城縣官匠此与前鏡俱同時得於任城者故列于次

以上鏡邊刻官匠者考金史食貨志大定八年民有犯銅禁者上曰銷錢作銅舊有禁今然民間猶有鑄鏡者非銷錢而何遂併禁之則其有官匠可知

金韓州主簿覓

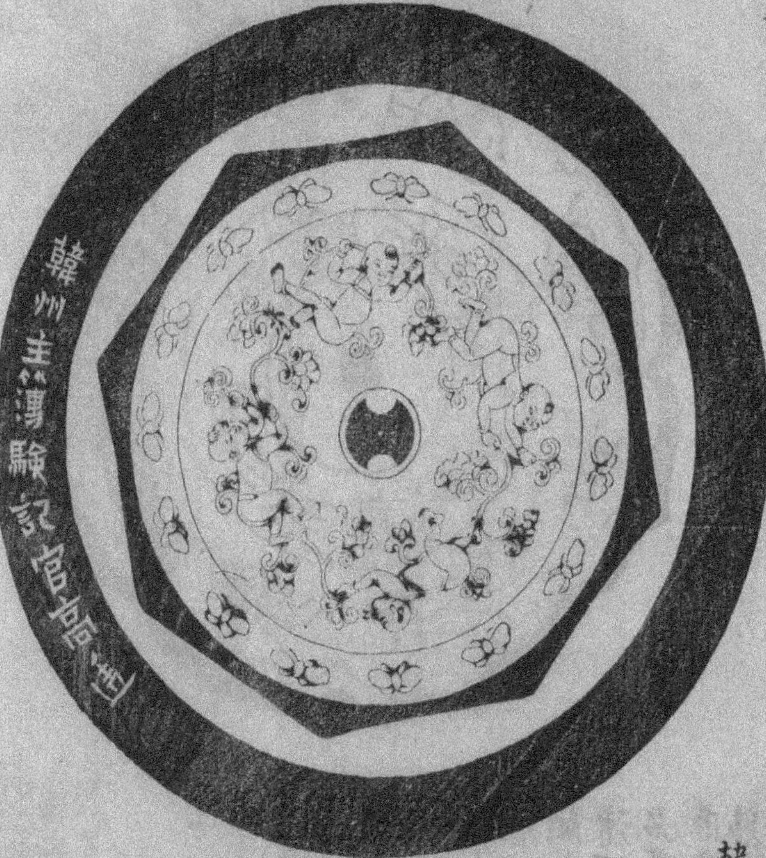

韓州主簿驗記官高造

此鏡得之燕京形制殊異中畫四小兒手中執花伏地而旋外層十三蝶繞之其邊八觚又凹下復凸起大邊刻韓州云韓州屬咸平路本高麗銅山地金天會六年十月徙昏德公重昏侯于韓州是也官高造鏡而主簿驗之者大定間上令運司佐貳檢校鏡是也此當為大定時鏡矣

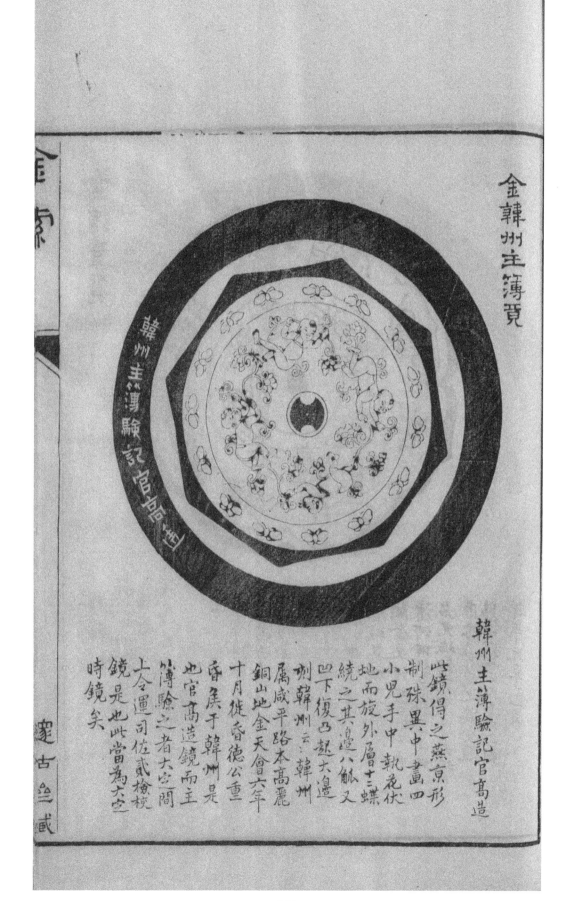

金清素竟

外銘

清素傳家永用寶鑑

內銘

福壽家安 每字中有一米間之未詳

金石志所載清素竟正同惟家安誤釋平安其云近叢雲章篆法侣金元之物良然究之為金為元尚屬未定鴫得此竟于歷城其外邊刻歷亭縣官正考歷城無稱歷亭者頃閱金史河渠志云凡漕河所經之縣三十三大名元城館陶夏津武城歷亭云云乃定為金鏡鴫得一鏡正同邊上刻埠平元年三月

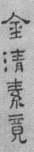

元至元竟

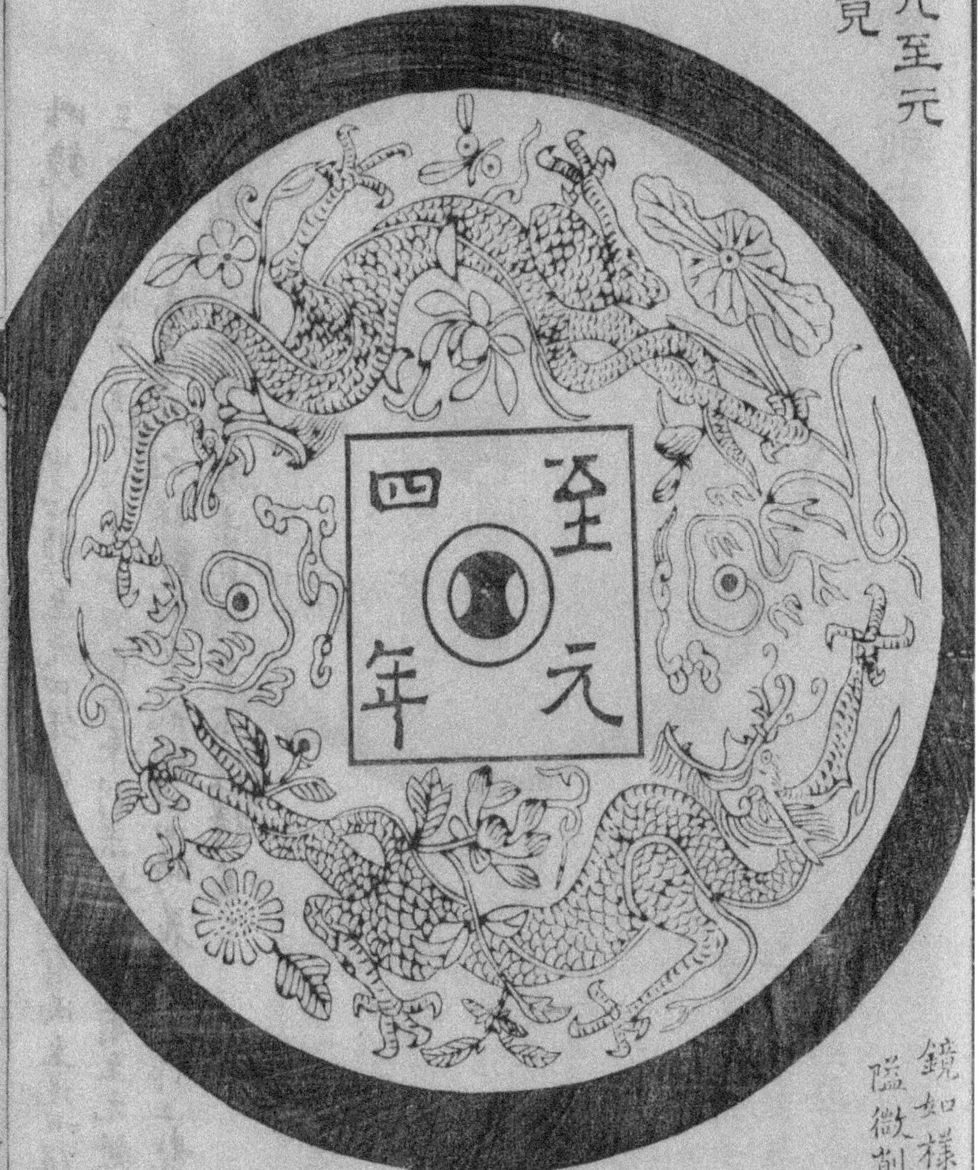

鏡如樣大因集隘微削其邊

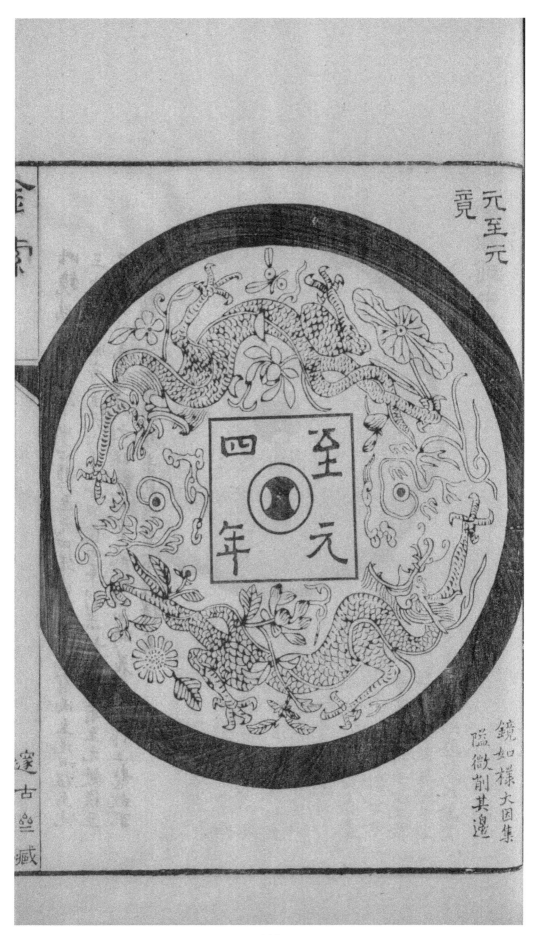

此鏡鵬得于廡下中心題至元四年四字考元有两至元世祖至元三十一年順帝至元六年今但稱四年則未知其爲前至元歟後至元与其外爲雙龍之飾繞以雲氣綯以四時花卉制作工整故取以殿諸竟若明時鏡未見佳者不復擇焉

甯戚飯牛覍

是鏡無題識以意揣
之當是甯戚飯牛故
事其一人倚牛而立者
衣甚短正所謂短布
單衣裁至骭者蓋
甯戚也其左一人長跪
請教者殆齊君歟
其中有樹有長坂有
水〻中有鬲石皆與
南山詩中景象相
合舍此亦無可證者

馴獅竟

畣畫一人左持梧右執繩繫一獅蓋馴獅畣也其人冠甚銳而貌獰惡或是八蠻之狀竟白如銀而多金星細點紅暈斑肰可玩

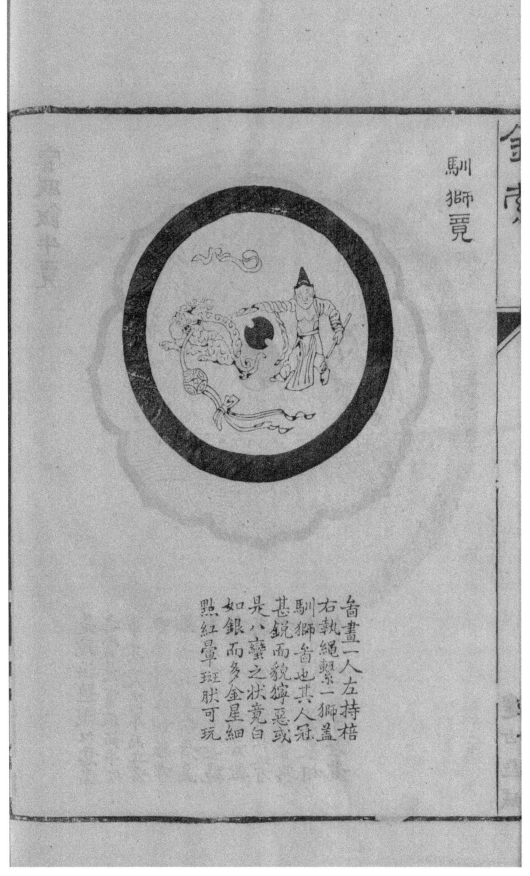

海神鏡

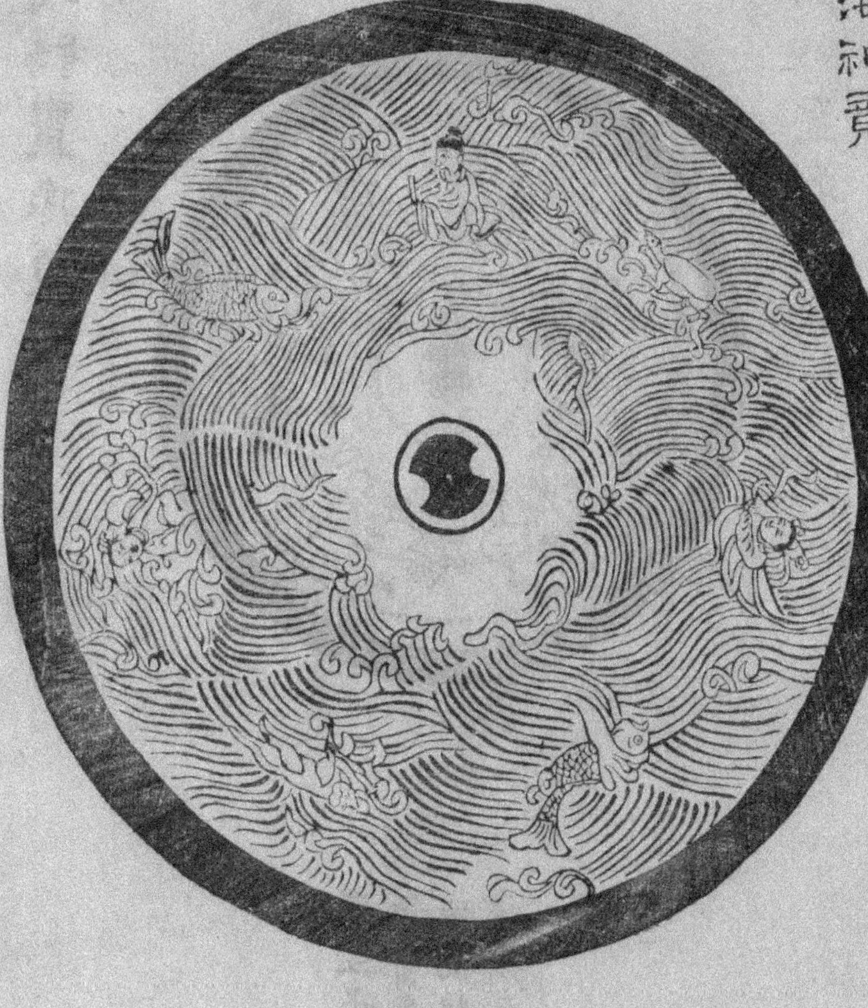

鏡畫波濤中湧三神人有生翼者有龜魚海馬之屬惜已半泐

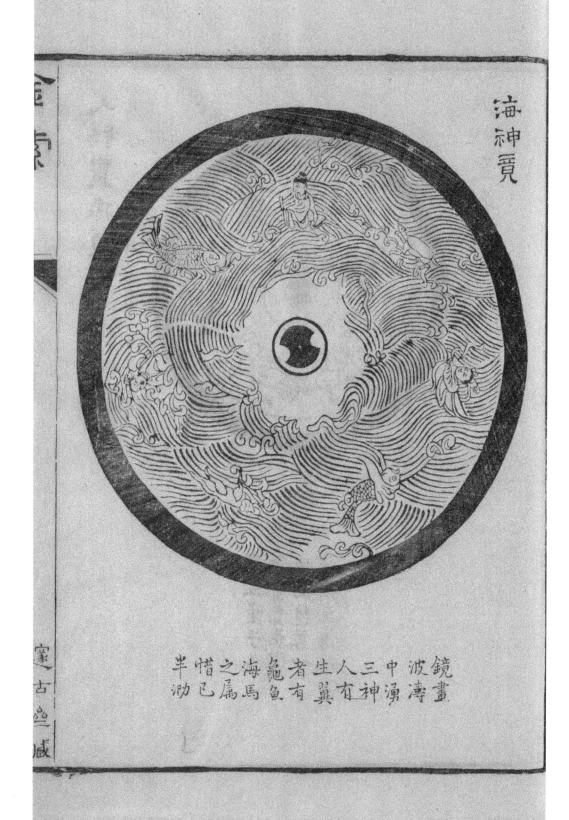

人物畫像覔一

畫五童子各執富貴花伏地而趯畧如韓州主簿鏡、

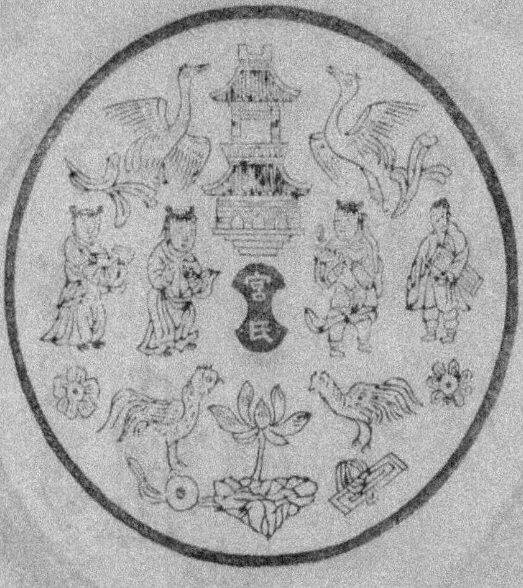

鏡中畫宮闕之狀有鶴有鷄有花樹雜寶其四童子中有樹掌而嬉笑者寫樂竟也鏡蔕有宮氏二字

邃古齋藏

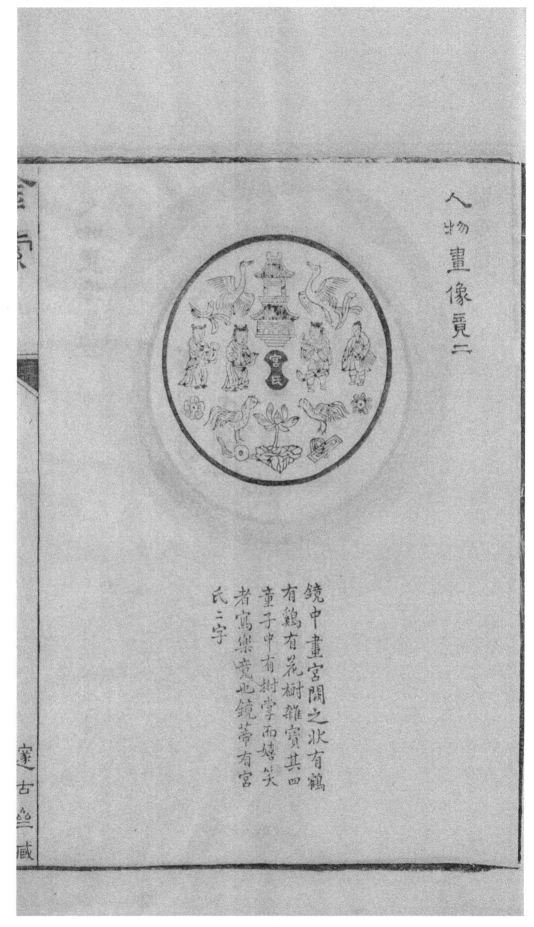

人物畫像鏡三

畫意與前鏡畧同鏡以赤銅爲之蓋金元時作

蜚魚竟

此鏡八出而圓其外其下有柄甚厚重其中畫雲月海波又一蜚魚橫其間考故迹遺文載黎陽令張公頌云公與守相駕蜚魚往来倏忽遠熹娱慰屯民寧厥居或取此義

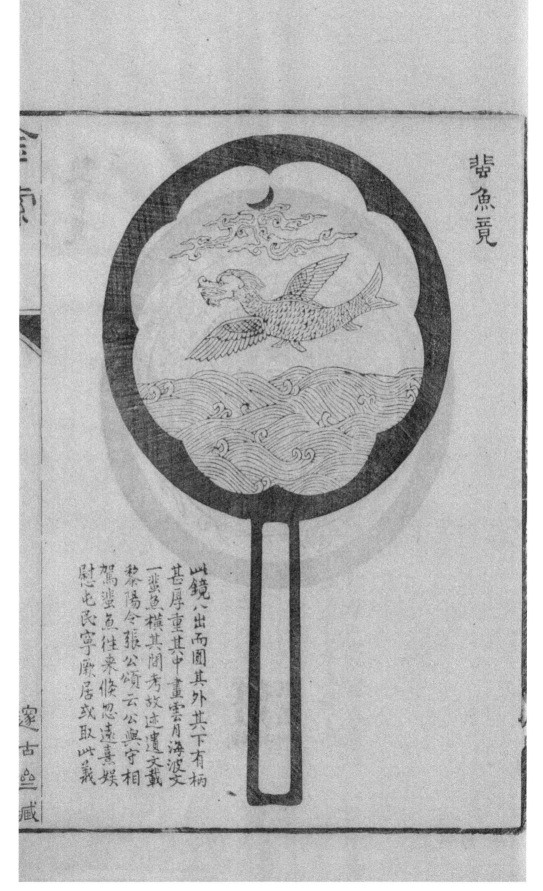

雙魚竟

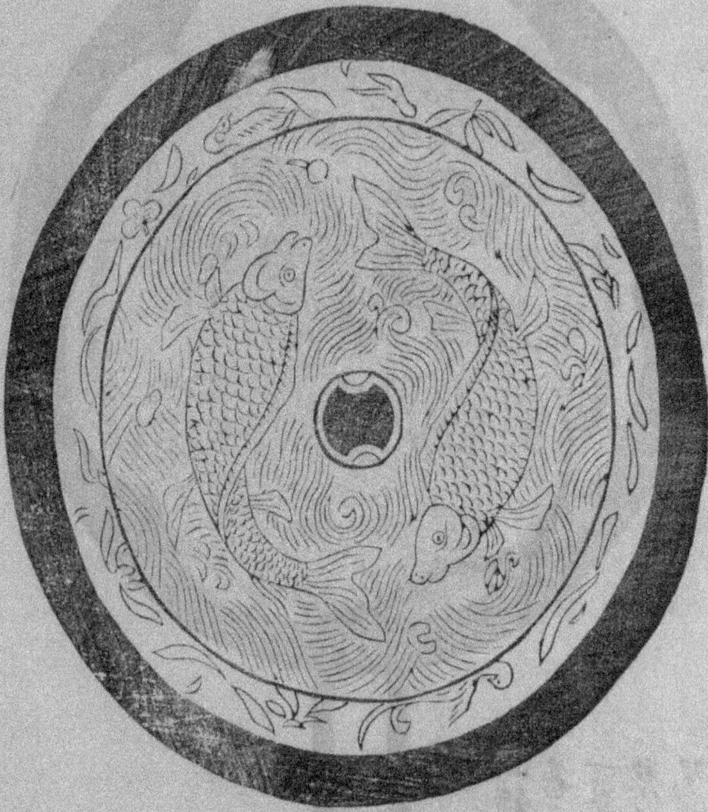

雙魚鏡甚多姑取其一

七星神像鏡

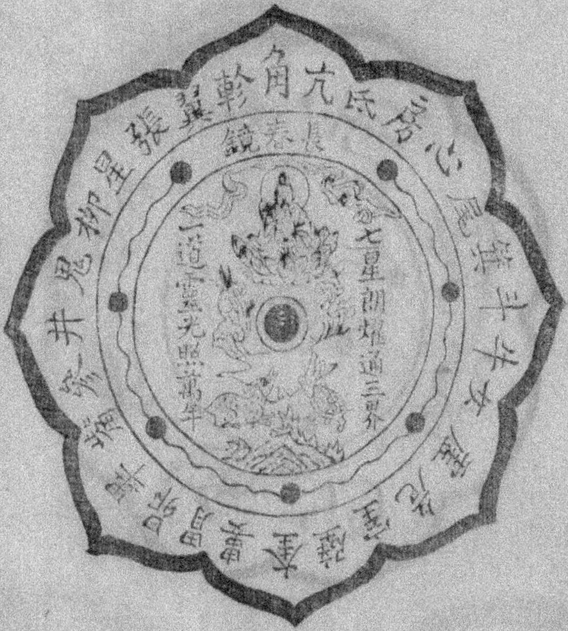

外層二十八宿次層七星上題長春鏡三字中層畫星君坐蓮臺上其下畫靈芝龜鹿旁題七星一聯語亦古雅蓋宋元時道家語耳今欲備道家一體故錄之

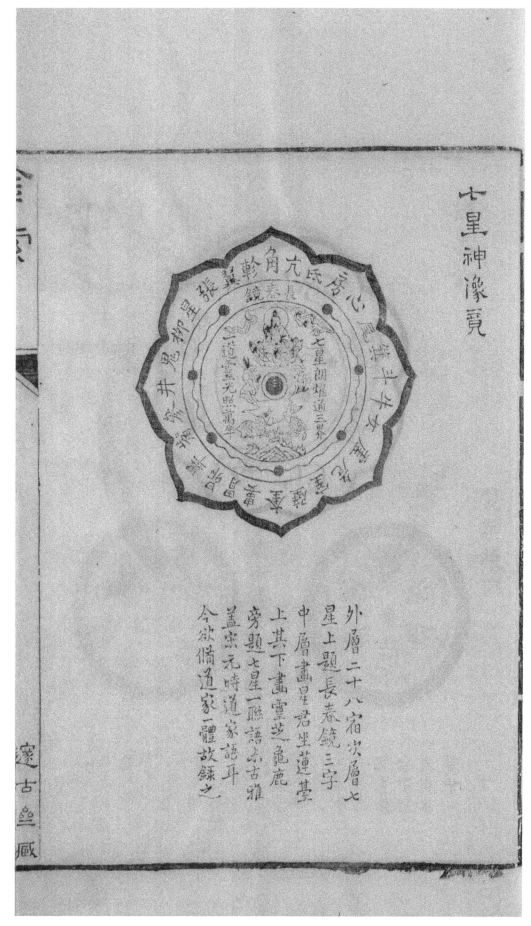

七星竟

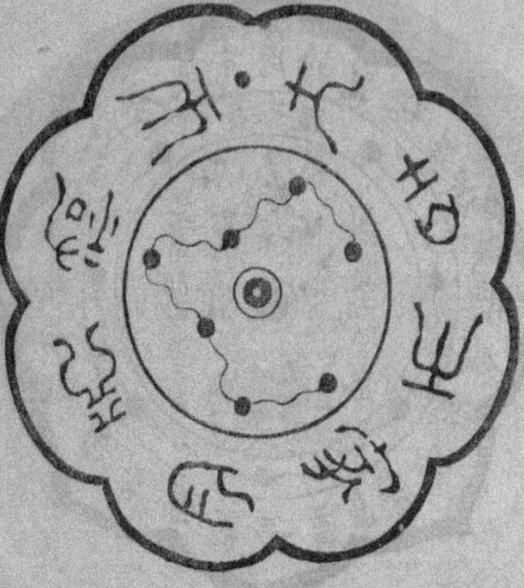

大吉之家
自天祐之
中層
七星

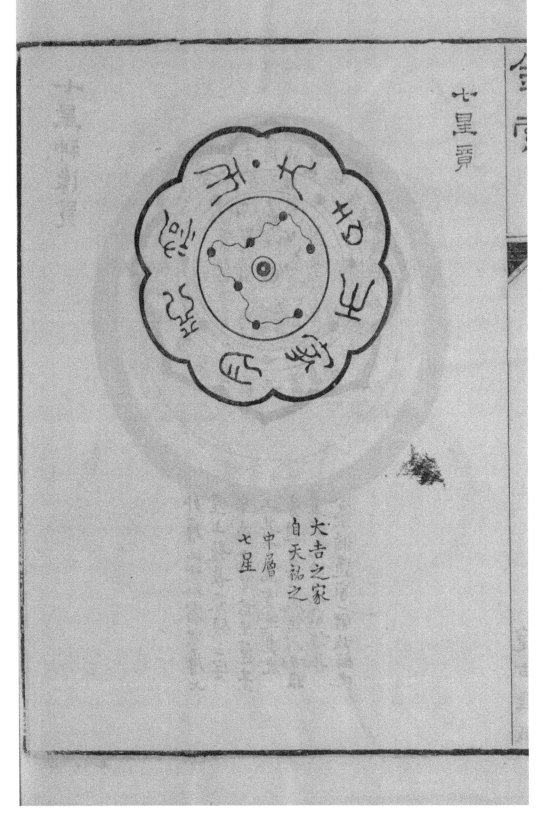

準提鏡

中心佛字四方環書準提呪南字起林字止外層乃梵書二十六字未識

梵字鏡一

梵字六未識每字下皆有蓮花五瓣考古篆有托蓮文者似此

梵字鏡二

中心佛字其外梵書十字未識

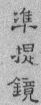

梵字覔三

此鏡全用梵書以前鏡度之其中心亦必是佛字餘不可識俟續考

准提背相畫象覔

正面

背面

此齊河汪明府桂林所得之鏡正面梵字卅六繞其外中心空明處可鑑背面畫準提背相十四手各有執持畫背相者欲其光向正面也其外寫準提呪与前一鏡之呪大同小異鏡直邊無紐厚重白皙不磨自明

謝子樸園貽書云前梵字第三鏡曾詢諸菩中翰云此大西天字譯漢文義曰以圓照方方正而明萬里無塵水天一色犀照羣倫其紐上一字云係鏡字之義據此則諸竟當定為西藏竟惜此卅六字者未令見之更作何義也道光元年賫　詔官菩爾恭阿內閣中書四川駐防曾隨松將軍在西藏所見必有合也但此等亦數百年物非西藏近日之作

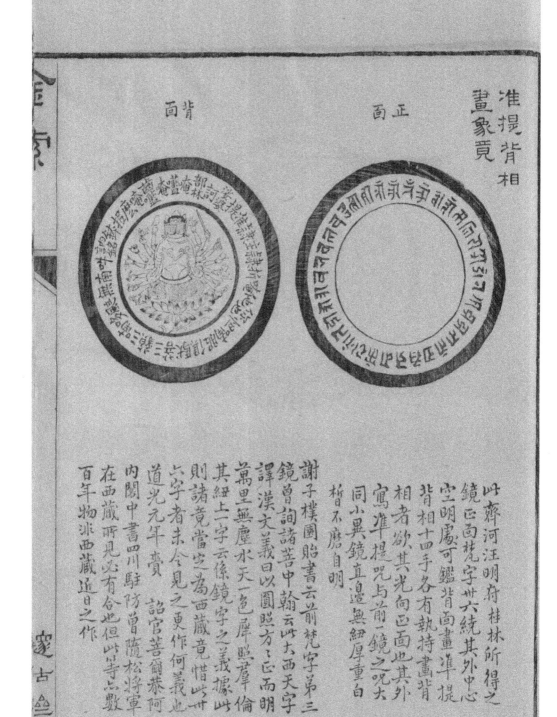

金索

日本國覔 附錄

鏡銘天下一三字居中以龜為紐旁有雙鶴松竹之飾鏤文工細其邊甚峣仰之似盤盂嵌有從海船攜来者得之云出自長旗國初疑外國無長棋名目後詢之曉事者方知即日本國因賈客避折本之音故稱曰長棋耳其國四面皆海地形似琵琶九州居西為首陸奧州居東為尾山城居中故葉東鄉有植田山城之鏡此等皆非古鏡但取其異故附錄之

邃古齋藏

日本覔二

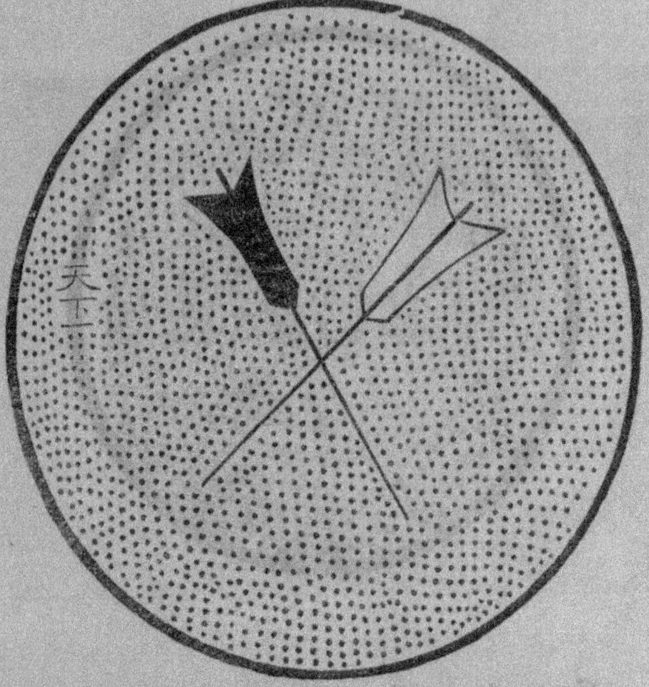

天下一三字在其邊
其中為沙漠之形有
白羽黑羽二箭交枝其
間甚有别致

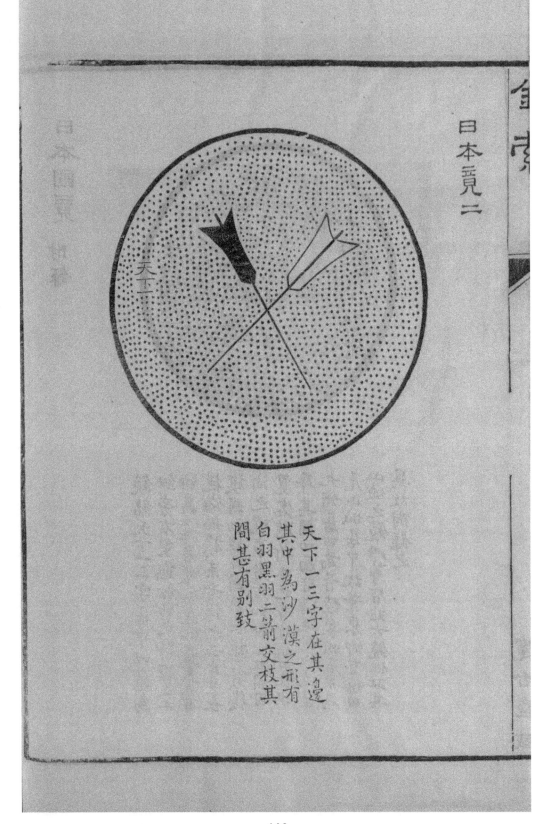

日本國貢一

以下皆葉東卿拓本

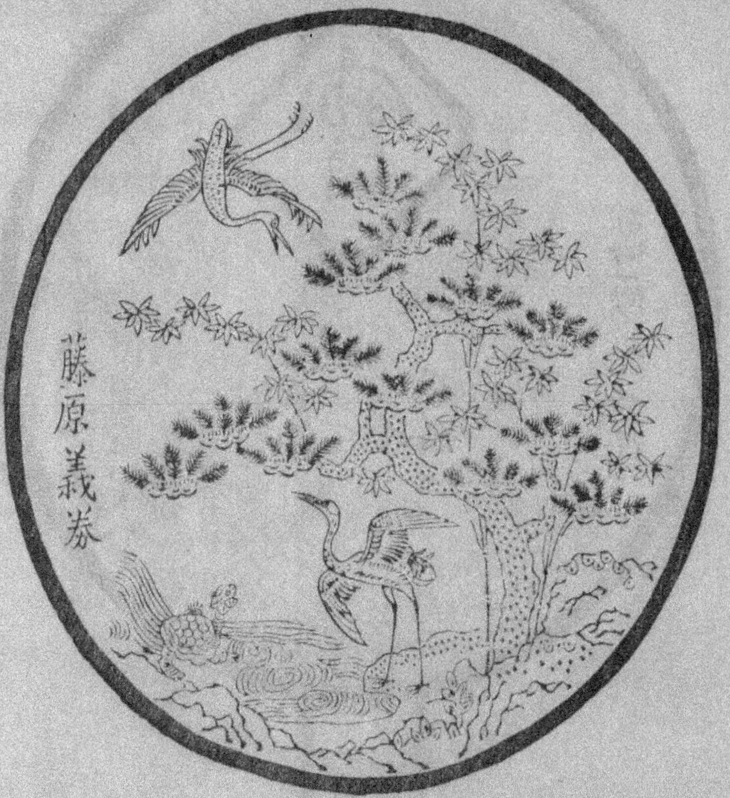

鏡畫松竹龜鶴銘藤原義券四字蓋鑄鏡之地名人名未知何時所造俟續攷之

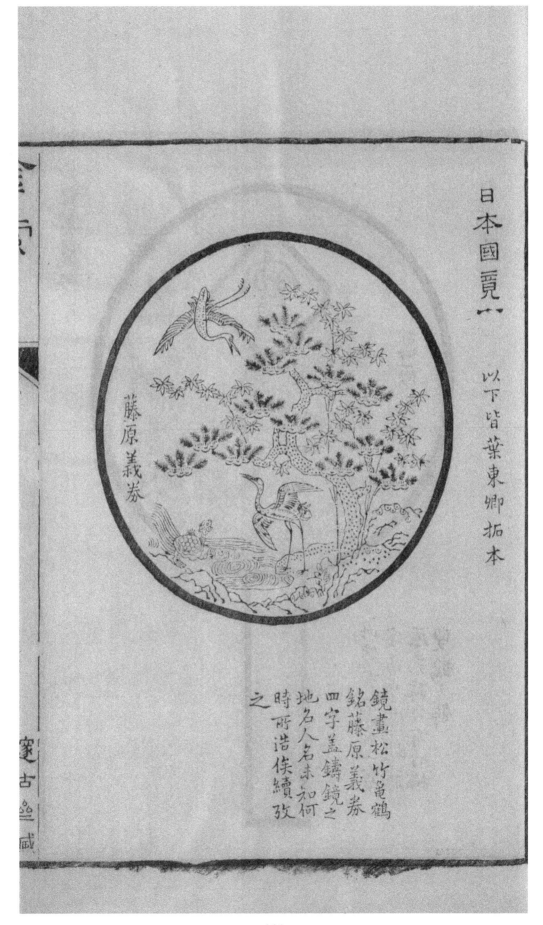

日本覔二

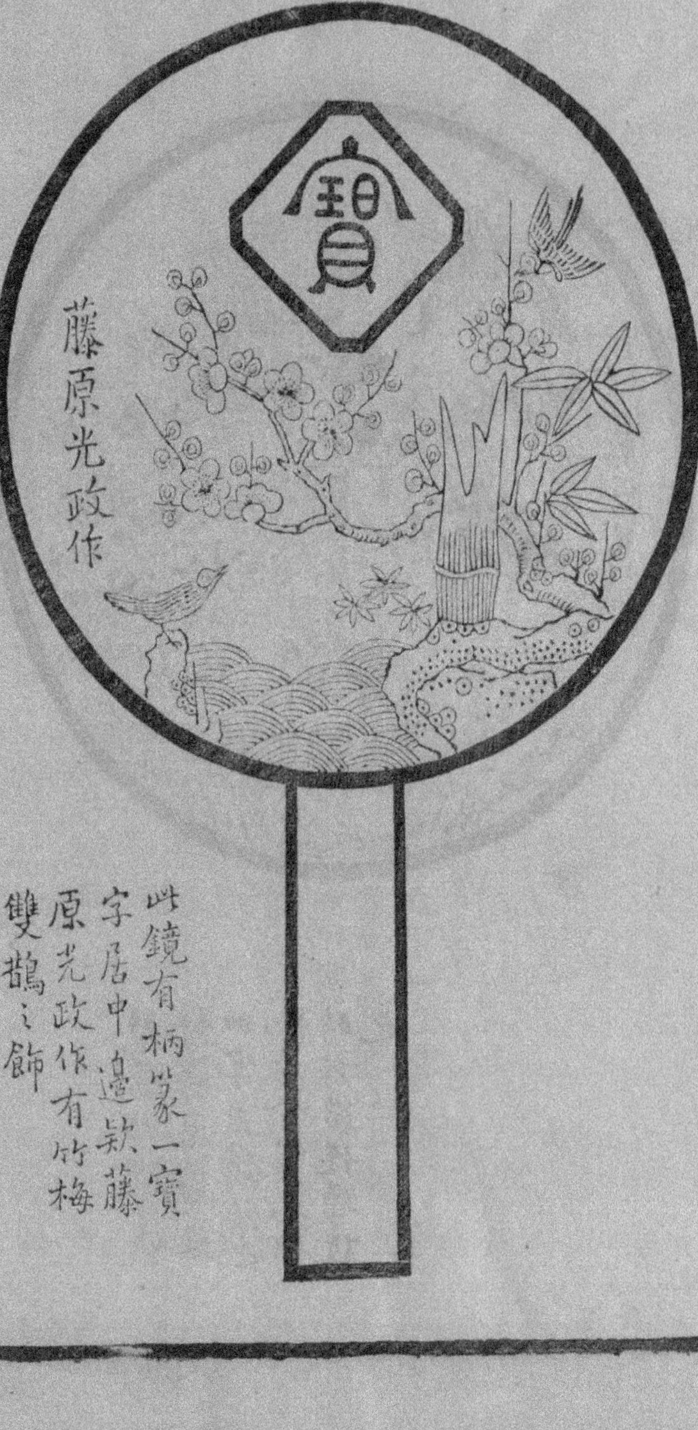

此鏡有柄篆一寶字居中邊欵藤原光政作有竹梅雙鵲之飾

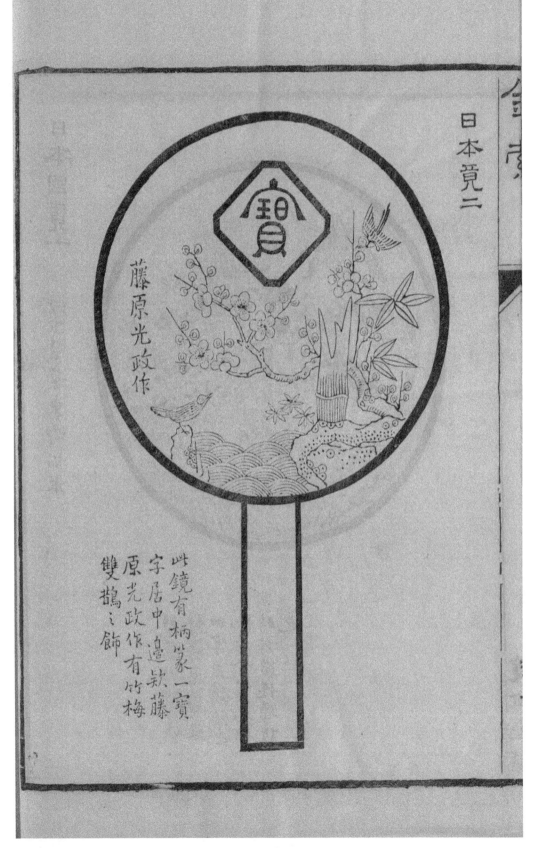

日本貢三

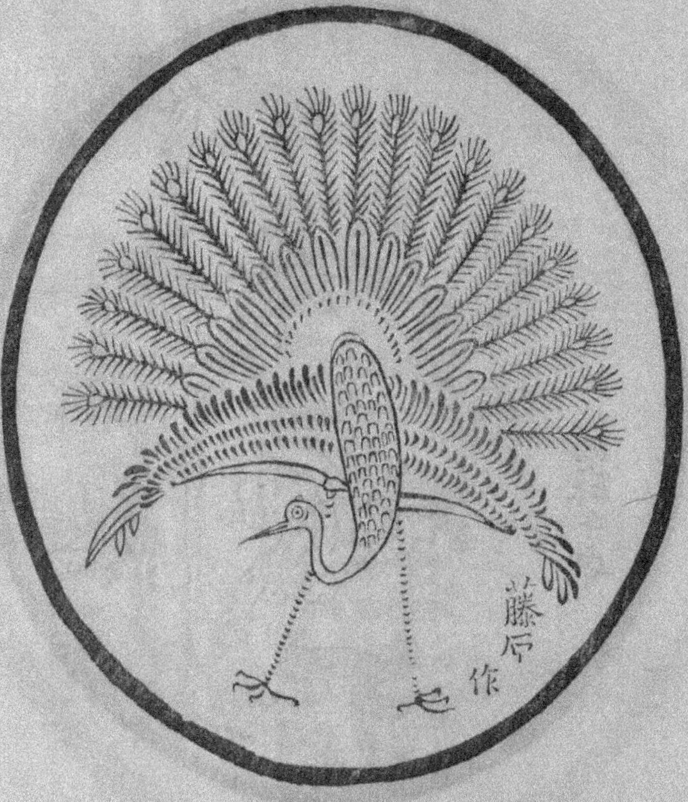

鏡畫一鳥其尾甚巨尾有二十一羽展舒半鏡疑是孔雀開屏之狀甚可玩也末題藤石作三字

日本覓四

鏡画竹梅款題津田薩犘守五字麻下午無此字或是麻下牛廣韻云犘牛重千斤出巴中疑津田者地名薩摩守者官名也

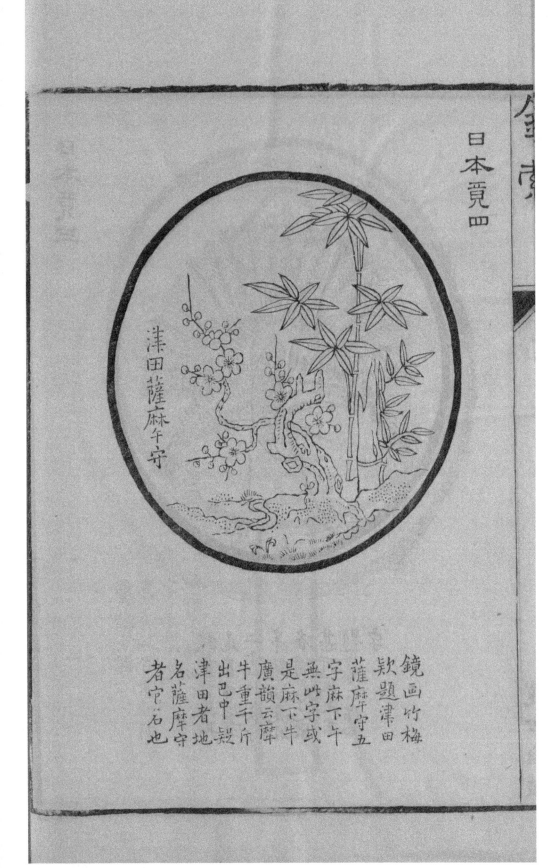

鏡畫龜鶴
及雜寶
有不可盡
載者，
央篆書福
壽二字
款題植田
山城守
吉正七字乃
官守者
地名人名也

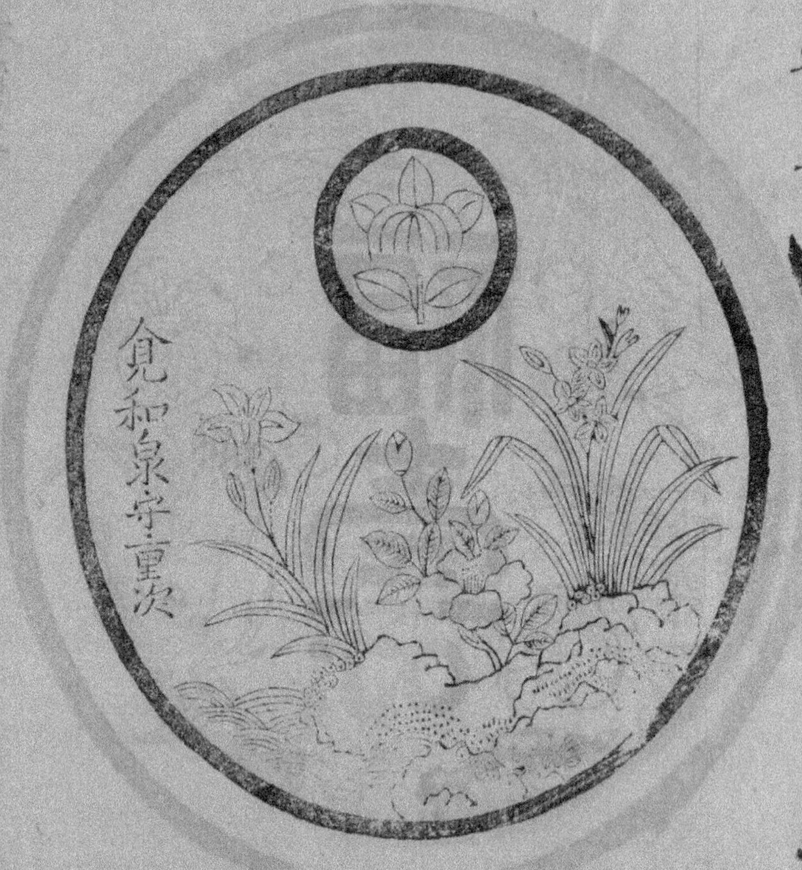

竟畫水仙
山茶款字
不可曉字
法點畫亾
别

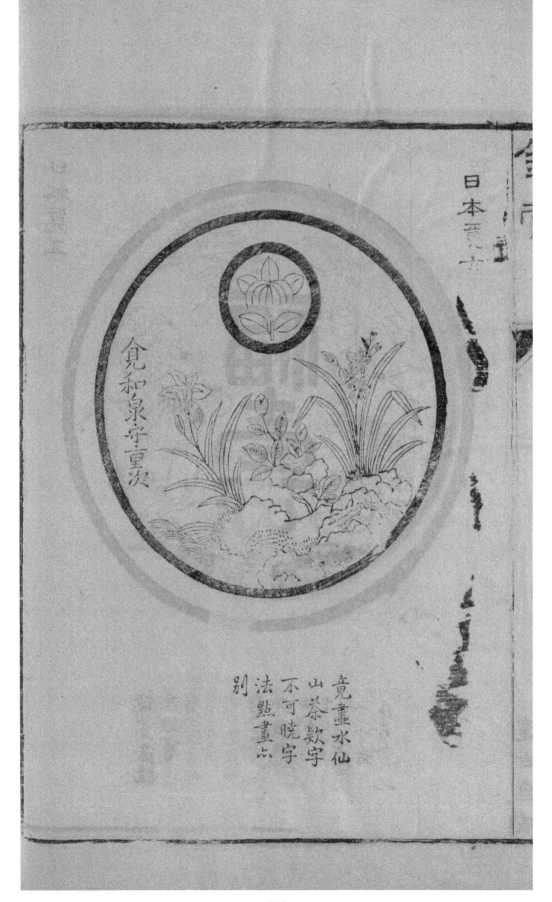

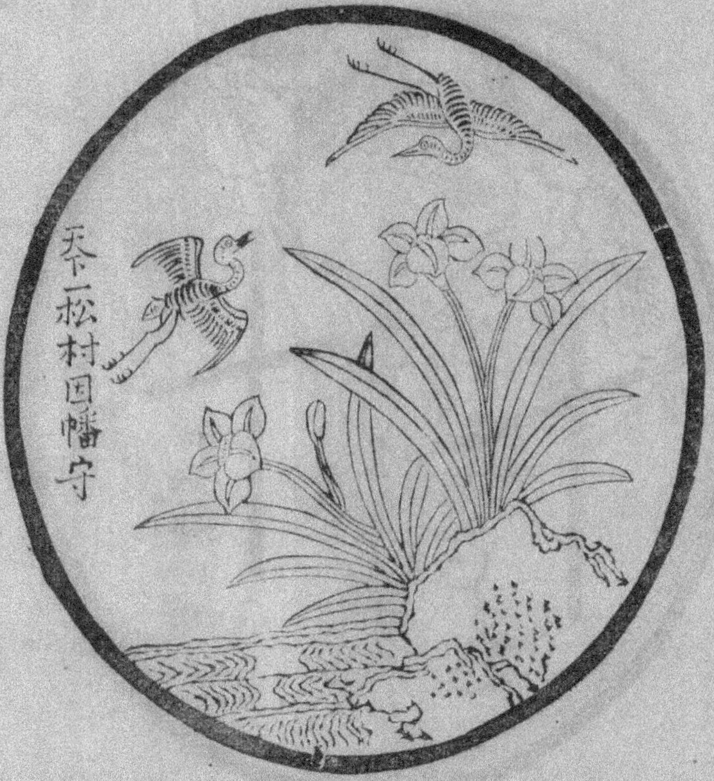

鏡画水仙
雙鶴欵
題天下一
松村因
幡守侯孜

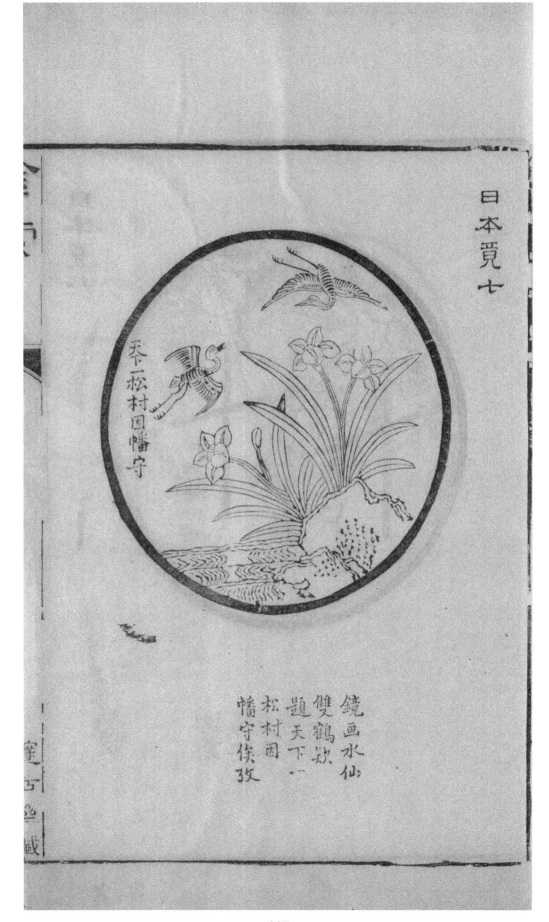

日本覓八

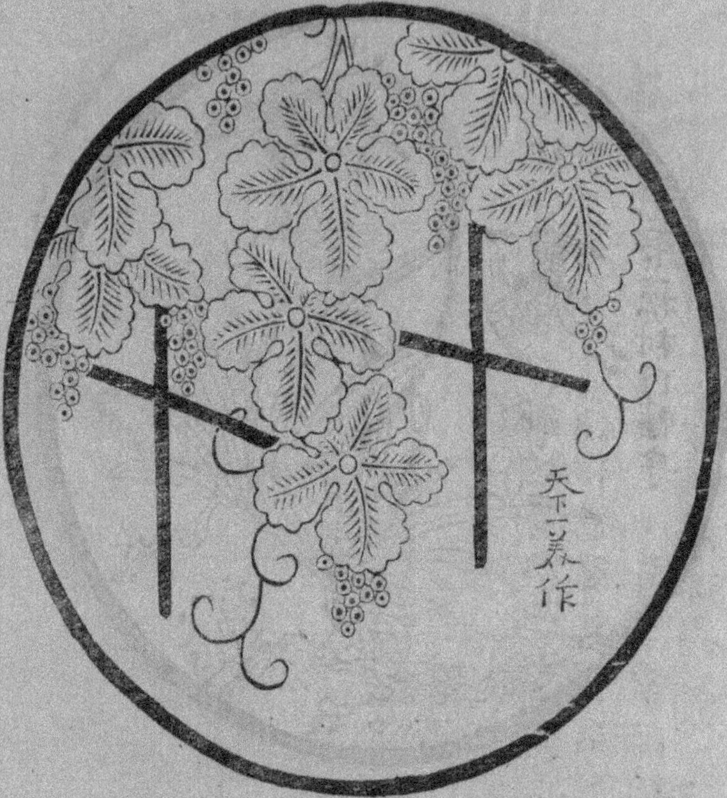

鏡畫蒲桃題天下一美作

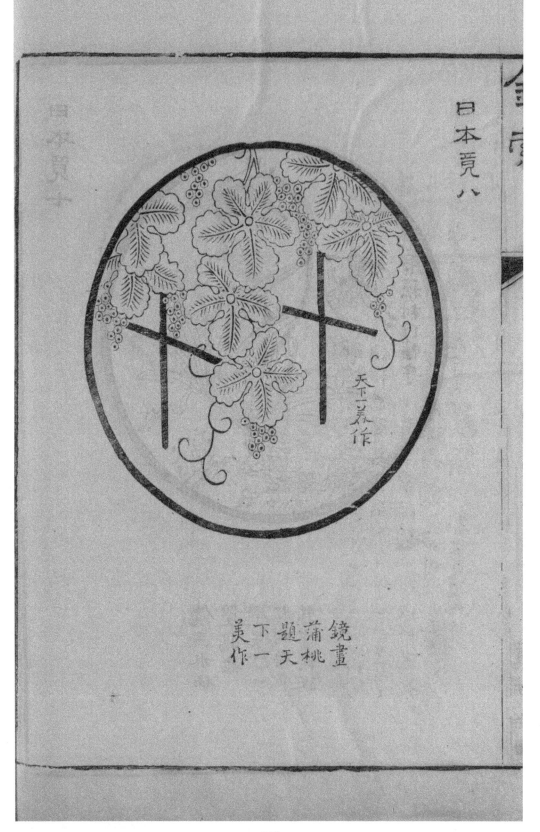

日本貳九

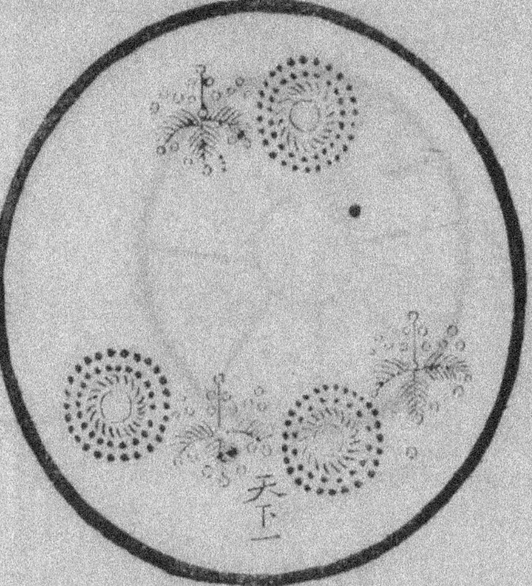

天下一三字旁作
松花柏葉之飾

以上諸鏡皆葉东卿所得以拓本見貽者其字亦用真書及篆體其字欲極細俱有異趣取附于末亦畫字鏡之態矣惟官名地名不可曉昔予晤琉球國官長叩其姓名乃取一紙自書云下國琉球那霸府西村之人也查姓名國吉其霸字不見字書蓋一國之制不可臆釋也

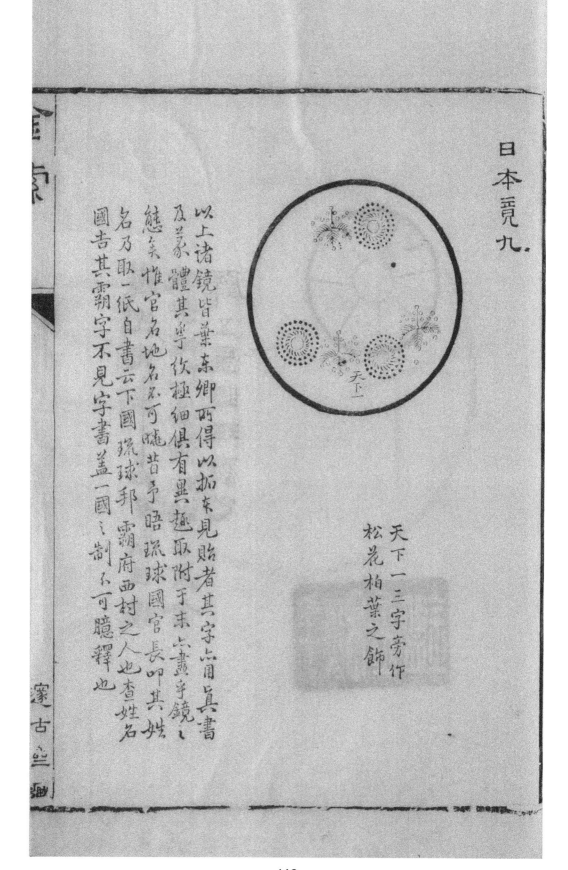

道光元年四月朔日鏤
板于嶰陽署齋於時日月合
璧五星聯珠記之

子秋金鑑